PROGRAMMATION
HTML 4

Rainer
WERLE

En
18 Heures
CHRONO !

Micro
Application

Copyright	© 1998	Data Becker GmbH & Co. KG
		Merowingerst 30
		40223 Düsseldorf

© 1998   Micro Application
20-22, rue des Petits-Hôtels
75010 Paris

Téléphone :	01 53 34 20 20
Télécopie :	01 53 34 20 00
Internet :	http://www.microapp.com
CompuServe :	100270,744

1ère Édition - Janvier 1998

| **Auteur** | Rainer WERLE |

| **Traducteur** | MOSTER Jean-Marc |

Avertissement aux utilisateurs

Les informations contenues dans cet ouvrage sont données à titre indicatif et n'ont aucun caractère exhaustif.
Elles ne sauraient engager la responsabilité de l'éditeur.
La société MICRO APPLICATION ne pourra être tenue pour responsable de toute omission, erreur ou lacune qui aurait pu se glisser dans cet ouvrage ainsi que des conséquences, quelles qu'elles soient, qui résulteraient de l'utilisation des informations et indications fournies.

ISBN : 2-7429-1198-7 / EL/ MJN
Réf. DB : 441294

Tous les produits cités dans cet ouvrage sont des marques déposées de leur société respective.

Quelques conseils avant de commencer

Avant d'entrer dans le vif du sujet, notez ces quelques informations générales à propos de la collection Programmation.

Les symboles utilisés

Trois symboles vous guideront au fil de ce manuel et vous indiqueront d'emblée de quoi il s'agit. Au début de chaque leçon, un chrono vous spécifie la durée (en minutes) nécessaire à son étude. Il s'agit bien sûr d'une indication : peut-être aurez-vous besoin de plus de temps ou bien de moins de temps. Les autres symboles sont les suivants :

 Le symbole Astuce attire votre attention sur des spécificités ou des techniques particulières concernant une fonction ou une commande.

 Le symbole Attention vous met en garde contre des erreurs ou des problèmes pouvant se produire lors de l'utilisation de certaines fonctions. Lisez attentivement les passages précédés de ce symbole pour éviter des désagréments.

 Le symbole CD indique que l'exemple qui va suivre se réfère à un fichier contenu sur le CD-ROM du livre.

Conventions typographiques

Afin de faciliter la compréhension des opérations décrites, nous avons adopté les conventions typographiques suivantes :

- **en gras** : menu, commande, boîte de dialogue, bouton et onglet.
- *en italique* : rubrique, zone de texte, liste déroulante, option.
- `Police bâton` : touche, instruction, listing, adresse Internet, texte à saisir.

Les listings sont numérotés afin de faciliter le repérage. Ils ne doivent pas être saisis dans le code. Respectez scrupuleusement les parenthèses, les accolades et les points-virgules ! Les retraits de lignes améliorent la clarté du code mais ils ne sont pas nécessaires. Appuyez sur la touche Entrée après chaque ligne.

Après chaque leçon, des questions pour tester vos connaissances

Chaque leçon se termine par un contrôle de connaissances sous forme de questions de type Vrai ou Faux et "Trouver les correspondances" et de phrases à compléter. Si vous avez des difficultés à répondre aux questions, nous vous conseillons de reprendre la leçon en question. Vous pourrez toujours vérifier si votre réponse est exacte : en retournant le livre, vous découvrirez la solution.

Le test final

Lorsque vous avez terminé les exercices, vous pouvez passer le test final et déterminer rapidement si vous êtes en mesure de mettre en pratique toutes vos connaissances. Ainsi, vous pourrez vérifier immédiatement vos connaissances. Une analyse des erreurs après le test détecte vos points faibles, si tant est que vous ayez fait des fautes.

Installation du test final et des exemples

Ce livre est accompagné d'un CD-ROM sur lequel sont stockés tous les exemples dont vous aurez besoin au cours des leçons pour les exercices. Le test final se trouve également sur le CD-ROM. Les exemples et le test final sont copiés sur le disque dur *via* un programme d'installation spécial. Le dossier sthtml est automatiquement créé sur votre disque dur. La marche à suivre est simple :

■ Sous Windows 95, cliquez sur le bouton **Démarrer**. Sélectionnez ensuite la commande **Exécuter**, indiquez "D:\Install" (tapez la lettre correspondant au lecteur de CD-ROM) puis appuyez sur la touche Entrée.

■ Le programme d'installation vous donne la possibilité de modifier quelques paramètres mais vous pouvez cliquer tranquillement sur le bouton **Suivant**. Le dossier sthtml est créé sur votre disque dur et les données y seront copiées.

Installation
des exemples
et du test final

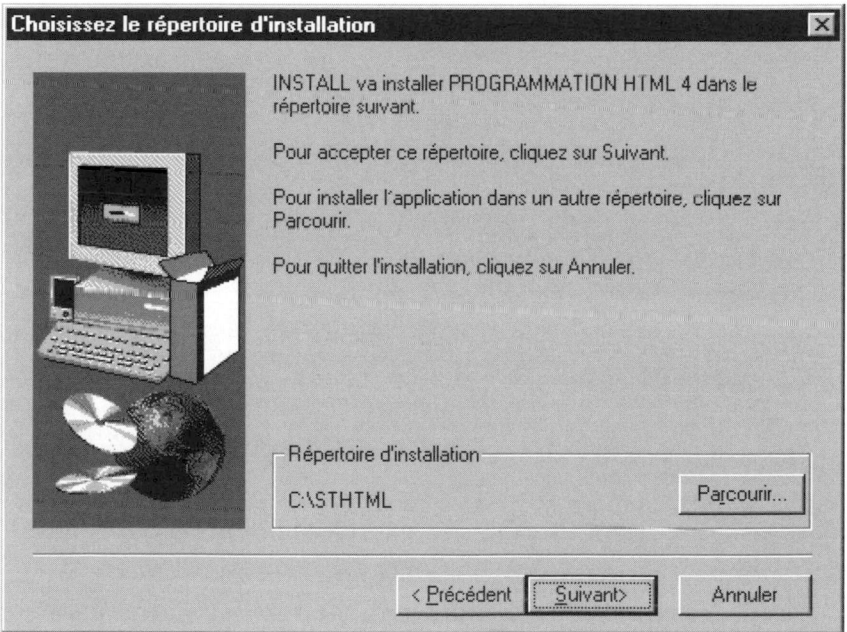

SOMMAIRE

PARTIE A

Notions de base

1 La première page HTML

60 mn

Accompagnez-nous sur le chemin de votre première page Web !

C'est certainement la raison pour laquelle vous avez fait appel à ce livre : vous surfez déjà sur le Web, y avez trouvé des offres intéressantes et souhaitez vous présenter sur le réseau. Que votre objectif soit de créer une simple page d'accueil ou une présentation complète pour une entreprise, nous allons vous guider pas à pas dans ce monde fascinant. Tout ce dont vous avez besoin, hormis quelques heures d'exercice avec ce livre, tient en quelques programmes qui se trouvent déjà sur votre PC ou que vous trouverez sur le CD-ROM d'accompagnement.

À l'issue de cette leçon, vous saurez...

- Comment manipuler les divers outils nécessaires.
- Comment créer une page Web simple.
- Comment traiter les accents et les caractères spéciaux.
- Comment les pages Web sont organisées.

Nos outils : Netscape et l'éditeur Windows

Les pages du World Wide Web (WWW) sont créées avec un langage de script appelé HTML. C'est pourquoi il est aussi souvent question de pages HTML. Pour créer des pages HTML, vous avez simplement besoin d'un éditeur tout à fait ordinaire, tel que l'éditeur standard proposé par Windows, le Bloc-notes. Pour vérifier le résultat de vos créations, un second outil est nécessaire : un navigateur Web. Le plus célèbre et le plus répandu est Netscape Navigator, que nous utiliserons pour créer nos pages.

En principe, vous pouvez utiliser tout autre éditeur de texte. Notez que les illustrations de notre livre ne correspondront pas exactement à ce que vous aurez à l'écran, mais les grands principes sont les mêmes. Notez également qu'il est question ici d'éditeur de texte. En ce qui concerne les éditeurs HTML (HotDog, HTML Writer ou WebEdit), nous vous les présenterons au chapitre 8.

Pour commencer, lancez l'éditeur. Vous le trouverez par la commande **Démarrer/Programmes/Accessoires/Bloc-notes** : cliquez sur le bouton **Démarrer**, à gauche de la Barre des tâches, et activez la commande en question d'un clic de souris.

Voici la chaîne des menus telle que la présente Windows 95 :

Fig. 1.1 :
Lancer le
Bloc-notes

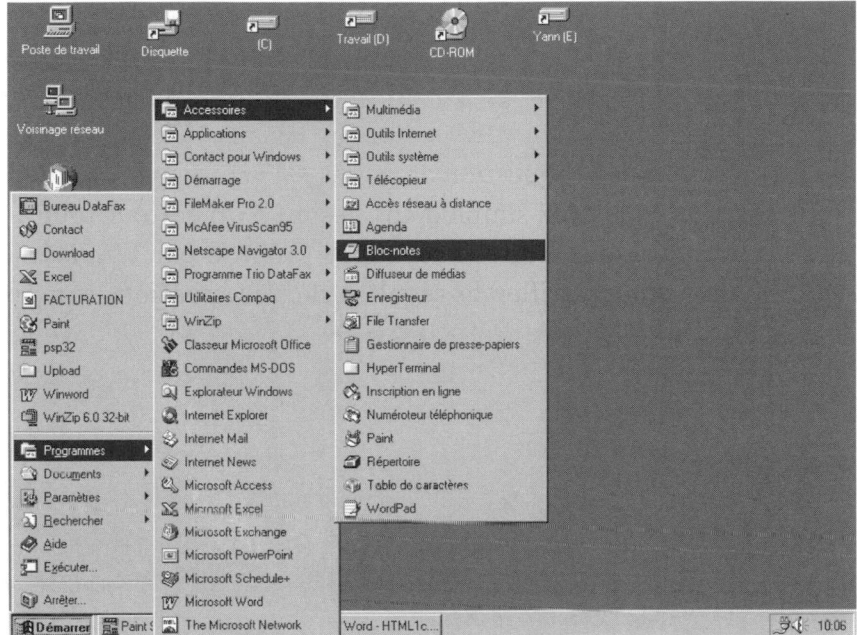

Lorsque ce programme est chargé, vous pouvez saisir librement votre texte, l'enregistrer en lui affectant un nom ou charger l'un des fichiers exemples de ce livre : le Bloc-notes est votre outil de création de pages HTML.

L'apparence des pages HTML sera vérifiée dans Netscape Navigator. Si vous ne disposez pas de ce programme, vous pourrez le télécharger à partir d'un service en ligne.

Pour l'installation, vous trouverez toutes les informations requises sur le CD. Si vous avez installé sur votre machine une version plus récente, ne l'écrasez pas avec celle du CD.

Lorsque Netscape Navigator est installé, démarrez ce programme en second lieu : cliquez de nouveau sur le bouton **Démarrer** de la Barre des tâches. Vous le trouverez normalement par la commande **Démarrer/Programmes/Netscape**.

Fig. 1.2 :
Lancer Netscape
Navigator

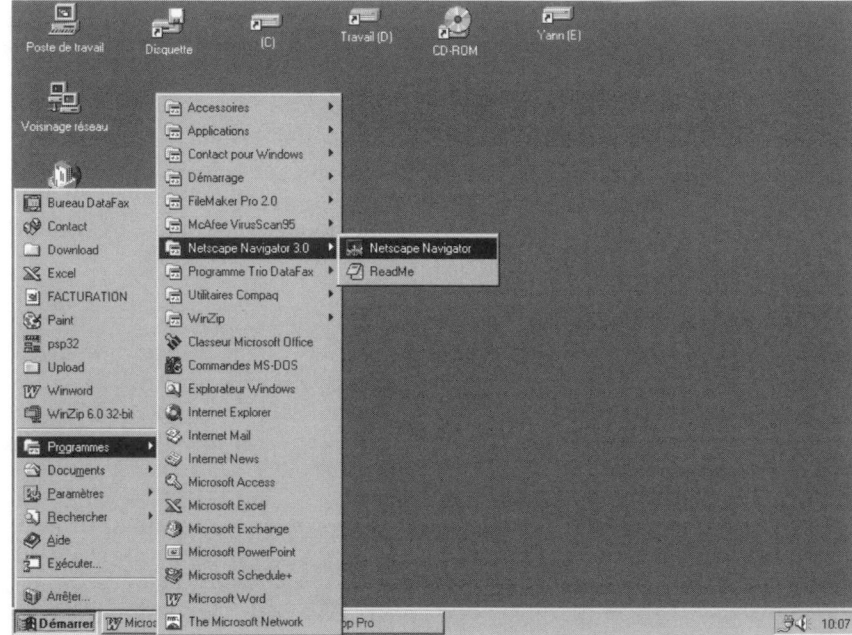

Après le démarrage de ce programme sous Windows 95, voici la
fenêtre qui est affichée :

Fig. 1.3 :
Netscape
Navigator
cherche à établir
une connexion à
votre fournisseur
de service

Cliquez sur le bouton **Annuler**, car, pour l'instant, vous n'avez pas besoin de vous connecter.

Vous êtes peut-être surpris de constater que nous lançons Netscape Navigator sans être en ligne. Sachez que la création de pages HTML est effectuée sans connexion, ce qui est une très bonne nouvelle pour votre portefeuille !

Une fois que vous avez lancé Netscape Navigator hors ligne (offline), vous devez respecter quelques règles simples : Netscape Navigator essaie d'atteindre, malgré l'absence de connexion, la page de démarrage de votre fournisseur de service. Sans connexion, c'est bien sûr impossible. Cliquez sur le bouton **Stop** de Netscape Navigator pour annuler la recherche de la page. Le travail hors ligne peut commencer.

Si vous omettez de cliquer sur le bouton **Stop**, ce n'est pas très grave. Après quelques instants, Netscape Navigator signale que la connexion n'a pu être établie. Validez ce message par OK. C'est tout !

Basculer de Netscape à l'éditeur

Le Bloc-notes de Windows 95 et Netscape Navigator sont maintenant chargés. Vous allez sans cesse basculer de l'un à l'autre. Sous Windows 95, cette commutation est très facile : au bas de l'écran, Windows affiche sa Barre des tâches, avec un bouton pour chaque application active.

Fig. 1.4 :
Avec Windows 95, passer d'une application à l'autre est facile

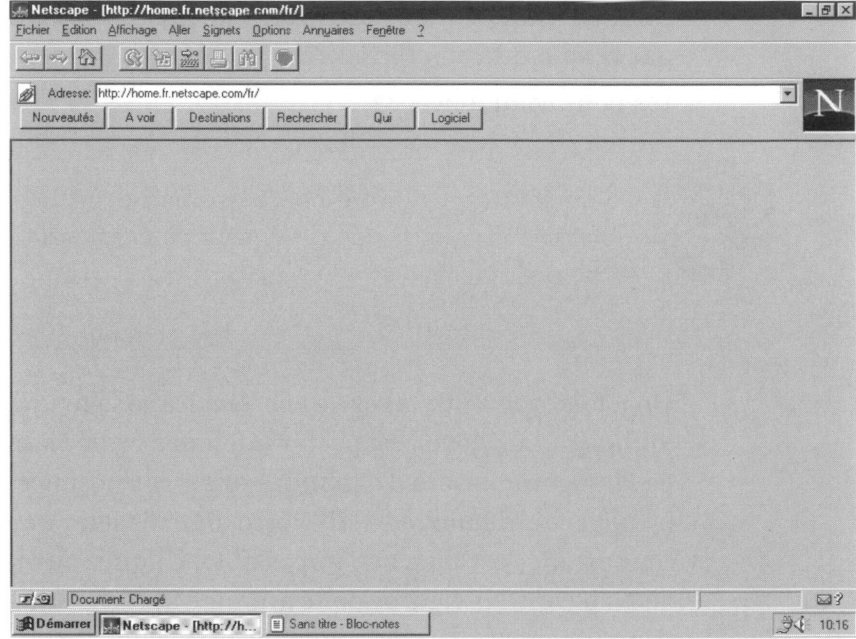

Il suffit de cliquer sur le bouton du Bloc-notes ou de Netscape Navigator et, immédiatement, la fenêtre appelée s'affiche au premier plan.

Windows 95 peut être configuré de diverses façons. Dans la configuration par défaut, les boutons des applications chargées sont présentés dans la Barre des tâches, au bas de l'écran. Dans d'autres configurations, il se peut que ces boutons n'apparaissent que lorsque vous amenez le pointeur de la souris tout en bas de l'écran.

Chaque application doit afficher les fichiers que vous allez développer tout au long de ce livre. Examinez Netscape Navigator pour commencer :

Si vous n'avez pas encore installé les exemples du CD sur votre disque dur, faites-le sans tarder, car à partir de maintenant, vous en aurez sans cesse besoin.

Pour charger et visualiser une page HTML dans Netscape Navigator, procédez ainsi :

1. Passez à Netscape Navigator.

2. Cliquez sur le menu **Fichier**.

3. Activez la commande **Ouvrir un fichier...**

4. Une fenêtre apparaît, dans laquelle vous sélectionnez le fichier à ouvrir.

5. Localisez dans cette fenêtre de sélection le dossier C:\Sthtml et cliquez sur le fichier Hallo.htm. Validez par un clic sur OK.

La page de bienvenue de ce livre s'affiche. Elle est un exemple de ce que vous serez en mesure de réaliser lorsque vous aurez terminé ce livre.

Fig. 1.5 :
La page de
bienvenue du
livre

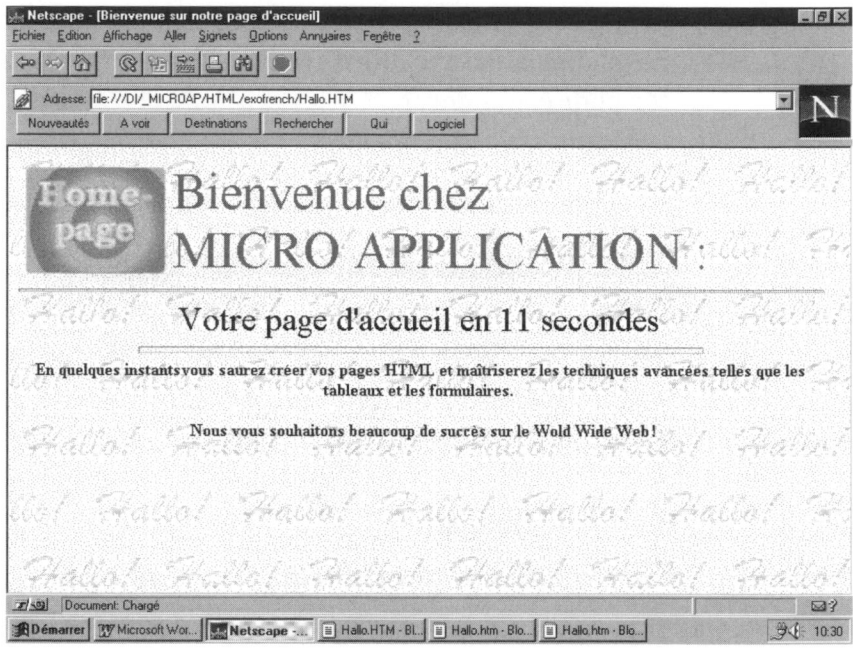

Les pages HTML sont des fichiers de texte ordinaires

Le Bloc-notes intervient après le chargement du fichier dans Netscape Navigator. Les éditeurs servent à afficher les fichiers de texte ordinaires. Or, les pages HTML ne sont rien d'autre que des fichiers de texte.

La seule différence avec un fichier de texte normal est que les fichiers de page portent l'extension *.htm*, et non la traditionnelle extension *.txt*. La plupart des éditeurs, y compris le Bloc-notes de Windows 95, ne sont pas préparés à cette extension, mais charger un fichier HTML ne pose aucun problème. Procédez de la façon suivante :

1. Basculez vers le Bloc-notes de Windows 95.

2. Cliquez sur le menu **Fichier**.

3. Dans ce menu, activez la commande **Ouvrir**.

4. Passez dans le dossier C:\Sthtml.

5. Comme type de fichier, sélectionnez l'option *Tous (*.*)*.

6. Le contenu complet du dossier C:\Sthtml est désormais affiché.

7. Sélectionnez le fichier requis et validez d'un clic sur OK.

Fig. 1.6 :
Charger un
fichier HTML
dans le bloc-notes

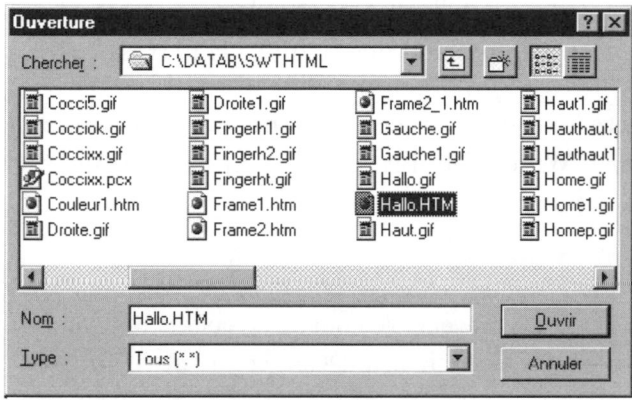

Pour l'instant, chargez dans l'éditeur le fichier Hallo.htm.

Vous venez de charger dans le Bloc-notes la page de bienvenue de ce livre. À l'écran est affiché un fichier de texte (sans caractères particulièrement étranges) qui peut vous sembler incompréhensible. Vous découvrirez bientôt que derrière ce texte confus se cache une structure très simple, grâce à laquelle vous allez créer des pages HTML très attrayantes.

HTML ou HTM ?

Avant de créer votre première page HTML, une question qui vous est certainement venue à l'esprit reste à élucider : pourquoi parler de pages HTML alors que le fichier que vous avez sous les yeux (la page de bienvenue) porte une extension *.htm* ? Qu'est devenu la lettre L.

L'extension *.html* est l'abréviation de *Hypertext Marked Langage* et désigne un type de fichier utilisé dans le World Wide

Web. Le Web a été développé au départ pour de gros systèmes travaillant sous UNIX. Sur ces machines, les fichiers pouvaient porter des noms de longueur (presque) libre. Un fichier HTML peut s'appeler, par exemple, *Ma_premiere_page.html*. Or, sur les PC, sous DOS ou sous Windows 3.x, les noms de fichier devaient s'en tenir à la structure 8/3 (huit caractères pour le nom, trois pour l'extension). C'est la raison pour laquelle le L a disparu, l'extension des fichiers HTML sur PC étant *.htm*.

Cette extension raccourcie ne pose aucun problème dans le World Wide Web. Les fichiers *.htm* fonctionnent aussi bien que les fichiers *.html*.

Sous Windows 95, les noms de fichier longs sont autorisés. Mais il ne s'agit pas du véritable nom du fichier qui reste toujours, comme dans le temps, en format DOS. Les noms longs sont une extension spécifique de Windows, qui n'est pas reconnue sur les autres machines. Pour éviter tout problème avec les fichiers HTML, respectez le format DOS même avec Windows 95.

Encore une astuce :

Si vous créez des pages HTML avec votre PC et que vous refusez de vous priver des noms de fichiers longs de Windows 95, vous découvrirez au chapitre 2 comment faire. Ce n'est pas un point très important, mais certains considèrent les fichiers avec extension *.html* comme un signe de professionnalisme.

Un texte simple :
"Tous nos vœux pour la première page Web !"

Maintenant que vous maîtrisez les deux outils de base, le Bloc-notes et Netscape Navigator, vous allez écrire votre première page HTML.

Passez dans le Bloc-notes de Windows et créez un nouveau fichier. Procédez ainsi :

1. Si vous n'avez encore rien saisi dans le Bloc-notes, commencez directement à saisir le listing ci-après.

2. Dans le cas contraire, cliquez sur la commande **Fichier/Nouveau** avant la saisie, puis tapez le texte suivant :

Listing 1.1 :
Notre premier code HTML

```
1. <HTML>
2.
3. <HEAD>
4. <TITLE>
5. La première page Web
6. </TITLE>
7. <HEAD>
8.
9. <BODY>
10. Tous nos voeux pour la premi&egrave;re page Web !
11. </BODY>
13.
14. </HTML>
```

Les caractères < et > sont placés en bas à gauche de votre clavier. Tous les autres caractères sont disponibles par le clavier, aucune commande de saisie spéciale n'est nécessaire (rappelez-vous que les fichiers HTML sont des fichiers de texte). Voici comment se présente le fichier HTML dans le Bloc-notes :

Fig. 1.7 :
Le premier
fichier HTML
dans le
Bloc-notes

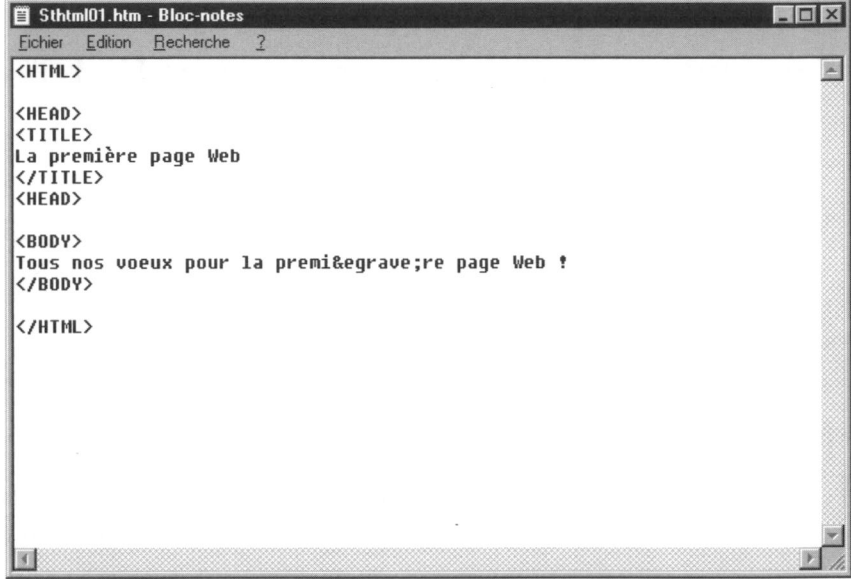

```
<HTML>

<HEAD>
<TITLE>
La première page Web
</TITLE>
<HEAD>

<BODY>
Tous nos voeux pour la premi&egrave;re page Web !
</BODY>

</HTML>
```

L'apparence du mot "première" peut vous sembler étrange. Vous découvrirez un peu plus loin la manière de procéder en ce qui concerne les caractères accentués.

Le texte que vous venez de saisir se trouve sur le CD, sous le nom Sthtml01.htm. Nous vous conseillons cependant de le saisir vous-même et de ne pas charger ce fichier, car ces premières leçons sont destinées à vous permettre d'assimiler les bases d'HTML.

Vérifiez votre texte pour voir si tout est correct.

La première page HTML apparaît

Netscape Navigator ne peut afficher cette première page que si elle a été enregistrée sur le disque dur. Pour visualiser votre premier fichier HTML, sauvegardez ce fichier. Mais, auparavant, voici une petite astuce qui vous simplifiera considérablement la tâche tout au long de ce livre :

La plupart des fichiers exemples de ce livre sont bâtis sur le schéma suivant :

 Sthtml01.htm, Sthtml02.htm., etc. Si vous chargez un de ces fichiers dans l'éditeur et le modifiez, enregistrez la nouvelle version sous un autre nom pour conserver la possibilité d'avoir recours au fichier original.

Le fichier du Bloc-notes peut être sauvegardé sous un nom quelconque, à condition de lui affecter l'extension *.htm*. N'hésitez pas à faire des tests, le seul risque possible est que Netscape Navigator ne comprenne pas le fichier et qu'il affiche des choses absurdes. En revanche, vous posséderez plus d'expérience.

Enregistrez ce fichier sous le nom Exemp01.htm :

1. Activez la commande de menu **Fichier/Enregistrer sous**. Dans la boîte de dialogue ainsi ouverte, localisez le dossier C:\Sthtml.

2. Sélectionnez avec la souris le texte proposé dans le champ *Nom* et remplacez-le par le nom de fichier Exemp01.htm. Validez par OK.

    Notre fichier est ainsi enregistré dans le dossier C:\Sthtml. Tout est prêt pour l'affichage de votre première page dans Netscape Navigator.

    Repassez à Netscape Navigator et ouvrez le fichier Exemp01.htm :

1. Pour passer à Netscape Navigator, cliquez sur son bouton dans la Barre des tâches.

2. Vous accédez au fichier Exemp01.htm par la commande **Fichier/Ouvrir** en le sélectionnant dans le dossier C:\Sthtml.

Voici ce que vous obtenez à l'écran approximativement:

Fig. 1.8 :
La première page
HTML à l'écran

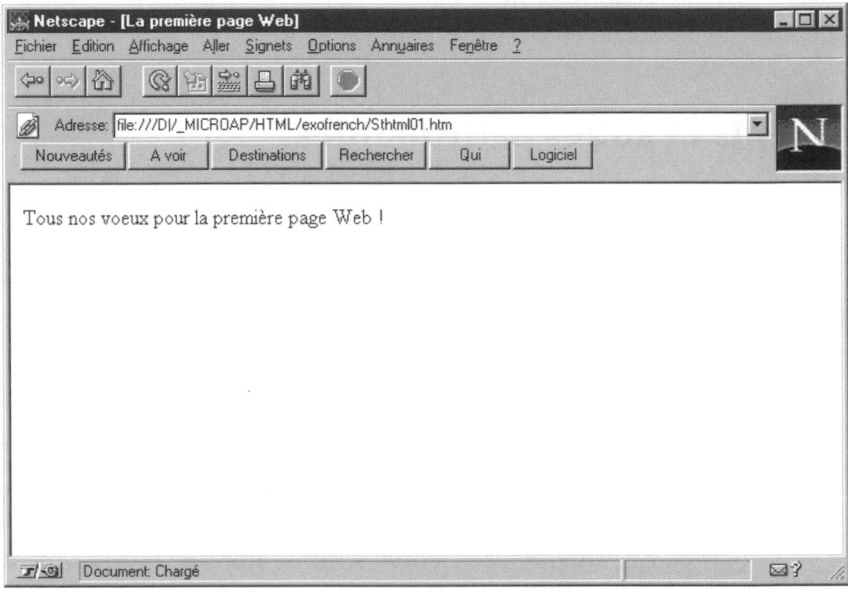

Vous venez de créer votre première page HTML. Vous découvrirez la signification de tous ces caractères particuliers dans un instant.

Les pages HTML ne s'affichent pas toujours comme elles le devraient :

Netscape Navigator les affiche bien sûr correctement. Si vous avez saisi Tous nos vœux, vous ne verrez pas apparaître Joyeux anniversaire !. Mais, par la commande **Options/Préférences générales/Police**, Netscape Navigator permet de sélectionner une police de caractères pour l'affichage à l'écran. Si vous avez défini dans cette option une police différente de celle employée pour la saisie du texte, l'apparence du texte sera différente.

De plus, en fonction de la résolution d'affichage et de la taille de la fenêtre Netscape Navigator, la présentation change aussi. Nous aurons l'occasion d'y revenir dans un moment.

Si Netscape Navigator affiche votre première page HTML et si vous pouvez y lire la phrase "Tous nos vœux pour la première page Web !", tout fonctionne.

Accents et autres particularités

Vous avez constaté que le mot "première" est affiché correctement dans Netscape Navigator. Les caractères accentués sont une particularité de la langue française, entre autres. Or le World Wide Web est un réseau international, dans lequel les accents et autres signes particuliers n'ont pas été prévus. Pour les représenter, des chaînes de caractères spéciales ont été mises au point.

Ainsi pour afficher le è du français, vous utiliserez la chaîne de caractères :

```
&egrave;.dindexCaractères accentués/&egrave;
```

Essayons d'en comprendre la structure. Toutes les chaînes de caractères pour les caractères spéciaux commencent par `<F"Times"WOI>&<F255D>` et se terminent par `;`. Ces deux signes sont interprétés par Netscape Navigator comme le début et la fin de la définition d'un caractère spécial. Entre ces deux caractères sont placées quelques autres lettres qui définissent le caractère spécial. Dans le cas du è, il s'agit de `egrave`. Pour représenter une parenthèse ouvrante, par exemple, vous utiliserez la chaîne de caractères `<F"Times"WOI>&Eacute<D>;`. Voici un aperçu des principaux caractères accentués français en langage HTML :

Tab. 1.1 : Principaux caractères accentués français

é	è	ê	ù	û	â	à	ï	ô
&eacute;	&egrave;	&ecirc;	&ugrave;	&ucirc;	&acirc;	&agrave;	&iuml;	&ocirc;

Entraînez-vous avec ces caractères :

1. Passez dans le Bloc-notes de Windows 95 et modifiez le fichier exemple Exemp01.htm de la manière suivante :

Listing 1.2 :
Le code HTML avec divers caractères spéciaux français

```
1. <HTML>
2.
3. <HEAD>
4. <TITLE>
5. La première page Web
6. </TITLE>
7. <HEAD>
8.
9. <BODY>
10. Tous nos voeux pour la première page Web ! &eacute;&agrave;&ugrave;

11. </BODY>
12.
13. </HTML>
```

Dans ce code, nous avons changé la ligne 10 par rapport à la version initiale, en y introduisant les caractères é, à et ù.

Avez-vous saisi le texte correctement ? Si oui, observez le résultat dans Netscape Navigator. Enregistrez d'abord le nouveau fichier de texte en gardant le même nom, Exemp01.htm. Nous profitons de cette sauvegarde pour vous faire découvrir quelques astuces complémentaires.

Procédez ainsi :

1. Cliquez sur le menu **Fichier** du Bloc-notes de Windows 95 et activez la commande **Enregistrer**. La version modifiée remplace la version originale.

Passez ensuite à Netscape Navigator. Vous y trouverez le fichier Exemp01.htm, en version initiale, sans les modifications apportées au texte. Ce n'est pas surprenant, car Netscape Navigator dispose d'une zone de mémoire dans laquelle il a enregistré le fichier Exemp01.htm du départ, et rien ne lui permet de savoir

que ce fichier a été modifié. Vous devez signaler ces changements au programme.

2. Cliquez sur le bouton **Recharger**.

Vous indiquez ainsi au programme que le fichier actuellement
affiché a été modifié et qu'il y a lieu de le recharger. Après avoir
cliqué sur **Recharger**, vous obtenez le fichier modifié à l'écran.

Fig. 1.9 :
Exemp01.htm
avec quelques
caractères
spéciaux

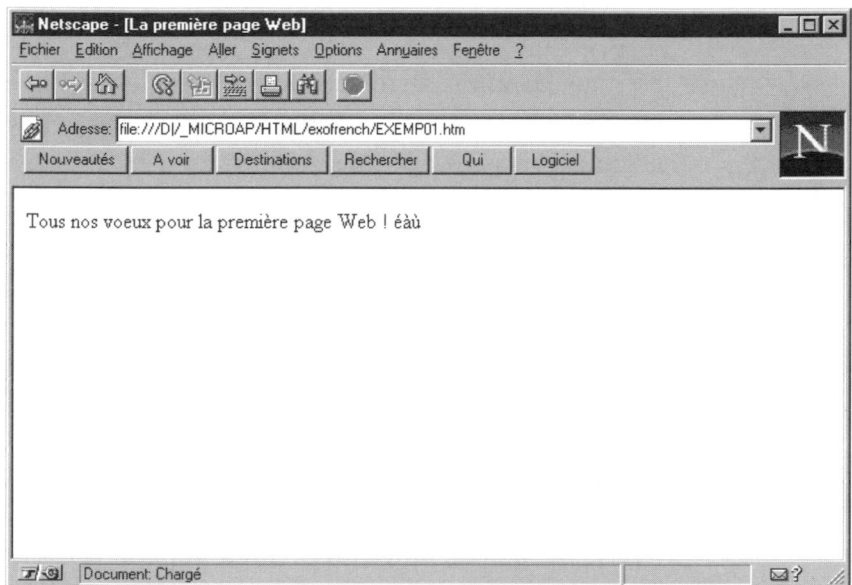

Repronons schématiquement : lorsqu'un fichier HTML est chargé dans le Bloc-notes, voici la procédure à suivre pour y apporter
des modifications :

Tab. 1.2 : Modifier un fichier html

Modifier le fichier	Enregistrer le fichier	Basculer vers Netscape Navigator	Cliquer sur Recharger	Détecter les erreurs	Rappeler l'éditeur	Modifier le fichier

Vous pouvez effectuer quelques essais. Testez la saisie de tous
les caractères spéciaux, en particulier ceux que nous n'avons pas
encore utilisés et familiarisez-vous avec la procédure de modification du fichier.

Il y a de fortes chances pour qu'au cours de ces expériences, vous fassiez quelques erreurs de saisie. Rappelez-vous le point suivant : si Netscape Navigator est configuré pour le jeu de caractères français, il est probable que le navigateur affiche le bon caractère, mais comme les pages HTML sont visualisées de par le monde, le problème se posera pour les étrangers qui chargeront votre page. Un PC anglais ou allemand n'affichera ces caractères de manière correcte que si vous utilisez la bonne syntaxe.

Si vous connaissez désormais les règles à appliquer pour les caractères accentués, le chapitre des caractères spéciaux n'en est pas clos pour autant. Voici une autre astuce intéressante :

Vous trouverez en annexe B de ce livre une liste de tous les caractères spéciaux HTML. Vous y découvrirez également une méthode alternative pour insérer des caractères spéciaux dans des pages HTML.

D'autres caractères nécessitent la même méthode de saisie. Comment saisir dans l'éditeur le nom de la Société "Gâteaux & Co" pour le faire apparaître dans la page HTML ?

```
Tabul = Faux      G&acirc;teaux & CoFaux
```

Cette syntaxe est fausse, car la chaîne de caractères <F"Times"W0I>&<F255D> matérialise le début d'une définition de caractère spécial. Le premier & est parfaitement justifié et permet d'afficher le caractère â de Gâteaux. En revanche, le second caractère & ne représente pas le début d'une définition de caractère spécial, il s'agit d'un caractère imprimable. Comment le navigateur peut-il différencier les deux ? Vous devez lui indiquer que ce second & doit être affiché tel quel, en mettant en place la définition suivante :

```
&amp;
```

Pour que le nom de la société ne soit pas erroné, vous l'écrirez de la manière suivante :

```
Tabul = Juste    G&acirc;teaux &amp; Co
```

En plus du caractère &, il existe trois autres caractères ayant un sens particulier dans HTML.

Les caractères qui ne peuvent être imprimés directement en HTML

Tab. 1.3 : Caractères non directement imprimables

<	>	&	"
&lt;	&gt;	&amp;	&quot;

Vous serez peut-être surpris de ne pas voir apparaître le point virgule (";") dans ce tableau, car il participe également à la définition des caractères spéciaux. La raison en est simple : après un caractère "&", le point virgule suivant est interprété comme le caractère terminal de la chaîne de définition d'un caractère spécial. Tous les autres points virgules sont considérés comme des caractères normaux.

Essayez maintenant ces caractères :

Listing 1.3 :
Code contenant des caractères non directement imprimables

```
1. <HTML>
2.
3. <HEAD>
4. <TITLE>
5. La première page Web
6. </TITLE>
7. <HEAD>
8.
9. <BODY>
10. &quot;Tous nos voeux pour la premi&egrave;re page Web ! &quot;
11. </BODY>
12.
13. </HTML
```

En ligne 10, nous avons placé le texte `Tous nos voeux pour la premi<F"Times">&egrave;re page Web !` entre des guillemets.

La suite ne devrait pas vous poser de problème particulier. Enregistrez le fichier Exemp01.htm, basculez vers Netscape Navigator, cliquez sur le bouton **Recharger**. Ce devrait être maintenant un réflexe et nous nous abstiendrons à l'avenir de vous le préciser. Voici le résultat :

Fig. 1.10 :
Le texte avec les guillemets

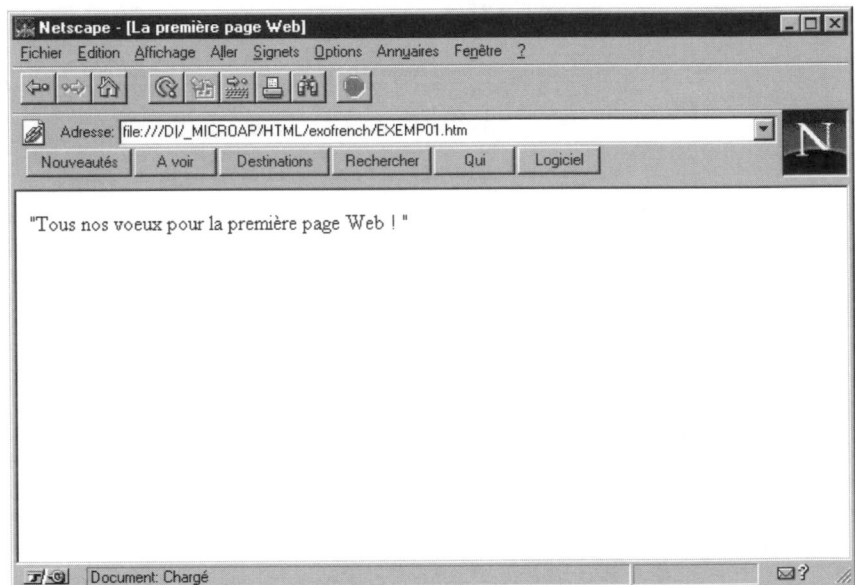

Faites également quelques expériences avec les autres caractères spéciaux en les mettant en place dans la ligne 10. Au départ, il est vrai que cette saisie est assez inhabituelle, mais vous constaterez qu'on s'y fait vite.

Lignes sans fin : que deviennent les textes longs ?

Cette première page HTML va vous permettre de réaliser une expérience : Windows 95 tire son nom du fait que ses applications sont présentées dans des fenêtres (en anglais, *windows*).

La taille de la fenêtre est librement définissable. Réduisez la largeur de la fenêtre de Netscape Navigator au minimum pour découvrir ce qu'il advient du texte affiché.

Dans la partie supérieure droite de la fenêtre de Netscape Navigator sont placés trois boutons carrés. Le bouton du milieu détermine si Netscape Navigator fonctionne en mode plein écran ou dans une fenêtre. Pour notre exemple, le mode fenêtre est nécessaire.

1. Cliquez sur le bouton du milieu si vous êtes en mode plein écran. Vous pouvez maintenant modifier la taille de la fenêtre du programme.

2. Placez le pointeur de la souris sur la bordure droite de la fenêtre de Netscape Navigator. Il doit changer de forme et se transformer en une double flèche horizontale. Cliquez et maintenez ensuite le bouton gauche de la souris enfoncé, puis déplacez la souris vers le centre de la fenêtre pour réduire sa largeur.

3. Réduisez cette fenêtre aux deux tiers. Essayez d'arriver à un résultat comparable à celui de l'illustration suivante.

Fig. 1.11 :
La fenêtre de Netscape Navigator fortement réduite en largeur

Si la fenêtre est réduite au point de ne plus pouvoir afficher le texte dans une même ligne, Netscape effectue automatiquement un saut de ligne et répartit le texte sur deux lignes pour qu'il reste lisible en intégralité. De cette expérience, nous pouvons tirer deux enseignements :

En fonction de la résolution de l'écran et de la taille de la fenêtre, le fichier HTML peut être présenter de manières très diverses.

Votre page HTML doit être visible dans le monde entier, mais vous ne connaissez bien évidemment pas la taille de la fenêtre de chaque utilisateur. C'est pourquoi il est recommandé de ne jamais employer de formules du style "Regardez le format du dernier mot de la ligne 11", car vous ne saurez jamais à quel endroit le mot concerné apparaîtra chez un utilisateur donné.

Ramenez à présent la fenêtre de Netscape Navigator à sa taille habituelle.

Vous allez saisir un texte sensiblement plus long. Repassez dans le Bloc-notes de Windows 95 pour poursuivre l'édition du fichier Exemp01.htm. Remplacez le texte de la ligne 10 par un texte plus long. Il s'agit cette fois d'un texte typique de page d'accueil du Web.

Comme vous savez désormais comment saisir tous les caractères, y compris les accentués et les caractères spéciaux, rien ne vous empêche de saisir un texte de votre choix. Nous ne pouvons d'ailleurs que vous le recommander, en guise d'exercice pour vos nouvelles compétences.

Pour une page d'accueil plus longue, vous devez d'abord résoudre un problème : lors de la saisie de paragraphes longs, le texte bute à un moment ou à un autre sur la marge de droite. Faut-il alors saisir le saut de ligne, ou non ? En principe, le fait d'appuyer sur la touche **Entrée** a pour effet de mettre en place un saut de paragraphe. Si vous n'activez pas cette touche, la suite du texte n'est pas perdue, elle continue sur la même ligne et une barre de défilement apparaît pour vous permettre de visualiser la ligne complète.

Pour le listing suivant, ne saisissez aucun saut de ligne ou de paragraphe dans le texte de la ligne 10 :

Listing 1.4 :
Notre page d'accueil avec des sauts de ligne

```
1. <HTML>
2.
3. <HEAD>
4. <TITLE>
5. La première page Web
6. </TITLE>
7. <HEAD>
8.
9. <BODY>
10. Bienvenue sur ma page d'accueil ! Mon nom est Michel Dupont.
    Parall&egrave;lement &agrave; ma passion de l'informatique, j'aime
    les voyages et la photographie. Parmi mes hobbies, je citerai
    &eacute;galement la musique et la sieste. Revenez me rendre visite
    sur ma page d'accueil, vous y trouverez prochainement de superbes
    mises en forme de textes ainsi que des images.
11. </BODY>
12.
13. </HTML>
```

Malheureusement, cette page du livre ne dispose pas d'une barre de défilement. C'est pourquoi la ligne 10 est présentée sur 5 lignes. Le fait que ces 5 lignes ne soient affectées que d'un seul numéro de ligne indique cependant que le texte a été saisi d'un seul tenant.

Dans l'éditeur de texte, cette ligne apparaît sous la forme suivante :

Fig. 1.12 :
La page d'accueil
dans le bloc-notes

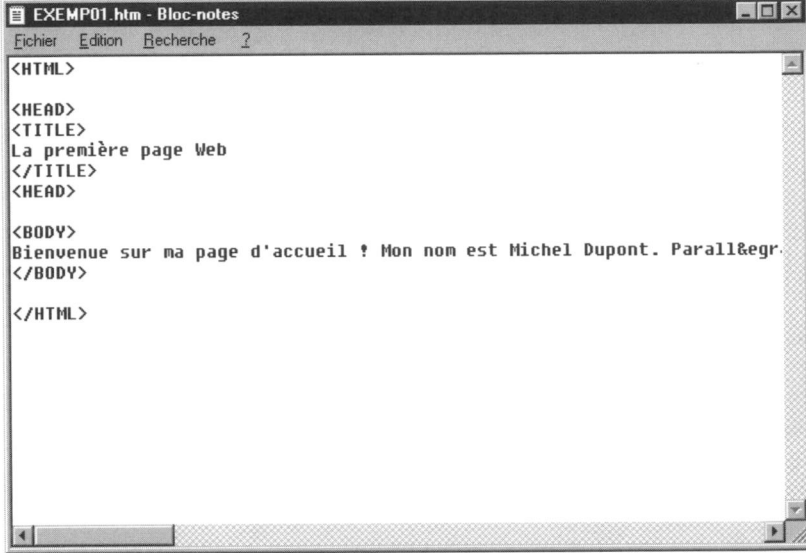

Avez-vous saisi correctement le texte ? Si oui, passez dans Netscape Navigator et observez le résultat (n'oubliez pas d'enregistrer et de cliquer sur **Recharger**).

Fig. 1.13 :
Une page
d'accueil avec un
texte plus long

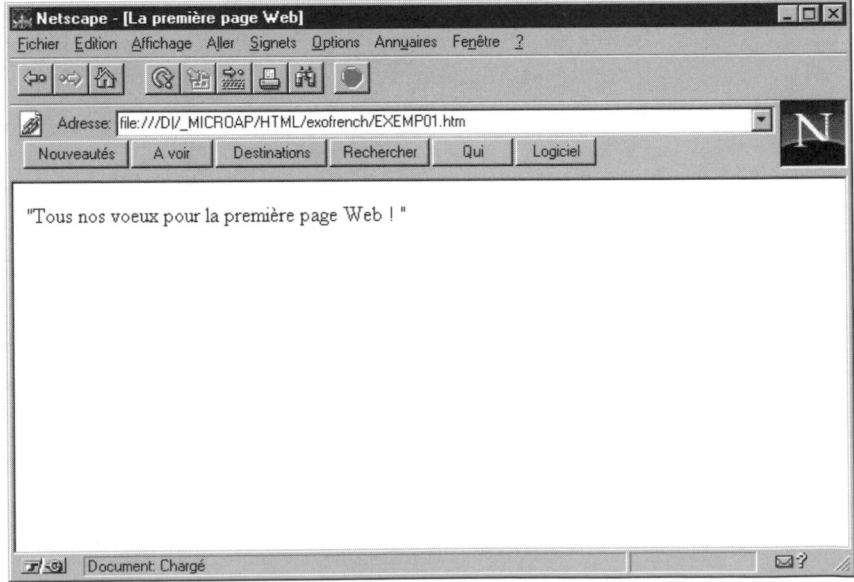

Là aussi, Netscape coupe automatiquement les lignes pour afficher l'ensemble du texte. Et il ne coupe pas n'importe où mais entre les mots ! Même une ligne très longue dans l'éditeur sera tout à fait lisible dans le navigateur.

Peut-être êtes-vous curieux de savoir ce que fait Netscape Navigator en cas de saisie d'un mot particulièrement long, peut-être même plus long que la ligne de texte dans le navigateur ? Essayons ! Vous constaterez que Netscape Navigator ne coupe pas le mot, il rajoute une barre de défilement horizontale.

Regardons maintenant ce qu'il advient de texte long contenant des sauts de ligne manuels, de façon à ce que le texte soit lisible sans barre de défilement. Voici un nouveau listing :

Listing 1.5 :
Notre page d'accueil avec des sauts de ligne

```
1. <HTML>
2.
3. <HEAD>
4. <TITLE>
5. La première page Web
6. </TITLE>
7. <HEAD>
8.
9. <BODY>
10. Bienvenue sur ma page d'accueil ! Mon nom est Michel
    Dupont.Parall&egrave;lement
11. &agrave; ma passion de l'informatique, j'aime les voyages et
    la photographie.
12. Parmi mes hobbies, je citerai &eacute;galement la musique et
    la sieste. Revenez me
13. rendre visite sur ma page d'accueil, vous y trouverez
    prochainement de superbes mises en
14. forme de textes ainsi que des images.
15. </BODY>
16.
17. </HTML>
```

Le texte est resté le même, mais comme il contient des sauts de lignes, chaque ligne est numérotée.

Exercez-vous à insérer des sauts de ligne comme dans le listing ci-dessus dans le fichier Exemp01.htm.

Le Bloc-notes devient beaucoup plus lisible et plus clair. Netscape Navigator affiche le document exactement sous la même forme que précédemment. À première vue, le navigateur ne tient aucun compte des sauts de ligne.

Ce n'est pas tout à fait le cas. Vous allez découvrir dans un instant la règle de base d'après laquelle Netscape Navigator traite les sauts de ligne du Bloc-notes. Les questions suivantes vont vous mettre sur la voie :

■ que se passe-t-il si vous insérez un saut de ligne au beau milieu d'un mot ?

■ comment réagit Netscape Navigator lorsqu'il rencontre deux espaces entre deux mots ou lorsqu'il rencontre plusieurs sauts de ligne successifs ?

■ à quoi aboutit l'association d'un espace et d'un saut de ligne ?

Le plus simple est de faire l'essai !

Voici la règle évoquée précédemment :

Netscape Navigator convertit les sauts de ligne du Bloc-notes en espaces. En cas d'espaces successifs et/ou de sauts de ligne successifs, seul un espace est affiché.

En-tête et corps : les points communs de toutes les pages HTML

Au début de cette première leçon, vous avez tapé le texte de votre première page HTML. Puis, vous avez modifié à plusieurs reprises le texte (à partir de la ligne 10). Mais vous n'avez pas encore modifié les autres lignes.

Regardez le listing suivant. Tous les listings s'appuient sur le même schéma :

Fig. 1.14 :
Structure d'une
page HTML

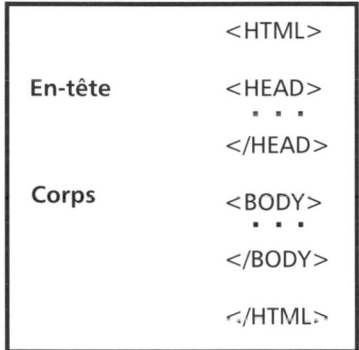

Chaque fichier HTML est bâti sur cette structure :

1. La page commence par `<HTML>` ...`<</HTML>>>` et se termine par `</HTML>`, indiquant ainsi clairement qu'il s'agit bien d'une page HTML.

2. Entre ces deux identificateurs HTML, est placée une zone d'entête, encadrée par les identificateurs `<HEAD>` et `</HEAD>`.

3. L'en-tête est suivi du corps, encadré par `<BODY>` et `</BODY>`.

4. Entre `<HEAD>` et `</HEAD>`, d'un côté, et `<BODY>` et `</BODY>`, de l'autre, des saisies (matérialisées dans l'illustration par des points de suspensions) peuvent être effectuées.

Il n'est pas demandé expressément que les indications du style <HTML> soient en capitales, d'ailleurs même les formes hybrides telles que <HtmL> fonctionnent tout à fait bien. Mais nous vous conseillons de vous en tenir aux capitales pour des raisons de lisibilité.

"Bonjour" - à quoi ressemblent les commandes HTML

Vous connaissez les commandes HTML, car ces indications telles que <HTML> sont des commandes, appelées "tags".

Regardons les tags HTML auxquels nous avons fait appel jusqu'à présent.

Le tag <HTML> commence tout document en HTML. Ce tag matérialise le début du fichier. La fin du fichier est représentée par le tag </HTML>.

Sur un plan général, rappelez-vous que :

Une commande HTML est placée entre les deux caractères "<" et ">". Lorsqu'une commande n'est plus valide, elle est répétée, avec en complément un slash ("/") comme dans </HTML>.

Les tags <BODY> et </BODY> commencent et terminent le corps du fichier HTML. Entre ces deux tags est placé le texte qui sera affiché dans Netscape Navigator (ligne 10 et suivantes). La longueur de ce texte est en principe libre, mais il est recommandé de ne pas étendre trop les pages, ne serait-ce que pour éviter des temps de chargement trop importants.

Les tags `<HEAD>` et `</HEAD>` commencent et terminent l'en-tête du fichier HTML. Dans notre page HTML, cette zone contient un autre tag :

```
<TITLE> La première page Web </TITLE>
```

Pour bien comprendre la fonction de ce tag, revoyons le fichier dans Netscape Navigator :

Fig. 1.15 :
Netscape Navigator affiche le titre du document HTML dans la barre de titre

Dans la barre de titre de Netscape Navigator, est affiché le texte "La première page Web", placé entre `<TITLE>` et `</TITLE>` dans le code.

Il est possible de modifier librement le texte du corps du document de même que celui du titre. Faites-en l'essai.

Notez que les mêmes règles que celles évoquées précédemment s'appliquent en ce qui concerne les caractères accentués.

Voici le listing avec un titre modifié, ainsi que son résultat dans Netscape Navigator :

Listing 1.6 :
Le titre du
document est
librement
modifiable

```
<HTML>
 2.
3. <HEAD>
4. <TITLE>
5. Page d'accueil de Michel Dupont
6. </TITLE>
7. <HEAD>
8.
9. <BODY>
10. Bienvenue sur ma page d'accueil ! Mon nom est Michel Dupont.
Parall&egrave;lement
11. &agrave; ma passion de l'informatique, j'aime les voyages et la
photographie.
12. Parmi mes hobbies, je citerai &eacute;galement la musique et la
sieste. Revenez me
13. rendre visite sur ma page d'accueil, vous y trouverez prochainement
de superbes mises en
14. forme de textes ainsi que des images.
15. </BODY>
16.
17. </HTML>
```

Fig. 1.16 :
Le titre modifié
dans Netscape
Navigator

Nous voici presque au terme de cette première leçon. Nous allons en résumer le contenu et aborder le premier test.

Si vous n'êtes pas certain d'avoir effectué l'ensemble des modifications évoquées dans ce chapitre, chargez dans le Bloc-notes le fichier Sthtml02.htm. C'est la version finale du fichier qui vous servira de contrôle.

Pour les leçons ultérieures, la procédure est la même. Si le fichier Sthtml01.htm. est le fichier de départ de la leçon 1, le fichier final sera le fichier Sthtml02.htm. Pour la leçon 2, nous aurons affaire aux fichiers Sthtml03.htm (fichier de départ) et Sthtml04.htm (fichier final). Il en va de même pour toutes les leçons.

Un dernier conseil cependant, applicable à cette leçon et à toutes les autres :

Si, à la fin de cette leçon, vous envisagez d'éteindre votre PC, enregistrez les dernières modifications du document dans le Bloc-notes. Nous en aurons besoin comme point de départ à la leçon 2. Puis quittez le Bloc-notes et Netscape Navigator et arrêtez Windows 95.

Résumé

Objectif	Procédure	Tag
Commuter de Netscape Navigator au Bloc-notes et inversement	Cliquer sur le bouton requis de la Barre des tâches, dans le bas de l'écran	
Créer un nouveau fichier HTML	Dans le Bloc-notes, appeler la commande Fichier/Nouveau, saisir le fichier et l'enregistrer avec une extension .htm.	
Visualiser dans Netscape Navigator un fichier nouvellement créé	Enregistrer le fichier dans le Bloc-notes, passer à Netscape Navigator et appeler la commande Fichier/Ouvrir	
Visualiser dans Netscape Navigator un fichier modifié	Enregistrer le fichier dans le Bloc-notes, avec le même nom, passer dans Netscape Navigator et cliquer sur Recharger	
Définir le texte d'un fichier HTML	Saisir le texte entre les tags <BODY> et </BODY> (attention à la syntaxe des caractères accentués ou spéciaux !)	<BODY> ... </BODY>
Définir le titre d'un fichier HTML	Saisir le titre entre les tags <TITLE> et </TITLE> (attention à la syntaxe des caractères accentués ou spéciaux !)	<TITLE> ... </TITLE>
Saisir des caractères spéciaux dans le titre ou le texte de la page	Utiliser la définition des caractères spéciaux présentée dans ce chapitre ou voir l'annexe B de ce livre	
Organiser de manière claire le fichier HTML dans le Bloc-notes	Utiliser la touche Entrée pour insérer dans le Bloc-notes des sauts de ligne et rendre ainsi le texte plus facile à lire, à l'affichage dans Netscape Navigator, ils seront convertis en espaces	

Contrôle des connaissances

Vrai ou faux ?

	Vrai	Faux	Qu'est-ce qu'un fichier HTML ?
1.	C	M	Un format de fichier spécifique
2.	P	R	Des fichiers avec l'extension .txt
3.	E	I	Des fichiers de texte ordinaires, mais avec l'extension .htm
4.	E	A	Des fichiers en langage machine

Vrai ou faux ?

	Vrai	Faux	Comment peut-on travailler avec Netscape Navigator ?
5.	R	Z	Uniquement en ligne, sur le réseau
6.	V	O	Online ou Offline, au choix

Vrai ou faux ?

	Vrai	Faux	Comment saisir les caractères accentués et autres caractères spéciaux ?
7.	R	O	Tels quels
8.	B	T	Entre les caractères < et >
9.	R	M	Avec une définition spéciale, entre un & et un point-virgule
10.	P	E	En caractères italiques

Vrai ou faux ?

	Vrai	Faux	À quoi reconnaît-on un tag HTML ?
11.	F	P	Les tags HTML sont toujours en lettres capitales
12.	A	L	Les tags HTML sont placés entre les caractères < et >

Vrai ou faux ?

	Vrai	Faux	Un document HTML se compose des éléments suivants :
13.	C	G	Un corps
14.	E	E	Un pied de page
15.	H	V	Un en-tête
16.	T	T	Une légende
17.	R	M	Un sommaire
18.	A	L	Une section

Vrai ou faux ?

	Vrai	Faux	L'affichage d'une page HTML dépend de :
19.	A	D	La résolution de l'écran
20.	V	O	La taille de la fenêtre de Netscape Navigator

Trouvez les correspondances

21.	*E*	<		I	"
22.	*C*	>		C	>
23.	*D*	&		E	<
24.	*I*	"		D	&

Trouvez les correspondances

25.	*F*	<		F	Termine un tag
26.	*F*	>		E	Termine l'en-tête d'une page HTML
27.	*E*	<HTML>		E	Commence le corps d'une page HTML
28.	*E*	</HEAD>		F	Commence chaque tag
29.	*E*	<BODY>		N	Termine le titre d'une page HTML
30.	*N*	</TITLE>		E	Commence une page HTML

Trouvez les correspondances

31.	*T*	ä		T	&ecric;
32.	*S*	ô		S	ô
33.	*T*	ê		A	ù
34.	*A*	ù		T	&auml,
35.	*G*	é		S	à
36.	*S*	à		G	é

Solution

C	R	E	A	Z
1.	2.	3.	4.	5.

V	O	T	R	E
6.	7.	8.	9.	10.

P	A	C	E
11.	12.	13.	14.

H	T	M	L
15.	16.	17.	18.

D	V	E	C
19.	20.	21.	22.

D	I	F	F	E	E	C	N	T	S
23.	24.	25.	26.	27.	28.	29.	30.	31.	32.

T	A	G	S
33.	34.	35.	36.

CREEZ VOTRE PAGE HTML AVEC DIFFERENTS TAGS

2 Mise en forme simple du texte

60 mn

Votre première page d'accueil contient un texte, avec des caractères spéciaux, mais sans aucune structuration. C'est d'ailleurs logique puisque Netscape Navigator convertit tous les sauts de ligne de l'éditeur en espaces. Vous ne disposez donc pas pour l'instant de l'élément d'organisation de base de tout texte, le paragraphe.

Le moment est venu de mettre cette page d'accueil en forme. Paragraphes, passages en gras et en italique, titres et autres, vous découvrirez tous ces formatages dans ce chapitre.

À l'issue de cette leçon, vous saurez...

- Créer des sauts de ligne et de paragraphe.
- Créer des titres en différentes tailles.
- Mettre des passages en gras et en italique.
- Comment structurer le texte avec la ligne horizontale.
- Ce qu'il en est des adresses et des commentaires.
- Travailler avec des polices non proportionnelles.
- Comment organiser de manière claire et lisible le code HTML.

Création d'une nouvelle ligne

Nous commencerons ce chapitre par la découverte du tag HTML permettant de créer une nouvelle ligne.

Chargez dans le Bloc-notes le fichier Sthtml03.htm. Enregistrez les modifications entreprises dans ce fichier sous le nom *Exemp02.htm*. Vous pourrez comparer ce fichier avec le fichier *Sthtml04.htm*, qui contient toutes les modifications.

Le listing du fichier Sthtml03.htm :

Listing 2.1 :
Notre page d'accueil contient désormais deux sauts de ligne

```
1. <HTML>
2.
3. <HEAD>
4. <TITLE>
5. Page d'accueil de Michel Dupont
6. </TITLE>
7. <HEAD>
8.
9. <BODY>
10. Bienvenue sur ma page d'accueil !
11. <BR>
12. Je m'appelle Michel Dupont.
13. <BR>
14. Parall&egrave;lement &agrave; ma passion de l'informatique,
    j'aime les voyages
15. et la photographie. Parmi mes hobbies, je citerai &eacute;
    galement la musique
16. et la sieste. Revenez me rendre visite sur ma page d'accueil,
    vous y trouverez
17. prochainement de superbes mises en forme de textes ainsi que
    des images.
18. </BODY>
19.
20.</HTML>
```

Il n'a pas fondamentalement changé depuis le chapitre 1. Nous y avons simplement ajouté le tag HTML <BR>, qui intervient à deux reprises, en ligne 11 et 13. Par des sauts de ligne dans le Bloc-notes, nous avons fait en sorte que chaque tag <BR> soit placé sur une ligne spécifique.

1. Enregistrez ce fichier sous le nom Exemp02.htm et regardez, dans Netscape Navigator, le résultat à l'écran.

Fig. 2.1 :

Dans Netscape Navigator, deux sauts de ligne sont affichés

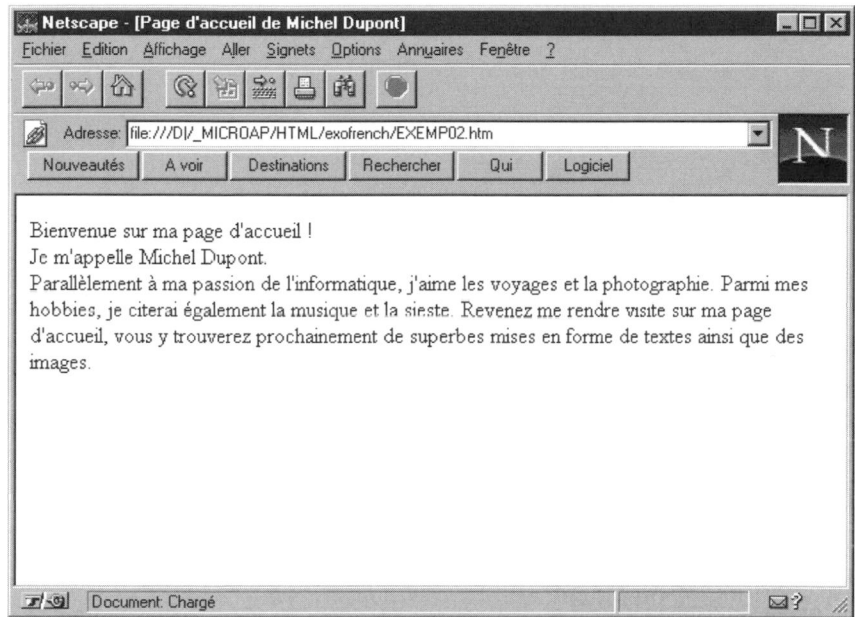

Le résultat est plus probant que notre texte précédent. Après la première et la seconde phrase du texte commence à chaque fois une nouvelle ligne. C'est exactement le rôle des tags
 : ils provoquent un saut de ligne

Ce tag <BR> est-il le seul responsable de ce résultat ? En réalité, dans le Bloc-notes de Windows 95, nous avons utilisé des sauts de ligne pour placer à chaque fois ces tags sur des lignes indépendantes. Rappelez-vous du chapitre 1 : les sauts de ligne du Bloc-notes sont convertis dans Netscape Navigator en espaces. Ce ne sont donc pas les sauts de lignes du Bloc-notes qui ont pour effet les sauts de ligne dans Netscape Navigator. Ce sont bien les tags <BR> qui sont responsables du passage à une nouvelle ligne.

Pourquoi alors mettre en place des sauts de ligne dans le Bloc-notes ? Pour le savoir, supprimez-les dans le Bloc-notes et regardez le résultat :

Listing 2.2 :
Les tags <BR> sans sauts de ligne dans le Bloc-notes passent inaperçus

```
1. <HTML>
2.
3. <HEAD>
4. <TITLE>
5. Page d'accueil de Michel Dupont
6. </TITLE>
7. <HEAD>
8.
9. <BODY>
10. Bienvenue sur ma page d'accueil ! <BR>Je m'appelle Michel
    Dupont.<BR>
11. Parall&egrave;lement &agrave; ma passion de l'informatique,
    j'aime les voyages
12. et la photographie. Parmi mes hobbies, je citerai &eacute;
    galement la musique
13. et la sieste. Revenez me rendre visite sur ma page d'accueil,
    vous y trouverez
14. prochainement de superbes mises en forme de textes ainsi que
    des images.
15. </BODY>
16.
17. </HTML>
```

Il n'y a aucun changement par rapport à la version précédente. Mais la première version est beaucoup plus lisible que la seconde. C'est cette recherche d'une lisibilité maximale qui justifie l'emploi des sauts de lignes dans l'éditeur. Un document HTML est plus clair avec une structuration par des sauts de ligne.

Tout ceci va beaucoup plus loin que ce que vous imaginez : en principe, nous aurions pu saisir tous nos listings sans aucun saut de ligne dans le Bloc-notes, Netscape Navigator aurait affiché le même résultat. Mais un document du type <HTML><HEAD><TITLE>...</TITLE></HEAD><BODY>...</BODY><HTML> est vraiment difficile à déchiffrer.

Vous savez maintenant comment créer des sauts de lignes dans Netscape Navigator, mais le résultat obtenu vous semble peut-être un peu confus. Tous les tags HTML de la leçon 1 se caractérisent par le fait qu'un tag d'ouverture (par exemple, <BODY>) est impérativement suivi par un tag de fermeture (</BODY>). Or, le tag <BR> ne suit pas cette règle, il n'existe aucun tag </BR>.

HTML connaît deux types de tags : les tags qui fonctionnent par paire (tag d'ouverture suivi d'un tag de fermeture) et des tags qui interviennent de manière isolée (par Exemple <BR>).

Pour saisir un titre dans un document HTML, nous utilisons le tag <TITLE>. Il indique à Netscape Navigator qu'à cet endroit commence un texte qu'il faut interpréter comme étant un titre. Netscape Navigator ne peut pas deviner de lui-même à quel moment ce titre s'arrête, d'où la nécessité du tag de fermeture </TITLE>. À l'inverse, le saut de ligne représenté par <BR> intervient sans qu'il soit nécessaire d'en déterminer une fin.

Dans la suite de ce livre, vous apprendrez à connaître de nombreux autres tags, isolés ou par paire. La règle en est simple.

Un tag qui active une situation doit impérativement être désactivé à la fin de cette situation. Un tag qui exécute une action unique (par Exemple le saut de ligne) n'a pas à être désactivé.

Les sauts de paragraphe

Cet autre tag, <P>, a une action unique. Il permet l'insertionde paragraphes.

1. Remplacez le premier tag
 (ligne 11) dans le fichier Exemp03.htm par un tag <P> :

```
9. <BODY>
10. Bienvenue sur ma page d'accueil !
11. <P>
12. Je m'appelle Michel Dupont.
13. <BR>
14. Parall&egrave;lement &agrave; ma passion de l'informatique,
    j'aime les voyages
```

Pour des modifications de détail du listing, nous ne reprendrons pas systématiquement l'ensemble des lignes. En cas de problème, reportez-vous au dernier listing complet.

Cette simple modification aboutit dans Netscape Navigator au résultat suivant :

Fig. 2.2 :
La différence entre <BR> et <P> est évidente

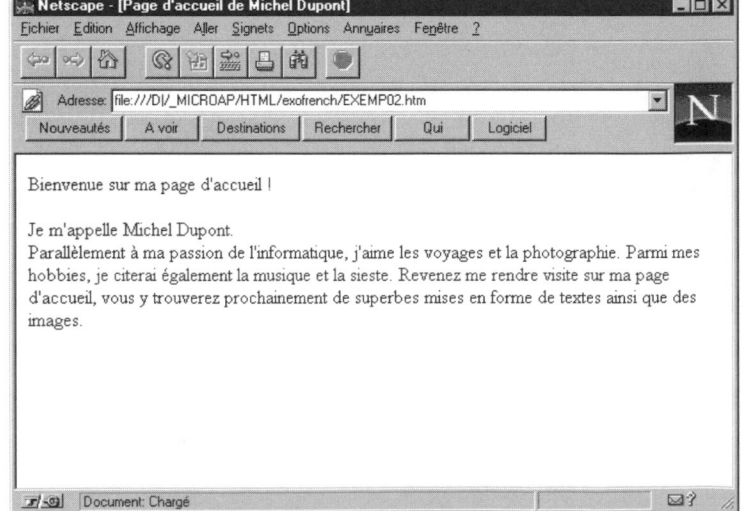

Alors que <BR> provoque un saut de ligne, le tag <P> a pour effet un saut de ligne suivi de l'insertion d'une ligne vierge. <P> est à nouveau un tag isolé, qui ne nécessite pas de tag de fermeture.

Une petite expérience permet de découvrir une autre particularité du tag <P> : insérez plusieurs tags <P> les uns à la suite des autres. Dans Netscape Navigator, vous ne verrez apparaître qu'un seul saut de ligne et une seule ligne vierge. Le tag <P> n'est donc pas un outil adapté pour séparer des paragraphes par plusieurs lignes vierges.

Des titres de toutes les tailles

Pour la suite, la première ligne de texte ("Bienvenue sur ma page d'accueil !") doit être mise en valeur en sa qualité de titre. Pour cela, les modifications suivantes sont nécessaires.

1. Dans la ligne 10 du texte suivant, insérez les tags <H1> et </H1>.

```
9. <BODY>
10. <H1>Bienvenue sur ma page d'accueil ! </H1>
11.
12. Je m'appelle Michel Dupont.
13. <BR>
14. Parall&egrave;lement &agrave; ma passion de l'informatique,
    j'aime les voyages
```

Voici les changements qui sont intervenus :

- Le texte du titre (ligne 10) a été marqué d'un tag d'ouverture <H1> et d'un tag de fermeture </H1>.

- Le saut de ligne avec ligne vierge correspondant à l'ancien tag <P> a été supprimé. Le tag <H1> est un tag double nécessitant son corollaire de fermeture </H1> pour indiquer à Netscape Navigator à quel endroit se termine le titre.

■ En fonction de la taille de votre fenêtre Netscape Navigator, le titre est affiché sur une ou plusieurs lignes. En réduisant la fenêtre, vous verrez le titre sur plusieurs lignes. Ainsi, il en va des titres comme du texte normal, Netscape Navigator ajoute des sauts de ligne pour afficher l'ensemble du titre dans la fenêtre. Regardons le résultat :

Fig. 2.3 :
Notre premier titre HTML

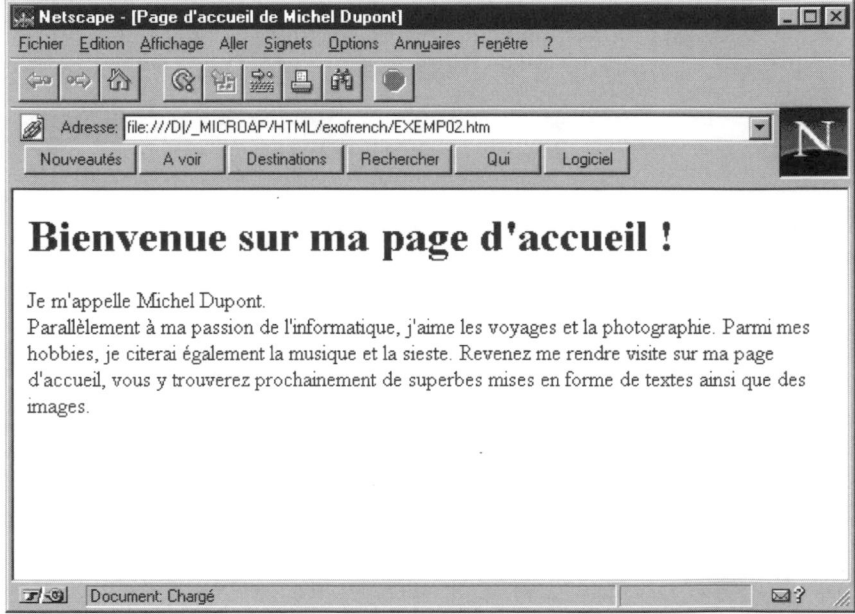

"Bienvenue sur ma page d'accueil !" est devenu un titre imposant. En remplaçant le tag <P> par le tag <H1>, Netscape Navigator a mis en place un saut de ligne après le titre, ainsi qu'un espacement vertical assez important entre le titre et la suite du texte. Notez qu'il en va de même pour tous les autres tags de type <Hx> que vous rencontrerez.

Faites quelques expérimentations. Insérez à nouveau le tag <P>. Il n'est pas gênant, mais inutile, puisque Netscape Navigator met en place avec <H1> le saut de ligne et un espacement.

Faites également l'essai suivant :

1. Au lieu de la ligne

```
10. <H1>Bienvenue sur ma page d'accueil ! </H1>
```

par les lignes suivantes :

```
10. <H1>
11. Bienvenue sur ma page d'accueil !
12. </H1>
```

Vous constaterez que le résultat dans Netscape Navigator ne change pas. Les deux saisies aboutissent au même affichage. Rappelez-vous que Netscape Navigator ignore les sauts de ligne. À vous de choisir la technique de saisie qui vous semble la plus claire.

À la fin de cette leçon, vous aborderez le problème de l'organisation la plus claire possible de votre code HTML. Par des Exemples tels que le précédent, nous vous préparons déjà aux décisions que vous serez amené à prendre dans ce domaine.

Et pour réduire sa taille ?

Pour modifier la taille d'un titre, vous disposez dans Netscape Navigator d'une palette de six tailles de titre différentes. Les tags correspondant à ces options sont tous construits sur le même schéma :

```
<Hx> Ceci est mon titre </Hx>
```

Dans cette syntaxe, x peut prendre des valeurs de 1 à 6, <H1> et </H1> correspondant à la plus grande taille et <H6> et </H6>, à la plus petite.

Choisissez une taille médiane pour le titre de votre page d'accueil et remplacez-le par :

```
10. <H3>Bienvenue sur ma page d'accueil ! </H3>
```

Dans Netscape Navigator, il ressemblera à ceci :

Fig. 2.4 :
Le tag <H3>
aboutit à un titre
de taille moyenne

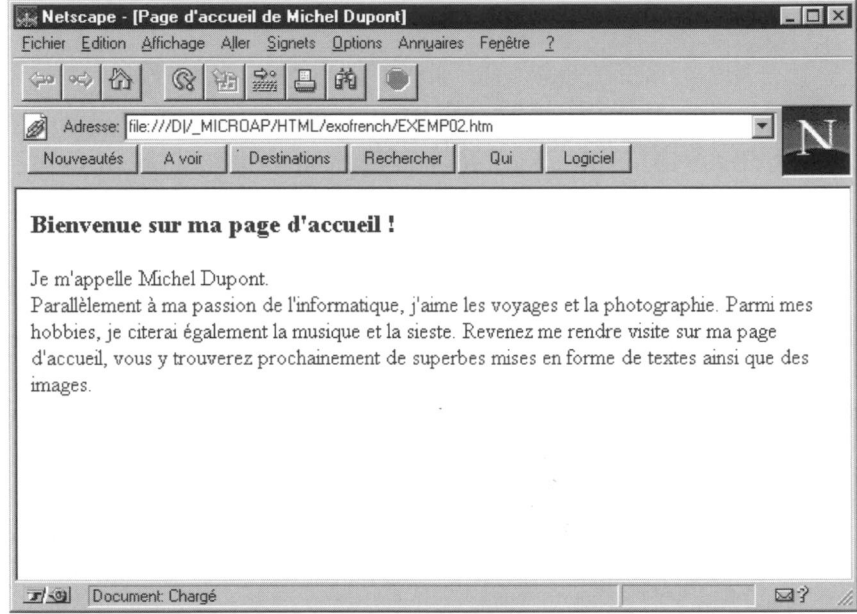

Expérimentez les autres tags, de <H1> à <H6> pour en connaître les incidences. Plus le chiffre derrière le H est grand, plus le titre est petit. Bien sûr, le chiffre du tag d'ouverture doit être le même que celui du tag de fermeture.

Le style gras - <B> et <STRONG>

Après le titre, venons-en au texte de la page. Nous aimerions mettre quelques mots en valeurs, par exemple en les écrivant en gras ou en italique.

En soi, cette attente est facile à satisfaire, mais un petit problème survient. Nous allons l'aborder sur la base du style gras.

Il existe en fait deux tags (ou plutôt deux paires de tags, d'ouverture et de fermeture) permettant de mettre en valeur un ou plusieurs caractères dans un texte HTML. Le premier est

`<B>...</B>` où le `B` signifie *Bold* (gras), le second est `<STRONG>...</STRONG>` où `STRONG` signifie "fort".

Voyons sur un plan pratique comment Netscape Navigator exploite ces tags.

1. Modifiez le fichier HTML sous la forme suivante :

Listing 2.3 :
Comparatif des tags <B> et <STRONG>

```
1. <HTML>
2.
3. <HEAD>
4. <TITLE>
5. Page d'accueil de Michel Dupont
6. </TITLE>
7. <HEAD>
8.
9. <BODY>
10. <H3>Bienvenue sur ma page d'accueil ! </H3>
11.
12. Je m'appelle <B>Michel</B> <STRONG>Dupont.</STRONG>
13. <BR>
14. Parallèlement à ma passion de l'informatique,
    j'aime les voyages
15. et la photographie. Parmi mes hobbies, je citerai &eacute;
    galement la musique
16. et la sieste. Revenez me rendre visite sur ma page d'accueil,
    vous y trouverez
17. prochainement de superbes mises en forme de textes ainsi que
    des images.
18. </BODY>
19.
20. </HTML>
```

Si vous avez suivi toutes les modifications précédentes, la seule chose à faire est de mettre en place le tag `<B>` autour du prénom et le tag `<STRONG>` autour du nom de famille.

Par ces changements, nous nous retrouvons avec un mot parqué du tag <B> et un autre du tag <STRONG>. Vous pouvez bien sûr aussi marquer de la sorte plusieurs mots, ou seulement quelques caractères. Si, dans le mot HELLO vous ne souhaitez mettre en caractères gras que les deux caractères "L", vous écrirez *HE<B>LL</B>O*. Faites en l'expérience !

Dans Netscape Navigator, le résultat affiché est le suivant :

Fig. 2.5 :

Les tags <B> et <STRONG> affichent les caractères en gras

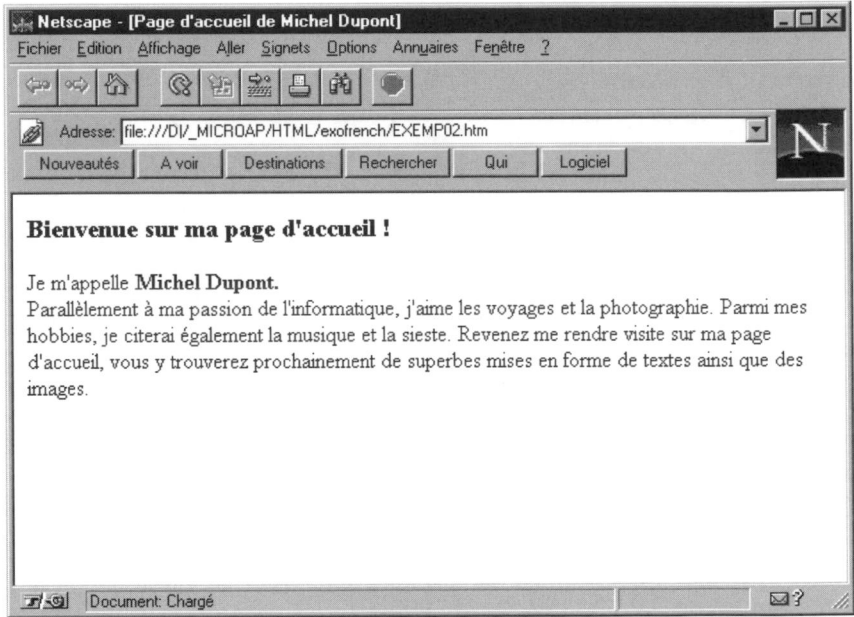

Les deux mots marqués sont affichés sous la même forme, en gras. Pourquoi deux tags différents pour un même résultat ?

Revenons à l'époque où il n'existait pas encore de navigateur Web, tel que Netscape Navigator. Les documents HTML étaient affichés dans des navigateurs texte (par exemple, Lynx), chacun de ces programmes disposant de ses propres capacités. Certains savaient afficher les italiques et les caractères soulignés, mais pas les gras, d'autres maîtrisaient uniquement les mots soulignés, etc. Les développeurs HTML devaient s'adapter et c'est à cette occasion que fut créé le tag <STRONG> pour afficher une chaîne de caractères en gras. La façon d'afficher cette mise en valeur dépendait du navigateur, il s'agissait parfois de caractères gras, d'autres fois de caractères soulignés, etc. Le principal était d'obtenir que les caractères en question se distinguent du texte ordinaire.

Aujourd'hui, tous les navigateurs savent utiliser les caractères gras, d'où la naissance du tag <B>.

Lequel des deux utiliser ?

Tous les navigateurs modernes savent utiliser les deux tags, c'est donc à vous qu'il appartient de choisir le tag qui vous convient. En ce qui nous concerne, nous utiliserons dans la suite de ce livre le tag <B>.

Le style italique

Là aussi, pour les mêmes raisons historiques, il existe deux tags affichant des caractères en italique.

Le premier est <I>...</I> où le I signifie "italique", le second est <EM>...</EM> où EM est l'abréviation de *emphatic*.

Les deux tags sont des tags doubles, d'ouverture et de fermeture. Essayez-les. Dans le listing suivant, nous avons utilisé <I> pour le mot "informatique" et <EM> pour les mots "page d'accueil" :

Listing 2.4 :
Comparatif des
tags <I> et
<EM>

```
1. <HTML>
2.
3. <HEAD>
4. <TITLE>
5. Page d'accueil de Michel Dupont
6. </TITLE>
7. <HEAD>
8.
9. <BODY>
10. <H3>Bienvenue sur ma page d'accueil ! </H3>
```

```
11.
12. Je m'appelle <B>Michel</B> <STRONG>Dupont.</STRONG>
13. <BR>
14. Parall&egrave;lement &agrave; ma passion de l'<I>informatique</I>,
    j'aime les voyages
15. et la photographie. Parmi mes hobbies, je citerai &eacute;
    galement la musique
16. et la sieste. Revenez me rendre visite sur ma <EM>page d'accueil</EM>,
    vous y trouverez
17. prochainement de superbes mises en forme de textes ainsi
    que des images.
18. </BODY>
19.
20. </HTML>
```

Regardons le résultat dans Netscape Navigator :

Fig. 2.6 :

Écriture italique
créée de deux
façons différentes

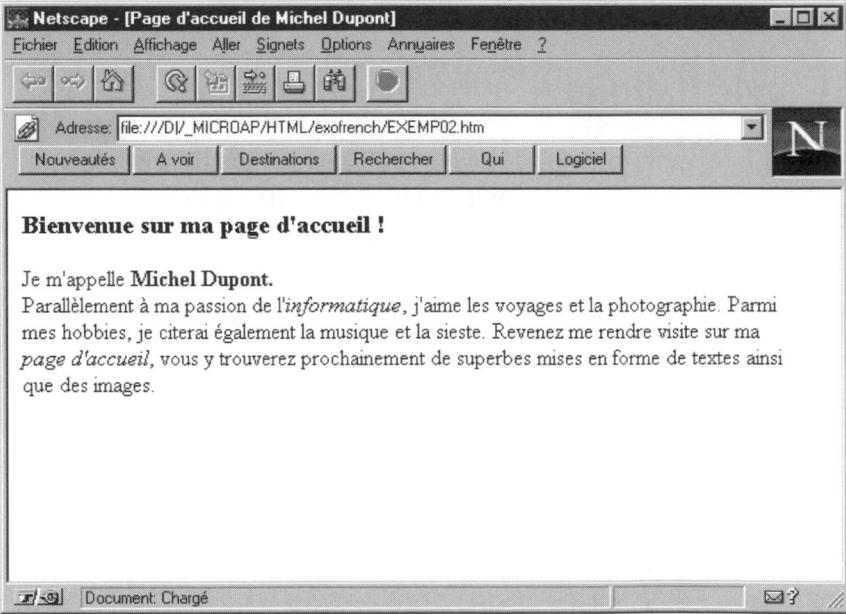

Les mots en italique sont affichés de la même manière dans Netscape Navigator. Là encore, il vous appartient de choisir la méthode qui vous semble la plus claire. Pour notre part, nous avons opté pour le tag <I> dans la suite du livre.

Combinaison des deux styles

Maintenant que vous connaissez les différentes possibilités de présentation des titres et des caractères gras et italiques, voyons comment les combiner. Modifiez les lignes 10 et 16 de votre listing :

```
1. <HTML>
2.
3. <HEAD>
4. <TITLE>
5. Page d'accueil de Michel Dupont
6. </TITLE>
7. <HEAD>
8.
9. <BODY>
10. <H3>Bienvenue sur ma <I>page d'accueil ! </I></H3>Je m'appelle
    Michel Dupont.</H3>
11.
12. Je m'appelle <B>Michel</B> <STRONG>Dupont.</STRONG>
13. <BR>
14. Parall&egrave;lement &agrave; ma passion de l'<I>informatique</I>,
    j'aime les voyages
15. et la photographie. Parmi mes hobbies, je citerai &eacute;
    galement la musique
16. et la sieste. Revenez me rendre visite sur ma <EM><B>page</B>
    d'accueil</EM>, vous y trouverez
17. prochainement de superbes mises en forme de textes ainsi
    que des images.
18. </BODY>
19.
20. </HTML>
```

Voici les modifications effectuées :

■ Dans le titre placé entre les tags <H3> de la ligne 10, nous avons entouré la chaîne page d'accueil ! des tags <I> et </I> pour afficher ces mots en italique.

■ Dans la chaîne page d'accueil de la ligne 16, déjà formatée par les tags <EM> et </EM>, nous avons ajouté des tags <B> et </B> autour du mot page.

HTML raisonne de manière tout à fait logique. Regardons le résultat dans Netscape Navigator :

Fig. 2.7 :
Les formatages de texte imbriqués fonctionnent parfaitement

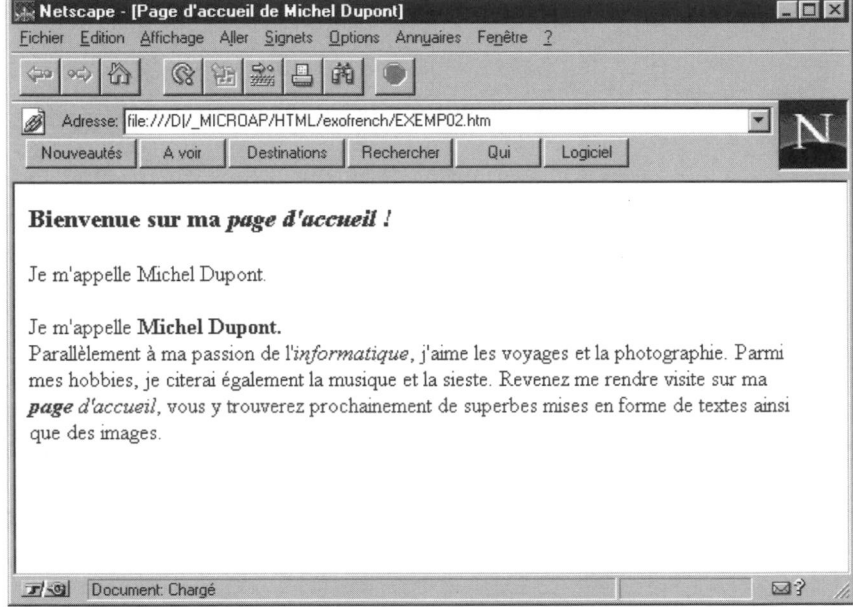

Il apparaît clairement dans cet exemple qu'il est tout à fait possible d'utiliser les tags HTML de façon imbriquée pour combiner des attributs de formatage. Dans les leçons suivantes, vous verrez qu'il en va de même pour tous les tags que vous aurez l'occasion de découvrir : la combinaison des tags de mise en forme et d'autres tags permet une multitude d'effets les plus divers et de personnaliser totalement vos pages HTML.

HTML est très généreux en matière d'imbrication de tags de mise en forme. Il est si généreux qu'il vous arrivera dans certaines situations de perdre le fil de ces imbrications. Ne vous laissez pas déborder, procédez aux mises en forme de manière réfléchie si vous ne voulez pas éprouver de grandes difficultés en cas de modification ultérieure du texte.

La ligne horizontale

Découvrons un autre outil de mise en forme pour les textes : la ligne horizontale. La ligne améliore visuellement la présentation des pages HTML, mais est surtout l'occasion de faire connaissance avec une autre spécificité du langage HTML.

Le tag responsable de la ligne horizontale est <HR>.

Passons tout de suite aux travaux pratiques.

Insérez dans la ligne 11, le tag <HR> et remplacez en ligne 13 le tag <BR> par le tag <HR> :

1. <HTML>
2.
3. <HEAD>
4. <TITLE>
5. Page d'accueil de Michel Dupont
6. </TITLE>
7. <HEAD>
8.
9. <BODY>
10. <H3>Bienvenue sur ma <I>page d'accueil ! </I></H3>Je m'appelle Michel Dupont.</H3>
11. <HR>
12. Je m'appelle <B>Michel</B> <STRONG>Dupont.</STRONG>
13. <HR>
14. Parallèlement à ma passion de l'<I> informatique</I>, j'aime les voyages
15. et la photographie. Parmi mes hobbies, je citerai é galement la musique
16. et la sieste. Revenez me rendre visite sur ma <EM><B>page</B> d'accueil</EM>, vous y trouverez
17. prochainement de superbes mises en forme de textes ainsi que des images.
18. </BODY>
19.
20. </HTML>

Regardons le résultat :

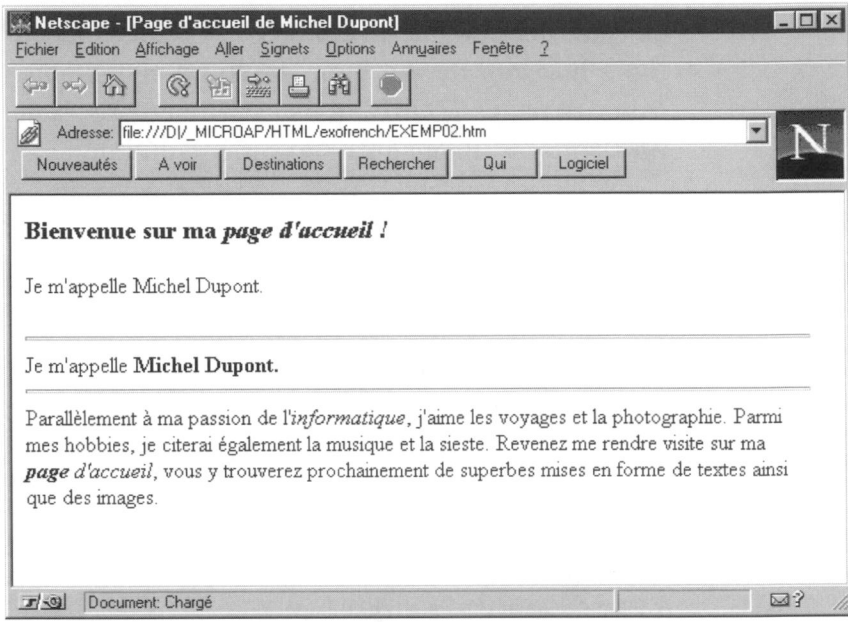

Le tag <HR> insère dans le texte une ligne horizontale. Il s'agit à n'en pas douter d'un élément de mise en forme intéressant, surtout lorsque vous en aurez découvert les variantes. Mais commençons par ses propriétés de base :

■ Le tag <HR> est un tag simple, il ne dispose pas d'une version d'ouverture et d'une version de fermeture. "HR" est l'abréviation de *Horizontal Rule*, "ligne horizontale". Le tag <HR> est complété par un saut de ligne et un espacement avant et après la ligne. Ceci explique le remplacement du tag <BR> par un tag <HR> en ligne 13.

Le tag <HR> offre encore d'autres possibilités. En voici un exemple :

Remplacez le tag <HR> de la ligne 11 par le tag <HR> étendu :

```
<HR SIZE=8>
```

Vous obtenez le résultat suivant :

Fig. 2.9 :
Le tag <HR>
modifié

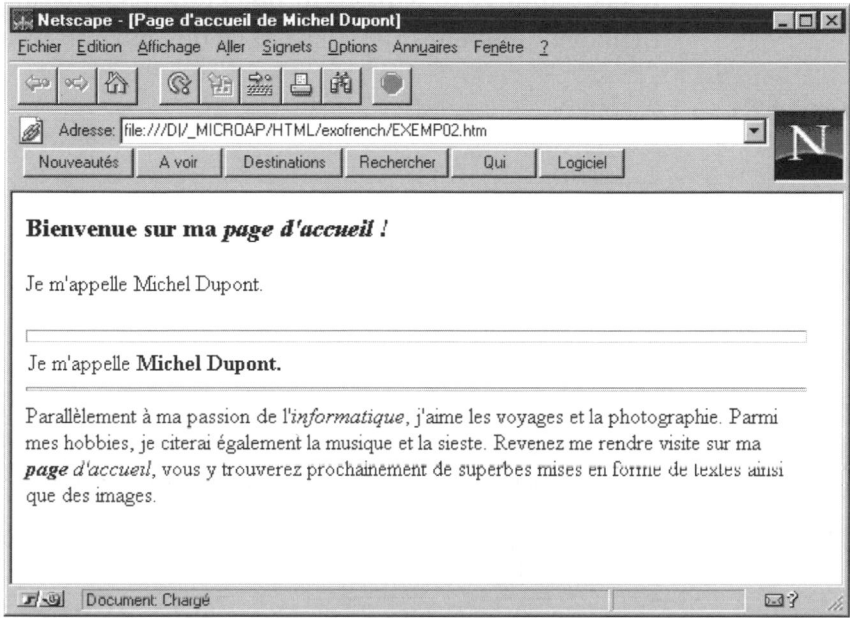

Ce tag modifié affiche une ligne sensiblement plus large. La ligne a une épaisseur de 8 points écran (pixels).

Testez d'autres valeurs pour le paramètre SIZE, pour bien comprendre ses effets. SIZE=1 aboutit à un trait fin, SIZE=15 à un gros trait de 15 pixels de haut. Et avec 8 ou 25, à quoi ressemble la ligne ? Il n'y a que deux contraintes pour ces expériences : la valeur du paramètre SIZE doit être un entier et des valeurs très grandes (par Exemple 50) n'ont aucun sens.

Sans vous en rendre compte, vous venez d'apprendre une chose importante :

Il existe des tags modifiables. Les modifications sont placées entre les deux caractères "<" et ">" et après le nom du tag (par Exemple <HR...>), en affectant une valeur à un mot clé. (SIZE=8).

Pour le moment, nous avons modifié la hauteur du tag <HR>. Mais les possibilités ne s'arrêtent pas là. Dans le listing suivant, nous utilisons plusieurs tags <HR> avec des paramètres différents.

Listing 2.5 :
Le tag <HR>
en plusieurs
variantes

```
1. <HTML>
2.
3. <HEAD>
4. <TITLE>
5. Page d'accueil de Michel Dupont
6. </TITLE>
7. <HEAD>
8.
9. <BODY>
10. <H3>Bienvenue sur ma <I>page d'accueil ! </I></H3>
11. <HR WIDTH="50%" SIZE=8>
12. Je m'appelle <B>Michel</B> <STRONG>Dupont.</STRONG>
13. <HR WIDTH=200 ALIGN="right">
14. Parall&egrave;lement &agrave; ma passion de l'<I>informatique</I>,
    j'aime les voyages
15. et la photographie. Parmi mes hobbies, je citerai &eacute;
    galement la musique et la sieste.
16. <HR WIDTH="70%" SIZE=10 ALIGN="left">
17. Revenez me rendre visite sur ma <EM><B>page</B> d'accueil</EM>,
    vous y trouverez
18. prochainement de superbes mises en forme de textes ainsi que
    des images.
19. </BODY>
20.
21. </HTML>
```

Voici comment Netscape Navigator affiche ces variations :

Fig. 2.10 :
Courte ou longue, à droite, à gauche ou au milieu : le tag <HR> présente plusieurs visages

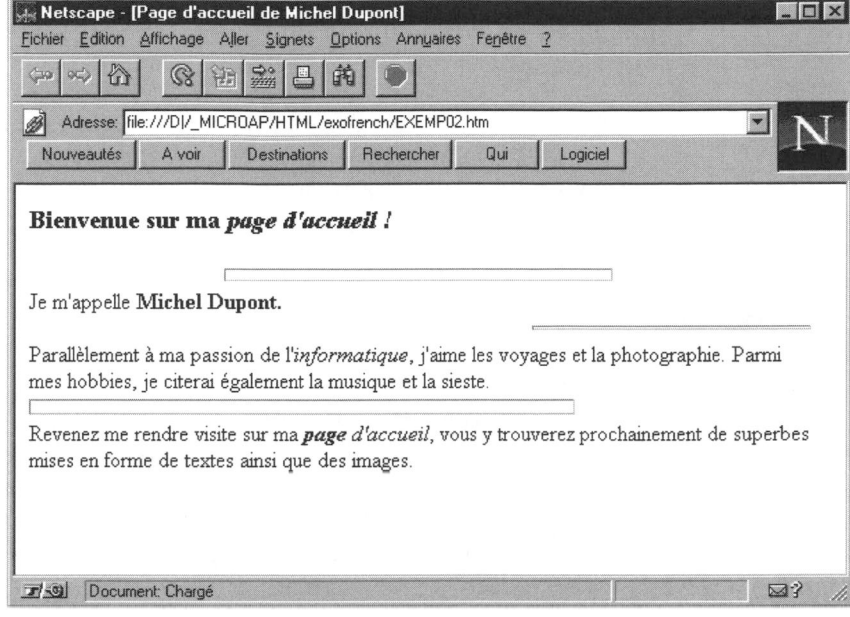

Comparez les divers tags <HR> du listing avec leur résultat effectif dans Netscape Navigator. Vous avez certainement compris selon quel principe fonctionnaient ces extensions des tags <HR>.

Dans le cadre du tag peuvent intervenir plusieurs mots-clés avec une valeur. Ces mots-clés sont WIDTH, SIZE et ALIGN. Si la valeur est un chiffre, il est placé directement derrière le signe d'égalité (par exemple, SIZE=8). Si la valeur contient des caractères alphabétiques ou spéciaux (par exemple, %), la valeur est placée entre guillemets (par exemple, ALIGN="right", WIDTH="50%").

Dans ce dernier Exemple, les guillemets ne sont pas nécessaires, mais nous vous conseillons d'adopter une syntaxe uniforme pour tous les mots-clés.

WIDTH définit la largeur de la ligne horizontale. L'indication peut être absolue (WIDTH=200) avec un nombre entier représentant les pixels, ou en pourcentage (WIDTH="70%"). Dans ce dernier cas, le pourcentage est appliqué à la largeur de l'écran.

Si un document HTML est visualisé en différentes résolutions d'affichage et en diverses largeurs de fenêtre, une valeur absolue est rarement une bonne solution. Nous vous recommandons dans une telle situation d'opter pour une indication de largeur sous forme de pourcentage, ce pourcentage étant adapté à la largeur de chaque fenêtre. Dans le doute, choisissez toujours un pourcentage ! Pour vous en persuader, faites quelques expérimentations avec différentes tailles de fenêtre dans Netscape Navigator.

SIZE définit la hauteur de la ligne horizontale. Ce paramètre n'accepte que des valeurs entières.

ALIGN régit l'alignement de la ligne. Les valeurs autorisées sont "right", "left" et "center". Par défaut, en l'absence de définition du paramètre d'alignement, la ligne est centrée dans la largeur de la fenêtre.

Ces trois paramètres sont optionnels, si vous utilisez un simple tag <HR>, il correspondra à une largeur de 100 % , une hauteur de 2 pixels et un alignement centré, soit <HR WIDTH="100%" SIZE=2 ALIGN="center">.

Tant que la valeur par défaut de la largeur n'est pas modifiée, il est inutile de définir le paramètre d'alignement, car une ligne à 100 % occupe toujours la même position, qu'elle soit à gauche, à droite ou centrée.

En principe, l'ordre de ces trois paramètres n'a pas d'importance, mais il est conseillé de respecter systématiquement le même ordre pour faciliter la détection des éventuelles erreurs de code

À vous de procéder à quelques expérimentations avec votre nouvelle connaissance, le tag <HR>.

Adresses et commentaires

Nous allons voir maintenant comment documenter notre page HTML par des commentaires qui seront ignorés par Netscape Navigator au moment de l'affichage.

Examinez le listing suivant :

Listing 2.6 :
Un commentaire pour faciliter la suite du travail

```
   ...
2. <BODY>
3. <H3>Bienvenue sur ma <I>page d'accueil ! </I></H3>
4. <!- Nous rajouterons ici un logo à la fin de la leçon,
5. pour que la page soit plus attrayante<P> ->
6. <HR WIDTH="50%" SIZE=8>
7. Je m'appelle <B>Michel</B> <STRONG>Dupont.</STRONG>.
8. <HR WIDTH=200 ALIGN="right">
9. Parall&egrave;lement &agrave; ma passion de l'<I>informatique</I>,
   j'aime les voyages
10. et la photographie. Parmi mes hobbies, je citerai &eacute;
    galement la musique et la sieste.
11. <HR WIDTH="70%" SIZE=10 ALIGN="center">
12. Revenez me rendre visite sur ma <EM><B>page</B> d'accueil</EM>,
    vous y trouverez
13. prochainement de superbes mises en forme de textes ainsi que
    des images.
14. </BODY>
15.
16. </HTML>
```

Insérez les lignes 4 et 5.

Dans la ligne 4 apparaissent, bien en évidence, deux caractères spéciaux, en l'occurrence un à et un ç. Or, nous n'avons pas utilisé ici la définition habituelle des caractères spéciaux, à et ç.

Regardez le résultat dans Netscape Navigator :

Fig. 2.11 :
Netscape Navigator a ignoré les lignes 11 et 12

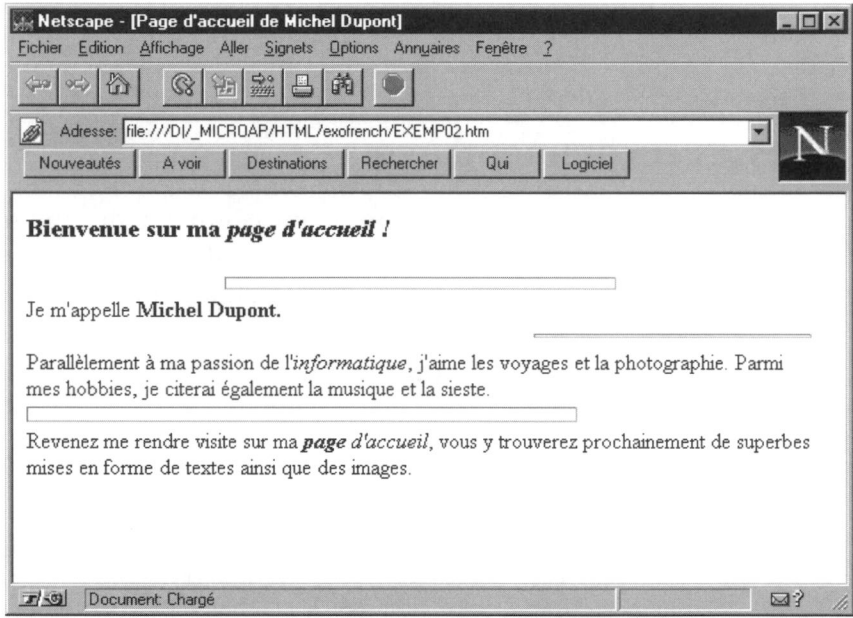

Ces deux lignes contiennent un commentaire que Netscape n'affichent pas.

Dans les documents HTML, vous pouvez insérer librement des commentaires à condition de les placer entre les chaînes de caractères <!- et ->.

Il s'agit là d'un élément important, car ces commentaires sont extrêmement utiles lors du développement de vos pages HTML. Ils facilitent considérablement l'intervention d'autres personnes dans le développement ou les modifications ultérieures.

Comme Netscape Navigator ignore ce type de commentaires, le fait d'utiliser dans ces chaînes de caractères des accentués et des caractères spéciaux ne pose pas de problème. Un autre intérêt de ces commentaires réside dans le fait qu'ils peuvent contenir des tags, lesquels seront bien évidemment ignorés par le navigateur.

Examinez la ligne 5. Nous avons intégré un tag <P> dans le commentaire. Ce tag est ignoré dans Netscape Navigator. C'est un excellent moyen de désactiver un passage de code pour tester plusieurs alternatives. Inutile de supprimer le passage de code dans l'éditeur de texte, il suffit d'en faire un commentaire et de le laisser en place.

Cette possibilité est encore plus intéressante lorsque Netscape Navigator affiche votre document HTML autrement que ce que vous attendiez. C'est le signe que votre code contient une erreur. Mais où ? Transformez ligne après ligne ou passage par passage le code en commentaire et regardez les effets dans le navigateur. Vous trouverez ainsi très rapidement la commande à l'origine du problème.

Les tags du passé

Toute introduction au langage HTML connaît le problème de l'évolution de ce langage au fil des années. Ce qui était important dans le passé n'est plus aujourd'hui qu'une exception. Il en va ainsi du tag <ADDRESS> et de quelques autres tags que nous allons présenter rapidement.

Si vous êtes pressé, vous pouvez sauter cette section. Notez cependant qu'elle vous permettra une meilleure compréhension de la suite.

Si vous surfez sur le Web et si vous cherchez à créer quelques pages d'accueil, vous disposez très certainement d'une adresse e-mail, par exemple Dupont@Trucmuch.fr. Vous souhaitez en faire état à la fin de votre page d'accueil : Netscape Navigator connaît l'arobase et sait l'afficher correctement. Mais vous pouvez également utiliser dans le fichier le tag <ADDRESS> :

Listing 2.7 :
Le tag
<ADDRESS>
en ligne 6

```
...
2. <HR WIDTH="70%" SIZE=10 ALIGN="center">
3. Revenez me rendre visite sur ma <EM><B>page</B> d'accueil</EM>,
   vous y trouverez
4. prochainement de superbes mises en forme de textes ainsi que
   des images.
5. <P>
6. <ADDRESS>Dupont@Trucmuch.fr</ADDRESS>
7. </BODY>
8.
9. </HTML>
```

En ligne 5, nous avons rajouté un tag <P> pour séparer le texte de l'adresse par un saut de ligne et une ligne vierge. Dans la ligne 6 vient l'adresse Internet, Dupont@Trucmuch.fr, dans un tag <ADDRESS>.

Dans Netscape Navigator, l'affichage est :

Fig. 2.12 :
Le tag
<ADDRESS>
présente le texte
en italique

-

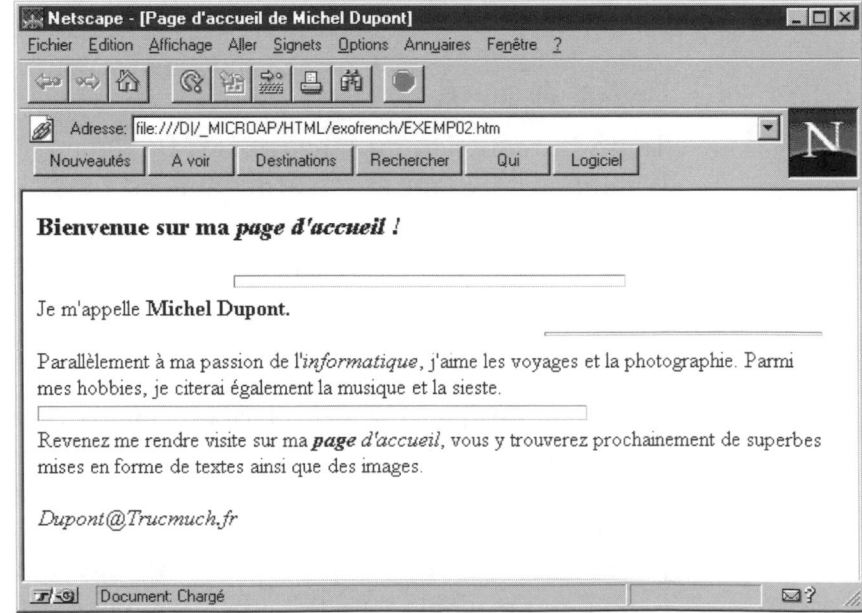

78

Notez que si, en français adresse ne prend qu'un "d", en anglais le terme ADDRESS en prend deux. Si vous oubliez le second "D",En voici le résultat dans Netscape Navigator :

L'adresse Internet dans le tag <ADDRESS> est affichée en italique. Or vous connaissez déjà deux autres tags aboutissant au même résultat.

Au départ, HTML n'était nullement un langage destiné au formatage des textes (ou des images), mais il était utilisé principalement pour des textes et des publications d'ordre scientifique. Son rôle principal était la saisie et l'édition automatique de ces textes par des programmes informatiques, et c'est dans cet esprit qu'il était important que l'ordinateur sache reconnaître une adresse Internet dans un texte. C'est ainsi qu'est né le tag <ADDRESS>. Tout ce qui se trouvait entre <ADDRESS> et </ADDRESS> était reconnu par l'ordinateur comme l'adresse Internet de son auteur.

Ce tag <ADDRESS> est donc une réminiscence de cette époque, et il n'est pas le seul dans ce cas. Il en va de même du tag <PERSON>...</PERSON>, qui venait encadrer le nom des personnes citées dans le texte.

Dans la liste des tags HTML de l'annexe A de ce livre, vous trouverez bien sûr les tags <ADDRESS> et <PERSON>, mais également d'autres tags du même acabit, tombés aujourd'hui en désuétude.

Depuis lors, le World Wide Web a bien changé. Les pages HTML ne sont plus créées avec le seul objectif d'échanger des données scientifiques. Elles sont devenues une source d'informations générales et de loisir.

Désormais, si vous rencontrez le tag <ADDRESS> dans une page HTML, au moins saurez-vous à quoi il correspond.

Astuces non proportionnelles

Vous avez certainement remarqué que les documents HTML sont affichés dans les navigateurs comme Netscape Navigator d'une manière relativement autonome. Netscape Navigator effectue lui-même les sauts de ligne et se charge de présenter le texte de la manière la plus claire possible. D'où les différences d'affichage en fonction de la résolution et de la taille de la fenêtre.

Dans certains cas, il peut être souhaitable de freiner l'indépendance de Netscape Navigator et de le forcer à se plier à des exigences précises.

Nous utiliserons pour cela le logo suivant :

```
 __   ___  _____
_||___|0|  |homepage|
<_  _ _|--|_ ____ _|
  00  00      0    0
```

Ce type de logo est très employé dans les messageries électroniques, en guise de signature ou de signe de reconnaissance. Ne s'agissant que de lettres ou de caractères spéciaux habituels, ils sont faciles à utiliser même dans des fichiers de texte pur. Une seule condition doit cependant être remplie : ce genre de logo ne doit pas être affiché avec une police proportionnelle.

Si la distinction entre police proportionnelle ou non ne vous est pas familière, voici une brève explication. Avec une police non-proportionnelle, tous les caractères ont la même largeur. Avec une police proportionnelle, chaque caractère a une largeur qui lui est propre. Dans ce livre, le texte normal est imprimé en police proportionnelle, alors que le petit train de notre logo utilise une police non-proportionnelle. Le Bloc-notes de Windows 95 utilise également une police non-proportionnelle.

Si vous utilisez ce logo dans une page d'accueil en l'absence d'un nouveau tag, vous risquez de rencontrer de sérieux problèmes. En effet, Netscape Navigator affiche du texte (et notre logo est un texte) en police proportionnelle. Vous utiliserez le tag <PRE>...</PRE> qui est un tag double (d'ouverture et de fermeture).

Remplacez les lignes

```
4. <!- Nous rajouterons ici un logo à la fin de la leçon,
5. pour que la page soit plus attrayante<P> ->
```

par les lignes :

```
11. <PRE>
12.   __   ___  _____
13.  _||___|U|  |homepage|
14. <_  _  _|--|_ ____ _|
15.   00  00       0   0
16. </PRE>
```

Pour avoir une idée de la création de ces logos, il serait bon que vous tentiez de recréer le petit train dans le Bloc-notes de Windows 95. Si la tâche ne vous emballe pas, vous trouverez dans le dossier *C:\Sthtml* le fichier *Sthtml04.htm*. Il contient toutes les modifications effectuées au fil de ce chapitre.

Comme vous le constatez, le logo est précédé d'un tag <PRE> et suivi d'un tag </PRE>. Si ce tag tient ses promesses, l'affichage dans Netscape Navigator devrait ressembler à ceci :

Fig. 2.13 :
Le logo du petit
train dans
Netscape
Navigator

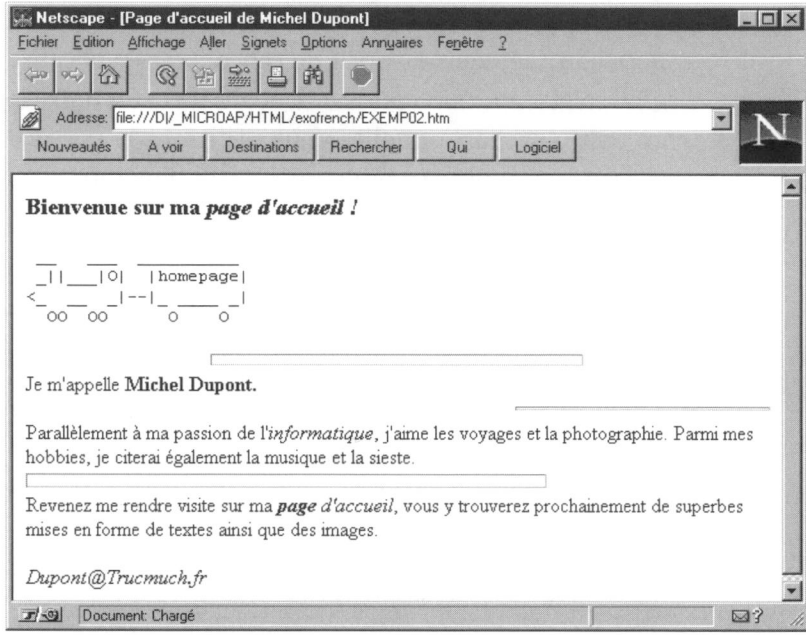

Le logo est parfaitement représenté. Si vous supprimez les deux
tags <PRE> et </PRE> du listing, le train se transforme en un
mélange confus de caractères.

Fig. 2.14 :
Le logo sans le
tag <PRE> :
indigeste !

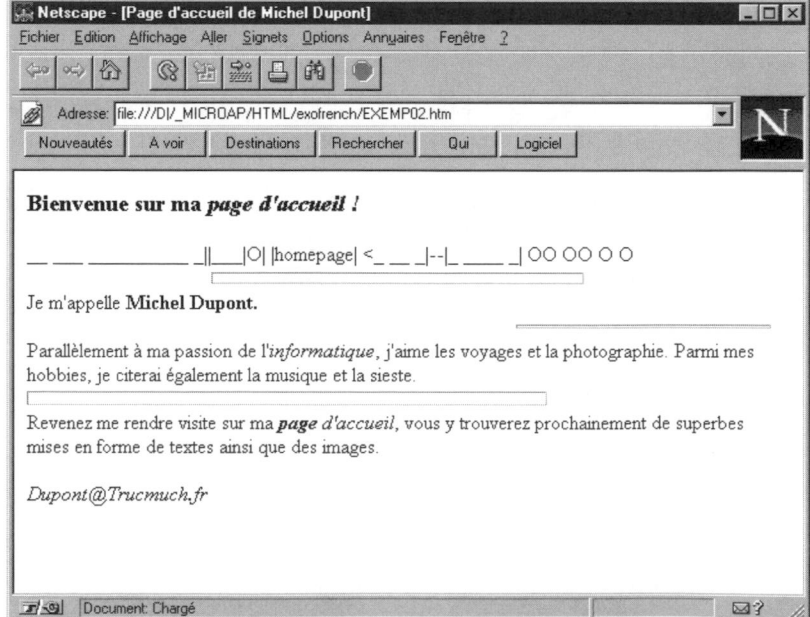

Sans le tag, Netscape Navigator ne se contente pas seulement d'employer une police proportionnelle, il prend aussi la liberté d'ignorer les sauts de ligne et les espaces jugés inutiles, rassemblant tous les caractères du logo sur une seule et même ligne.

Vous connaissez maintenant les caractéristiques de base du tag <PRE>.

Le texte placé entre <PRE> et </PRE> est affiché en police non-proportionnelle (tous les caractères sont de la même largeur) et tous les sauts de ligne et espaces sont maintenus et représentés tels que saisis dans l'éditeur.

Ces caractéristiques sont pratiques pour notre logo, mais aussi pour tous les textes (listings de programmes, tableaux, grilles de mots croisés) dans lesquels il importe de placer avec précision les caractères.

Dans la leçon 5, vous ferez la connaissance de tags spéciaux pour les tableaux, dans lesquels sont utilisées des polices proportionnelles. Si vous avez à créer un tableau respectant exactement la disposition d'origine, agencez le avec le tag <PRE>, car vous obtiendrez ainsi un contrôle absolu de l'affichage.

De plus, dans le cadre d'un tag <PRE>, vous pouvez parfaitement faire appel à des tags de mise en forme, pour mettre des caractères en gras ou en italique. Faites l'essai, la technique fonctionne sans problème.

Comme Netscape Navigator n'effectue aucun saut de ligne automatique dans le cadre d'un tag <PRE>, vous avez l'entière responsabilité de la gestion des lignes. Ne travaillez pas avec des lignes trop longues, faute de quoi Netscape Navigator mettrait en place une barre de défilement horizontal pour en permettre la lecture intégrale.

Agencer le code HTML de façon claire

Hormis le tag <PRE>, Netscape Navigator ignore systématiquement les lignes vierges inutiles du Bloc-notes et convertit les sauts de ligne en lignes vierges. C'est un bon moyen d'arriver à une présentation claire du code HTML dans le Bloc-notes.

Il est vrai que l'essentiel est que la page HTML ait bonne allure dans Netscape Navigator, car telle est sa finalité. Mais rappelez-vous que la page Web que vous créez aujourd'hui subira de très nombreuses mises à jour, et des modifications de tous ordres (le Web est un média très dynamique). Ces modifications peuvent être espacées de plusieurs semaines voire plusieurs mois, et vous apprécierez de retrouver une page parfaitement structurée dans le Bloc-notes. De plus, si vous voulez confier les mises à jour à quelqu'un d'autre, il est préférable que votre code soit le plus clair possible.

Voici quelques règles simples pour établir un code HTML clair :

Aucune de ces règles ou astuces n'est impérative, Netscape Navigator s'en sortira toujours pour afficher correctement vos documents, même si vous ne respectez pas ces conseils. Mais au fil du temps, vous les apprécierez et constaterez que leur emploi régulier est payant.

■ Saisissez tous les tags en capitales (ainsi que les mots-clés), ceci vous permettra de les repérer immédiatement dans le code.

■ Dans le Bloc-notes, arrangez-vous toujours pour que les lignes ne dépassent pas le cadre de la fenêtre et qu'elles soient lisibles en intégralité, sans que vous ayez besoin d'utiliser la barre de défilement horizontale. Insérez donc suffisamment de sauts de lignes.

- Si vous imbriquez des tags doubles (par exemple, gras ou italique), pensez à respecter l'ordre de ces imbrications :

  Correct : *<I><B>* ... *</B></I>* Incorrect : *<I><B>* ... *</I></B>*

- Utilisez toujours les mots-clés dans les tags en respectant le même ordre. Vous détecterez plus facilement le mot-clé recherché.

- Utilisez des lignes vierges pour séparer visuellement les paragraphes et les passages de code HTML.

- Votre code sera particulièrement clair et lisible si vous insérez en début de ligne des espaces (que Netscape Navigator ignorera). La structure de base d'une ligne HTML peut ressembler à ceci, sans que cette présentation n'ait d'incidence sur l'affichage du document :

```
<HTML>
            <HEAD>
                        <TITLE>Ma page d'accueil</TITLE>
            </HEAD>
             <BODY>
                        Et voici le texte !
                        <P>
                        Ceci est le second paragraphe !
                    </BODY>
</HTML>
```

Résumé

Objectif	Procédure	Tag
Insérer une nouvelle ligne	Insérer un tag 	
Insérer une nouvelle ligne avec une ligne vierge	Insérer un tag <P>	<P>
Formater un titre	Placer un tag <Hx> avant le titre et un tag </Hx> après le titre	<Hx>...</Hx> où x correspond à une valeur de 1 à 6, 1 étant le titre le plus grand
Afficher des caractères en gras	Insérer un tag <B> avant le premier caractère et un tag </B> après le dernier	<B> ... </B> ou la variante <STRONG> ... </STRONG>
Afficher des caractères en italique	Insérer un tag <I> avant le premier caractère et un tag </I> après le dernier	<I> ... </I> ou la variante <EM> ... </EM>
Insérer une ligne horizontale	Insérer un tag <HR>, en le modifiant éventuellement par des mots-clés	<HR> et les mots-clés WIDTH, SIZE, ALIGN
Insérer un commentaire	Encadrer le commentaire du tag : <!- Commentaire ->	<!- ... ->
Travailler avec des polices non proportionnelles	Encadrer le texte avec les tags <PRE> ... </PRE>	<PRE> ... </PRE>

Contrôle des connaissances

Vrai ou faux ?

	Vrai	Faux	Quel tag HTML crée un saut de ligne sans ligne vierge ?
1.	B	S	<HR>
2.	A	W	

Vrai ou faux ?

	Vrai	Faux	En quoi le tag \<EM\> se distingue-t-il du tag \<I\> ?
3.	L	U	Le tag \<EM\> ne fonctionne plus aujourd'hui.
4.	T	S	Les deux tags fonctionnent.
5.	E	D	Seul le tag \<EM\> permet un affichage en italique.
6.	E	Z	Le tag \<I\> est plus courant aujourd'hui.

Trouvez les correspondances

7.		\<!-- ...--\>		R	Saut de ligne sans ligne vierge
8.		\<PRE\> ... \</PRE\>		P	Commentaire
9.		\<BR\>		A	Texte non proportionnel
10.		\<H6\>		A	Début du plus petit titre possible

Trouvez les correspondances

11.		\<H1\>		P	Saut de ligne avec ligne vierge
12.		\<HR WIDTH="50%"\>		H	Fin de commentaire
13.		\<HR ALIGN="right"\>		E	Début d'un passage en gras
14.		\<P\>		G	Début d'un gros titre
15.		--\>		A	Ligne horizontale alignée à droite
16.		\<B\>		R	Ligne horizontale d'une largeur de 50 %

Solution

-	-	-	-
1.	2.	3.	4.

-	-
5.	6.

-	-	-	-	-	-	-	-	-	-
7.	8.	9.	10.	11.	12.	13.	14.	15.	16.

SAUT DE PARAGRAPHE

3 Des énumérations claires

50 mn

Dans le chapitre précédent, vous avez découvert de nombreuses possibilités de formater les textes dans les documents HTML. Mais les textes traités jusqu'à présent étaient des textes courants, dans lesquels nous avons mis en valeur des chaînes de caractères en leur appliquant une écriture en gras ou en italique. Une forme de texte très courante dans les pages Web est la liste ou l'énumération de diverses options. Comment formater ce genre de texte ? C'est le sujet de ce chapitre.

À l'issue de cette leçon, vous saurez...

- Comment placer un passage en retrait.
- Comment numéroter les paragraphes.
- Comment agencer les énumérations.
- Comment imbriquer les divers types d'énumération.
- Comment éviter les problèmes dans les listes.

La mise en retrait ?

Nous allons partir d'un nouvel exemple : imaginez une association d'élevage de poissons rouges qui souhaite présenter ses activités et ses structures sur le World Wide Web.

1. Dans le Bloc-notes de Windows 95, tapez le listing suivant :

Listing 3.1 :
Les tags <DL>,
<DT> et
<DD> à
l'épreuve

```
<HTML>
2.
3. <HEAD>
4. <TITLE>
5. Association Le poisson rouge
6. </TITLE>
7. <HEAD>
8.
9. <BODY>
10.
11. <H3>
12.     Bienvenue &agrave; l'association
13.     <BR>
14.     Le poisson rouge
15. </H3>
16.
17. <HR SIZE=5 WIDTH="70%" ALIGN="left">
18.
19. <B>Notre comit&eacute;</B>
20.
21. <DL>
22.     <DT>1. Pr&eacute;sident :</DT>
23.     <DD>Michel Dupont</DD>
24.
25.     <DT>2. Secr&eacute;taire :</DT>
26.     <DD>Claude Durand</DD>
27.
28.     <DT>R&eacute;dacteurs :</DT>
29.     <DD>Pierre Martin</DD>
30.     <DD>Marianne Moreau</DD>
31. </DL>
32.
33. </BODY>
34. </HTML>
```

Vous trouverez ce listing dans le fichier *Sthtml05.htm*, dans le dossier *C:\Sthtml*. Notez que les retraits et les espaces facilitent grandement la lecture de ce listing.

2. Veillez à ne pas confondre les trois nouveaux tags `<DL>`, `<DT>` et `<DD>`.

Regardons comment Netscape Navigator affiche cette page :

Fig. 3.1 :

Les quatre noms apparaissent en retrait

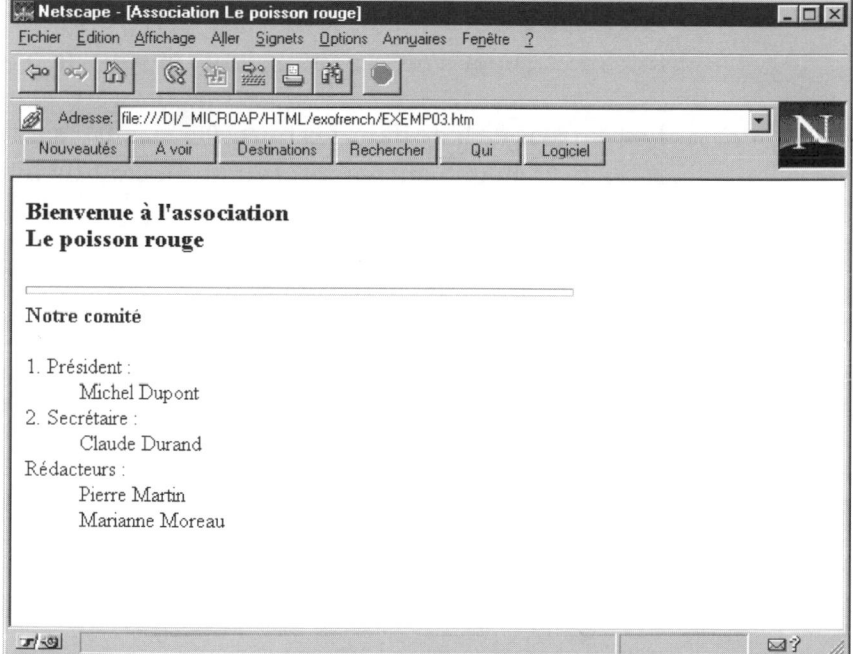

Les quatre noms propres sont placés en retrait, dans une nouvelle ligne, ce qui en facilite la lecture. Ce résultat est obtenu par les trois tags `<DL>`, `<DT>` et `<DD>`. Ces tags sont aussi appelés "tags de glossaire". Voici ce que vous devez savoir :

■ les trois tags sont des tags doubles d'ouverture et de fermeture ;

■ le tag `<DL>` ...`</DL>` encadre une liste de tags `<DT>` et `<DD>` ;

■ avant le tag d'ouverture <DL> et après le tag de fermeture </DL>, vous devez insérer un saut de ligne et une ligne vierge.

Avec des listes longues, il arrive assez fréquemment d'oublier le tag de fermeture </DL>. Nous vous conseillons de taper de suite le tag d'ouverture et de fermeture (<DL> ...</DL>) puis de compléter l'espace entre les deux par la liste. Ainsi aurez-vous l'assurance de ne rien oublier.

Les entrées de liste dans les tags <DT>...</DT> sont affichées sans retrait. À chaque entrée intervient un saut de ligne.

Les entrées de liste dans les tags <DD>...</DD> sont affichées avec retrait. À chaque entrée intervient un saut de ligne.

Au départ, ces trois tags devaient servir à créer des listes de concepts et leurs définitions, avec une succession de tags <DT>...</DT> et <DD>...</DD>. Comme dans l'exemple des deux rédacteurs (ligne 29 et 30), il est possible de combiner dans un tag <DL>...</DL>, les deux autres tags tout à fait librement. Ainsi, vous pouvez utiliser uniquement des tags <DL>...</DL> dans un même tag <DL>...</DL> pour créer des paragraphes en retraits.

Bien sûr, dans ces listes, rien ne s'oppose à des mises en forme en gras ou en italique.

Listes non numérotées

Notre association Le poisson rouge dispose d'un comité, mais surtout elle entreprend des actions. Le moment est venu de les mentionner.

1. Insérez les lignes suivantes dans le fichier de départ :

Listing 3.2 :
Deux nouveaux
tags : <UL> et
<LI>

```
<DD>Marianne Moreau</DD>
31. </DL>
32.
33. Nos activit&eacute;s :
34. <UL>
35.     <LI>Elevage de poissons rouges
36.     <LI>Elevage de poissons exotiques
37.     <LI>Nous attachons une importance toute particuli&egrave;
        re &agrave; notre Atelier Jeunes !
38. </UL>
39.
40. </BODY>
41. </HTML>
```

En voici le résultat dans Netscape Navigator :

Fig. 3.2 :
Avant chaque
entrée de liste,
un gros point

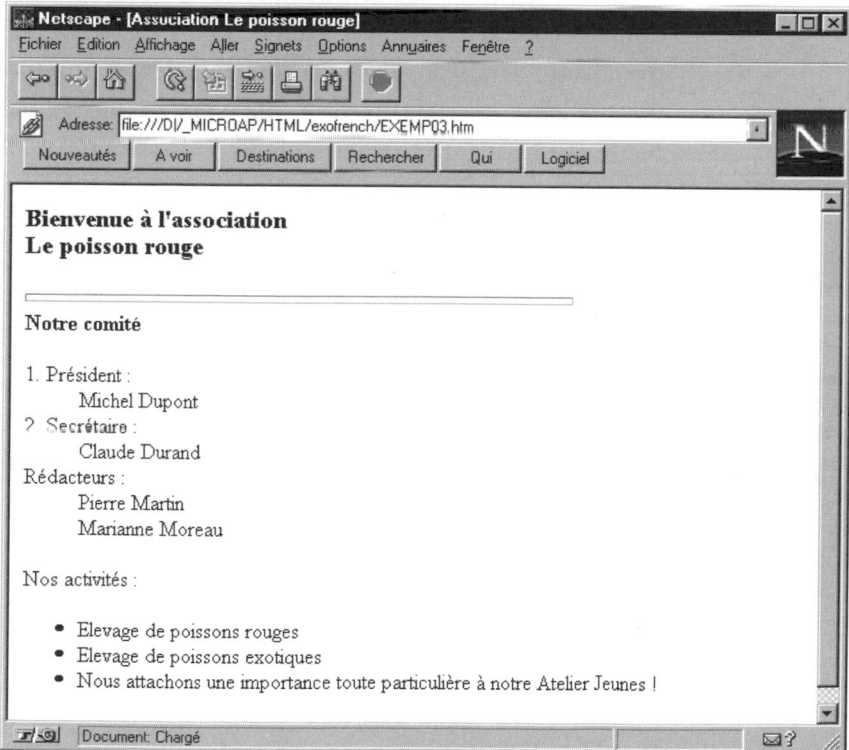

Cette façon de présenter les listes est très courante. Ces deux nouveaux tags, `<UL>` et `<LI>`, ont les particularités suivantes :

- Le tag `<UL>` est un tag double. Il encadre une liste non numérotée. Avant `<UL>` et après `</UL>`, un saut de ligne avec une ligne vierge est inséré.

- Dans le tag `<UL>`...`</UL>`, chaque entrée de liste commence par `<LI>`. Il s'agit d'un tag simple qui attribue à chaque entrée une puce et un retrait et qui ajoute un saut de ligne.

Tous ces textes peuvent bien sûr être formatés en gras ou en italique.

Numéroter une liste

Notre association souhaite compléter ce document par l'ordre du jour de sa prochaine assemblée générale. Vous avez besoin d'une liste numérotée. Vous pourriez reprendre la liste non numérotée et saisir manuellement les numéros, mais il existe une solution plus simple. Netscape Navigator est capable de réaliser ce travail à votre place.

1. Insérez les lignes suivantes dans le fichier du Bloc-notes :

Listing 3.3 :
Le tag <OL> collabore sans problème également avec le tag <LI>

```
37.    <LI>Nous attachons une importance toute particuli&egrave;
       re &agrave; notre Atelier Jeunes !
38. </UL>
39.
40. <B>Invitation &agrave; l'Assembl&eacute;e Annuelle</B>
41. <P>
42. Ordre du jour :
43.
44. <OL>
    <LI>Rapport du Comit&eacute;
46.    <LI>Activit&eacute; des jeunes
47.         <BR>
48.        (En musique : le Rap du poisson rouge)
49.    <LI>La remise des prix
50.    <LI>Repas en commun avec tombola
51. </OL>
```

```
52.
53. </BODY>
54. </HTML>
```

Aucun numéro n'a été saisi, seulement quatre tags `<LI>` encadrés par un tag `<OL>`...`</OL>`.

En voici le résultat dans Netscape Navigator :

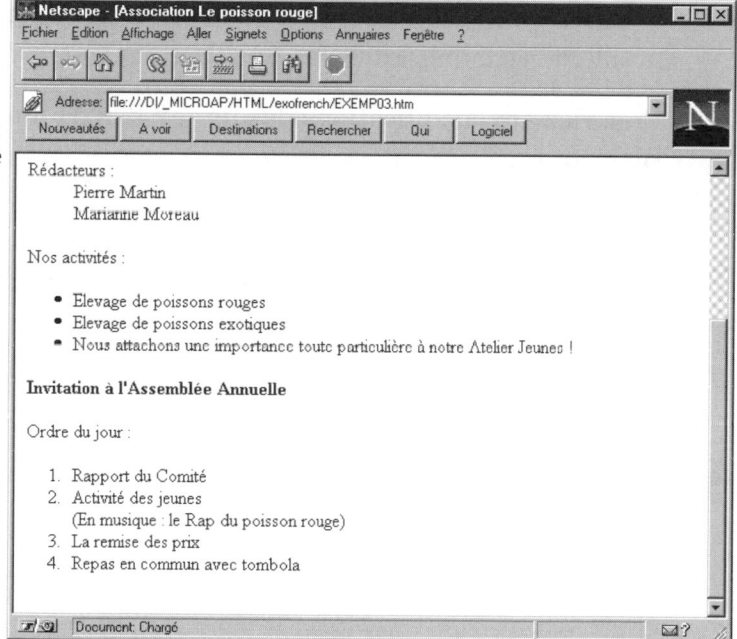

Pour créer des listes numérotées, vous n'avez pas besoin d'en savoir davantage. Le tag `<LI>` vous a été présenté à la section précédente et le tag `<OL>` n'offre rien de particulier. Il s'agit d'un tag double, qui a les mêmes caractéristiques que le tag `<UL>`, exception faite de la puce qui est remplacée par un numéro.

Jetez un coup d'œil au bon vieux tag <BR> de la ligne 47. Il a bien évidemment pour effet d'insérer un saut de ligne mais en conservant le retrait. Il en va de même pour le tag <P>. Faites l'essai.

Énumérations imbriquées

Dans la page Web, l'ordre du jour mentionne "Rapport du Comité". Le président de notre association souhaite mettre ce point en relief en l'affichant en caractères gras et en lui ajoutant trois points secondaires. Vous connaissez déjà la procédure pour le style gras. Comment insérer ces trois entrées complémentaires ?

Tous les types d'énumération que vous connaissez peuvent sans problème être imbriqués les uns dans les autres.

1. Procédez aux modifications des lignes 45 à 51 dans le fichier du Bloc-notes :

Listing 3.4 :
Une énumération <UL> dans une énumération <OL>

```
42. Ordre du jour :
43.
44. <OL>
<LI><B>Rapport du Comit&eacute;</B>
46.    <UL>
47.       <LI>Des effectifs en hausse de 10 pour cent !
48.       <LI>Nos finances se portent bien
49.       <LI>Rassemblement International
50.    </UL>
51.    <LI>Activit&eacute; des jeunes
52.          <BR>
53.       (En musique : le Rap du poisson rouge)
54.    <LI>La remise des prix
55.    <LI>Repas en commun avec tombola
56. </OL>
57.
58. </BODY>
59. </HTML>
```

En ligne 45, le texte "Rapport du Comité" a été encadré d'un tag <B>...</B>. Les lignes 46 à 50 ont été ajoutées. Le résultat de ces changements apparaît dans Netscape Navigator :

Fig. 3.4 :

Les énumérations imbriquées sont automatiquement mises en retrait

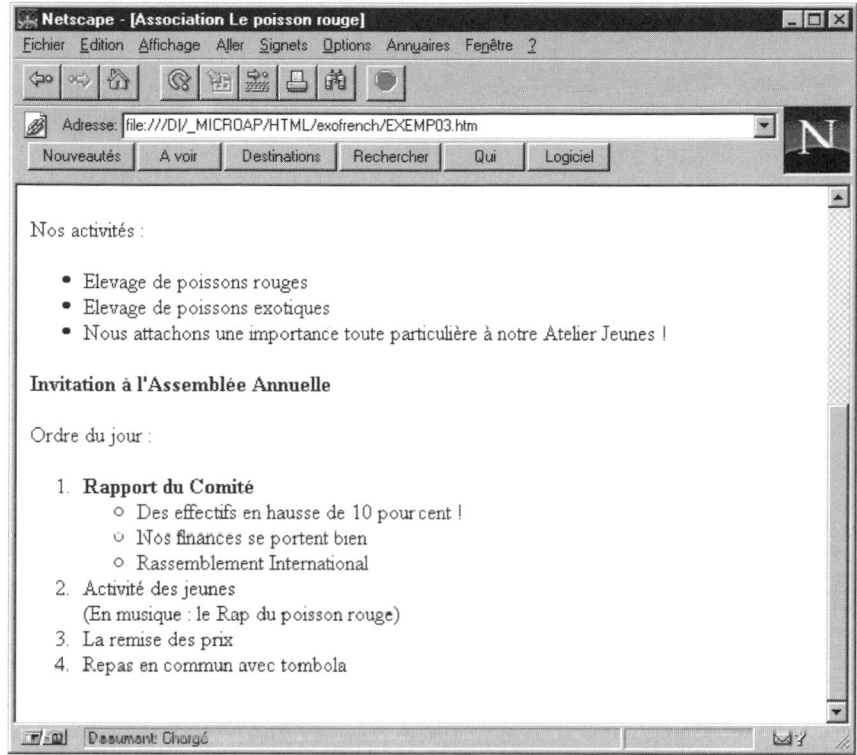

C'est un exemple de tag <UL> dans un tag <OL>. Deux points sont à noter :

■ Comme Netscape Navigator met chaque énumération en retrait, une énumération dans une autre énumération cumule les retraits des deux. D'où une présentation plus claire des listes dans Netscape Navigator.

■ Netscape Navigator ne rajoute pas de point devant les entrées encadrées par le tag <UL> et imbriquées dans le tag <OL>, mais un petit carré blanc. En fonction du niveau de retrait, les entrées seront matérialisées par des puces différentes.

Faites quelques expérimentations de plusieurs niveaux de retrait, par exemple une liste <OL> dans une liste <UL>, elle-même dans une autre liste <UL>. Vous constaterez que tout fonctionne parfaitement.

Dans cette leçon, vous avez découvert trois énumérations différentes et un exemple d'imbrication. Pour terminer ce sujet, notez que les trois variantes peuvent être imbriquées à loisir, mais nous vous conseillons de ne pas en abuser pour éviter de surcharger vos pages Web.

Si vous envisagez de créer des listes imbriquées avec de nombreuses entrées, vous améliorerez sensiblement la lisibilité du document en formatant les entrées les plus en retrait en caractères italiques, le niveau précédent en caractères normaux et le niveau supérieur en gras.

Chez moi, la présentation est différente

Pour finir, nous évoquerons un petit problème auquel vous serez peut-être confronté et que vous devez apprendre à éviter.

Vous savez bien sûr avec quelle version de Netscape Navigator vous travaillez. Peut-être travaillez-vous avec un autre navigateur Web (par exemple, Internet Explorer). Dans ce cas, il se peut que les puces présentées dans nos exemples précédents soient matérialisées sur votre écran par des symboles différents. Si c'est la seule distinction, ce n'est pas un problème, car dans le langage HTML, il est prévu que, dans le cadre d'un tag <UL> et selon le niveau de retrait, des puces différentes soient utilisées. Mais les puces à employer ne sont pas expressément définies, d'où les variations pouvant apparaître dans votre navigateur. Ce sera le thème du chapitre suivant, qui traite des différentes réactions des navigateurs à vos pages Web et de la façon de procéder pour que vos pages soient réussies et accessibles à tous dans le monde entier.

Résumé

Objectif	Procédure	Tag
Créer une liste de glossaire	Insérer un tag <DL>...</DL> ; à l'intérieur de ce tag, insérer le tag <DT>pour des entrées sans retrait et <DD> pour des entrées en retrait	<DL> <DT> ... </DT> <DD> ... </DD> </DL>
Créer une liste à puce	Insérer un tag <UL>...</UL> ; à l'intérieur de ce tag, utiliser le tag <LI> pour chaque entrée	<UL> <LI> .... </UL>
Créer une liste numérotée	Insérer un tag <OL>...</OL> ; à l'intérieur de ce tag, utiliser le tag <LI> pour chaque entrée	<OL> <LI> ... </OL>
Éviter les problèmes avec les énumérations	Il est à noter que les différents navigateurs utilisent des symboles différents pour les diverses puces de liste	

Contrôle des connaissances

Vrai ou faux ?

	Vrai	Faux	
1.	L	M	Les listes de glossaire commencent par <DL>
2.	P	I	Les entrées de liste numérotée ne doivent pas être formatées
3.	R	S	Une liste non numérotée doit finir par <LI>
4.	A	T	Dans les listes numérotées, les numéros sont saisis manuellement
5.	E	I	Les listes numérotées commence par <OL>
6.	S	L	<DD> crée un retrait dans une liste de glossaire

Vrai ou faux ?

	Vrai	Faux	
7.	K	E	Les énumérations ne peuvent pas être imbriquées
8.	Q	T	Les énumérations n'acceptent qu'une seule imbrication
9.	U	E	Dans les imbrications, il est possible d'utiliser tous les formatages de caractères
10.	N	G	Les imbrications sont libres
11.	U	H	Les énumérations peuvent être formatées

Trouvez les correspondances

12.		<OL> ... </OL>	E	Listes non numérotées
13.		<UL> ... </UL>	M	Listes numérotées
14.		<DL> ... </DL>	R	Listes de glossaire

Trouvez les correspondances

15.		</OL>	T	Introduit le terme à expliquer dans un glossaire
16.		<DT>	O	Début d'une liste non numérotée
17.		<DD>	N	Entrée dans une liste numérotée ou à puce
18.		<UL>	A	Fin d'une liste numérotée
19.		<LI>	S	Fin d'une liste de glossaire
20.		</DL>	I	Entrée avec retrait dans une liste de glossaire

Solution

-	-	-	-	-	-
1.	2.	3.	4.	5.	6.

-	-
7.	8.

-	-	-	-	-	-	-	-	-	-	-	-
9.	10.	11.	12.	13.	14.	15.	16.	17.	18.	19.	20.

LISTES ET ÉNUMÉRATIONS

4 HTML standard et les variantes

40 mn

Les fichiers HTML que vous aurez l'occasion de créer ne doivent pas se contenter d'avoir fière allure sur votre PC, leur but essentiel est d'être visités et affichés par de nombreux autres utilisateurs dans le monde entier. Or ces utilisateurs ne disposent pas tous du même navigateur que vous. Nous allons illustrer ce problème en partant du catalogue de vente d'une vidéothèque et voir tous les éléments dont il faut tenir compte pour la présentation de l'offre sur le World Wide Web.

À l'issue de cette leçon, vous saurez...

- Quels sont les tags inoffensifs et les tags dangereux.
- Reconnaître les variantes d'HTML.
- Centrer des textes.
- Utiliser plusieurs tailles de caractères.
- Mettre des mots en couleur.
- Faire clignoter des mots

Historique rapide d'HTML

Cet historique est destinée à mieux vous faire comprendre pourquoi certains tags sont inoffensifs et en quoi d'autres tags peuvent se révéler dangereux.

A l'heure actuelle, sont compatibles avec les navigateurs les versions 2.0 et 3.2 de HTML. Tous les tags que vous avez découverts depuis le début de ce livre font partie de ce langage standard. Le W3C la centrale de standardisation HTML travaille à une version HTML 4.0 destinée à devenir à terme le nouveau standard. Mais les développeurs des navigateurs créé également des tags de mise en forme des pages, indépendamment des nouvelles versions de HTML. Or, les tags spécifiques à tel ou tel navigateur ne sont pas compris par les autres navigateurs, ce qui explique l'apparition, dans les pages HTML, d'un message indiquant que, pour un affichage optimal de telle ou telle page, il vous faut utiliser le navigateur mentionné. Vous avez certainement déjà été confronté à ce message si vous avez surfé sur l'Internet.

Ces tags spécifiques divisent la communauté Internet et font l'objet de débats acharnés entre leurs défenseurs et leurs détracteurs. Cependant, dans ce domaine comme dans d'autres, il faut relativiser les choses. En respectant quelques règles simples, ces tags Netscape peuvent parfaitement être employés, sans pour autant exclure les utilisateurs travaillant avec d'autres navigateurs.

Avant que le standard HTML 3.2 ne soit officialisé, la distinction entre tags HTML version 2.0 et les tags de Netscape Navigator plus récents était d'actualité.

Nous allons pour la suite de ce chapitre, prendre l'exemple suivant.

Pour commencer, nous vous proposons l'expérience suivante :

1. Tapez le listing suivant dans le Bloc-notes.

```
1.  <HTML>
2.
3.  <HEAD>
4.  <TITLE>Vid&eacute;oth&egrave;que du Centre</TITLE>
5.  </HEAD>
6.
7.  <BODY>
8.  <H3>Vid&eacute;oth&egrave;que du Centre</H3>
9.  <HR WIDTH="60%">
10.
11. Bienvenue à notre catalogue de vente !
12. <P>
13. Vous y trouverez tous les films aux meilleurs prix !
14.
15. </BODY>
16. </HTML>
Les premiers pas de notre catalogue de vente
```

Vous trouverez dans le dossier C:\Sthtml le fichier Sthtml07.htm correspondant.

Ce listing ne contient pas de nouveaux tags. La question est de savoir ce que fait Netscape Navigator (ou un autre navigateur) lorsqu'il rencontre un tag inconnu.

Insérez ce tag de notre composition :

2. Encadrez le mot films de la ligne 13 d'un tag <MICROAPP>.

```
<MICROAPP>films</MICROAPP>
```

Le résultat du tag <MICROAPP> m'est bien sûr totalement inconnu et n'a aucune espèce d'importance puisqu'il s'agit d'une création personnelle. Le but est de voir la réaction du navigateur devant un tag qu'il ne connaît pas.

Le résultat dans Netscape Navigator est le suivant :

Fig. 4.1 :
Netscape Navigator ignore les tags inconnus

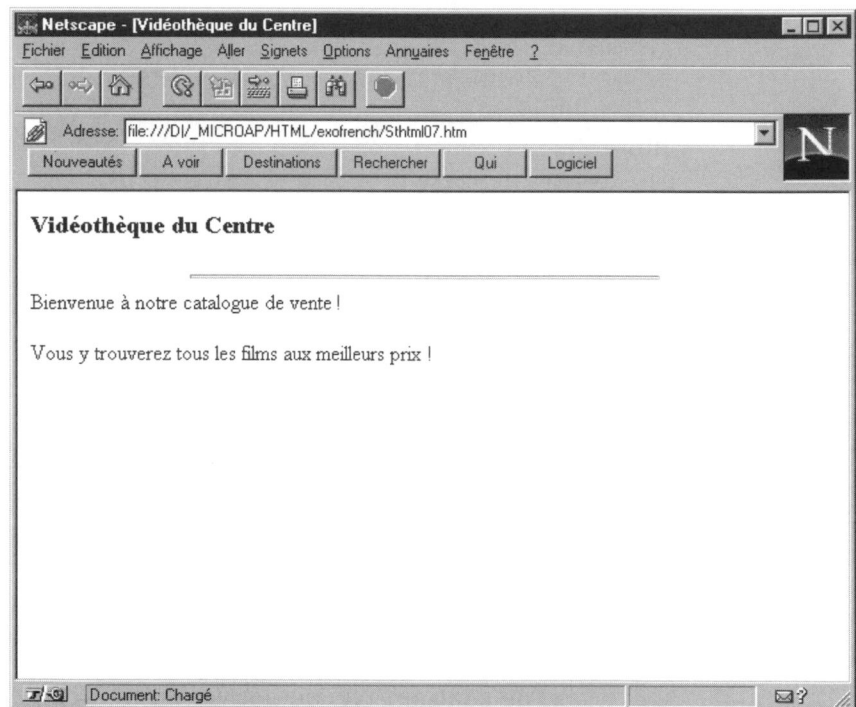

Netscape Navigator a complètement ignoré notre tag.

Il s'agit véritablement d'une propriété de base de tous les navigateurs : les tags inconnus ne sont pas pris en considération. Vous n'aurez jamais de message d'erreur du type "Tag inconnu en ligne xy".

3. Pour finir cette expérience, supprimez le tag <MICROAPP>.

Nous pouvons en tirer le conseil suivant :

En cas de faute de frappe dans un tag ou un mot-clé dans un tag, Netscape Navigator se contente d'ignorer le mot erroné. Vérifiez consciencieusement vos saisies, et principalement vos tags et assurez-vous en particulier de n'être pas sujet à la dyslexie orthographique (inversion des lettres, par exemple ALING au lieu de ALIGN).

En ce qui concerne Netscape Navigator, cette expérience nous amène à la conclusion qu'en employant certains tags de ce chapitre, vous courez le risque que certains navigateurs ne les connaissent pas et les ignorent. En fonction du tag, les effets sur l'affichage de la feuille peuvent être inoffensifs ou dangereux.

Nous allons concrétiser cette affirmation avec le tag de centrage.

L'exemple du centrage

Dans le listing de départ du catalogue vidéo, la ligne horizontale sous le titre est centrée dans la page. Nous voulons que le titre et la première ligne du document le soient également, et que la seconde ligne de texte soit alignée à droite de la page.

Le listing suivant permet cette présentation :

Listing 4.1 :
Centrage et
alignement
à droite

```
1. <HTML>
2.
3. <HEAD>
4. <TITLE>Vid&eacute;oth&egrave;que du Centre</TITLE>
5. </HEAD>
6.
7. <BODY>
8. <H3 ALIGN="center">Vid&eacute;oth&egrave;que du Centre</H3>
9. <HR WIDTH="60%">
10.
11. <P ALIGN="center">
```

```
12. Bienvenue à notre catalogue de vente!
13. <P ALIGN="right">
14. Vous y trouverez tous les films aux meilleurs prix !
15. </BODY>
16. </HTML>
```

Vérifions dans Netscape Navigator :

Fig. 4.2 :

Au milieu et à droite

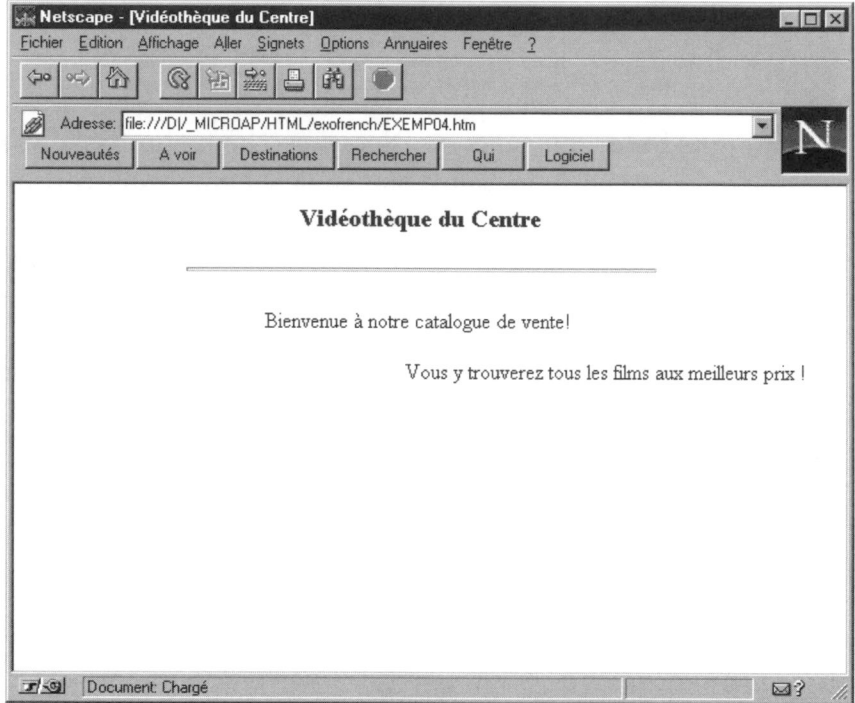

Les titres peuvent être centrés ou alignés à droite tout comme les paragraphes de texte. Pour arriver à ce résultat, nous avons employé en ligne 8, 11 et 13 le mot-clé ALIGN des tags <H3> ou <P>. Cette extension vous est connue depuis le chapitre 2, où nous l'avons abordée pour le tag <HR>. Notez simplement :

■ ALIGN="center" et ALIGN="right" peuvent être employés pour centrer ou aligner à droite dans le tags <Hx> et <P> ;

■ En ligne 11, nous avons inséré le tag `<P ALIGN="center">` qui ne sert pas à mettre en place une ligne vierge (le tag `<HR>` précédent s'en charge), mais à centrer.

Tous les navigateurs ne sont pas en mesure d'afficher les titres et les textes alignés à droite. Ils ignorent purement et simplement la commande HTML.

Qu'advient-il du tag `<BR>` en cas de centrage ou d'alignement à droite ? La règle est simple : un affichage centré ou aligné à droite créé par un tag `<P ALIGN="...">` s'étend au-delà du tag `<BR>` suivant.

Inutile donc de spécifier cet alignement pour chaque saut de ligne, il suffit d'un tag `<P>` unique.

Une autre manière de centrer

Si vous envisagez de saisir un texte long avec de nombreux tags `<P>`, la répétition de `ALIGN="..."` devient vite fastidieuse. Il existe un tag Netscape qui facilite la procédure de centrage (qui se trouve être le plus fréquent). Modifiez le listing précédent :

1. Supprimez dans la ligne 11 le tag `<P ALIGN="center">`.

2. Supprimez l'indication `ALIGN` dans les lignes 9 et 13.

3. Insérez un tag `<CENTER>` avant le titre et un tag `</CENTER>` après la dernière ligne de texte. Voici le listing dans le Bloc-notes :

```
1. <HTML>
2.
3. <HEAD>
4. <TITLE>Vid&eacute;oth&egrave;que du Centre</TITLE>
5. </HEAD>
6.
7. <BODY>
8.
```

109

```
 9. <CENTER>
10.
11. <H3>Vid&eacute;oth&egrave;que du Centre</H3>
12. <HR WIDTH="60%">
13.
14. Bienvenue à notre catalogue de vente !
15. <P>
16. Vous y trouverez tous les films aux meilleurs prix !
17.
18. </CENTER>
19.
20. </BODY>
21. </HTML>
```

Voici sa représentation dans Netscape Navigator :

Fig. 4.3 :
Centrage : le
même résultat
mais avec moins
d'efforts

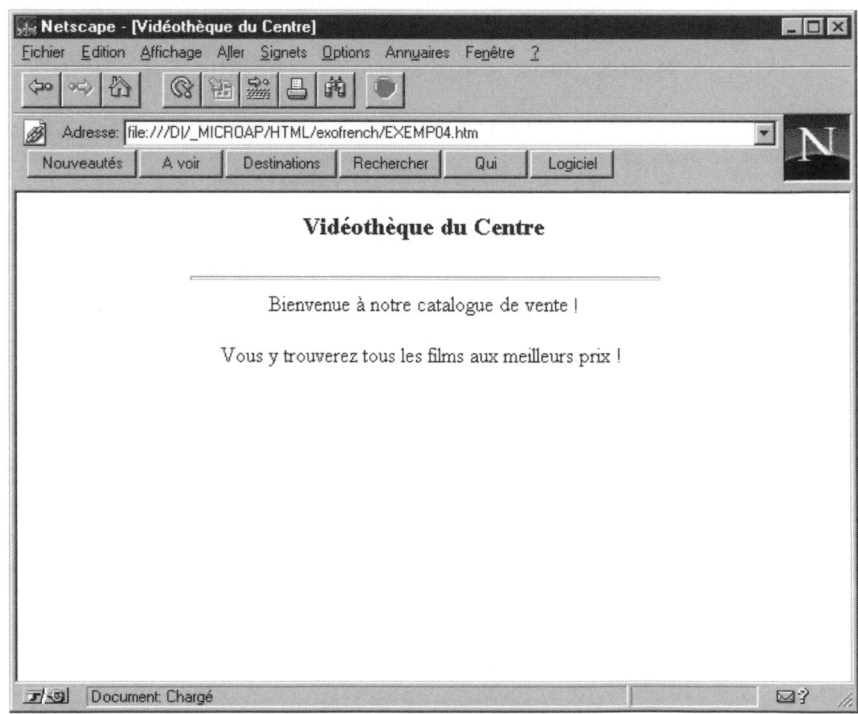

<CENTER> est un tag Netscape typique. Il dispose des propriétés suivantes :

- le tag <CENTER> est un tag double ; tout ce qui se trouve entre <CENTER> et </CENTER>, qu'il s'agisse d'un titre, de texte, ou de lignes horizontales, est centré ;

- cette règle s'applique également aux images, aux tableaux, etc.

Tout cela serait parfait s'il ne s'agissait pas d'un tag propre à Netscape Navigator. D'où le conseil suivant :

Si vous exécutez les exercices de ce livre avec un autre navigateur que Netscape Navigator, il y a de fortes chances pour que le tag <CENTER> ne fonctionne pas.

Est-il possible d'utiliser ce tag Netscape, en sachant que certains utilisateurs du World Wide Web liront cette page avec un navigateur différent de Netscape Navigator ?

Les variantes inoffensives et les autres...

Vous pourriez partir du principe suivant : ceux qui n'utilisent pas Netscape Navigator n'ont qu'à s'en prendre qu'à eux-mêmes s'ils n'arrivent pas à lire mes pages Web. Si ce raisonnement peut, à la limite, être appliqué en matière de page Web privée, ce ne sera absolument pas le cas si cette page est destinée à présenter votre entreprise. Dans ce cas, il est important que le plus grand nombre puisse accéder à la page, avec toutes ses finesses.

Comment déterminer si un tag Netscape pose un problème à un utilisateur ? Rappelez-vous notre petite expérience au début de cette leçon : les navigateurs Web ignorent les tags qu'ils ne connaissent pas. Pour savoir à quoi ressemble votre page dans un navigateur refusant les tags Netscape, il suffit de les désactiver ou de les supprimer et de visualiser la page.

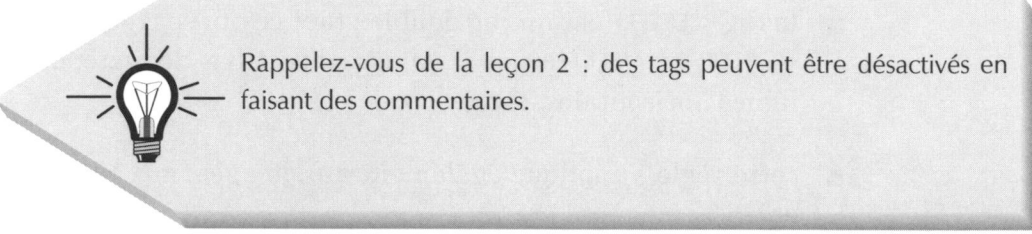

Rappelez-vous de la leçon 2 : des tags peuvent être désactivés en faisant des commentaires.

Vous allez expérimenter cette technique avec le tag <CENTER>.

Fig. 4.4 :
Comparaison :
sans tag
<CENTER>

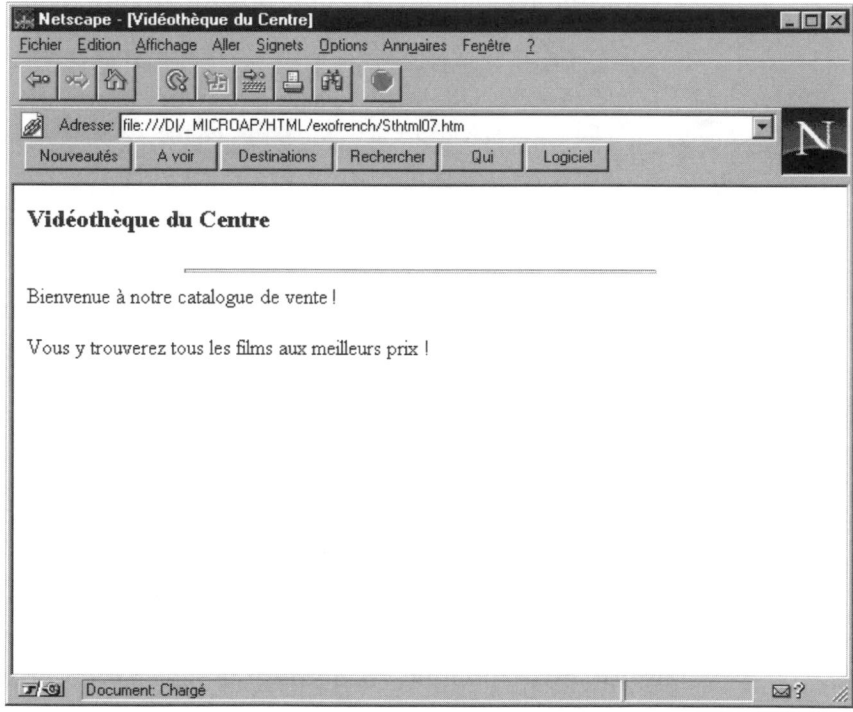

Fig. 4.5 :

Comparaison :
sans tag
<CENTER> et
avec le tag

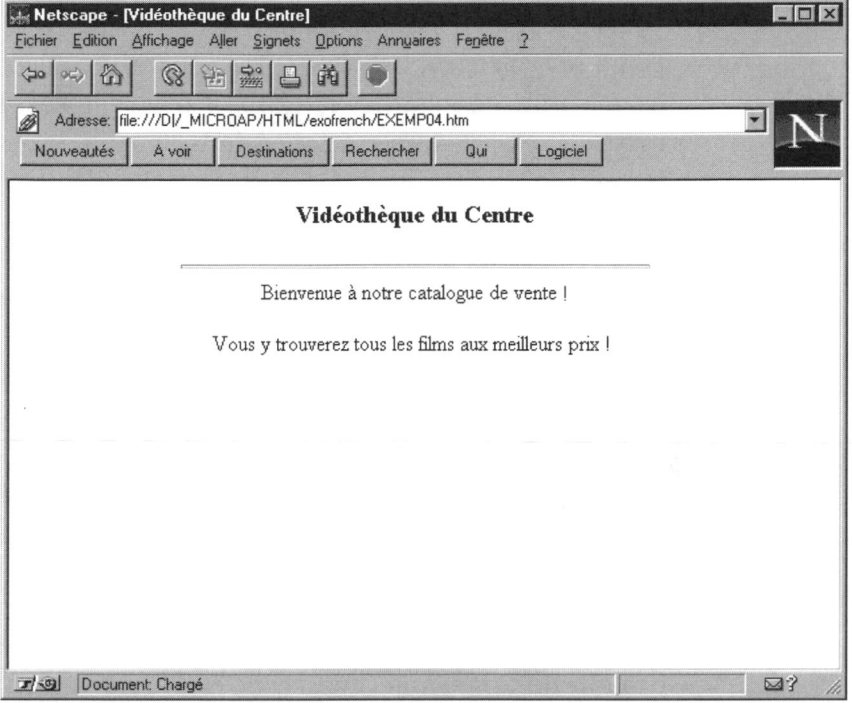

Bien sûr, la présentation avec le tag est plus attrayante, mais sans le tag, la page reste parfaitement correcte. L'utilisateur peut tout à fait lire les informations importantes. En ce sens, nous dirons que le tag <CENTER> est un tag Netscape inoffensif, à condition de respecter la règle suivante :

Évitez les pages où il est fait explicitement référence au tag ou à ses effets. N'insérez pas dans le texte du document une formulation du type : "Vous trouverez les informations les plus importantes, centrées au milieu de la page". Un utilisateur disposant d'un navigateur qui ignore le tag <CENTER> ne s'en sortira pas !

Quand les tags Netscape sont-ils problématiques ?

Dans les paragraphes suivants, vous allez découvrir des tags permettant de modifier la taille des caractères, la couleur des textes ou encore une spécialité de Netscape, le texte clignotant. Retenez que certains navigateurs ignorent ces tags.

Un paragraphe est mis en valeur par l'emploi de grands caractères grâce à un tag de Netscape Navigator. Si le navigateur de l'utilisateur ignore ce tag, le texte n'en restera pas moins lisible, il sera affiché comme le reste du texte. Si vous prêtez une importance toute particulière à cette mise en forme, réfléchissez à une technique acceptée par l'ensemble des navigateurs : pourquoi ne pas faire précéder et suivre ce paragraphe d'une ligne horizontale ?

Les véritables problèmes interviennent avec des textes en couleur, car vous apprendrez au cours de la leçon 10 que les tags de Netscape Navigator permettent non seulement de changer la couleur du texte, mais aussi celle de l'arrière-plan du document. Les navigateurs acceptant les modifications de couleur de l'arrière-plan sont plus nombreux que ceux qui acceptent la modification de couleur du texte. Dans ce cas, il se peut que le document prévu avec une écriture jaune sur un fond bleu foncé apparaisse avec une police noire sur fond bleu foncé : il sera alors illisible !

Nous allons vous indiquer les combinaisons de tags standard et de tags de Netscape Navigator qui posent des problèmes. Et n'oubliez pas que Netscape est en mesure de vous fournir des tags dont les effets sont inoffensifs.

Grandes et petites polices

Une vidéothèque présentant ses films sur le World Wide Web cherchera très certainement à créer une page d'accueil plus attirante que notre document actuel.

Voici un listing plus attrayant :

Listing 4.2 :
Le tag
<FONT> à
l'œuvre

```
1. <HTML>
2.
3. <HEAD>
4. <TITLE>Vid&eacute;oth&egrave;que du Centre</TITLE>
5. </HEAD>
6.
7. <BODY>
8.
9. <CENTER>
10.
11. <H1>Vid&eacute;oth&egrave;que du Centre</H1>
12. <HR WIDTH="60%">
13.
14. <FONT SIZE=5>Bienvenue à notre catalogue de vente ! </FONT>
15. <P>
16. <FONT SIZE=4>
17.     Vous y trouverez tous les films aux meilleurs prix !
18.     <P>
19.     Casablanca
20.     <BR>
21.     Autant en emporte le vent
22.     <BR>
23.     Danse avec les loups
24.     <BR>
25.     et bien d'autres
26. </FONT>
27.
28. </CENTER>
29.
30. </BODY>
31. </HTML>
```

Son résultat dans Netscape Navigator est véritablement plus probant :

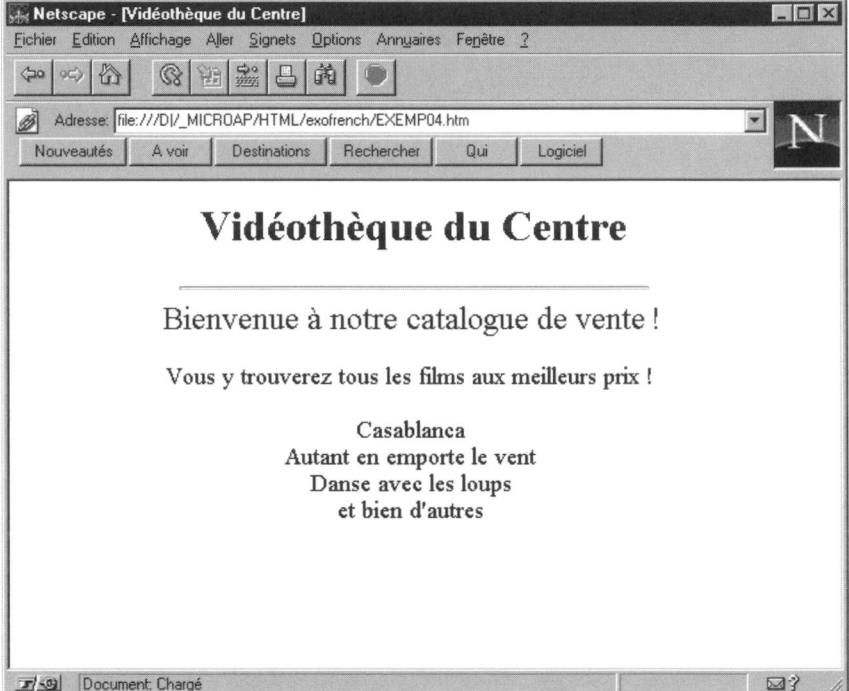

La nouveauté est le tag <FONT>. Voici ce que vous devez savoir pour l'utiliser à bon escient :

■ le tag <FONT> est un tag double, d'ouverture et de fermeture ;

■ alors que tous les tags vus précédemment fonctionnent même s'ils ne sont pas accompagnés d'un mot-clé, le tag <FONT> n'agit qu'avec le mot-clé SIZE ;

■ la taille de caractères définie par SIZE accepte une valeur de 1 à 7 ; SIZE=7 correspond à la police la plus grande, SIZE=1, à la plus petite (si minuscule qu'elle en est presque illisible) ;

■ la représentation normale du texte (sans tag <FONT>) correspond à SIZE=3 ;

- le tag <FONT> peut bien sûr être combiné avec d'autres tags de formatage (gras, italique, etc.).

L'indication de la taille des caractères dans le tag <FONT> peut être absolue (SIZE=5) ou relative. Ainsi, après le tag <FONT SIZE=5>, vous pouvez parfaitement mentionner le tag <FONT SIZE=+2> pour passer à la taille SIZE=7 ou <FONT SIZE=-2> pour arriver à SIZE=3. Je déconseille cependant l'emploi des indications relatives, car le code devient très vite déconcertant.

Vous connaissez désormais deux possibilités pour afficher un texte en gros caractères : les six possibilités du tag <Hx> pour les titres et les sept possibilités du tag <FONT>. Quelles sont leurs différences ?

- Il existe d'abord une différence historique : les tags <Hx> étaient conçus au départ pour ne s'appliquer qu'aux titres et permettre ainsi leur reconnaissance dans le traitement électronique des textes. Plus personne aujourd'hui n'applique ces considérations et les tags <Hx> sont largement utilisés pour la mise en forme du texte courant.

- Au contraire du tag <Hx>, le tag <FONT> n'insère pas avant et après le texte concerné un saut de ligne et un espacement suffisant. C'est à vous de mettre éventuellement en place un tag <BR> pour le saut de ligne ou un tag <P> pour un saut de ligne avec ligne vierge.

- Le tag <Hx> est compris par l'ensemble des navigateurs du marché, ce qui n'est pas le cas du tag <FONT>. D'où notre conseil d'utiliser de préférence le tag <Hx>.

Texte en couleur

Pour le moment, tous nos textes sont affichés en noir. Il s'agit du paramètre par défaut, modifiable au besoin par un tag Netscape. En voici un exemple :

1. Insérez en ligne 14 le tag <FONT>, puis l'indication de couleur COLOR="#FF0000". Notez qu'après les deux F suivent quatre zéros (0) et non quatre lettres O.

2. Insérez en ligne 19 les deux tags <FONT> avec indication de couleur.

Listing 4.3 :
Le mot-clé COLOR permet de définir la couleur du texte

```
1.  <HTML>
2.
3.  <HEAD>
4.  <TITLE>Vid&eacute;oth&egrave;que du Centre</TITLE>
5.  </HEAD>
6.
7.  <BODY>
8.
9.  <CENTER>
10.
11. <H1>Vid&eacute;oth&egrave;que du Centre</H1>
12. <HR WIDTH="60%">
13.
14. <FONT SIZE=5 COLOR="#FF000">Bienvenue à notre catalogue
        de vente ! </FONT>
15. <P>
16. <FONT SIZE=4>
17.     Vous y trouverez tous les films aux meilleurs prix !
18.     <P>
19.     <FONT COLOR="#00FF00">Casablanca</FONT>
20.     <BR>
21.     Autant en emporte le vent
22.     <BR>
23.     Danse avec les loups
24.     <BR>
25.     et bien d'autres
26. </FONT>
27.
28. </CENTER>
29.
```

```
30. </BODY>
31. </HTML>
```

Le résultat dans Netscape Navigator est le suivant :

Fig. 4.7 :
Dans cette illustration, le texte n'est malheureusement présenté qu'en gris

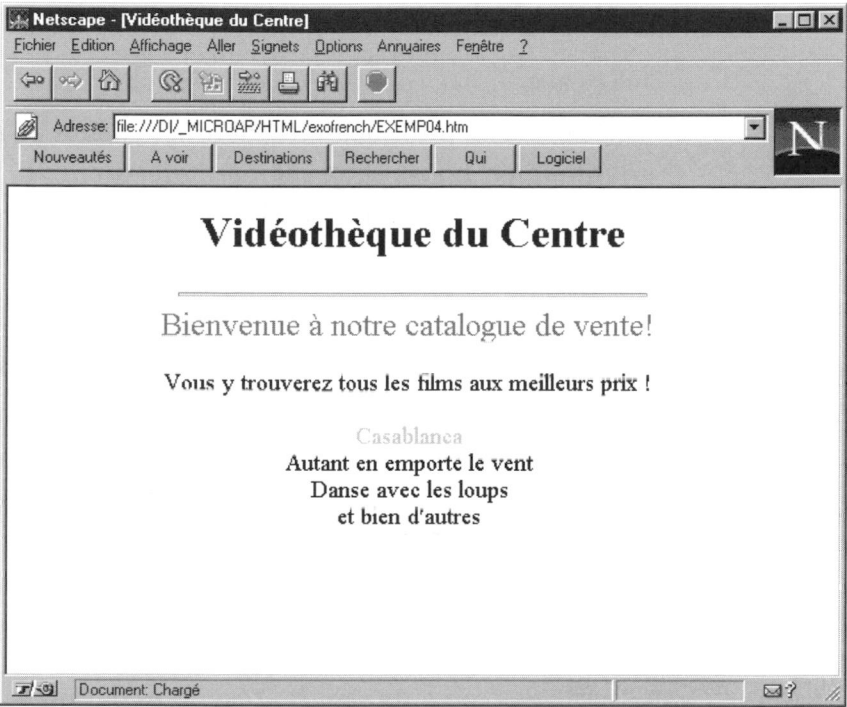

Sur votre écran, la ligne "Bienvenue à notre catalogue de vente !" devrait normalement être affichée en rouge, alors que le mot "Casablanca" apparaît en vert.

Le mot-clé COLOR="..." est responsable de la couleur du texte concerné par le tag <FONT>, les valeurs du type #FF000 étant des références de couleur.

Commençons par les caractéristiques de ce mot-clé avant d'aborder ces références :

■ le mot-clé COLOR peut intervenir dans le cadre d'un tag <FONT> avec d'autres mots-clés (voir ligne 14) ;

■ l'affectation de couleur par COLOR est active jusqu'au prochain tag </FONT> (voir ligne 14 et 19) ;

■ le tag de fermeture </FONT> n'annule pas l'ensemble des attributs de police, il ne désactive que les attributs définis par le tag d'ouverture <FONT> précédent (le tag <FONT SIZE> de la ligne 16 est annulé par le tag </FONT> de la ligne 26 ; le tag <FONT COLOR> intermédiaire, défini au début de la ligne 19, est annulé en fin de cette même ligne, alors que le paramètre SIZE est maintenu jusqu'à la ligne 26).

Ce tag est bien sûr aussi applicable à un titre, en encadrant le tag <Hx> d'un tag <FONT> : <FONT COLOR="#FF0000"><H3>....</H3></FONT>

Petite leçon de couleur

Pour aborder la logique des indications de couleur, voyons comment ces couleurs sont construites dans un ordinateur.

À l'écran, les couleurs sont représentées par un mélange de trois couleurs de base, le rouge, le vert et le bleu. Contrairement à votre palette d'aquarelle, le mélange de rouge et de vert n'aboutit pas à un brun sombre, mais à un jaune.

Netscape Navigator permet de saisir directement les valeurs de rouge, de vert et de bleu, chacune de ces couleurs pouvant prendre une valeur entre 0 et 255. Une valeur de 0 pour le rouge, signifie, par exemple, que la couleur finale ne comprend aucune part de rouge, alors que la valeur 255 indique une part de rouge intégrale.

Avant de vous lancer dans des expérimentations de couleurs, notez un détail qui a son importance : les pourcentages de couleur ne sont pas spécifiés dans Netscape par des valeurs entières (0-255) en système décimal, mais en système hexadécimal. Nous allons vous indiquer une technique permettant de définir les couleurs sans aucune connaissance de ce système hexadécimal. Pour ceux qui maîtrisent ce système, voici une astuce pour arriver directement au but :

Pour une indication de couleur par le mot-clé COLOR, le principe est d'accoler derrière le caractère" #" les indications de rouge, vert et bleu. COLOR="#FF00B5" correspond à du rouge à hauteur de FF, du vert à hauteur de 00 et du bleu à hauteur de B5. Les indications du type R=245 V=17 B=107, telles que vous les connaissez peut-être par rapport à vos applications graphiques, doivent être converties en valeurs hexadécimales (par exemple par la calculatrice de Windows 95) et saisies directement dans Netscape.

Mais venons-en à la technique permettant d'arriver à la couleur voulue sans hexa.

Sur le CD d'accompagnement, vous trouverez un fichier Couleur1.htm. Il s'agit d'un fichier HTML tout à fait ordinaire, vous pouvez le visualiser dans le Bloc-notes.

Procédons de la façon suivante :

1. Ouvrons dans Netscape Navigator le fichier Couleur1.htm. Dans chaque ligne, vous trouverez une indication commençant par COLOR="#...

2. Cherchons la couleur requise et notons la ligne de texte correspondante.

3. Insérons dans le fichier HTML l'instruction COLOR="# dans un tag <FONT>.

Voici ce fichier Couleur1.htm dans Netscape Navigator :

Fig. 4.8 :
Le fichier des couleurs dans Netscape Navigator

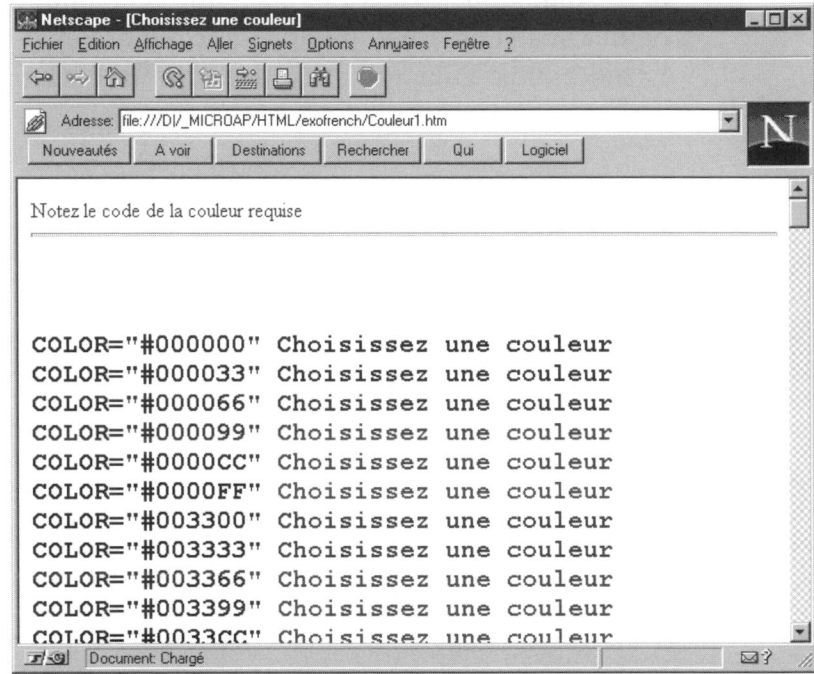

Grâce à ce fichier, vous n'aurez aucun mal à choisir et à mettre en place vos propres couleurs dans les documents HTML. Rappelez-vous simplement qu'il s'agit d'un tag propre à Netscape Navigator et que certains navigateurs l'ignoreront. Ne faites donc pas référence à la couleur dans le texte.

Le texte clignotant

Pour terminer cette leçon, nous allons traiter d'un autre tag Netscape Navigator qui connaît un grand succès. Vous l'avez certainement déjà rencontré au cours de vos pérégrinations sur le Web. Lors de la visualisation de certaines pages HTML, certains passages de texte clignotent : ils sont affichés, disparaissent, reviennent etc. Le tag responsable de ce clignotement est d'une utilisation très simple.

Il s'agit du tag `<BLINK>...</BLINK>`. Il suffit de placer entre le tag d'ouverture et de fermeture le texte qui doit clignoter. Ce tag accepte bien évidemment tous les autres tags de formatage, gras, italique, couleur, etc.

Pour l'expérimenter, ajoutez dans le listing les lignes 30 et 31 :

Listing 4.4 :
Le tag
<BLINK> fait
clignoter le mot
Nouveau !

```
Danse avec les loups
24.      <BR>
25.      et bien d'autres
26. </FONT>
27.
28. </CENTER>
29.
30. <FONT SIZE=5><BLINK>Nouveau ! </BLINK></FONT>
31. <B>Tableau des principaux films</B>
32.
33. </BODY>
34. </HTML>
```

Bien sûr, ce clignotement n'apparaît pas dans l'illustration suivante tirée de Netscape Navigator, mais sur votre écran, les effets du tag devraient être visibles.

Fig. 4.9 :
Le mot
"Nouveau ! "
clignote sur votre
écran

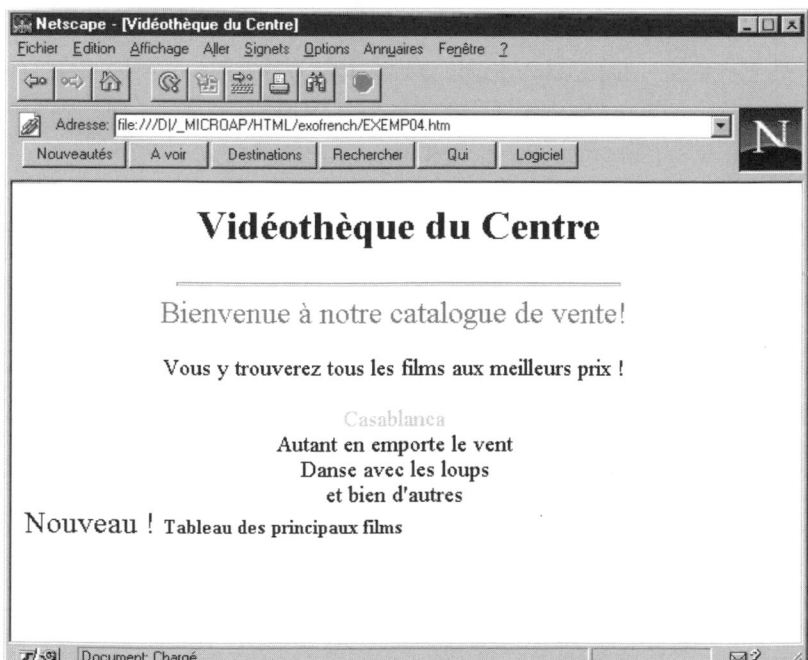

123

Pour finir, une dernière remarque concernant les tags Netscape Navigator, sur la base de ce tag `<BLINK>`. Il existe des navigateurs qui ignorent ce tag. Dans ce cas, l'utilisateur ne verra que le mot "Nouveau !", sans clignotement. Pensez à mettre ce mot en valeur de manière à ce qu'il attire l'attention des lecteurs, même en l'absence de clignotement. Rappelez-vous aussi que les mots clignotants sont plus difficiles à lire que le texte standard, aussi n'en abusez pas et ne traitez pas de la sorte les informations véritablement importantes.

Le fichier de notre vidéothèque, dans sa version finale, vous attend sur le CD. Il s'agit du fichier Sthtml08.htm dans le dossier C:\Sthtml. Il vous permettra de vérifier vos saisies.

Résumé

Objectif	Procédure	Tag
Centrer un texte	Insérer le mot-clé ALIGN="center" dans un tag <P> ou <Hx>	<P ALIGN="center"> ou <Hx ALIGN="center">
Activer ou désactiver une commande générale de centrage	Insérer <CENTER> et </CENTER> au début et à la fin de la zone à centrer	
Afficher des mots avec des caractères plus grands ou plus petits	Insérer <FONT SIZE=x> avant le texte et </FONT> après le texte	<FONT SIZE=x>...</FONT> (x de 1 à 7)
Afficher certains mots en couleur	Insérer le mot-clé COLOR="#XXXXXX" dans un tag <FONT>, où XXXXXX est une valeur hexadécimale	Par exemple, <FONT COLOR="#FF0000"> (rouge) ou <FONT COLOR="#00FF00"> (vert)
Faire clignoter certains mot	Encadrer ce mot du tag <BLINK> ... </BLINK>	<BLINK> ... </BLINK>

Contrôle des connaissances

Vrai ou faux ?

	Vrai	Faux	Un tag
1.	D	H	Annule le centrage précédent
2.	T	S	N'interfère pas dans un centrage

Vrai ou faux ?

	Vrai	Faux	Dans le tag <FONT>
3.	H	M	Aucun mot-clé ne doit apparaître
4.	L	I	Le mot-clé SIZE est très important
5.	S	S	Il est possible d'insérer un mot-clé
6.	T	M	Il est possible d'insérer plusieurs mots-clés

Vrai ou faux ?

	Vrai	Faux	Les textes en couleur
7.	A	K	Ne sont pas supportés par tous les navigateurs
8.	O	N	Sont automatiquement clignotants
9.	L	D	Ne sont autorisés que pour les titres
10.	A	N	Sont possibles dans Netscape

Vrai ou faux ?

	Vrai	Faux	Le mot-clé ALIGN
11.	T	R	Peut être employé avec tous les tags HTML
12.	O	D	Ne s'applique qu'aux titres
13.	E	U	Est utilisable avec les tags et <P>

Vrai ou faux ?

	Vrai	Faux	Le tag <BLINK>
14.	T	T	Est supporté par tous les navigateurs
15.	O	L	S'applique uniquement aux titres
16.	L	E	Modifie aussi la couleur du texte
17.	S	T	Ne sait traiter qu'un mot à la fois
18.	V	V	Accepte les autres tags de formatage

Trouvez les correspondances

19.		</CENTER>	I	Le paragraphe suivant est centré
20.		<BLINK>	A	Annulation de l'attribut de taille de caractères
21.		<P> ALIGN="center">	A	Fin d'une instruction générale de centrage
22.		</FONT>	R	Début de texte clignotant

Trouvez les correspondances

23.		COLOR	
24.		ALIGN	
25.		"#FF0000"	
26.		<MICROAPP>	

E	Indication hexadécimale de couleur (rouge)
T	Mot-clé pour alignement horizontal
N	Mot-clé pour texte en couleur
S	Netscape Navigator ne connaît pas ce tag

Solution

-	-	-	-
1.	**2.**	**3.**	**4.**

-	-	-	-	-	-	-	-
5.	**6.**	**7.**	**8.**	**9.**	**10.**	**11.**	**12.**

-	-
13.	**14.**

-	-	-
15.	**16.**	**17.**

-	-	-	-	-	-	-	-	-
18.	**19.**	**20.**	**21.**	**22.**	**23.**	**24.**	**25.**	**26.**

HTML STANDARD ET LES VARIANTES

5 Le tableau : un outil extraordinaire

90 mn

Les tableaux sont des éléments de présentation indispensables. Dans les fichiers HTML, ils jouent un rôle encore plus important, car de nombreuses astuces de formatage, que vous avez certainement déjà observées sur l'Internet, sont liées aux tableaux.

À l'issue de cette leçon, vous saurez...

- créer la structure de base d'un tableau ;
- définir le nombre de lignes et de colonnes d'un tableau ;
- affecter un titre à un tableau ;
- aligner le texte dans un tableau ;
- modifier les bordures du tableau ;
- créer des formats tabulaires complexes.

Votre premier tableau

Qu'annonçait la vidéothèque du Centre dans le chapitre précédent ? "Nouveau ! Tableau des principaux films". Voici le tableau que vous allez intégrer dans la page Web :

Tab. 5.1 : Le tableau à intégrer dans la page Web

Une sélection de nos meilleures offres
Casablanca
Autant en emporte le vent
Danse avec les loups
Être ou ne pas être (version originale sous la direction d'Ernst Lubitsch)

Ce tableau se compose d'un titre centré, puis de quatre lignes de trois colonnes chacune. La première colonne occupe 70 % de la largeur du tableau, les deux suivantes 15 % chacune. Ce tableau contient donc douze cellules (hormis le titre). Pour le formatage, le texte de la première colonne sera aligné à gauche, dans la seconde, il sera centré et dans la dernière, aligné à droite.

Si vous créez un autre tableau, nous vous recommandons, surtout dans les premiers temps, de dessiner une esquisse de ce tableau. Il sera plus facile ensuite de créer le tableau en HTML sur la base de cette esquisse.

Vous allez construire d'abord le tableau effectif. Vous ajouterez le titre ultérieurement.

 Dans le fichier Sthtml09.htm du CD-ROM, tout est prêt pour le tableau. Il s'agit en fait du même fichier que celui de la vidéothèque du chapitre précédent, hormis un commentaire.

Les étapes suivantes vous expliquent, pas à pas, comment créer ce tableau :

1.   Insérez les nouveautés à partir de la ligne 34.

Listing 5.1 :
Insertion des
nouveautés

```
30. <FONT SIZE=5><BLINK>Nouveau ! </BLINK></FONT>
31. Tableau des principaux films</B>
32.
33.
34. <!-- Ce commentaire sera remplacé
35. par le tableau.-->
36.
37.
38. </BODY>
39. </HTML>
```

Supprimez le commentaire et, à sa place, saisissez le tableau.

2.   Insérez les lignes suivantes :

Listing 5.2 :
Création de la
base du tableau

```
30. <FONT SIZE=5><BLINK>Nouveau ! </BLINK></FONT>
31. Tableau des principaux films</B>
32.
33.
34. <TABLE>
35.     <TR>
36.
37.     </TR>
38.     <TR>
39.
40.     </TR>
41.     <TR>
42.
43.     </TR>
44.     <TR>
```

```
45.
46.    </TR>
47. </TABLE>
48.
49.
50. </BODY>
51. </HTML>
```

Ces instructions forment la structure de base du tableau. Pour qu'il soit visualisé dans Netscape Navigator, il manque encore un élément.

Vous venez d'utiliser de nouveaux tags dont les fonctions sont les suivantes :

- le tag <TABLE> est un tag double. Le tag d'ouverture <TABLE> précède le début du tableau et le tag de fermeture </TABLE> suit directement la fin du tableau ;

- le tag <TR> est également un tag double. Il marque le début et la fin d'une ligne du tableau ;

Le tableau de la vidéothèque (sans le titre) est composé de quatre lignes, d'où les quatre tags <TR>...</TR>. Dans ces paires, il vous reste à saisir les données des cellules individuelles.

3. Complétez le listing ainsi :

Vous pouvez vous faciliter la tâche en ne remplissant d'abord que les lignes entre les tags <TR>...</TR>, puis en insérant les autres tags <TR> par un copier-coller. Vous n'aurez plus ensuite qu'à corriger le texte.

Listing 5.3 :
Intérieur du tableau

```
34. <TABLE>
35.    <TR>
36.        <TD>
37.            Casablanca
38.        </TD>
39.        <TD>
40.            VHS
```

```
41.        </TD>
42.        <TD>
43.            100 francs
44.        </TD>
45.    </TR>
46.    <TR>
47.        <TD>
48.            Autant en emporte le vent
49.        </TD>
50.        <TD>
51.            VHS
52.        </TD>
53.        <TD>
54.            145 francs
55.        </TD>
56.    </TR>
57.    <TR>
58.        <TD>
59.            Danse avec les loups
60.        </TD>
61.        <TD>
62.            VHS
63.        </TD>
64.        <TD>
65.            105 francs
66.        </TD>
67.    </TR>
68.    <TR>
69.        <TD>
70.            Être ou ne pas être (Version originale sous la
71.            direction d'Ernst Lubitsch)
72.        </TD>
73.        <TD>
74.            VHS
75.        </TD>
76.        <TD>
77.            95 francs
78.        </TD>
79.    </TR>
80. </TABLE>
```

Le troisième tag de tableau utilisé ici est <TD> :

■ le tag <TD> est un tag double contenant, entre <TD>...</TD>, le texte d'une cellule ;

■ pour chaque cellule du tableau, un tag <TD>...</TD> est nécessaire. Le nombre de ces tags placés dans un tag <TR>...</TR> définit le nombre de colonnes ;

Le tableau de la vidéothèque se compose de quatre lignes et de trois colonnes. Vous devez donc insérer quatre tags <TR> contenant chacun trois tags <TD>.

Le premier tableau est maintenant en place. Il apparaît sous la forme suivante dans Netscape Navigator :

Fig. 5.1 :
Votre premier
tableau

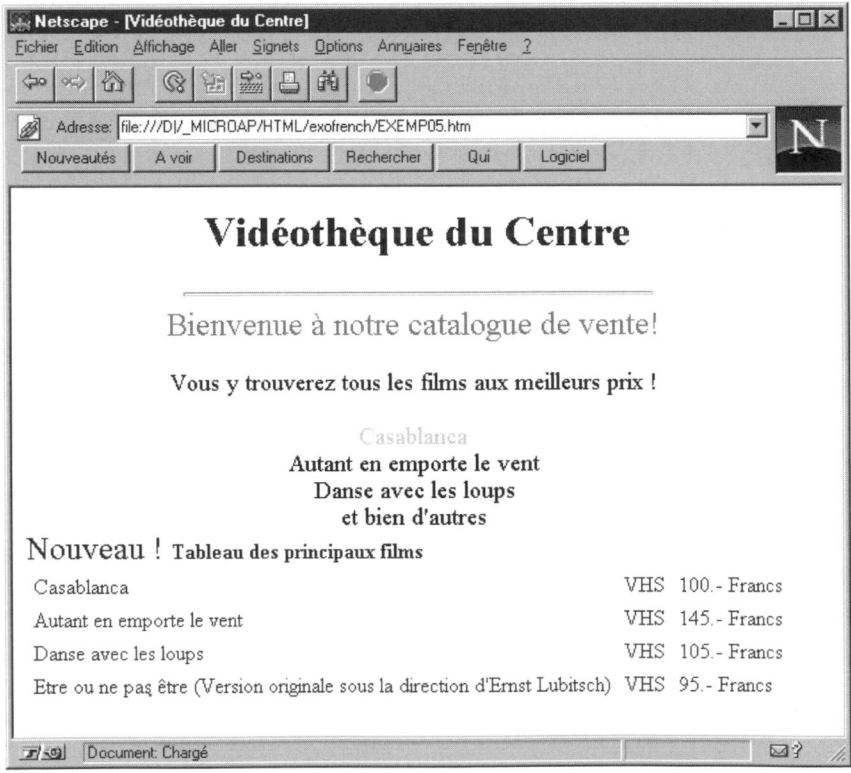

 Avec Netscape Navigator, la présentation du tableau peut varier en fonction de la résolution d'affichage et de la taille de la fenêtre.

Insertion d'un titre

Vous devez maintenant ajouter un titre.

Ce titre fait partie intégrante du tableau et doit se trouver dans la première ligne. Vous allez donc l'insérer entre le tag d'ouverture <TABLE> et le premier tag <TR>.

1. Ajoutez à votre listing les trois lignes, de 35 à 37 :

Listing 5.4 :
Titre du tableau

```
34. <TABLE>
35.    <TH>
36.        Une sélection de nos meilleures offres
37.    </TH>
38.    <TR>
```

Le titre est à présent en place.

Fig. 5.2 :

Les titres ne posent aucun problème

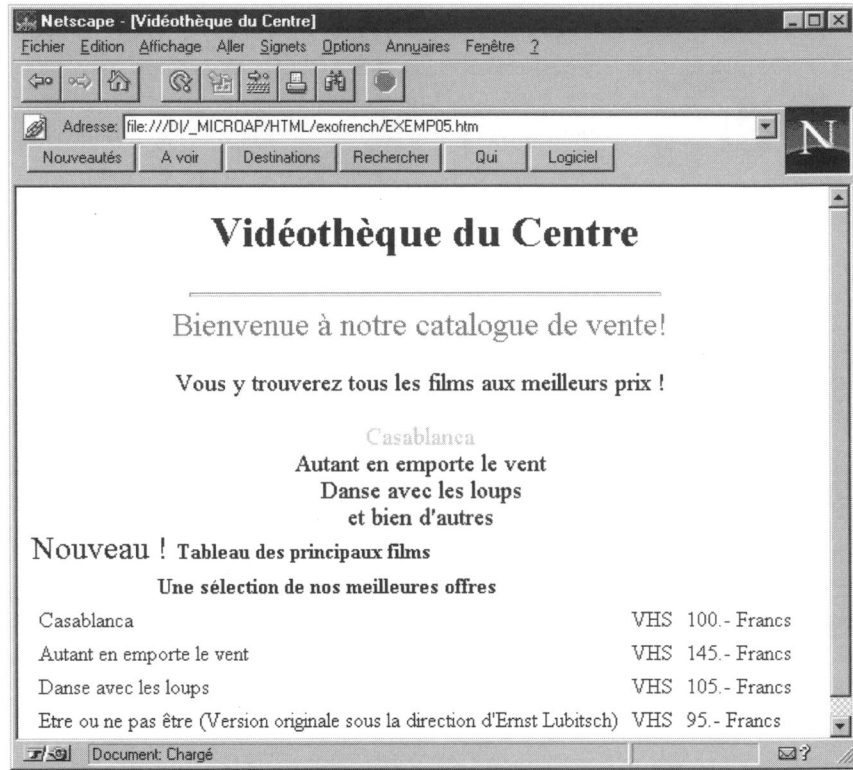

Le tag `<TH>` est le dernier des quatre tags de tableau. En voici les caractéristiques :

- le tag `<TH>` est un tag double. Il encadre le texte du titre du tableau. Ce texte est automatiquement centré et affiché en caractères gras ;

Le centrage n'est pas encore parfait : le titre n'est pas exactement au milieu du tableau. Est-ce une erreur de Netscape Navigator, un bogue ? Netscape Navigator est un programme très indépendant, mais la mise en forme du tableau n'est pas encore optimale.

Pour aboutir à une présentation parfaite, vous n'avez pas besoin d'un nouveau tag, mais d'une meilleure connaissance des divers mots-clés applicables aux tags précédents.

Tableau avec et sans bordure

Le tableau ne dispose pour l'instant ni d'une bordure extérieure ni de traits de séparation intérieurs entre les cellules. Le problème est facile à régler :

1. Modifiez, à la ligne 34, le tag `<TABLE>` de la manière suivante :

```
34. <TABLE BORDER>
```

En voici le résultat :

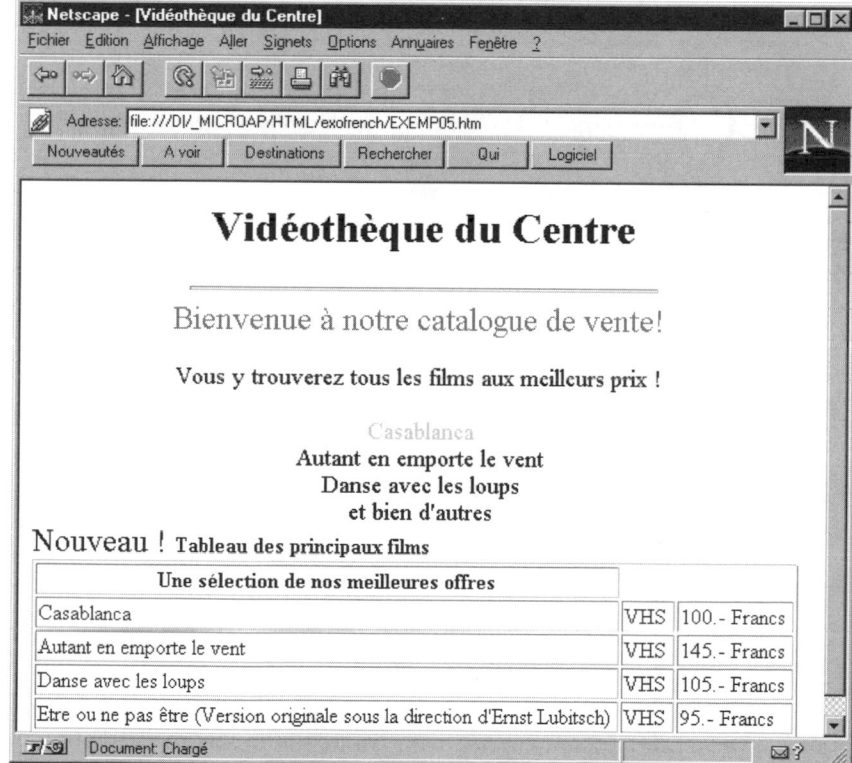

Le tableau est désormais entouré d'une bordure, mais l'alignement n'est pas encore satisfaisant. Le titre n'est pas correctement centré sur le tableau, mais sur la première colonne. De plus, cette bordure est si étroite que les cellules apparaissent trop serrées. Nous allons résoudre ce problème un peu plus loin. Mais intéressons-nous d'abord aux propriétés du mot-clé BORDER :

- BORDER, dans un tag <TABLE>, a pour effet d'encadrer le tableau et de mettre en place des séparations intérieures ;

- BORDER accepte une valeur sous la forme BORDER=x, où x représente la largeur de cette bordure. En l'absence de définition de valeur, BORDER prend la valeur 3 ;

- BORDER=1 correspond à la bordure la plus étroite. Toutes les autres valeurs entières sont théoriquement possibles, mais évitez de tomber dans les extrêmes.

Faites quelques essais avec des valeurs différentes pour visualiser les largeurs de bordures qui leur correspondent.

Dans cet exemple, nous avons opté pour BORDER=8 :

Fig. 5.4 :
Une bordure bien visible

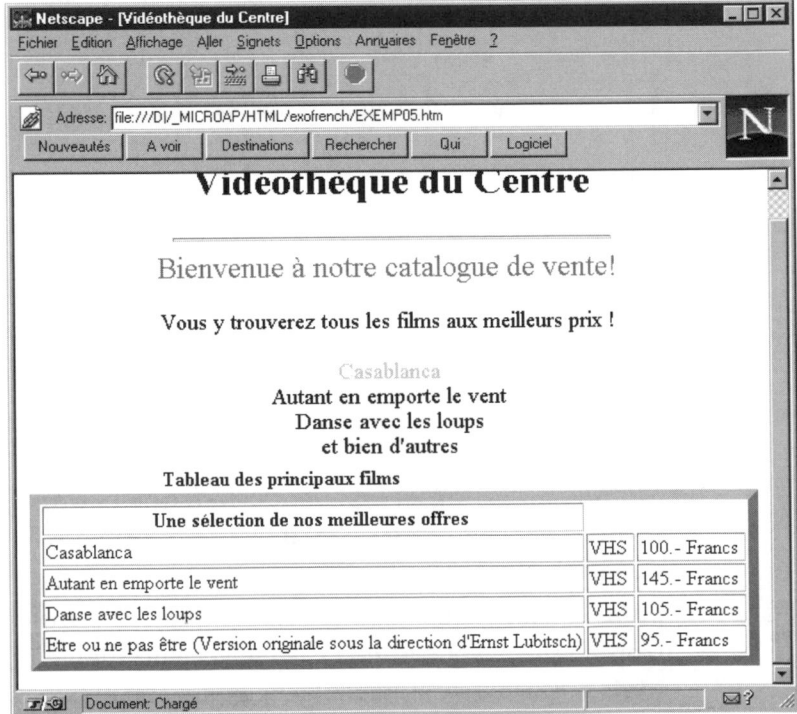

Modifier la bordure

Le tableau est toujours très serré à l'intérieur de la bordure, car Netscape Navigator a défini automatiquement sa largeur et celle de ses colonnes.

Le tableau doit remplir la totalité de la fenêtre de Netscape Navigator, mais la première colonne doit représenter 70 % de cette largeur et les deux autres colonnes 15 % chacune :

1. Modifiez les lignes 34, 39, 42 et 45 en ajoutant le mot-clé WIDTH

Listing 5.5 :
Réajustement
du tableau

```
34. <TABLE BORDER=8 WIDTH="100%">
35.     <TH>
36.         Une sélection de nos meilleures offres
37.     </TH>
38.     <TR>
39.         <TD WIDTH="70%">
40.             Casablanca
41.         </TD>
42.         <TD WIDTH="15%">
43.             VHS
44.         </TD>
45.         <TD WIDTH="15%">
46.             100 francs
47.         </TD>
48.     </TR>
```

Netscape Navigator réagit immédiatement à ces modifications :

Fig. 5.5 :
Le rapport
70:15:15 est
respecté

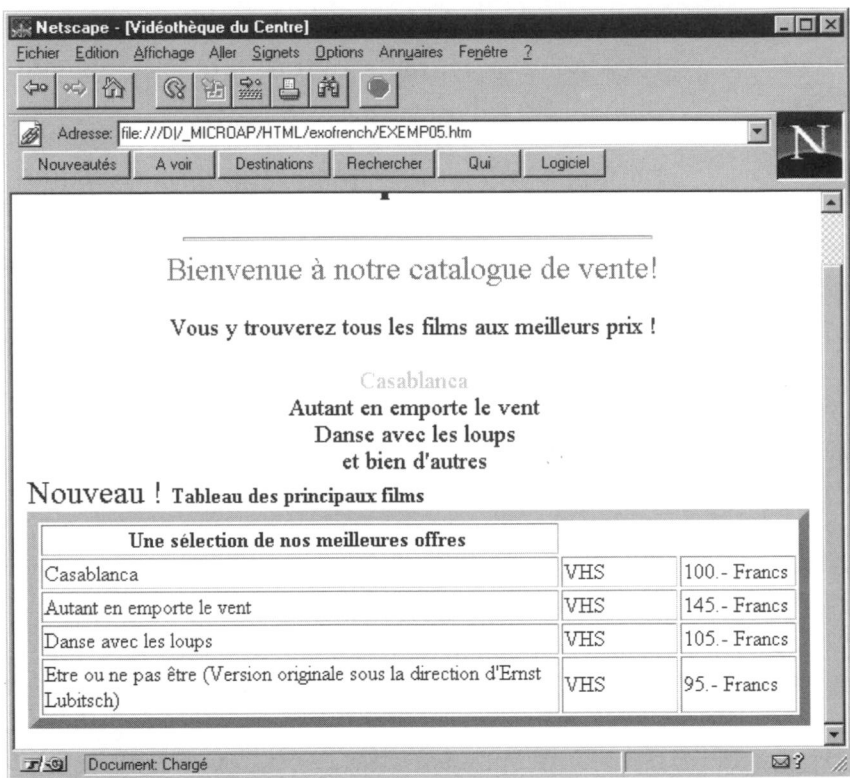

Dans les tableaux, le mot-clé WIDTH (que vous avez déjà rencontré avec le tag <HR>) sert à déterminer la largeur du tableau dans son ensemble, ainsi que celle des diverses cellules. Voici ce que vous devez savoir :

■ l'indication WIDTH dans un tag <TABLE> définit la largeur du tableau dans son ensemble. Comme Netscape Navigator part du principe (tout à fait logique) que la largeur des colonnes ne change pas d'une ligne à l'autre, il suffit d'indiquer cette largeur dans les tags <TD> de la première ligne (dans le premier tag <TR>). Les autres cellules reprendront automatiquement cette mesure ;

■ WIDTH="100%" correspond à un tableau de la largeur de la fenêtre ;

■ le mot-clé WIDTH peut être défini sous forme d'un pourcentage inférieur ou supérieur à 100 %. Les valeurs inférieures à 100 % aboutissent à des tableaux moins larges que la fenêtre, les valeurs supérieures à des tableaux plus larges que la fenêtre. Dans ce dernier cas, Netscape Navigator ajoute une barre de défilement horizontale.

Ne définissez pas une largeur de tableau plus élevée que celle de la fenêtre si vous n'en avez pas besoin. La lecture d'un tableau contenant une barre de défilement est toujours laborieuse.

Dans la première ligne du tableau, en l'occurrence dans le premier tag <TR>...</TR>, définissez pour chaque tag <TD> la largeur que vous souhaitez consacrer à cette colonne, sous forme de pourcentage.

Il est évident que la somme de toutes les indications de largeur exprimée en pourcentage doit aboutir à 100 % (par exemple 75 % + 15 % + 15 % = 100 %). Si vous entrez une somme erronée, Netscape Navigator ne se bloquera pas, mais il y a de fortes chances pour que le tableau ne réponde pas à vos attentes.

En principe, Netscape Navigator respecte vos indications de largeur de colonne, mais essaie également de présenter le tableau de la manière qui lui semble la plus claire. Ceci explique que certains tableaux ne reflètent que vaguement les indications de pourcentage. En réalité, tout dépend de la résolution graphique et de la taille de la fenêtre de Netscape Navigator sur l'écran du lecteur. Un autre facteur intervient également : la longueur du texte des différentes lignes. Netscape Navigator affectera plus de place à une cellule contenant beaucoup de texte. Pour avoir la garantie que votre tableau respectera exactement vos indications, rappelez-vous les conseils concernant le tag <PRE> du chapitre 2.

Il est également possible de définir le mot-clé WIDTH avec une valeur absolue au lieu d'un pourcentage. Avec <TD WIDTH=100>, la colonne correspondante aura une largeur de 100 pixels.

Ces indications absolues sont possibles, mais ne sont pas conseillées, car elles empêchent Netscape Navigator d'optimiser l'affichage en fonction de la résolution et de la taille de la fenêtre.

Régler les espaces

Vous savez à présent comment modifier la largeur du tableau, mais le tableau de la vidéothèque semble toujours aussi compressé.

1. Insérez en ligne 34 les deux nouveaux mots-clés CELLSPACING et CELLPADDING, avec les valeurs suivantes :

```
34. <TABLE BORDER=8 WIDTH="100%" CELLSPACING=8 CELLPADDING=12>
```

En voici le résultat :

Fig. 5.6 :
Des espacements généreux facilitent la lisibilité

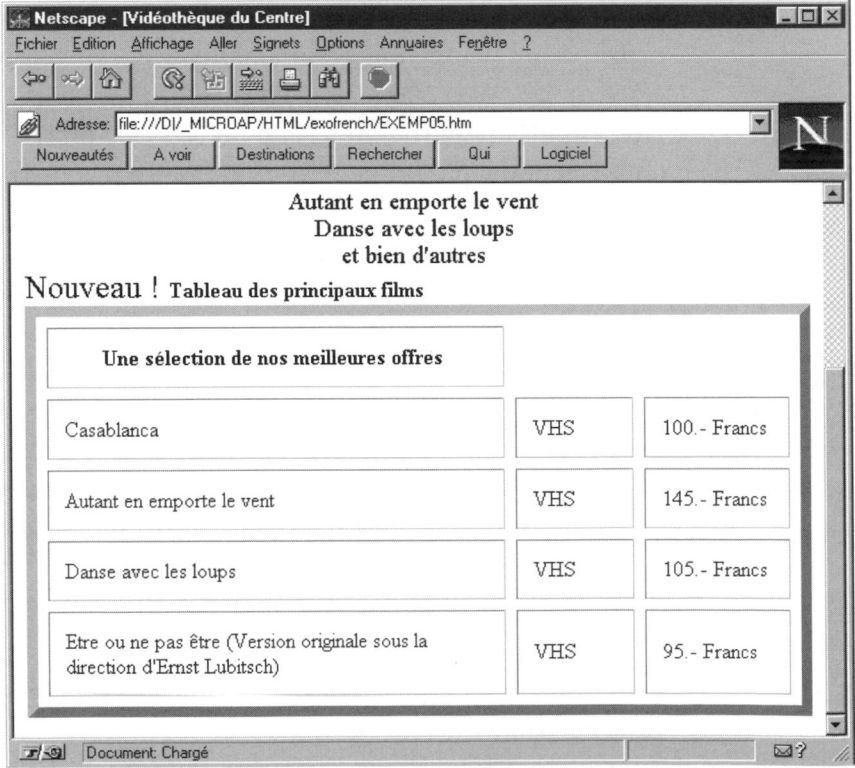

Deux modifications ont été apportées : dans les cellules, l'espacement entre la bordure et le texte a été augmenté et les espacements entre les bordures des cellules ont également été élargis. Les responsables de ces changements sont les deux nouveaux mots-clés :

- CELLSPACING, affecté d'une valeur dans le tag <TABLE>, permet de définir l'espacement en pixel entre les bordures de cellules. Cette valeur est libre. Dans notre exemple, nous avons choisi 8 ;

- CELLPADDING permet de définir l'espacement entre le texte d'une cellule et la bordure de cette cellule. Nous avons opté pour une valeur de 12.

Essayez d'autres valeurs pour ces mots-clés, jusqu'à trouver les espacements requis.

À gauche, à droite et au milieu

Le tableau commence à avoir un aspect satisfaisant, mais il reste deux problèmes : le titre ne s'étend pas sur toute la largeur du tableau (nous le résoudrons dans la section suivante) et les textes des cellules sont, pour le moment, tous alignés à gauche. Il est possible de définir l'alignement pour chaque cellule du tableau.

1. Modifiez les lignes 42, 45, 53, 56, 64, 67, 76 et 79 en leur rajoutant le mot-clé ALIGN et en lui affectant la valeur "center" ou "right".

Listing 5.6 :
Alignement
des cellules

```
34. <TABLE BORDER=8 WIDTH="100%" CELLSPACING=8 CELLPADDING=12>
35.     <TH>
36.         Une sélection de nos meilleures offres
37.     </TH>
38.     <TR>
39.         <TD WIDTH=70%">
40.             Casablanca
41.         </TD>
```

```
42.          <TD WIDTH="15%" ALIGN="center">
43.             VHS
44.          </TD>
45.          <TD WIDTH="15%" ALIGN="right">
46.             100 francs
47.          </TD>
48.       </TR>
49.       <TR>
50.          <TD>
51.             Autant en emporte le vent
52.          </TD>
53.          <TD ALIGN="center">
54.             VHS
55.          </TD>
56.          <TD ALIGN="right">
57.             145 francs
58.          </TD>
59.       </TR>
60.       <TR>
61.          <TD>
62.             Danse avec les loups
63.          </TD>
64.          <TD ALIGN="center">
65.             VHS
66.          </TD>
67.          <TD ALIGN="right">
68.             105 francs
69.          </TD>
70.       </TR>
71.       <TR>
72.          <TD>
73.             Être ou ne pas être (Version originale sous la
74.             direction d'Ernst Lubitsch)
75.          </TD>
76.          <TD ALIGN="center">
77.             VHS
78.          </TD>
79.          <TD ALIGN="right">
80.             95 francs
81.          </TD>
82.       </TR>
83. </TABLE>
```

Le mot-clé ALIGN vous est déjà familier, vous l'avez employé avec le tag <P> pour définir l'alignement horizontal. Vous ne serez donc pas surpris de son emploi avec le tag <TD>. Voici le tableau dans Netscape Navigator :

Fig. 5.7 :
Les colonnes
bien alignées

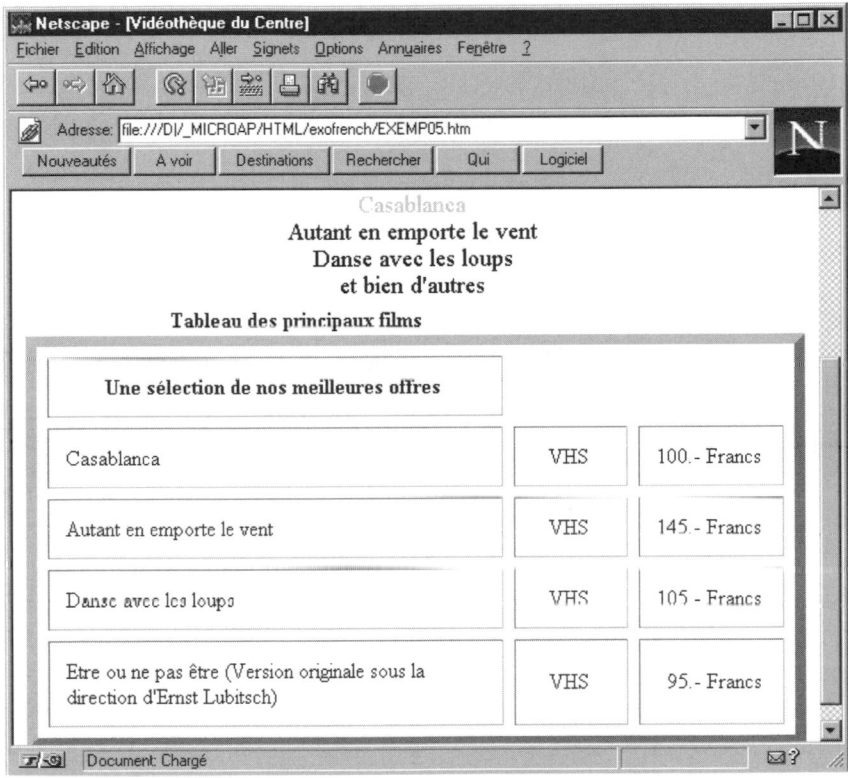

La première colonne est alignée à gauche (et ne demande donc pas de formatage, car il s'agit de l'alignement par défaut), la seconde est centrée et la troisième est alignée à droite.

Gardez le point suivant à l'esprit : chaque cellule du tableau peut être affectée d'un alignement spécifique. D'où la répétition du mot-clé ALIGN pour chaque cellule, si l'alignement requis est autre qu'à gauche.

Cellules fusionnées

Reste à régler le problème du titre qui n'est pas centré sur la largeur du tableau :

1. Insérez à la ligne 35 et dans le tag <TH> le mot-clé COLSPAN=3.

Listing 5.7 :
Centrer le titre
sur la largeur

```
34. <TABLE BORDER=8 WIDTH="100%" CELLSPACING=8 CELLPADDING=12>
35.    <TH COLSPAN=3>
36.       Une sélection de nos meilleures offres
37.    </TH>
```

Nous reviendrons sur ce mot-clé. À présent, le tableau est parfait :

Fig. 5.8 :
Le titre est centré
sur toute la
largeur du tableau

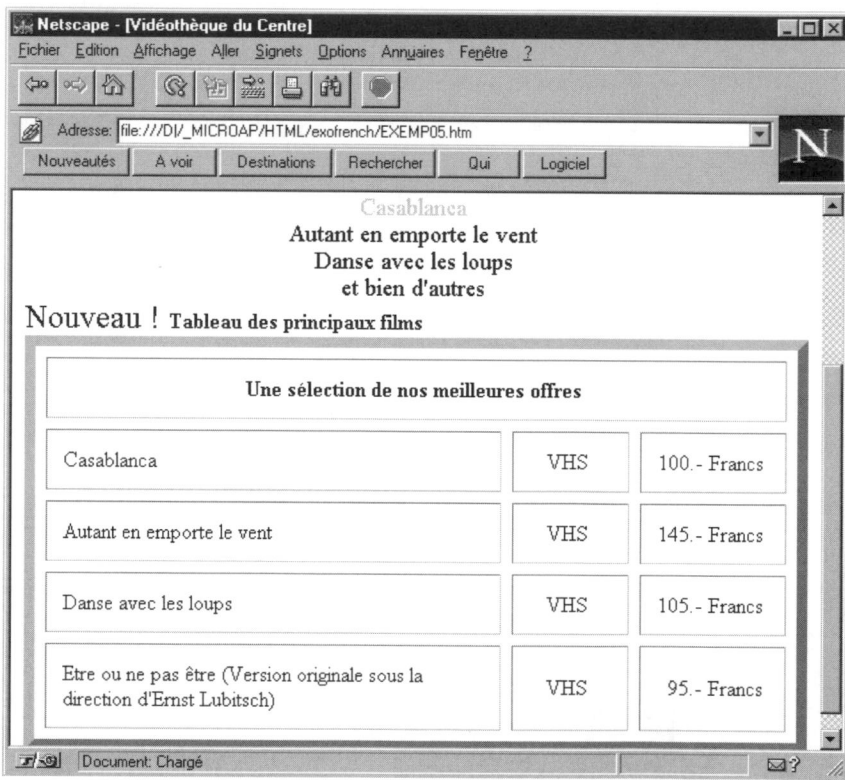

L'affectation de la valeur 3 au mot-clé COLSPAN, dans le tag d'ouverture <TH> a pour effet d'étendre le titre sur toute la largeur du tableau. Ce mot-clé a les caractéristiques suivantes

- COLSPAN peut intervenir dans un tag d'ouverture <TH> ou <TD> ;

- la valeur affectée à COLSPAN correspond au nombre de colonnes sur lequel le titre s'étendra ;

L'emploi de COLSPAN dans un tag <TD> est un peu plus laborieux. Nous vous conseillons de travailler également à partir d'une esquisse. Voici comment vous allez modifier le tableau :

Tab. 5.2 :Esquisse du nouveau tableau

Une sélection de nos meilleures offres
Casablanca
Autant en emporte le vent
Danse avec les loups
Être ou ne pas être (Version originale sous la direction d'Ernst Lubitsch)

Dans la première ligne (après le titre), les cellules 2 et 3 ont été fusionnées en une seule cellule , de même que les cellules de la colonne 2 et des lignes 2, 3 et 4.

Pour la fusion de cellules dans une même ligne, vous utiliserez le mot-clé COLSPAN.

Voici comment procéder :

1. Pour fusionner les cellules 2 et 3 de la première ligne, cherchez le premier tag <TR>...</TR>, puis le second tag <TD>...</TD>.

2. Modifiez le tag <TD> (ligne 42) et le texte de la ligne 43 de la manière suivante :

```
42.        <TD ALIGN="center" COLSPAN=2>
43.            En rupture
```

Ainsi, vous indiquez à Netscape Navigator qu'à partir de la seconde cellule de la première ligne, vous souhaitez fusionner deux cellules (COLSPAN=2).

Vous devez effectuer deux autres modifications. Examinez d'abord le listing suivant :

Listing 5.8 :
Fusion des
lignes du
tableau

```
38.    <TR>
39.        <TD WIDTH=70%">
40.            Casablanca
41.        </TD>
42.        <TD ALIGN="center" COLSPAN=2>
43.            En rupture
44.        </TD>
45.<!--    <TD WIDTH="15%" ALIGN="right">ces trois
46.            100 Francs     lignes
47.        </TD>ne sont plus nécessaires -->
48.    </TR>
49.    <TR>
50.        <TD>
51.            Autant en emporte le vent
52.        </TD>
53.        <TD WIDTH ="15%" ALIGN="center">
54.            VHS
55.        </TD>
56.        <TD WIDTH ="15%" ALIGN="right">
57.            145 francs
58.        </TD>
59.    </TR>
```

Les cellules de la ligne sont fusionnées.

Comme les deux dernières cellules de la première ligne ont été fusionnées, le tag <TD>...</TD> n'est plus nécessaire pour la troisième cellule.

3. Transformez les lignes 45 à 47 en commentaire pour les désactiver.

Si, au cours de la création de vos pages HTML, vous n'avez plus besoin de certaines lignes, vous pouvez aussi les supprimer purement et simplement.

Comme les deux dernières cellules de la première ligne sont fusionnées, il manque à Netscape Navigator l'indication de largeur pour la deuxième et la troisième colonne. Rappelez-vous qu'au départ, il s'agissait de WIDTH="15%". Il suffit de rattraper cette indication dans la deuxième ligne.

4. Insérez dans le deuxième et le troisième tag <TD> de la deuxième ligne (ligne 53 et 56 du listing) l'indication WIDTH="15%".

Cette quatrième étape découle de la fusion des cellules de la première ligne, dans laquelle vous définissez normalement la largeur des colonnes. Si la fusion était intervenue en ligne 2 ou 3, cette étape n'aurait pas été nécessaire.

La fusion de la première ligne est achevée. En voici le résultat :

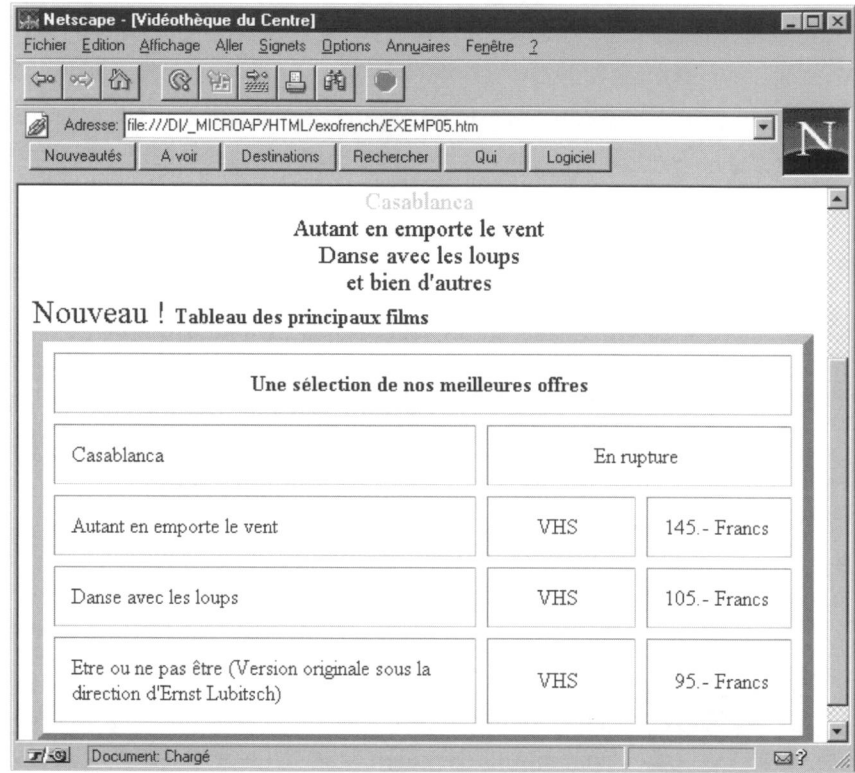

Fusionner des cellules dans une colonne

Pour procéder à une fusion des cellules d'une colonne, et non plus d'une ligne, vous devez utiliser le mot-clé ROWSPAN, sous la forme ROWSPAN=x où x indique le nombre de lignes à fusionner.

Cette fusion doit commencer dans la deuxième cellule de la deuxième ligne et s'étendre sur trois cellules.

1. Cherchez le deuxième tag d'ouverture <TD> dans le deuxième tag <TR>...</TR>. C'est le point de départ de la modification (ligne 53).

2. Ajoutez l'indication ROWSPAN=3 dans le tag <TD>, car la fusion porte sur trois cellules.

3. Les tags <TD>...</TD> des deuxièmes cellules de la troisième et quatrième lignes sont devenus inutiles (lignes 64-66 et 76-78). Transformez ces lignes en commentaires.

Assurez-vous que votre listing reprend les éléments suivants :

Listing 5.9 :
Le tableau final

```
34. <TABLE BORDER=8 WIDTH="100%" CELLSPACING=8 CELLPADDING=12>
35.     <TH COLSPAN=3>
36.         Une sélection de nos meilleures offres
37.     </TH>
38.     <TR>
39.         <TD WIDTH=70%">
40.         Casablanca
41.         </TD>
42.         <TD ALIGN="center" COLSPAN=2>
43.         En rupture
44.         </TD>
45. <!--    <TD WIDTH="15%" ALIGN="right"> ces trois
46.         100 francs              lignes
47.         </TD>                    ne sont plus nécessaires -->
48.     </TR>
49.     <TR>
50.         <TD>
51.         Autant en emporte le vent
52.         </TD>
53.         <TD WIDTH ="15%" ALIGN="center" ROWSPAN=3>
54.         VHS
55.         </TD>
56.         <TD WIDTH ="15%" ALIGN="right">
57.         145 francs
58.         </TD>
59.     </TR>
60.     <TR>
61.         <TD>
62.         Danse avec les loups
63.         </TD>
64. <!--    <TD ALIGN="center"> ces lignes
65.         VHS                 ne sont plus
66.         </TD>               nécessaires-->
67.         <TD ALIGN="right">
68.         105 francs
69.         </TD>
```

```
70.      </TR>
71.      <TR>
72.          <TD>
73.              Être ou ne pas être (Version originale sous la
74.              direction d'Ernst Lubitsch)
75.          </TD>
76. <!--     <TD ALIGN="center"> ces lignes
77.              VHS                ne sont plus
78.          </TD>                  nécessaires-->
79.          <TD ALIGN="right">
80.              95 francs
81.          </TD>
82.      </TR>
83. </TABLE>
```

Les tags <TD> sont désactivés

Vérifiez dans Netscape Navigator le résultat de ces fusions de cellules :

Fig. 5.10 :
Fusion
horizontale
et verticale

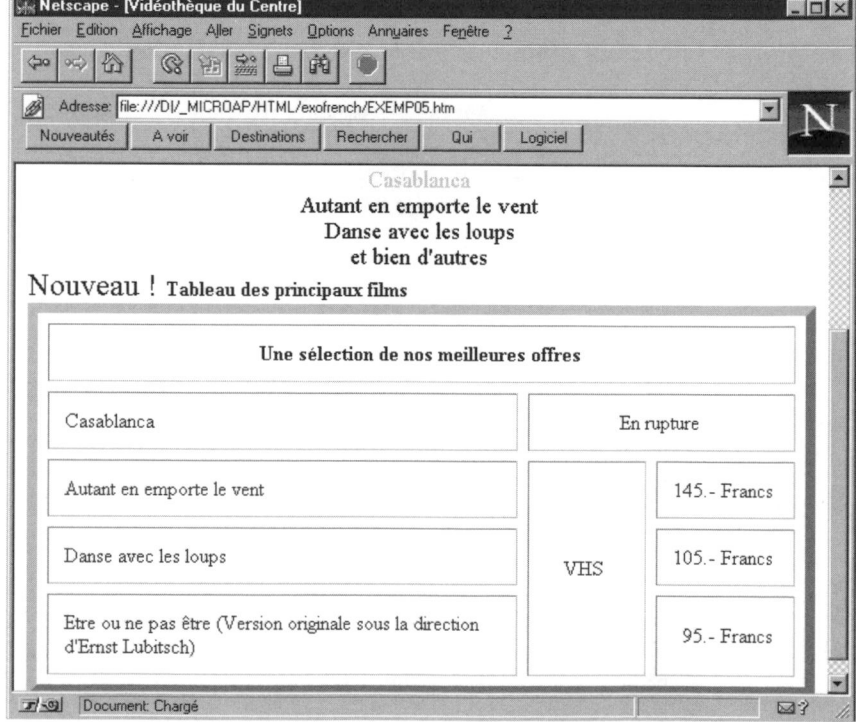

Si vous créez un tableau d'une largeur de 100 %, vous pouvez également centrer le tableau par la commande <CENTER>. Encadrez simplement tous les tags du tableau par un tag <CENTER>...</CENTER>. Les tags de formatage des textes (gras, italique, etc.) sont, bien sûr, librement utilisables dans les tableaux. Chaque cellule peut être formatée individuellement. Les tableaux peuvent même être imbriqués les uns dans les autres, mais soyez prudent, car le code d'un tableau inséré dans un autre tableau peut devenir très vite confus et indéchiffrable.

L'affichage des tableaux, dans la fenêtre des navigateurs, prend beaucoup plus de temps que l'affichage de texte simple. Le navigateur doit calculer le nombre de lignes et de colonnes contenues dans le tableau. Pour accélérer cet affichage, vous avez la possibilité, depuis HTML 4.0, d'épargner au navigateur le calcul du nombre de colonnes. Il suffit de le lui indiquer avec l'attribut cols dans la balise TABLE. Par exemple, pour indiquer, aux navigateurs, la présence d'un tableau composé de cinq colonnes, utilisez l'instruction suivante :

```
<TABLE cols=5>
```

Attention ! ce nouvel attribut ne fonctionnera que dans les dernières versions des deux principaux navigateurs du marché : Internet Explorer 4 et Netscape Communicator 4. Cependant, cela ne générera aucun dysfonctionnement lorsque les précédentes versions des navigateurs devront interpréter une telle instruction.

Une dernière remarque : comme les tableaux, même les plus complexes, peuvent être présentés sans bordure, ces tableaux sont particulièrement pratiques pour structurer la page HTML sans que le lecteur ne s'en aperçoive.

Le fichier de la vidéothèque se trouve sur le CD-ROM d'accompagnement. Il s'agit de Sthtml10.htm, dans le dossier C:\Sthtml.

Résumé

Objectif	Procédure	Tag
Créer un tableau	Définir le nombre de lignes et de colonnes du tableau, puis insérer un tag <TABLE>... </TABLE> encadrant tout le tableau	<TABLE> ... </TABLE>
Insérer une ligne dans un tableau	Dans le tag <TABLE>...</TABLE>, insérer un tag <TR>...</TR> pour chaque ligne de tableau	<TR> ... </TR>
Insérer des cellules dans un tableau	Insérer dans chaque tag <TR>...</TR> le nombre de tags <TD>...</TD> correspondant au nombre de colonnes	<TD> ... </TD>
Insérer du texte dans une cellule d'un tableau	Insérer le texte voulu dans le tag <TD>...</TD> concerné	
Ajouter un titre	Insérer entre le tag <TABLE> et le premier tag <TR> un tag <TH>...</TH> contenant le texte du titre	<TH> ... </TH>
Ajouter une bordure	Insérer dans le tag <TABLE> le mot-clé BORDER	<TABLE BORDER=x> (valeur de x à partir de 1)
Définir la largeur du tableau	Insérer dans le tag <TABLE> une indication en pourcentage WIDTH="xy%"	<TABLE WIDTH="xy%"> (xy = pourcentage entier)
Définir la largeur d'une colonne	Insérer dans le premier tag <TD> décrivant la colonne, une indication de pourcentage WIDTH="xy%"	<TD WIDTH="xy%"> (xy = pourcentage entier)
Définir l'espacement entre le texte des cellules et leurs bordures	Insérer dans le tag d'ouverture <TABLE>, le mot-clé CELLPADDING=x	<TABLE CELLPADDING=x> (x = valeur entière en pixels)
Définir l'espacement entre les bordures des cellules	Insérer dans le tag d'ouverture <TABLE>, le mot-clé CELLSPACING=x	<TABLE CELLSPACING=x> (x = valeur entière en pixels)

Objectif	Procédure	Tag
Définir l'alignement du texte dans une cellule de tableau	Insérer dans le tag <TD>, le mot-clé ALIGN	<TD ALIGN="center"> <TD ALIGN="right">
Fusionner des cellules de la même ligne	Insérer dans le tag <TD> de la première cellule à fusionner le mot-clé COLSPAN=x, où x indique le nombre de cellules à fusionner	<TD COLSPAN=x>
Fusionner des cellules de la même colonne	Insérer dans le tag <TD> de la première cellule à fusionner le mot-clé ROWSPAN=x, où x indique le nombre de cellules à fusionner	<TD ROWSPAN=x>

Contrôle des connaissances

Vrai ou faux ?

	Vrai	Faux	
1.	I	M	Un tableau est encadré du tag <TABLE>....</TABLE>
2.	B	A	Les bordures de tableaux peuvent clignoter
3.	B	T	ALIGN définit l'alignement dans une cellule de tableau
4.	L	Z	Les tableaux peuvent être dotés d'un titre
5.	K	E	WIDTH définit la hauteur du tableau
6.	A	L	CELLSPACING définit l'espacement entre les bordures des cellules

Trouvez les correspondances

7.		<TABLE>		U	Début d'un tableau
8.		</TH>		E	Fin d'un titre de tableau

Vrai ou faux ?

	Vrai	Faux	
9.	T	M	Un tableau peut être imbriqué dans un tableau
10.	B	O	Il est possible de définir la largeur du tableau par une valeur absolue
11.	R	O	Par défaut, le titre du tableau est centré sur tout le tableau

Trouvez les correspondances

12.		BORDER	R	Espacement entre texte et bordure d'une cellule
13.		ROWSPAN	D	Affecter une bordure au tableau
14.		CELLPADING	U	Fusion verticale de cellules
15.		CELLSPACING	R	Espacement entre les cellules
16.		ALIGN	E	Alignement dans une cellule

Solution

-	-	-	-	-	-	-
1.	2.	3.	4.	5.	6.	7.

-	-
8.	9.

-	-	-	-	-	-	-
10.	11.	12.	13.	14.	15.	16.

TABLEAU ET BORDURE

6 Sortie dans le vaste monde : Les hyperliens

40 mn

Nous avons créé une superbe page d'accueil pour notre vidéothèque, mais l'utilisateur qui la visualise ne peut pas se rendre ailleurs dans le World Wide Web. Il manque à notre document des hyperliens qui permettraient de relier la page à d'autres sites intéressants du Web. Dans cette leçon, vous découvrirez que les hyperliens sont très faciles à insérer, à condition d'avoir le coup de main.

À l'issue de cette leçon, vous saurez...

- Insérer des hyperliens vers d'autres pages WWW.
- Reprendre facilement des adresses d'hyperliens.
- Intégrer d'autres services Internet dans votre page d'accueil.
- Envoyer depuis votre page d'accueil un courrier électronique.

Comment s'appelait le metteur en scène de Casablanca ?

Vous connaissez très certainement le film Casablanca, avec Humphrey Bogart et Ingrid Bergmann. C'est un classique du genre. Mais savez-vous comment s'appelle le metteur en scène de ce film ? Si vous ne connaissez pas la réponse, parcourez le World Wide Web pour trouver la solution. Peut-être connaissez-vous cette adresse :

```
http://www.leo.org/Movies/
```

Vous y trouverez un lexique très complet sur le cinéma, dans lequel vous pouvez rechercher des titres de films et, pour chaque film, les noms des acteurs, du metteur en scène et beaucoup d'autres informations.

Si ce site vous est inconnu, jetez un coup d'œil sur l'illustration suivante. Voici la réponse à la question concernant Casablanca :

Fig. 6.1 :
Le metteur en scène de *Casablanca* :

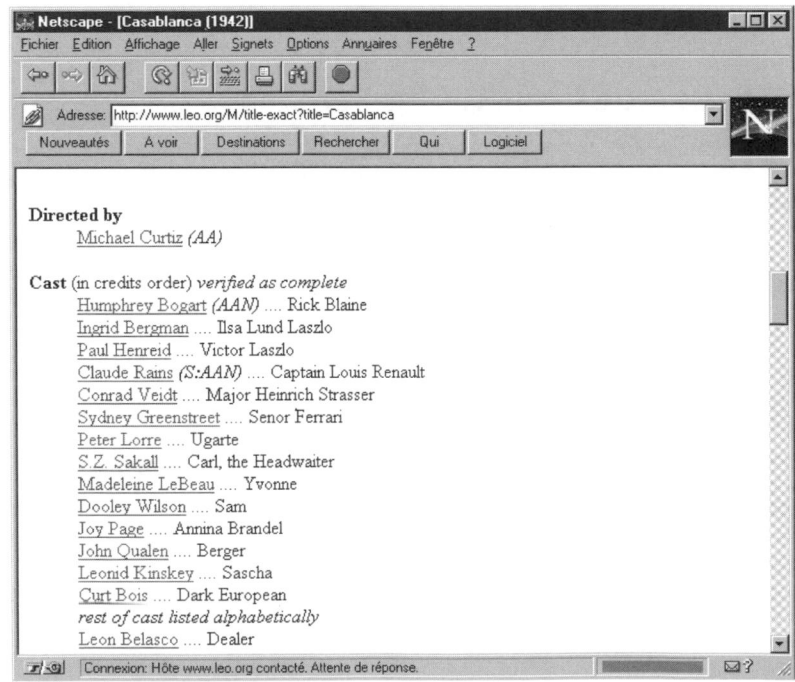

Bien sûr, il serait intéressant de fournir aux visiteurs de la page d'accueil de notre vidéothèque un hyperlien vers ce site.

Dans un instant, vous verrez avec quelle facilité cette technique fonctionne. Mais auparavant une petite Remarque qui vous permettra de limiter votre facture de téléphone :

Pour l'instant, nous avons travaillé avec Netscape Navigator en mode Offline, sans connexion, et avec des pages HTML. Nous continuerons ainsi dans la suite de ce livre, mais pour vérifier si nos hyperliens fonctionnent correctement, il nous faudra établir quelques connexions.

Voici comment commuter du mode Offline en mode Online :

1. Vous avez démarré Netscape Navigator en mode Offline et voulez établir une connexion. Cliquez sur la commande **Démarrer/ Programmes/Accessoires/Accès réseau à distance**.

2. Établissez comme d'ordinaire la connexion à votre fournisseur de services.

3. Cliquez ensuite sur le bouton **Netscape Navigator** de la Barre des tâches. Vous pouvez maintenant essayer les hyperliens dans le World Wide Web.

4. Repassez à l'éditeur tout en étant en ligne, par exemple pour modifier un hyperlien, et testez ces modifications sous Netscape.

5. Si tout fonctionne correctement, mettez un terme à la connexion au réseau. Vous pouvez ensuite poursuivre la mise en forme des documents en mode Offline.

En jouant sur cette possibilité de commutation entre Online et Offline, vous économiserez des frais téléphoniques et du temps.

Si vous exercez votre activité dans une entreprise ou une institution scientifique où votre PC dispose d'une connexion permanente (Ethernet, Intranet), sans qu'il s'agisse pour autant d'Internet, vous pouvez parfaitement développer vos pages HTML Offline. Mais le cas général sera celui d'une connexion par modem ou Numéris avec un fournisseur de service, et dans cette situation la commutation est intéressante.

Notre premier hyperlien

Nous allons établir un hyperlien entre notre page d'accueil et le lexique du cinéma. Pour cette opération, inutile de procéder à d'importantes modifications :

1. Utilisez le fichier final de la dernière leçon et ajoutez-lui les lignes 85 et 86 ou chargez le fichier correspondant du dossier C:\Sthtml du CD-ROM.

Listing 6.1 :
Notre premier hyperlien : simplissime !

```
82. </TR>
83. </TABLE>
84.
85. <P>
86. Ceci est un hyperlien vers un <A HREF="http://www.leo.org/
    Movies/">LEXIQUE CINEMATOGRAPHIQUE </A> !
87.
88. </BODY>
89. </HTML>
```

Regardons le résultat dans Netscape Navigator :

Fig. 6.2 :
Le premier
hyperlien
dans Netscape
Navigator

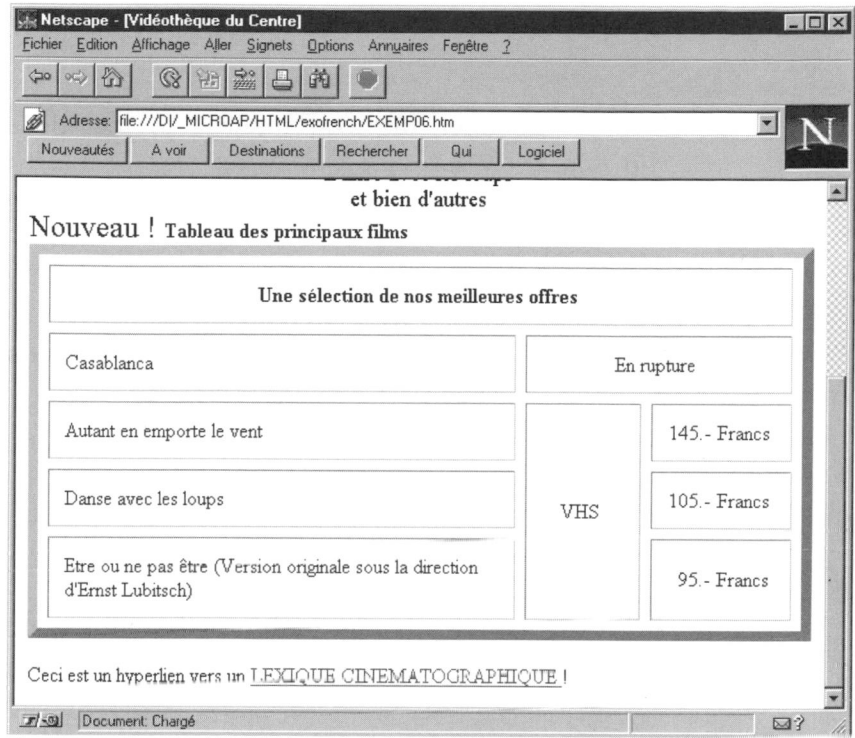

Sous le tableau, vous voyez apparaître maintenant la phrase "Ceci est un hyperlien vers un LEXIQUE CINEMATOGRAPHIQUE ! ", où "LEXIQUE CINEMATOGRAPHIQUE" est en couleur et souligné. Vous constaterez également qu'en plaçant le pointeur sur ce mot, il change de forme et devient une main avec l'index tendu. Dans la barre d'état est affichée l'adresse Web du site proposant le lexique.

Tout est prêt, vous pouvez essayer l'hyperlien ! Pour cela, il faut bien évidemment établir une connexion. Un clic sur le lien suffit pour passer au lexique.

Profitez-en pour tester vos adresses Web préférées. Voici comment procéder :

1. Tapez un petit texte décrivant l'hyperlien.

2. Encadrez le mot ou les mots devant servir de lien avec un tag `<A>...</A>`.

3. Dans le premier tag `<A>`, insérez le mot-clé et affectez-lui l'adresse du site (par exemple, `<A HREF="http://www.leo.org/Movies/">`).

Dans les adresses Web, veillez à respecter scrupuleusement la casse (écrivez bien Movies et non pas movies, faute de quoi le site risque de ne pas être trouvé.

Voici les caractéristiques de ces hyperliens :

■ le tag `<A>` est un tag double et le mot-clé `HREF` dans le tag d'ouverture est affecté de l'adresse concernée ;

■ cette adresse est placée entre des guillemets ;

■ dans le tag `<A>...</A>`, vous pouvez employer tous les tags de formatages habituels ;

■ les hyperliens sont possibles partout, y compris dans les titres, les tableaux ou les énumérations.

Vous avez entière liberté dans le formatage de ces hyperliens, mais nous vous conseillons de respecter les deux points suivants :

Le lecteur de votre page d'accueil souhaite bien évidemment savoir si cet hyperlien présente un intérêt pour lui. Ne vous contentez pas d'un message du style "Cliquez ici !".

Le World Wide Web est un média très évolutif et très fluctuant : après quelques semaines, les adresses Web risquent d'être dépassées. Si l'adresse d'un hyperlien ne fonctionne pas, essayez d'accéder en direct à ce site, par Netscape Navigator. Si vous y parvenez mais que l'hyperlien de la page HTML ne fonctionne pas, vérifiez le code HTML. Dans le cas contraire, actualisez l'adresse.

Copier n'est pas jouer !
Rassembler confortablement des hyperliens

Il existe deux inconvénients au fait de saisir manuellement une adresse Web.

Vous risquez de commettre une faute de frappe. Une seule lettre discordante et le lien ne fonctionne pas, Netscape Navigator indiquant que le site en question ne peut être trouvé.

Une erreur fréquente est la confusion entre le chiffre un ("1") et la lettre l minuscule ("l"). Vous voyez une différence ? Pour notre part, nous n'en voyons pas !

D'un autre côté, il est fastidieux de saisir ces adresses Web, qui sont longues et complexes. Nous vous présentons deux techniques qui vous faciliteront la tâche.

Utiliser des signets

Vous connaissez certainement déjà la liste de signets de Netscape Navigator. Chaque signet contient l'adresse complète d'une page Web. Ces signets sont stockés dans le fichier Bookmark.htm, dans le dossier de Netscape Navigator. Ce fichier est un simple fichier de texte que vous pouvez facilement charger et visualiser dans le Bloc-notes de Windows 95. Pour récupérer une de ces adresses pour un hyperlien, procédez ainsi :

1. Ouvrez le Bloc-notes et passez dans le dossier de Netscape Navigator. Ouvrez le fichier Bookmark.htm.

Fig. 6.3 :
Le fichier avec une adresse sélectionnée

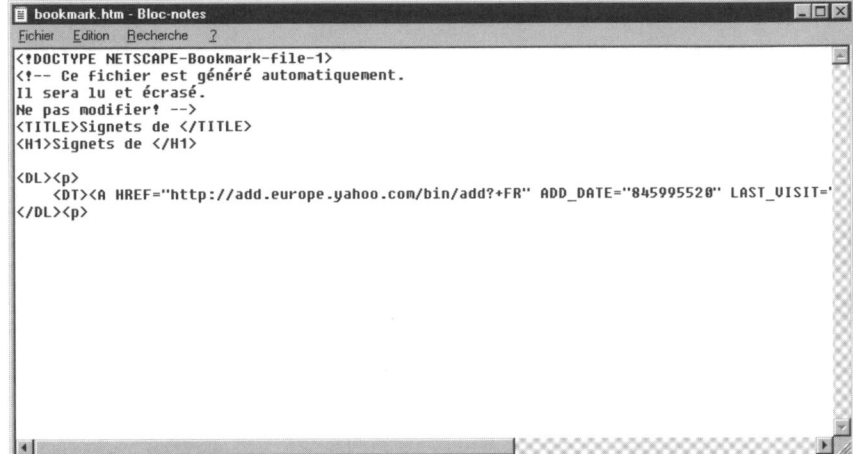

2. Observez la quatrième ligne du fichier : "Do not edit ! ". Ne faites aucune modification dans ce fichier.

3. Parallèlement à diverses entrées de Netscape Navigator (*LAST_VISIT*=...), vous y trouverez aussi toutes les adresses Web de vos signets, que vous pourrez sélectionner et copier dans le Presse-papiers.

4. Ouvrez dans le Bloc-notes votre page Web et collez l'adresse du Presse-papiers dans le tag <A> concerné.

Reprendre des adresses en ligne

La seconde technique suppose une connexion par Netscape Navigator et, en parallèle, le chargement du Bloc-notes (avec votre page Web). Vous trouvez une page Web intéressante et vous souhaitez en faire un hyperlien dans votre propre page.

Prenons comme exemple la page d'accueil du lexique cinématographique :

Fig. 6.4 :
Dans la rubrique Adresse, est présentée l'adresse complète du site

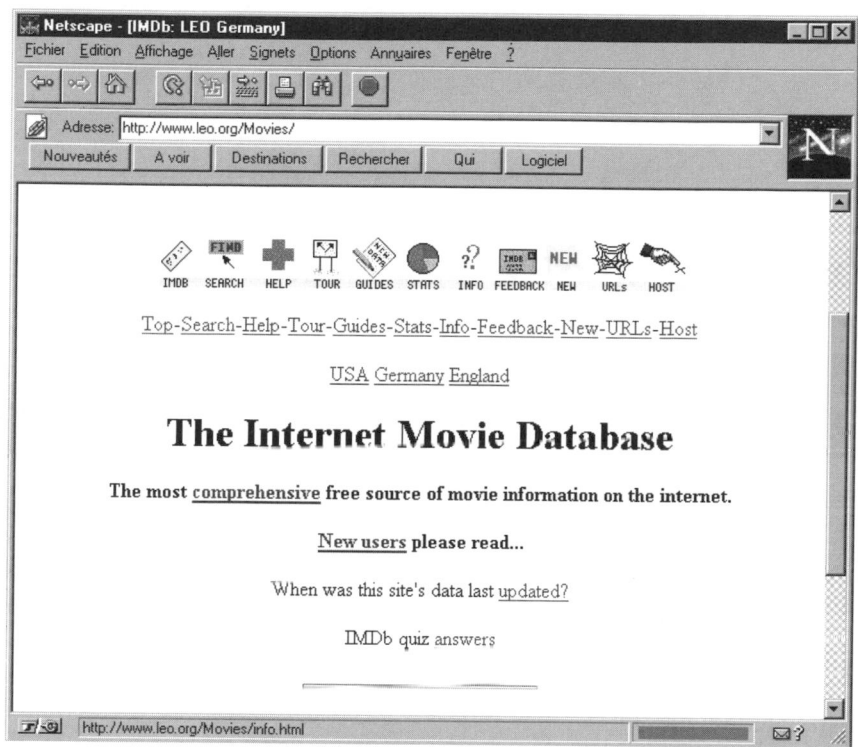

Dans les options de Netscape Navigator, vous avez possibilité de désactiver l'affichage de l'adresse du site. Si elle n'est pas affichée, pensez à la réactiver.

Voici comment récupérer cette adresse sans aucune saisie :

1. Sélectionnez l'adresse dans la rubrique *Adresse* et copiez-la dans le Presse-papiers par **Edition/Copier**.

2. Passez dans le Bloc-notes et collez le contenu du Presse-papiers dans le tag <A> concerné.

La rubrique Adresse n'est pas la seule que vous puissiez récupérer par un Copier/Coller. Cette technique est applicable à l'ensemble du texte de la page Web, avec cependant une petite anicroche : les caractères accentués et les autres caractères spéciaux ne sont pas repris avec leur définition spéciale, mais comme des caractères ordinaires.

Dans le World Wide Web : gopher, ftp, telnet...

Le World Wide Web est certainement le domaine le plus convivial de l'Internet, mais ce n'est pas le seul. D'autres services Internet existent, tels que GOPHER, FTP, TELNET ou les NEWSGROUPS. L'avantage est que tous ces services peuvent aussi être intégrés dans le Web.

Nous allons étendre notre page HTML de la vidéothèque. Insérez à cet effet les lignes suivantes (de 87 à 89) après l'hyperlien vers le lexique :

Listing 6.2 :
Un hyperlien
vers un site FTP

```
</TR>
83. </TABLE>
84.
85. <P>
86. Ceci est un hyperlien vers un <A HREF="http://www.leo.org/
    Movies/">LEXIQUE CINEMATOGRAPHIQUE </A> !
87. <P>
88. Et voici quelques images de
89. <A HREF=" ftp://ftp.ctr.columbia.edu/pub/DA/pictures/">
    dessins-animés de Walt Disney</A>!
90.
91. </BODY>
92. </HTML>
```

Dans Netscape Navigator, vous trouverez ainsi un autre hyperlien sous le mot "Films". Établissez une connexion et regardez à quoi correspond ce lien :

Fig. 6.5 :

La liste des
dossiers du
serveur FTP

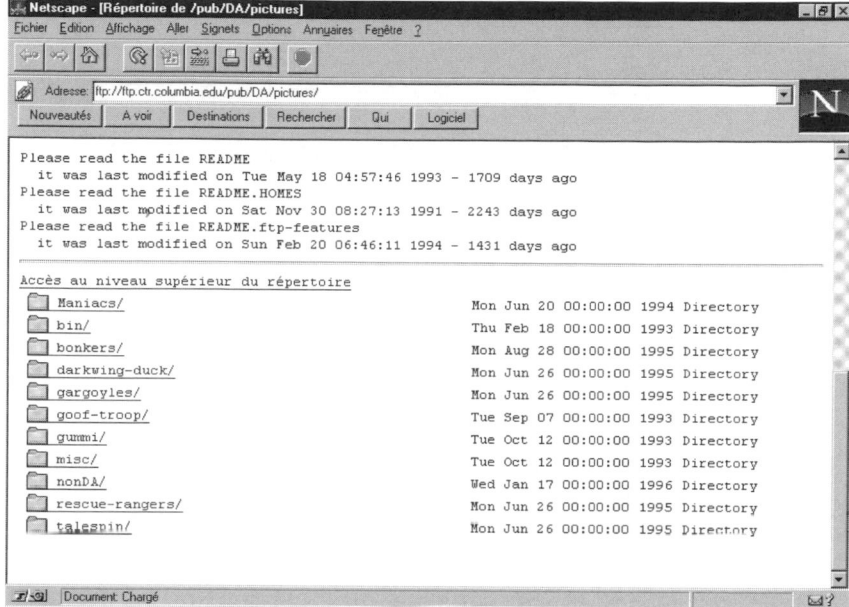

Nous voici sur un serveur FTP proposant une liste de dossiers contenant des images de films. L'adresse en question est affichée en intégralité dans la rubrique *Adresse*. Si vous tombez sur un tel site au cours de vos pérégrinations sur le Web, vous pouvez en récupérer l'adresse dans votre tag <A>.

Arrivé à ce site, vous pouvez ensuite continuer à naviguer dans les pages. Cliquez par exemple sur *nonDA*, vous y trouverez des images de multiples dessins-animés.

Fig. 6.6 :
Une image de
film

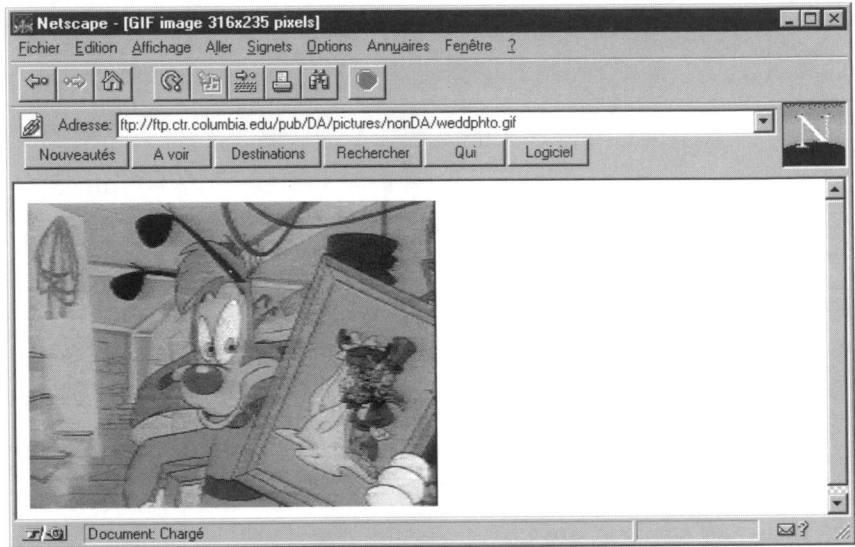

Fig. 6.6 :
Une image de
film

C'est la confirmation qu'il est tout à fait possible d'intégrer des sites FTP dans des pages Web.

Par cet exemple, nous avons chargé un fichier graphique dans Netscape Navigator. Netscape est en mesure de l'afficher directement, mais sachez que ce n'est pas forcément le cas de tous les fichiers téléchargeables par FTP. Si Netscape Navigator ne peut afficher le fichier, le programme présente une fenêtre vous demandant si vous souhaitez enregistrer ce fichier sur votre disque dur et sous quel nom. Après le téléchargement, ce fichier est à votre disposition et vous pourrez le visualiser avec une application adéquate.

Examinez les lignes 88 et 89 de notre listing. Le tag <A> et le mot-clé HREF sont les mêmes que ceux utilisés précédemment pour l'hyperlien vers le lexique :

```
<A HREF="...">...</A>
```

La seule différence est l'adresse. Pour le lexique, cette adresse commence par http://..., alors que pour le site FTP, elle commence par ftp://.... Sur un plan général, sachez qu'une adresse du World

Wide Web commence par l'identificateur http://..., alors qu'une adresse liée au service FTP de l'Internet commence par ftp://...

D'autres services peuvent également être appelés de la même manière, avec ce schéma `HREF=Identificateur`. En voici une liste ; dans le tag `<A>`, vous indiquerez le mot-clé avec comme référence :

Tab. 6.1 : Références du mot clé

"http:// ..."	Adressage de pages HTML dans le World Wide Web
"ftp:// ..."	Adressage de dossiers ou de fichiers sur un serveur FTP
"telnet:// ..."	Adressage de serveurs Telnet
"gopher:// ..."	Adressage de dossiers ou de fichiers sur un serveur Gopher
"news..."	Adressage de Newsgroups
"mailto: ..."	Adressage d'adresses e-mail

Vous savez désormais comment appeler les divers services de l'Internet par un hyperlien. Nous allons revoir un exemple avec une adresse e-mail.

Envoyer un e-mail

Il est possible d'envoyer des courriers électroniques directement à partir d'une page d'accueil. Avant de rentrer dans les détails, un petit problème doit être résolu.

Jusqu'à présent, si vous avez pris soin de saisir correctement les codes que nous vous avons indiqués, vous avez réussi tous les exercices. Dans ce nouvel exemple, il n'en va pas de même, car nous ne connaissons pas votre adresse e-Mail. Dans le listing suivant, vous devez donc remplacer l'adresse e-Mail indiquée par la vôtre.

En principe, vous savez comment faire référence à une adresse e-mail. En voici les détails :

1. Ajoutez au fichier de la vidéothèque les lignes 90 à 92, en utilisant votre propre adresse e-mail en remplacement de `durand@machin@chose.fr`.

Listing 6.3 :
Les adresses e-mail ne posent pas de problème particulier

```
      </TR>
83.   </TABLE>
84.
85.   <P>
86.   Ceci est un hyperlien vers un <A HREF="http://www.leo.org/
      Movies/">LEXIQUE CINEMATOGRAPHIQUE </A> !
87.   <P>
88.   Et voici quelques images de
89.   <A HREF=" ftp://ftp.ctr.columbia.edu/pub/DA/pictures/">
90.
91.   Vous pouvez aussi envoyer un <A HREF="mailto:durand@machin@chose.fr">
      e-mail</A> !
92.   <HR>
93.
94.   </BODY>
95.   </HTML>
```

Les lignes 90 à 92 contiennent un tag <HR> pour une meilleure lisibilité. La ligne 91 contient un court texte offrant la possibilité de cliquer sur l'hyperlien caché derrière le mot e-mail.

En voici le résultat dans Netscape Navigator :

Fig. 6.7 :
L'hyperlien vers
une adresse
e-Mail

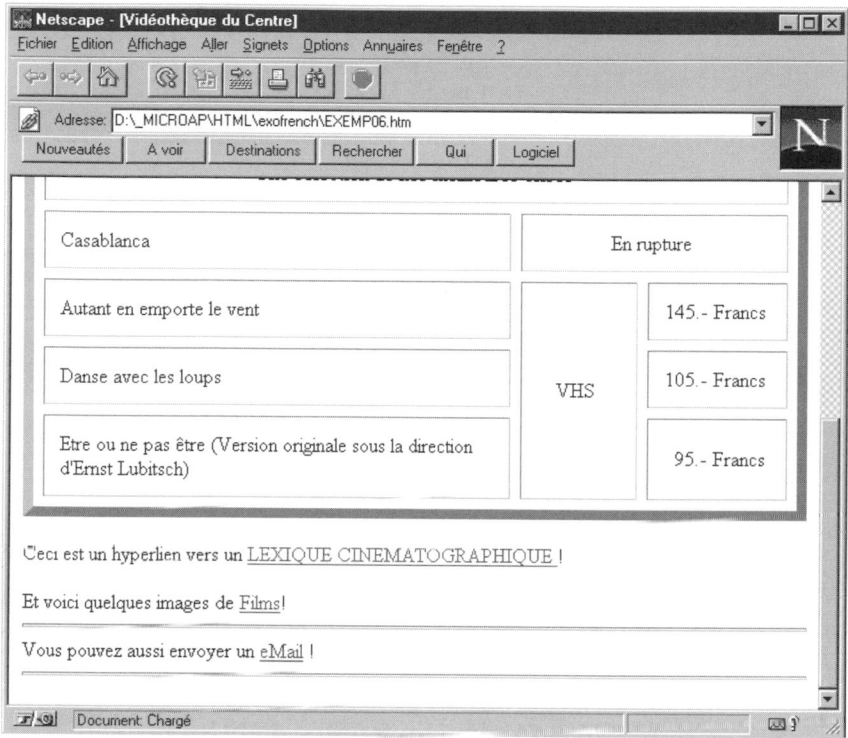

Pour vérifier que cet hyperlien fonctionne correctement :

1. Établissez une connexion (indispensable pour envoyer un courrier).

2. Cliquez sur le mot *e-mail* de la page HTML. Netscape Navigator ouvre une fenêtre dans laquelle vous pouvez saisir le texte du message.

Fig. 6.8 :
La fenêtre e-Mail
de Netscape
Navigator

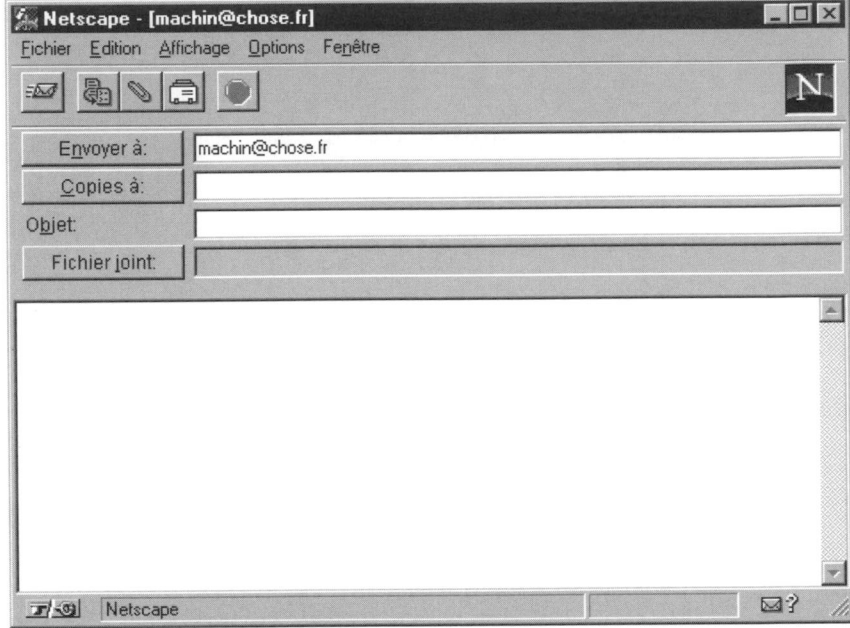

3.   Tapez le sujet de votre courrier dans la rubrique concernée ainsi que le texte dans la fenêtre principale.

4.   Cliquez sur le bouton **Envoyer**. Le courrier est expédié.

Avez-vous réceptionné votre courrier ? Pour le savoir, c'est simple : sachez que Netscape Navigator lui-même offre la possibilité de lire les messages entrants. Il faut bien sûr que vous soyez en ligne. Normalement, une minute après le clic sur le bouton **Envoyer**, le message devrait vous parvenir.

Vous pensez certainement que s'envoyer des courriers à soi-même ne présente pas un grand intérêt. Mais rappelez-vous que la page HTML de la vidéothèque sera disponible dans le monde entier, et que les lecteurs pourront ainsi vous faire parvenir des messages (et pourquoi pas des commandes...).

Dans la partie D de ce livre, nous aborderons en détail la façon de mettre votre page d'accueil à la disposition du monde entier. Mais vous pouvez d'ores et déjà vérifier que cet envoi de courrier électronique fonctionne aussi avec d'autres adresses. Il suffit pour cela de copier votre page HTML, avec l'adresse eMail, sur une disquette, et de la confier à un de vos amis disposant également d'un accès Internet. S'il charge le fichier dans Netscape Navigator, il pourra très facilement vous envoyer un courrier électronique, par un simple clic sur le mot eMail.

La version finale du fichier de la vidéothèque vous attend sur le CD, dans le dossier c:\Sthtml. Il s'agit du fichier Sthtml12.htm. Pensez à modifier l'adresse eMail !

Résumé

Objectif	Procédure	Tag
Créer un hyperlien	Encadrer le mot par <A HREF="..."> ...</A> et affecter au mot-clé HREF l'adresse Internet requise	<A HREF="..."> ... </A> "http://..." (WWW) "ftp://..." (FTP) "telnet://..." (telnet) "gopher://..." (gopher) "news:..." (newsgroups) "mailto:..." (e-mail)
Reprendre une adresse des signets	Ouvrir dans le Bloc-notes le fichier Bookmark.htm et copier l'adresse requise dans la page Web	
Reprendre une adresse en ligne	Copier l'adresse depuis la rubrique Adresse de Netscape Navigator	
Éviter les problèmes avec des adresses Internet.	Respecter la casse, ne pas confondre le chiffre un (1) et la lettre L minuscule (l)	

Contrôle des connaissances

Vrai ou faux ?

	Vrai	Faux	Un hyperlien se présente sous la forme générale
1.	U	O	<A HREF="..."> ... </A>
2.	D	N	<A>"http://..."</A>

Vrai ou faux ?

	Vrai	Faux	
3.	P	W	Il est possible de créer un hyperlien sur toutes les pages Web
4.	L	A	Il est possible d'établir un hyperlien vers d'autres services de l'Internet
5.	P	U	Les hyperliens sont présentés en italique
6.	S	D	Les hyperliens contiennent le mot-clé HREF

Vrai ou faux ?

	Vrai	Faux	Un hyperlien
7.	D	U	Ne peut concerner qu'un mot unique
8.	F	N	Peut être affiché en n'importe quelle couleur

Trouvez les correspondances

9.	E	WWW
10.	G	FTP
11.	A	GOPHER
12.	L	E-MAIL

A	"gopher://..."
G	"ftp://..."
L	"mailto:..."
E	"http://..."

Vrai ou faux ?

	Vrai	Faux	
13.	D ✓	T	Le tag <A> est un tag double
14.	E ✓	R	Les hyperliens sont possibles dans les titres
15.	J	U ✓	Un hyperlien ne peut pas contenir de tags de formatage
16.	X ✓	H	Une adresse Internet doit être placée entre guillemets

Solution

U	N
1.	2.

P	L	N	S
3.	4.	5.	6.

U	N
7.	8.

E	G	A	L
9.	10.	11.	12.

13.	14.	15.	16.

UN PLUS UN EGAL DEUX

7 Hyperliens entre plusieurs pages

60 mn

Les hyperliens fonctionnent non seulement dans le World Wide Web, mais aussi en local, si vous créez plusieurs pages HTML et souhaitez passer de l'une à l'autre d'un clic de souris. Comme exemple, nous reprendrons la page HTML de l'Association Le poisson rouge (leçon 3).

À l'issue de cette leçon, vous saurez...

- Insérer des hyperliens entre plusieurs pages.
- Placer des marques de saut.
- Changer de dossier avec les hyperliens.
- Structurer de façon hiérarchique ou linéaire des pages

Passer de page en page

Pour l'instant, notre association n'a créé qu'une seule page. Vous allez donc en créer une seconde.

Dans le dossier C:\sthtml, vous trouverez le fichier sthtml13.htm qui vous servira de base pour ce chapitre. Vous y trouverez également un sous-dossier \ktzv contenant les trois fichiers link1.htm, link2.htm et link3.htm..

Vous connaissez déjà le fichier Sthtml13.htm que nous avons vu à la leçon 3 (enregistré sous le nom sthtml06.htm). Les trois autres fichiers sont nouveaux, mais ils ne contiennent aucun tag ou mot-clé inconnus.

Voyons le résultat sous Netscape Navigator :

Fig. 7.1 :
Le fichier
link1.htm

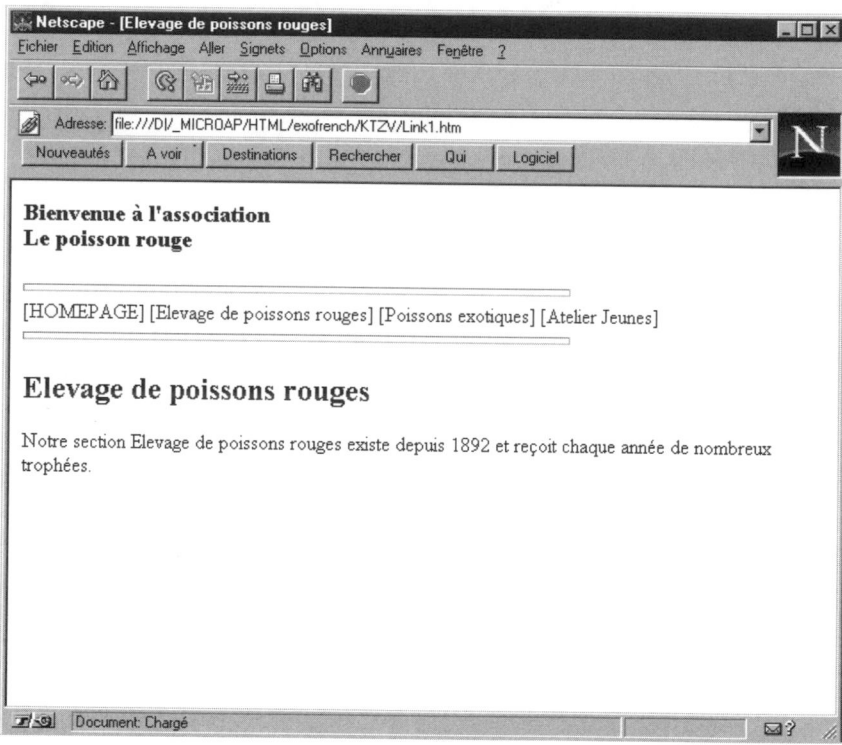

Fig. 7.2 :
Le fichier
link2.htm

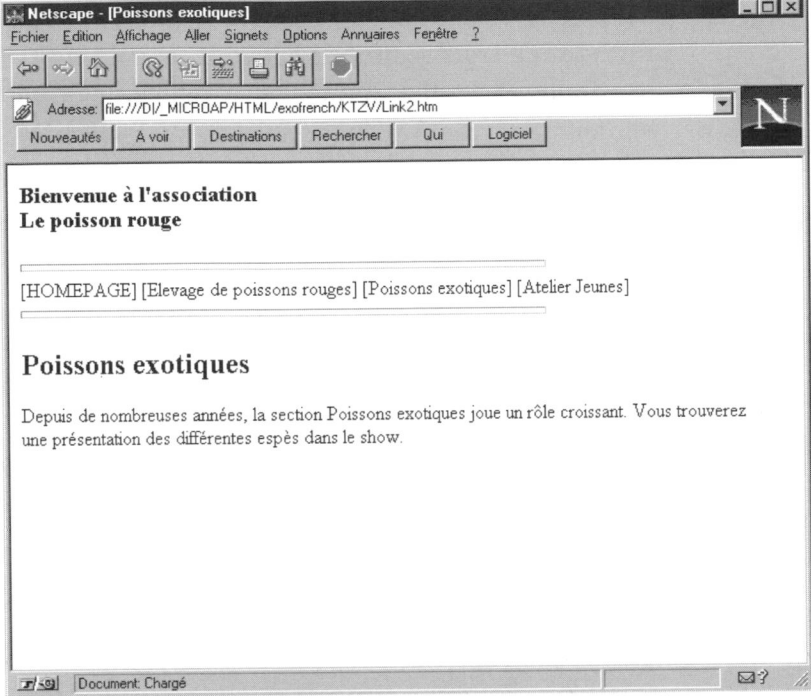

Fig. 7.3 :
Le fichier
link3.htm

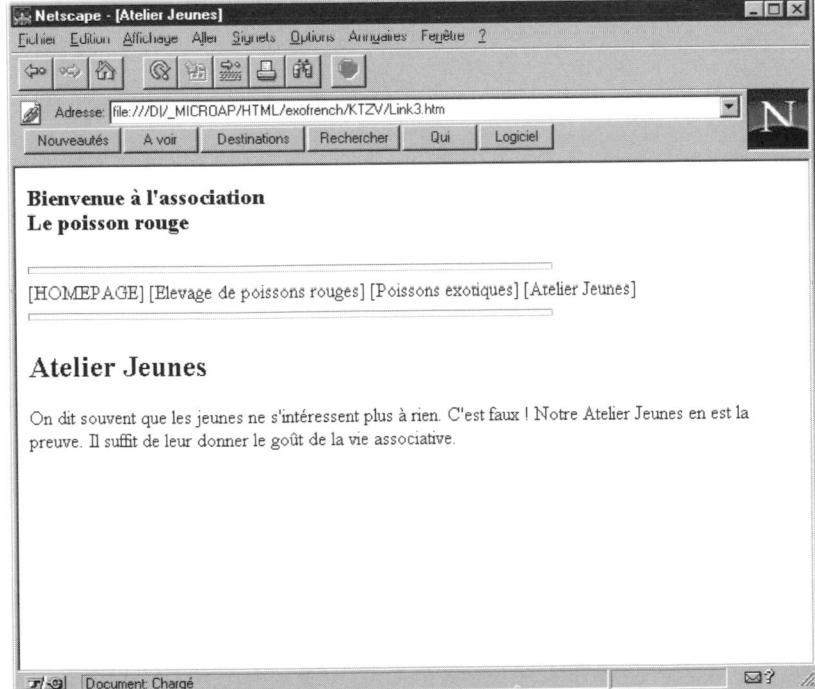

La page d'accueil de l'association, créée au cours de la leçon 3, fait état de trois sections : Elevage de poissons rouges, Poissons exotiques et Atelier Jeunes. Pour chacune de ces sections, nous voulons mettre en place une page Web spécifique et permettre à l'utilisateur de passer d'une page à l'autre par des hyperliens. À cet effet, nous avons inséré dans ces trois pages la mention suivante, encadrée par deux lignes horizontales :

```
[HOMEPAGE][Elevage de poissons rouges][Poissons exotiques][Atelier Jeunes]
```

Pour l'utilisateur, il suffit de cliquer sur l'un des points pour passer à la page concernée. Étudions le listing du fichier link1.htm :

Listing 7.1 :
Le fichier
link1.htm dans
le Bloc-notes

```
1. <HTML>
2.
3. <HEAD>
4. <TITLE>
5. Elevage de poissons rouges
6. </TITLE>
7. <HEAD>
8.
9. <BODY>
10.
11. <H3>
12.     Bienvenue &agrave; l'association
13.     <BR>
14.     Le poisson rouge
15. </H3>
16.
17. <HR SIZE=5 WIDTH="70%" ALIGN="left">
18.[HOMEPAGE]
19.[Elevage de poissons rouges]
20.[Poissons exotiques]
21.[Atelier Jeunes]
22. <HR SIZE=5 WIDTH="70%" ALIGN="left">
23.
24. <H2>Elevage de poissons rouges</H2>
25. Notre section Elevage de poissons rouges existe depuis 1892     et re&ccedil;oit
26. chaque ann&eacute;e de nombreux troph&eacute;es.
```

```
27.
28.
29. </BODY>
30. </HTML>
```

Indépendamment du fait que, dans les deux autres fichiers, il est question de Poissons exotiques et d'un Atelier Jeunes, leur structure est en tout point identique à link1.htm.

Dans ce fichier, tout est prêt pour le premier hyperlien dans une page Web. La seule chose qui manque est l'hyperlien.

Vous savez désormais comment créer des hyperliens sur le Web, il vous sera donc très facile d'ajouter un lien local.

1. Modifiez les lignes 20 et 21 du fichier link1.htm, de la manière suivante :

```
17. <HR SIZE=5 WIDTH="70%" ALIGN="left">
18. [HOMEPAGE]
19. [Elevage de poissons rouges]
20. <A HREF="link2.htm">[Poissons exotiques]</A>
21. <A HREF="link3.htm">[Atelier Jeunes]</A>
22. <HR SIZE=5 WIDTH="70%" ALIGN="left">
```

La seule différence par rapport à l'hyperlien vers le World Wide Web est que le tag d'ouverture `<A HREF="...">` pointe vers un fichier et non vers un site Internet.

Si, pour conserver les fichiers originaux link*.htm en l'état, vous les enregistrez après modification sous un autre nom, pensez à modifier également les affectations des mots-clés HREF="...". Notez que les fichiers renommés doivent être stockés dans le même dossier que les fichiers originaux.

Vous pouvez d'ores et déjà vérifier le résultat dans Netscape Navigator. Le fichier link1.htm contient désormais deux hyperliens locaux :

Fig. 7.4 :
A partir des poissons rouges, vous pouvez sauter aux autres pages

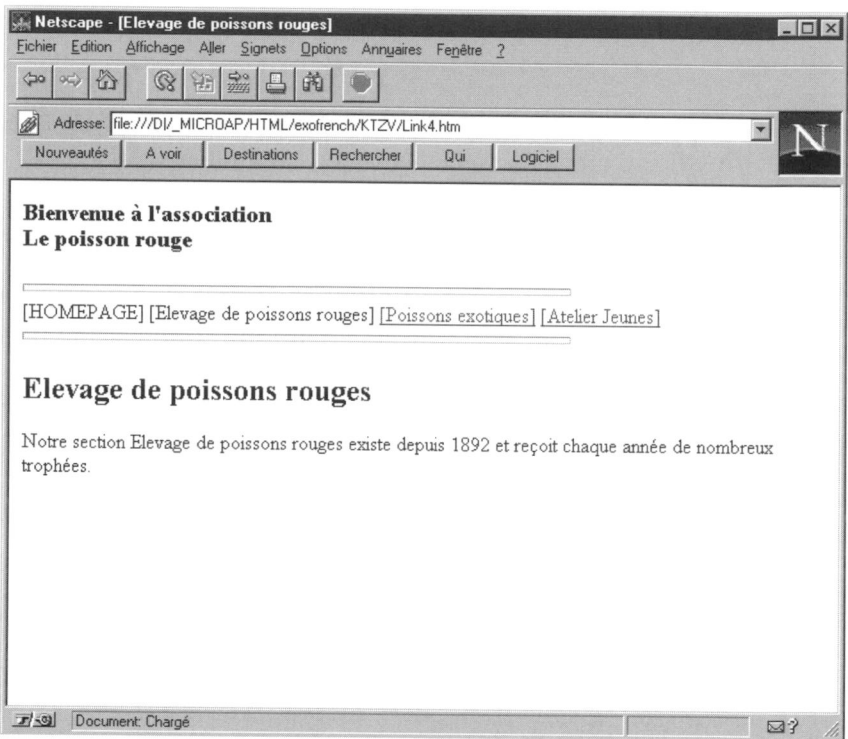

Par un clic de souris sur *[Poissons exotiques]* ou sur *[Atelier Jeunes]*, vous arrivez directement sur les pages concernées.

Les deux premiers hyperliens fonctionnent parfaitement. Mais pourquoi n'avoir doté d'un hyperlien que deux des quatre indications entre les lignes horizontales ?

La mention *[HOMEPAGE]* est une particularité que vous découvrirez dans la section suivante.

Pour l'entrée *[Elevage de poissons rouges]*, la raison est différente : le lecteur se trouve déjà sur cette page, et il est donc inutile de placer un hyperlien vers cette page. Dans ce cas, pourquoi faire état de cette entrée *[Elevage de poissons rouges]* ?

La réponse est simple : le fait de présenter sur l'ensemble des pages la même liste de choix facilite la lecture et l'orientation du lecteur. Nous reviendrons sur ce sujet en fin de ce chapitre.

Adresse absolue et adresse relative

Venons-en d'abord à la particularité de l'hyperlien reliant le fichier `link1.htm` à la page d'accueil de l'association. Le fichier link1.htm est placé dans le dossier C:\sthtml\ktzv, alors que le fichier de la page d'accueil, sthtml13.htm se trouve dans le dossier C:\sthtml. Si vous souhaitez établir un hyperlien entre les deux, vous devez tenir compte de ce changement de dossier.

Voyons concrètement comment résoudre ce problème.

1. Modifiez la ligne 18 du fichier link1.htm :

```
17. <HR SIZE=5 WIDTH="70%" ALIGN="left">
18. <A HREF="../sthtml13.htm">[HOMEPAGE]</A>
19.[Elevage de poissons rouges] 20. <A HREF="link2.htm">[Poissons
exotiques]</A>
21. <A HREF="link3.htm">[Atelier Jeunes]</A>
22. <HR SIZE=5 WIDTH="70%" ALIGN="left">
```

La ligne 18 est maintenant dotée d'un tag <A HREF="...">...</A>, avec indication du fichier sthtml13.htm sous la forme `../sthtml13.htm`.

Regardons le résultat dans Netscape Navigator :

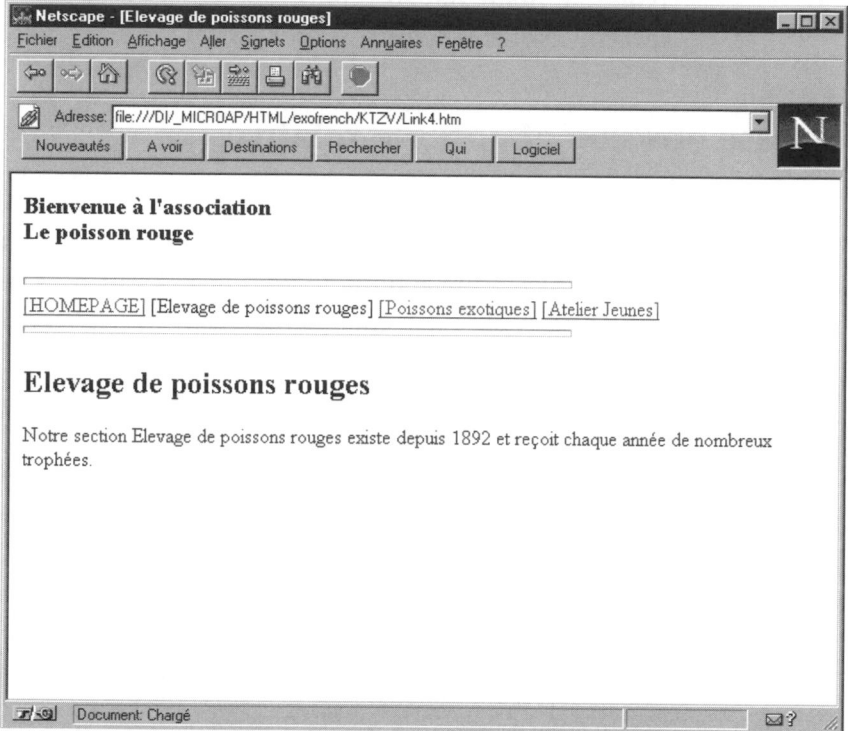

Fig. 7.5 :
La page d'accueil réagit aussi au clic de souris

La seule différence consiste en l'indication de la valeur du mot-clé HREF, en l'occurrence le préfixe ../. Ce préfixe indique à Netscape Navigator qu'il doit chercher le fichier sthtml13.htm non pas dans le dossier \ktzv (le dossier contenant link1.htm) mais dans le dossier parent de ce dossier, sthtml.

Pour remonter dans l'arborescence, la règle est la suivante :

■ le changement de dossier pour remonter au dossier parent est spécifié sous la forme "../NomdeFichier.htm" ;

■ le changement de dossier pour remonter de plusieurs crans dans l'arborescence est spécifié sous la forme "../../../NomdeFichier.htm" (cet exemple permet de remonter de trois crans).

Le cas inverse peut aussi se produire : la référence à un fichier placé dans un sous-dossier. Pour notre association, ce cas de figure intervient lorsqu'il s'agit de passer de la page d'accueil à un des fichiers link*.htm qui se trouve dans le sous-dossier \ktzv. Voici comment procéder :

1. Ouvrez le fichier sthtml13.htm dans le Bloc-notes et modifiez les lignes 35, 36 et 37 de la façon suivante :

```
33. Nos activit&eacute;s :
34. <UL>
35.     <LI><A HREF="ktzv/link1.htm">Elevage de poissons rouges</A>
36.     <LI><A HREF="ktzv/link2.htm">Elevage de poissons exotiques</A>
37.     <LI>Nous attachons une importance toute particuli&egrave;
        re &agrave; notre <A HREF="ktzv/link3.htm">Atelier Jeunes</A> !

38. </UL>
```

La différence par rapport à ce que vous connaissez déjà est que le nom du fichier est précédé de l'indication du sous-dossier : HREF="ktzv/link*.htm".

Fig. 7.6 :
Trois hyperliens vers des fichiers placés dans le sous-dossier \kkzv

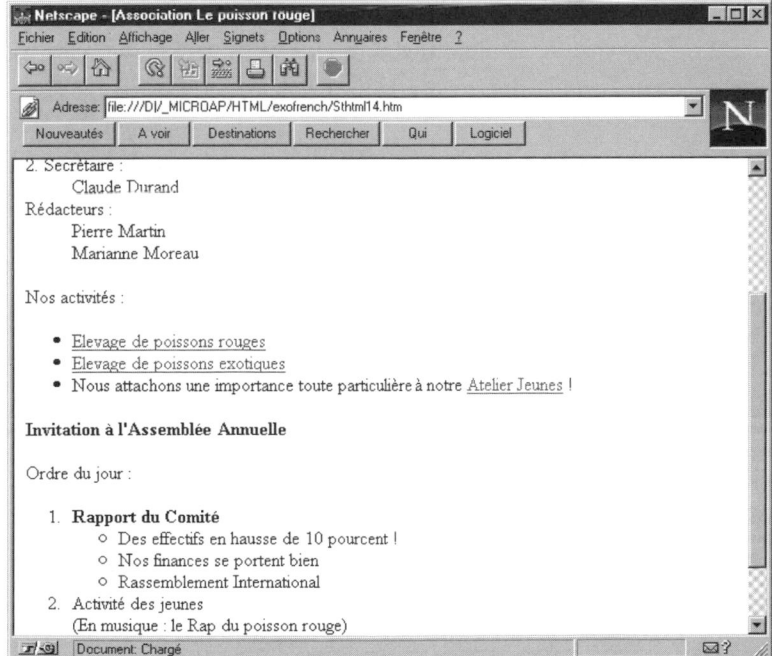

Pour descendre dans l'arborescence, la règle est la suivante :

■ pour qu'un hyperlien pointe vers un fichier placé dans un sous-dossier, le nom du fichier est précédé du nom du sous-dossier, sous la forme `"Sous-Dossier/NomdeFichier.htm"` ;

■ le changement de dossier pour descendre de plusieurs niveaux dans l'arborescence est spécifié sous la forme `"ktzv/Chose/NomdeFichier.htm"` (cet exemple permet de descendre dans un sous-sous-dossier).

Vous savez désormais comment faire référence à des fichiers placés dans des sous-dossiers ou des dossiers parents. Mais pour l'instant, nous avons fait appel à des adresses relatives, c'est-à-dire qui tiennent compte de la position de départ, le dossier contenant la page active.

Peut-on aussi employer des adresses absolues, par exemple C:\sthtml\ktzv\link1.htm ? La réponse n'est pas évidente : en principe oui, mais...

Les adresses absolues dans les fichiers HTML sont possibles à condition que l'affectation de HREF soit précédée du préfixe `file:///`.

Exemple : sur votre PC, vous disposez d'un disque local D: contenant le fichier D:\Hello\Test\Test.htm. Vous pourrez ainsi intégrer dans une page HTML de votre PC l'hyperlien `<A HREF="file:///D:/hello/test/test.htm"> ... </A>`.

Sur votre machine, cet hyperlien fonctionnera parfaitement bien.

Mais si vous envisagez d'installer cette page HTML, avec son hyperlien absolu, sur un serveur Web, le système ne fonctionnera plus, car rien ne prouve que le serveur dispose d'un lecteur D: ayant très exactement la même arborescence que votre disque local.

Prenez l'habitude de faire systématiquement appel à des hyperliens relatifs pour toutes les pages HTML destinées à un serveur. Gardez les hyperliens absolus pour les pages locales qui n'iront jamais se promener hors de votre machine.

Organiser des pages plus longues

Fort de ces connaissances, vous avez tout en main pour établir les liens entre les quatre fichiers de notre association, sthtml13.htm, link1.htm, link2.htm et link3.htm.

Exercez-vous en dotant les fichiers link2.htm et link3.htm des hyperliens requis pour sauter aux autres pages de présentation ou à la page d'accueil.

Lorsque vous aurez complété les quatre fichiers et les aurez testés dans Netscape Navigator, vous constaterez qu'il est très facile de naviguer dans cette offre Web.

Mais voici que le président vous fait part de son désir d'étoffer sensiblement l'offre Web de l'association. Au lieu des quatre pages actuelles, il en veut vingt-cinq et ces vingt-cinq pages doivent elles-mêmes contenir une foule de choses. Comment allez-vous organiser ces pages pour en garder la maîtrise ?

Commençons par un point. Que se passe-t-il si une page est beaucoup plus longue que les quelques exemples de ce livre ?

En principe, les pages Web peuvent avoir une longueur libre, mais plus les pages sont longues et plus leur temps de chargement sera important. Si la technique suivante permet de faciliter l'accès des utilisateurs à des pages longues, nous vous déconseillons toute exagération dans la longueur de vos pages. Mieux vaut répartir le contenu sur plusieurs pages.

Avec des pages longues, il est souhaitable de faciliter la navigation de l'utilisateur. Cette facilité passe d'abord par des hyperliens vers d'autres pages, mais aussi par l'établissement de marques de saut dans le cadre d'une même page. Même si la page d'accueil de notre association n'est pas extraordinairement longue, nous allons l'utiliser pour la découverte de ces marques de saut. Voici comment procéder :

1. Insérez dans le fichier sthtml13.htm la ligne 34 :

```
33. Nos activit&eacute;s :
34. <A NAME="Activités"></A>
35. <UL>
36.     <LI><A HREF="ktzv/link1.htm">Elevage de poissons rouges</A>
37.     <LI><A HREF="ktzv/link2.htm">Elevage de poissons exotiques</A>
38.     <LI>Nous attachons une importance toute particuli&egrave;
        re &agrave; notre <A HREF="ktzv/link3.htm">
        Atelier Jeunes</A> !
39. </UL>
```

Cette ligne insère un tag <A> avec un nouveau mot-clé :

- le tag <A> est bien sûr un tag double et le mot-clé NAME

- le nom est absolument libre, la seule contrainte étant de ne pas affecter deux fois le même nom dans la même page Web.

À l'inverse des tags doubles que nous avons utilisés jusqu'à présent, il n'y a aucun texte entre le tag d'ouverture <A NAME="..."> et le tag de fermeture </A>. En fait, ce tag <A> de marque de saut peut contenir un texte entre les deux composants, mais certains navigateurs ne savent pas l'afficher correctement. Aussi vaut-il mieux s'abstenir.

Vous venez de mettre en place une marque de saut dans la page d'accueil de l'association. Si vous le souhaitez, vérifiez-en les effets dans Netscape Navigator : vous ne verrez aucune différence par rapport à la version précédente du fichier.

Cette marque de saut devient intéressante si vous modifiez dans le fichier link1.htm l'hyperlien pointant vers la page d'accueil.

1. Modifiez la ligne 18 comme dans le listing ci-après :

```
17. <HR SIZE=5 WIDTH="70%" ALIGN="left">
18. <A HREF="../sthtml13.htm#Activités">[HOMEPAGE]</A>
19. [Elevage de poissons rouges]
20. <A HREF="link2.htm">[Poissons exotiques]</A>
21. <A HREF="link3.htm">[Atelier Jeunes]</A>
22. <HR SIZE=5 WIDTH="70%" ALIGN="left">
```

Après cette petite modification, regardez l'effet de la marque de saut. Si vous ouvrez le fichier link1.htm et si vous cliquez sur *[HOMEPAGE]*, Netscape Navigator présente la page d'accueil de la manière suivante :

Fig. 7.7 :
L'affichage ne commence pas au début de la page d'accueil

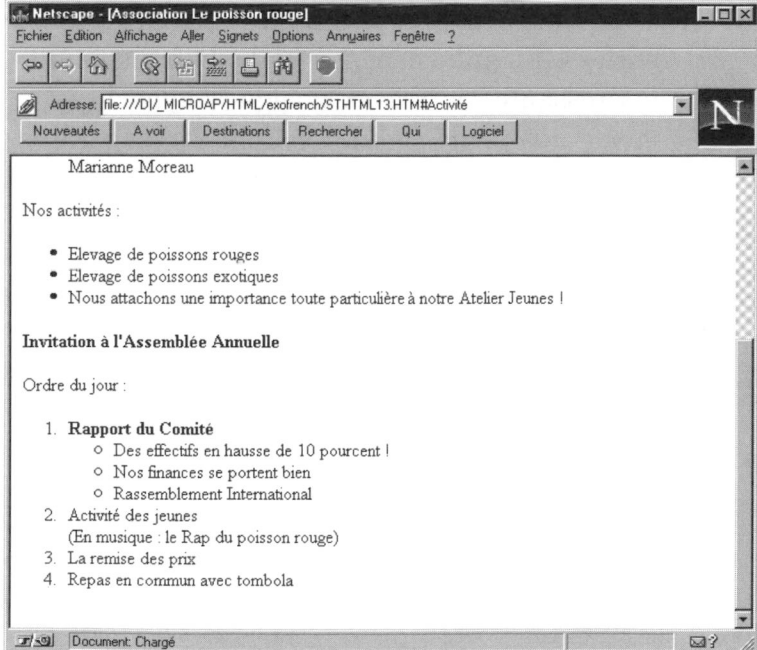

Dans la version précédente, un clic sur *[HOMEPAGE]* affichait le début de la page d'accueil, à charge pour vous de faire défiler cette page jusqu'à l'endroit qui vous intéressait. Maintenant, avec la marque de saut, l'affichage de la page d'accueil commence à cette marque. Notez également que ces marques de saut peuvent aussi intervenir dans le cadre d'une même page.

Les marques de saut <A NAME="..."> n'ont pas pour effet que la page d'accueil ne soit chargée qu'à partir de la marque, elle est chargée intégralement. Mais c'est l'affichage qui commence à la marque.

La répartition des informations sur plusieurs pages Web et les possibilités offertes par les marques de saut vous aideront très certainement dans la structuration de votre offre Web. Malheureusement, cette répartition des informations sur plusieurs pages donne naissance à un nouveau problème.

Vous avez certainement déjà rencontré cette situation : vous surfez tranquillement sur le Web, trouvez une page d'accueil intéressante, en suivez quelques hyperliens et... très rapidement vous perdez le fil. Avec des messages du type *Cliquez ici* ou *Cliquez là*, vous voici perdu dans la jungle du réseau.

Une offre Web doit être claire et aider l'utilisateur à s'y retrouver de manière tout à fait intuitive. De ce fait, les quatre pages de notre association contiennent toutes une ligne permettant de se rendre à n'importe laquelle des autres pages. Avec une douzaine de pages pour une même offre, il est clair que cette technique n'est plus utilisable. Il faut trouver une autre solution.

C'est pour cette raison que nous allons vous présenter pour terminer ce chapitre deux techniques de structuration, connues de tous et permettant une navigation hautement intuitive dans le Web.

Un exemple de structure linéaire

Un livre (par exemple celui que vous tenez entre vos mains) est un excellent exemple de structure linéaire. En règle générale, vous le lisez page après page. Vous pouvez également revenir en arrière pour retrouver une information oubliée. Lorsque vous l'avez lu en entier, vous pouvez vous y reporter à tout moment, en vous aidant de l'index (pour retrouver un terme précis) et de la table des matières (pour retrouver un chapitre).

Pour les informations des offres Web conçues selon ce schéma, il est recommandé de construire les hyperliens comme s'il s'agissait de la structure d'un livre et de rendre cette structure publique sur chaque page. Cela peut se passer sous la forme suivante :

```
[<][HOMEPAGE][Table des matières][Index][>]
```

En cliquant sur les symboles [<] et [>], l'utilisateur peut passer à la page précédente ou suivante (les caractères < et > sont représentés par < et >),[HOMEPAGE] le ramène à la page de départ,[Table des matières] à une liste des pages ou des chapitres et [Index] à un index de mots sur lesquels il pourra cliquer. Dans ce dernier cas, faites usage de marques de sauts pour afficher à l'écran les passages où le mot en question intervient.

Vous connaissez tous les tags requis. Entraînez-vous à réaliser une structure de ce type.

Structure hiérarchique

Vous êtes confronté à la structure hiérarchique dans la vie quotidienne, peut-être sans le savoir. Imaginez un grand magasin dans lequel vous souhaitez acheter des chaussettes pour homme. Pour arriver à vos fins, vous localisez d'abord l'étage consacré à l'habillement, sélectionnez le rayon des vêtements pour hommes, puis cherchez, entre les pantalons, les costumes et les chemises, le rayon des chaussettes. Après avoir choisi vos chaussettes, si vous vous apercevez qu'il vous faut aussi une casserole, vous recommencerez la procédure au début, cherche-rez l'étage de l'équipement ménager, etc. Cette structure est parfaitement transposable au niveau d'une offre Web, en propo-sant plusieurs centres d'intérêts, chacun subdivisé en plusieurs sous-sections, etc.

En fait, vous prenez cet utilisateur par la main et le guidez au travers de l'offre. La mise au point du concept demande un certain temps de réflexion, mais ce temps est payant et vos lecteurs apprécieront et reviendront visiter votre site.

Pour créer cette structure vous avez également tous les atouts en main.

Cette recherche de lisibilité de l'offre Web est intéressante pour les utilisateurs qui viendront la consulter, mais également pour vous, son auteur. Elle vous aidera à maîtriser votre projet en toute circonstance et facilitera les mises à jour ou les modifications.

Les fichiers dotés des hyperliens vous attendent sur le CD d'accompagnement. La page d'accueil finale est le fichier sthtml14.htm et dans le sous-dossier /ktzv les fichiers link4.htm, link5.htm et link6.htm.

Résumé

Objectif	Procédure	Tag
Mettre en place un hyperlien d'une page locale vers une autre	Encadrer un ou plusieurs mots d'un tag <A>...</A> et insérer dans le tag d'ouverture le mot-clé HREF="NomdeFichier"	<A HREF="NomdeFichier"> ... </A> où NomdeFichier est le nom de la page cible
Mettre en place un hyperlien d'une page locale vers une autre page située dans un sous-dossier	Indiquer le nom du sous-dossier avant le nom du fichier : HREF="hello/NomdeFichier"	<A HREF="hello/Nomde Fichier"> ... </A> où hello est le sous-dossier
Mettre en place un hyperlien d'une page locale vers une autre page située dans le dossier parent	Avant le nom du fichier, indiquer la chaîne de caractères ../ : HREF="../NomdeFichier"	<A HREF="../Nomde Fichier"> ... </A>
Insérer une marque de saut dans une page	Spécifier <A NAME="abc"></A> à l'endroit requis du code HTML	<A NAME="abc"></A> où abc est le nom de la marque de saut
Sauter à une marque de saut par un hyperlien	Compléter le nom de la page concernée par # suivi du nom de la marque	<A HREF="NomdeFichier# abc"> ... </A>

Contrôle des connaissances

Vrai ou faux ?

	Vrai	Faux	Avec un hyperlien, vous pouvez :
1	R	H	Sauter uniquement à une page dans le même dossier
2	Y	A	Sauter à une page dans un sous-dossier
3	P	L	Sauter à une page dans le dossier parent

Vrai ou faux ?

	Vrai	Faux	Avec des hyperliens locaux
4	E	R	Les adresses relatives sont autorisées
5	V	R	Les adresses absolues sont interdites
6	L	K	Les adresses absolues sont déconseillées

Vrai ou faux ?

	Vrai	Faux	Les marques de saut
7	O	I	Font l'objet d'un tag spécifique
8	O	E	Permettent uniquement de sauter à une autre page
9	N	K	Peuvent être employées dans le cadre d'une même page
10	T	S	Plusieurs marques de même nom peuvent être mises en place dans une page

Trouvez les correspondances

11		<A HREF="NomdeFichier">	M	Hyperlien vers une page dans un sous-dossier
12		<A HREF="NomdeFichier#abc">	T	Hyperlien vers une marque de saut
13		<A HREF="hello/NomdeFichier">	L	Hyperlien vers une page dans un dossier parent
14		<A HREF="../NomdeFichier">	H	Hyperlien vers une page dans le même dossier

Solution

HYPERLIENS HTML

8 HotDog, un éditeur HTML à l'œuvre

60 mn

Vous trouvez que la saisie des tags est une opération fastidieuse ? Il existe une solution qu'il vous faut connaître : l'éditeur HTML. Il a des avantages, mais aussi des inconvénients.

À l'issue de cette leçon, vous saurez...

- Comment fonctionnent les éditeurs HTML.
- Quels en sont les avantages et les inconvénients.
- Comment vous faciliter la vie avec HotDog.
- Comment intégrer des tags complémentaires dans les éditeurs HTML.

Les éditeurs HTML

Les pages HTML que vous avez créées jusqu'à présent l'ont été avec le Bloc-notes de Windows 95. Il s'agit d'un éditeur de texte permettant aussi la saisie de tags HTML. Les éditeurs HTML sont différents.

Imaginez un Bloc-notes permettant de saisir des tags et des textes, mais doté d'une barre d'outils où chaque bouton insère un tag précis. La seule chose qui vous reste à faire est la saisie du texte de votre page HTML.

Un programme informatique remplissant ces fonctions est appelé un éditeur HTML. Il en existe plusieurs dizaines, librement téléchargeables depuis le World Wide Web.

Avant de vous en présenter quelques-uns, une petite remarque préliminaire : une partie de ces éditeurs est également appelée éditeurs HTML WYSIWYG. Vous connaissez certainement déjà le principe du WYSIWYG (*What You See Is What You Get* ou, traduit littéralement, "ce que vous voyez est ce que vous obtiendrez"). Dans le traitement de texte, ce principe veut que ce qui est affiché à l'écran soit imprimé exactement sous la même forme sur le papier.

C'est un des avantages majeurs des traitements de texte modernes, mais quel est l'intérêt pour un éditeur HTML ?

En fait, ces éditeurs HTML savent afficher la page Web en cours de création telle qu'elle apparaîtra ensuite dans un navigateur comme Netscape Navigator. Il ne faut cependant pas prendre ce principe au pied de la lettre, car rappelez-vous que Netscape Navigator aménage l'affichage en fonction de la résolution de l'écran et de la taille de la fenêtre.

Dans les pages HTML créées avec un éditeur Web, il est recommandé de visualiser la page dans Netscape Navigator, avec plusieurs tailles de fenêtres, pour éviter tout problème lié à la taille de cette fenêtre chez l'utilisateur.

Voici une vue d'ensemble des éditeurs HTML les plus courants.

Les éditeurs avec prévisualisation intégrée

■ HoTMetaL ;

■ Live Markup.

Ces éditeurs permettent la création des tags par un simple clic de souris, mais affichent également les textes formatés. Ce sont les éditeurs WYSIWYG.

Avantage : vous pouvez juger immédiatement de l'effet d'un tag.

Inconvénient : la lisibilité du document HTML n'est pas parfaite.

Éditeurs HTML de type Texte

■ HotDog ;

■ HTML Assistant ;

■ HTML Easy Pro ;

■ HTMLed ;

■ Web Spinner ;

■ WebEdit.

La caractéristique marquante de ce groupe est que vous n'avez pas besoin de saisir vos tags au clavier, il suffit de cliquer sur le bouton adéquat. La plupart de ces logiciels disposent d'un bouton permettant de commuter vers votre navigateur et ainsi de vérifier les effets de vos tags.

Avantage : ces éditeurs sont plus clairs et plus lisibles que les éditeurs intégrant une prévisualisation.

Les éditeurs HTML comme extension

- ANT (extension pour Word pour Windows) ;

- GT_HTML (extension pour Word pour Windows) ;

- Internet Assistant (extension pour Word pour Windows).

Il s'agit ici de programmes complémentaires de Word pour Windows, qui permettent de créer et de saisir facilement des tags HTML dans ce programme de traitement de texte.

Avantage : si vous connaissez bien Word pour Windows, vous pourrez construire des pages dans un environnement qui vous est familier.

Inconvénient : si votre mémoire centrale est un peu juste, il n'est pas recommandé d'employer le gourmand Word avec une extension.

Après ce tour d'horizon rapide qui aura peut-être montré l'intérêt de se doter de plusieurs éditeurs HTML, nous allons étudier en détail un éditeur HTML qui vous déchargera des tâches routinières lors de la création de pages Web.

HotDog, le "chien chaud"

Nous allons recommencer la page HTML de notre vidéothèque, cette fois-ci non pas avec le Bloc-notes de Windows 95, mais avec HotDog. Cela vous permettra de juger de ses avantages par rapport au Bloc-notes.

Vous pouvez télécharger la dernière version de HotDog à l'adresse http://www.sauvage.com/au/dogindex.htm

Voici comment créer la page d'accueil de la vidéothèque avec HotDog :

1. Démarrez HotDog. Le programme affiche d'abord une grande fenêtre proposant une introduction à HotDog et à HTML.

Fig. 8.1 :
L'écran de départ de HotDog

2. Cliquez sur la case à cocher *Don't show this screen again* pour éviter de voir cette fenêtre à chaque démarrage et refermez-la. Vous voici devant l'écran principal de HotDog.

Fig. 8.2 :
La fenêtre
principale

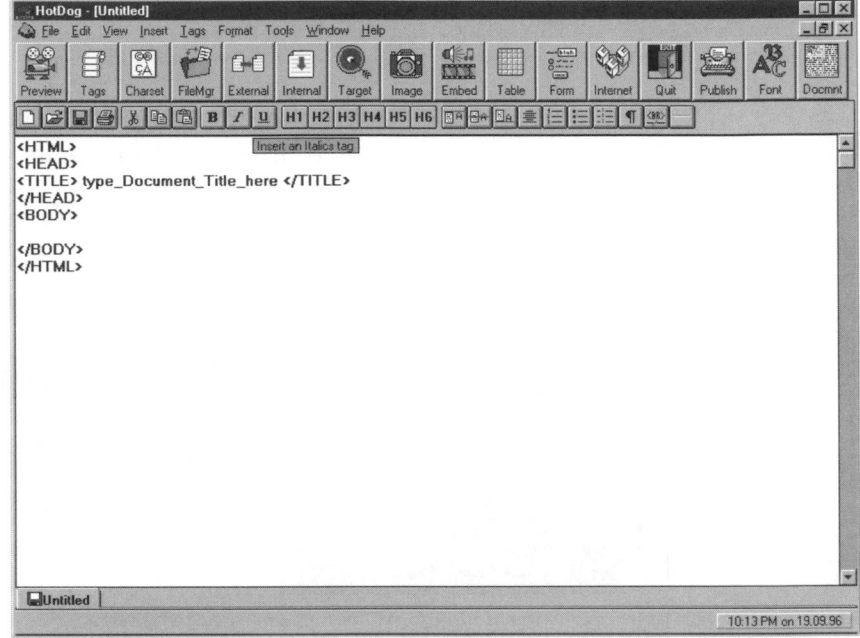

Vous constatez que la structure de base de la page HTML est prédéfinie, les tags `<HTML>`...`</HTML>` sont déjà en place. Cette structure est à compléter par d'autres tags et par le texte. Pour vous épargner de feuilleter le livre dans tous les sens, voici à nouveau le listing complet de la page HTML de notre vidéothèque.

Listing 8.1 :
Revoici le
listing
Sthtml10.htm

```
1.  <HTML>
2.
3.  <HEAD>
4.  <TITLE>Vid&eacute;oth&egrave;que duCentre</TITLE>
5.  </HEAD>
6.
7.  <BODY>
8.
9.  <CENTER>
10.
11. <H1>Vid&eacute;oth&egrave;que duCentre</H1>
12. <HR WIDTH="60%">
13.
14. <FONT SIZE=5 COLOR="#FF000">Bienvenue à notre catalogue
    de vente ! </FONT>
```

```
15.  <P>
16.  <FONT SIZE=4>
17.      Vous y trouverez tous les films aux meilleurs prix!
18.      <P>
19.      <FONT COLOR="#00FF00">Casablanca</FONT>
20.      <BR>
21.      Autant en emporte levent
22.      <BR>
23.      Danse avec les loups
24.      <BR>
25.      et bien d'autres
26.  </FONT>
27.
28.  </CENTER>
29.
30.  <FONT SIZE=5><BLINK>Nouveau ! </BLINK></FONT>
31.  <B>Tableau des principauxfilms</B>
32.
33.
34.  <TABLE BORDER=8 WIDTH="100%" CELLSPACING=8CELLPADDING=12>
35.      <TH COLSPAN=3>
36.          Une sélection de nos meilleures offres
37.      </TH>
38.      <TR>
39.          <TD WIDTH=70%">
40.              Casablanca
41.          </TD>
42.          <TD ALIGN="center"COLSPAN=2>
43.              En rupture
44.          </TD>
45.<!--      <TD WIDTH="15%"ALIGN="right">ces trois
46.              100.- Francs lignes
47.          </TD>ne sont plus nécessaires -->
48.      </TR>
49.      <TR>
50.          <TD>
51.              Autant en emporte le vent
52.          </TD>
53.          <TD WIDTH ="15%" ALIGN="center" ROWSPAN=3>
54.              VHS
55.          </TD>
56.          <TD WIDTH ="15%" ALIGN="right">
57.              145.- Francs
```

```
58.          </TD>
59.      </TR>
60.      <TR>
61.          <TD>
62.             Danse avec les loups
63.          </TD>
64.<!--      <TD ALIGN="center">ces lignes
65.             VHS ne sont plus
66.          </TD>nécessaires-->
67.          <TD ALIGN="right">
68.              105.- Francs
69.          </TD>
70.      </TR>
71.      <TR>
72.          <TD>
73.             Etre ou ne pas être (Version originale sous la
74.             direction d'Ernst Lubitsch)
75.          </TD>
76.<!--      <TD ALIGN="center">ces lignes
77.             VHSne sont plus
78.          </TD>nécessaires-->
79.          <TD ALIGN="right">
80.              95.- Francs
81.          </TD>
82.      </TR>
83. </TABLE>
84.
85.
86. </BODY>
87. </HTML
```

Pour le moment, HotDog a mis en place comme titre le tag <TITLE> avec le texte type_Document_Title_here. Ce texte est bien sûr à remplacer.

3. Placez le curseur entre les deux tags <TITLE> et remplacez la chaîne prédéfinie par le texte Vid éoth èque du Centre.

Puis, pour reprendre le listing initial, insérez un tag <CENTER> après le tag <BODY>. HotDog propose les tags les plus courants dans la barre des tags. Le tag <CENTER> est inséré par le bouton suivant :

Si vous placez le pointeur de la souris sur un des boutons de tag de HotDog, le programme affiche une info-bulle expliquant la fonction du bouton. Dans le cas du bouton de tag <CENTER>, cette info-bulle contient le texte *Center the selected text on the page*.. Vous ne devriez donc avoir aucun problème pour vous repérer dans cette barre des tags.

4. Placez le curseur entre les deux tags <BODY>...</BODY> et cliquez sur le bouton du tag <CENTER>.

    HotDog insère le tag d'ouverture <CENTER>, mais aussi le tag de fermeture </CENTER>.

Fig. 8.3 :
Le tag
<CENTER>...
</CENTER>

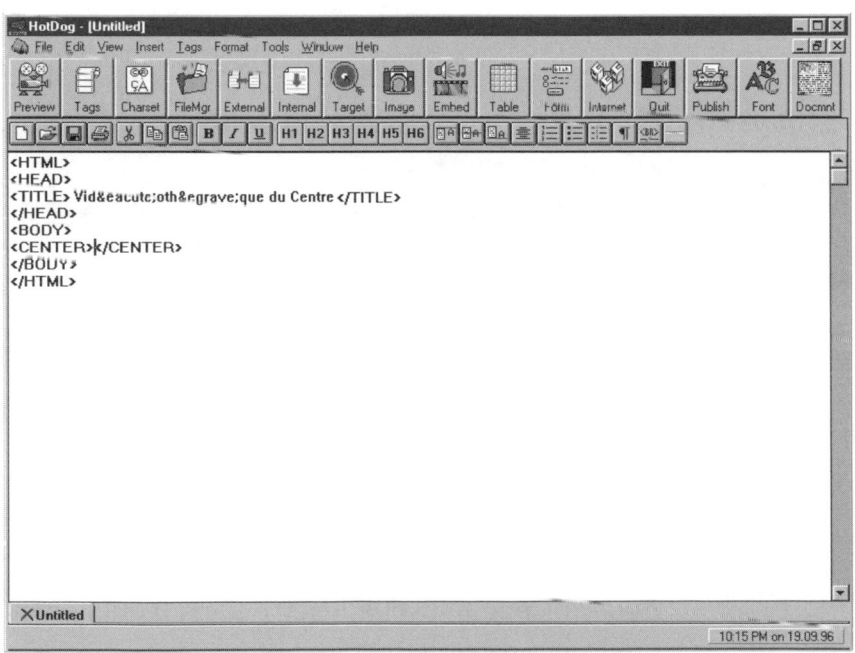

5. Placez le curseur entre les deux tags de centrage et appuyez à plusieurs reprises sur la touche **Entrée**. Vous aurez ainsi de la place pour la saisie du texte.

6. Placez le curseur dans la ligne suivant le tag d'ouverture <CEN-TER> et cliquez sur le bouton **H1** de la barre des tags.

HotDog insère un tag `<H1>...</H1>` et place le curseur entre les deux.

Fig. 8.4 :
Le tag de titre est inséré d'un clic de souris

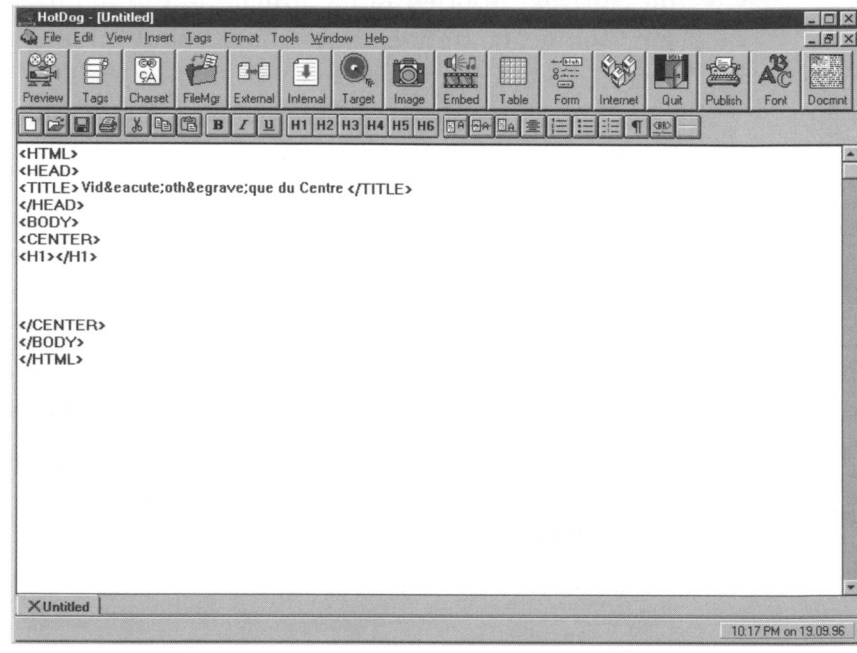

7. Saisissez le texte du titre entre ces deux tags : `Vid &eacute;oth &egrave;que du Centre`.

Puis vient une ligne horizontale d'une largeur de 60 %. Cette tâche est, elle aussi, automatisée :

8. Placez le curseur sous le tag `<H1>...</H1>` et cliquez dans la barre des tags sur le bouton :

Apparaît une nouvelle fenêtre dans laquelle vous définirez les propriétés de cette ligne.

Fig. 8.5 :
La fenêtre de la ligne horizontale

9. Saisissez le nombre 60 dans le champ *Width* et validez par OK. Par défaut, la valeur de `Width` est définie sous forme d'un pourcentage, mais en cliquant sur **Pixels**, vous pouvez également saisir un nombre de pixels.

Sont également modifiables les indications d'alignement (*Alignment*) et d'épaisseur (*Thickness*).

Regardez comment HotDog insère automatiquement la ligne :

Fig. 8.6 :
Insertion automatique d'une ligne

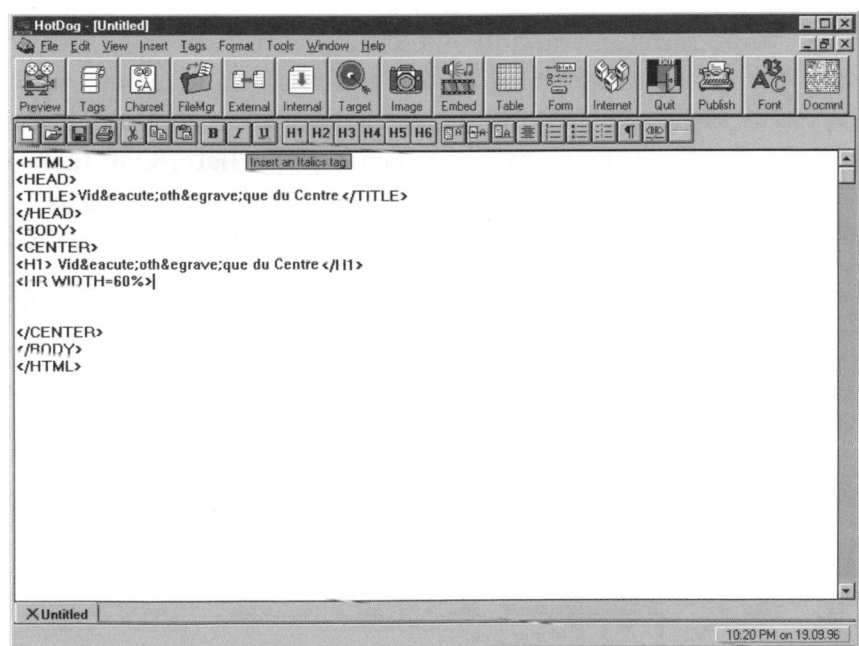

Pour l'instant, le travail avec HotDog est plus que confortable. Nous allons toucher maintenant aux limites du produit ; le moment est venu de mettre en place un tag `<FONT>`, avec les mots-clés `SIZE=5` et `COLOR="#FF0000"`. Est-ce que HotDog connaît ce tag ? Notez que tous les tags connus par HotDog ne sont pas présentés sous forme de boutons. Voici comment faire :

10. Cliquez sur le bouton **Tags** :

Voici une liste de tous les tags et des mots-clés répertoriés par HotDog.

Fig. 8.7 :
La fenêtre
des tags

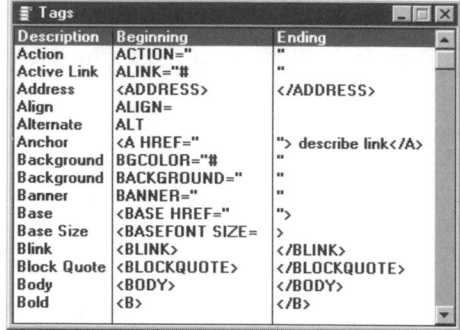

Jetez tranquillement un coup d'œil sur cette fenêtre, vous y découvrirez une foule de tags que nous n'avons pas encore abordés dans les leçons précédentes. Malheureusement, le tag <FONT> ne fait pas partie de la liste. Que faire ? Ce n'est pas dramatique, car l'un des intérêts de HotDog est qu'il permet l'insertion manuelle des tags qui lui sont inconnus.

11. Refermez la fenêtre des tags par un nouveau clic sur le bouton **Tags** ou en appuyant sur la touche Échap.

12. Dans la fenêtre principale, saisissez le tag <FONT> comme vous l'aviez fait dans le fichier du Bloc-notes.

Fig. 8.8 :
Saisie manuelle
d'un tag

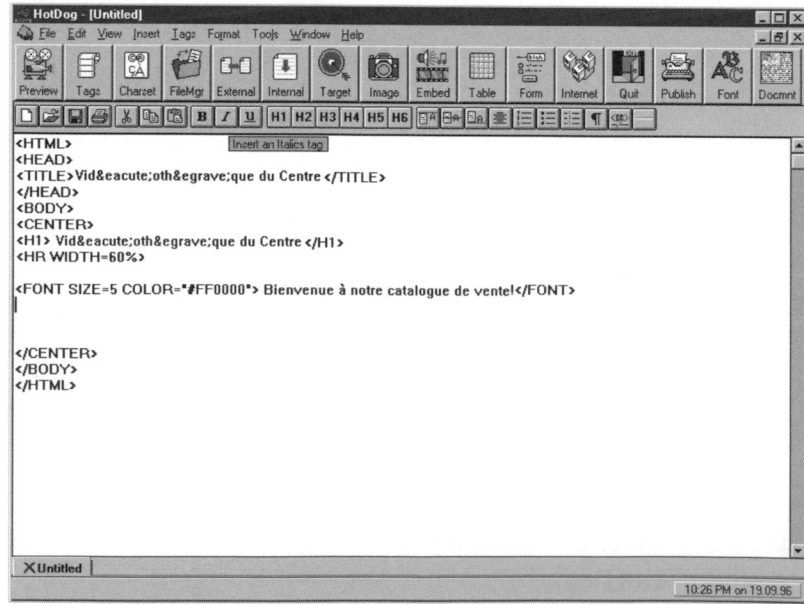

Pour compléter aisément le listing, il vous faut connaître les points suivants :

- Les tags <B>, <P> et <BR> sont représentés dans la barre des tags par les boutons suivants :

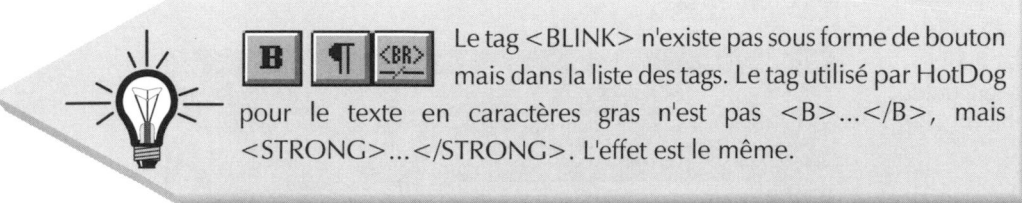

Le tag <BLINK> n'existe pas sous forme de bouton mais dans la liste des tags. Le tag utilisé par HotDog pour le texte en caractères gras n'est pas <B>...</B>, mais <STRONG>...</STRONG>. L'effet est le même.

13. Insérez les lignes jusqu'au début du tableau :

Fig. 8.9 :
Les autres tags
sont tout aussi
faciles à insérer

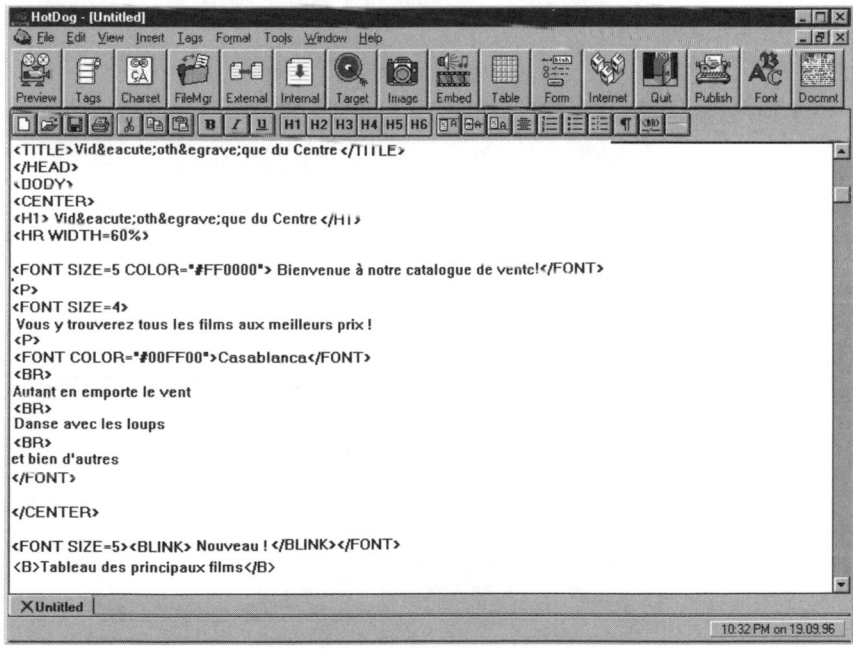

Venons-en maintenant au tableau. Nous n'utiliserons pas à cet effet le tableau complexe de la leçon 5, mais un exemple plus simple, car la fenêtre de tableau de HotDog n'est pas équipée pour les tableaux avec ROWSPAN et COLSPAN.

Pour créer un tableau simple dans HotDog, procédez ainsi :

1. Placez le curseur à l'endroit où le tableau doit apparaître et cliquez sur le bouton de tableau :

S'ouvre ainsi la fenêtre de tableau dans laquelle vous allez saisir les éléments :

Fig. 8.10 :
La fenêtre de tableau

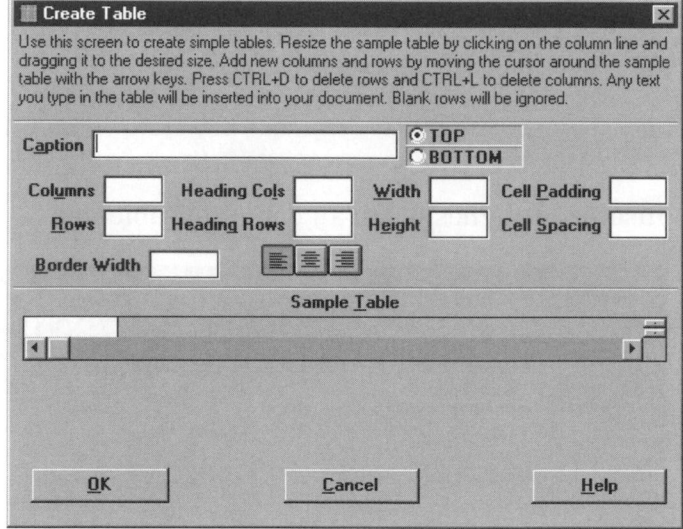

2. Dans cette fenêtre, saisissez ceci :

Fig. 8.11 :
Les tableaux sont saisis dans cette fenêtre

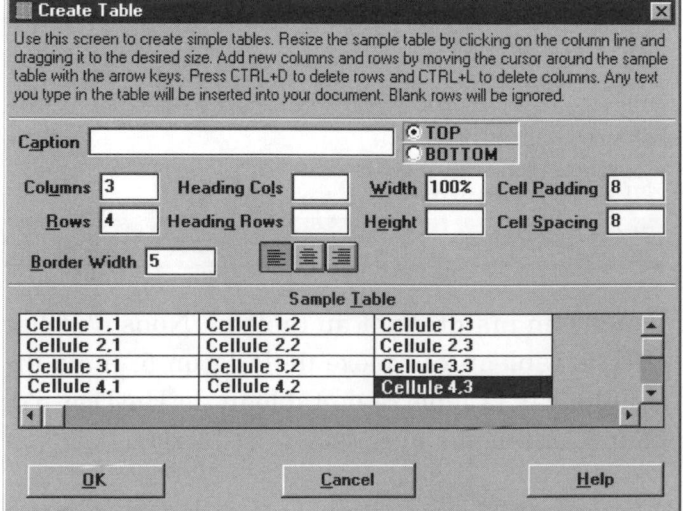

Vous constatez que vous avez la possibilité de définir la largeur (*Width*), le nombre de lignes et de colonnes (*Rows, Columns*) ainsi que la taille de la bordure (*Border Width*). Lorsque ces indications sont données, vous trouverez le tableau correspondant sous *Sample Table*. Il reste à saisir le contenu des cellules.

3. Cliquez sur le bouton OK.

Dans la fenêtre principale, voici les tags de tableau que vous trouverez :

Fig. 8.12 :
Un code de tableau créé par HotDog

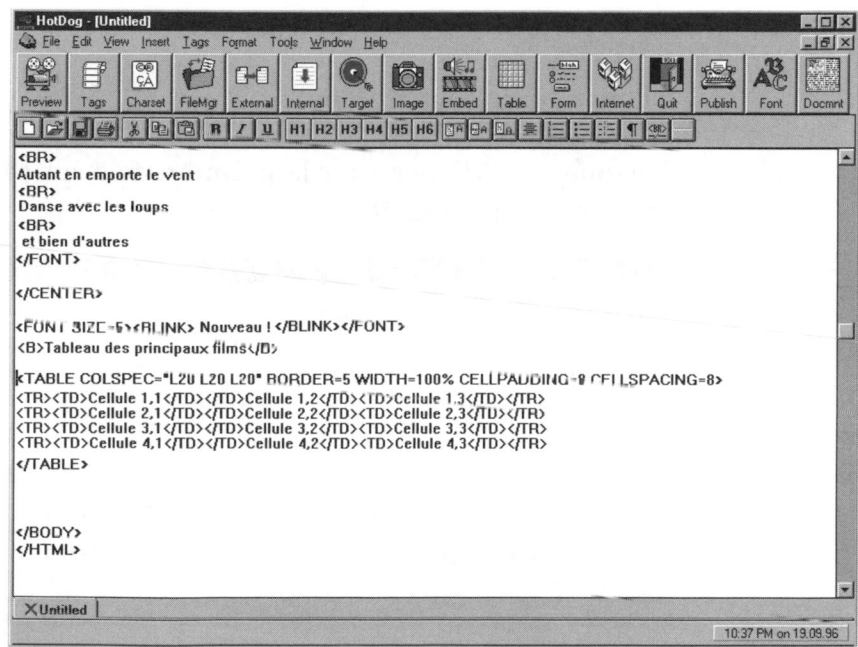

Si vous sélectionnez avec la souris l'ensemble du code du tableau, de <TABLE> à </TABLE>, et si vous cliquez à nouveau sur le bouton de tableau, vous pourrez éditer le tableau !

La fenêtre de tableau de HotDog ne peut pas créer des tableaux complexes avec ROWSPAN et COLSPAN. Il n'empêche que HotDog peut malgré tout vous être d'une certaine utilité dans ce domaine.

Vous pouvez parfaitement créer la structure de base du tableau complexe dans la fenêtre de tableau de HotDog, puis modifier le code de ce tableau dans la fenêtre principale.

Nous allons voir les résultats de ce document HotDog dans Netscape Navigator. Sachez que c'est possible même si vous n'avez pas encore enregistré le fichier dans HotDog. Voici comment procéder : Voici comment faire :

Cliquez sur le bouton **Preview** :

Lorsque vous cliquez pour la première fois sur ce bouton, voici la fenêtre qui apparaît :

2

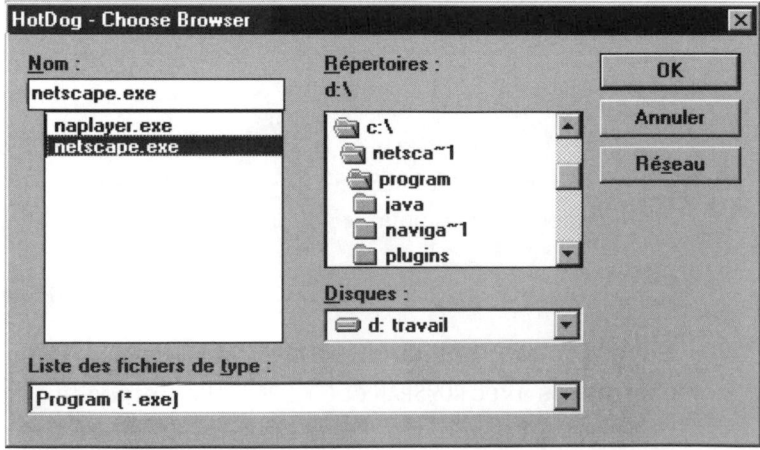

Cliquez sur le bouton OK.

Apparaît alors une autre fenêtre, dans laquelle il vous est demandé d'indiquer le chemin d'accès à votre navigateur Web.

Fig. 8.13 :
Déclaration
de Netscape
Navigator
à HotDog

3.   Spécifiez le chemin d'accès au fichier *Netscape.exe* et cliquez sur le bouton OK.

À partir de maintenant, HotDog connaît votre navigateur. À l'avenir, un clic sur le bouton **Preview** affichera directement le document HTML sur lequel travaille HotDog. Cet état de fait est d'ailleurs indiqué par le bouton **Preview**, il porte désormais l'icône Netscape Navigator.

Voici à quoi ressemble le fichier HTML dans Netscape Navigator :

Fig. 8.14 :
Créé avec
HotDog et
affiché dans
Netscape
Navigator

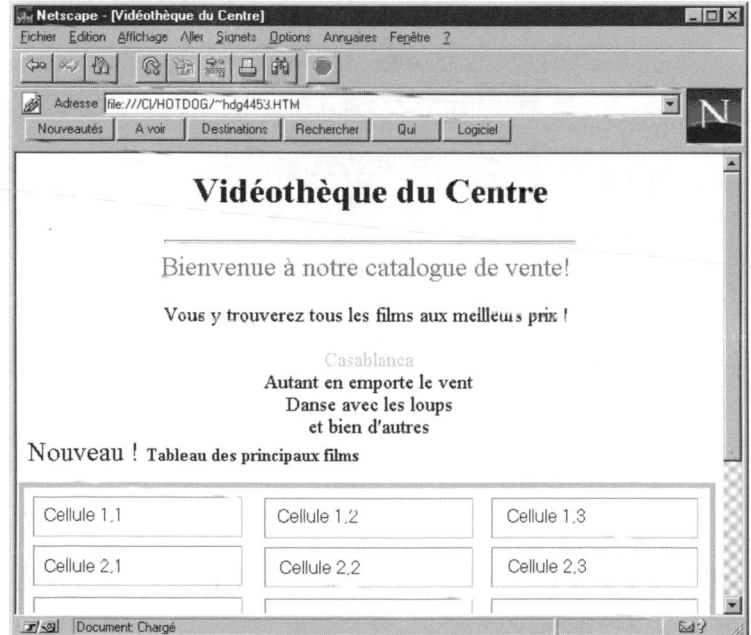

Pour finir, nous allons enregistrer ce fichier, par la commande **File/Save as**.

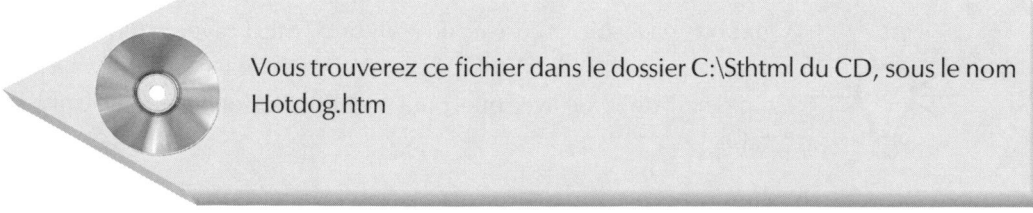

Vous trouverez ce fichier dans le dossier C:\Sthtml du CD, sous le nom Hotdog.htm

Nous n'avons pas encore fait le tour des possibilités de HotDog, mais au moins connaissez-vous maintenant son principe de fonctionnement.

Expérimentez sans vergogne avec cet éditeur, il vous sera bien utile pour vos prochaines pages Web.

Voyons maintenant comment définir des hyperliens. Le bouton ci-après ouvre une fenêtre de définition des hyperliens.

Fig. 8.15 :
La fenêtre
Hyperlinks
de HotDog

Facile, non ?

Avantages et inconvénients des éditeurs HTML

En conclusion de ce chapitre, quelques lignes pour essayer de savoir s'il vaut mieux utiliser un éditeur HTML tel que HotDog ou plutôt le Bloc-notes de Windows 95.

Que votre page soit créée avec un éditeur HTML ou avec le Bloc-notes n'apparaît pas dans le World Wide Web. La véritable question est simplement de savoir avec quel outil vous êtes personnellement le plus à l'aise.

Dans la suite de ce livre, nous poursuivrons nos créations avec le Bloc-notes de Windows 95. Si vous avez attrapé le virus HotDog, vous pouvez parfaitement réaliser les exercices avec l'éditeur HTML, puisque nous savons que HotDog accepte la saisie manuelle des tags qu'il ne maîtrise pas.

La raison de ce choix est simple : même avec le meilleur des éditeurs HTML, vous serez toujours confronté au petit détail qui ne sera pas présenté comme vous le souhaitez. Et dans ce cas, la seule solution sera une intervention manuelle. Mais pour intervenir manuellement, il faut avant tout une bonne connaissance des fonctions HTML, indépendamment de tout éditeur.

■ Si vous connaissez bien les tags HTML, rien ne s'oppose à un éditeur HTML, tout est une question de résultat. Si vous êtes rapide au clavier et si vous avez en tête les tags et leurs caractéristiques, vous serez certainement plus efficace avec le Bloc-notes.

■ Dans le cas contraire, mais toujours avec comme hypothèse de départ que vous connaissez les tags, l'éditeur HTML sera votre cheval de bataille.

Si vous avez définitivement opté pour un éditeur HTML, HotDog ou un autre, n'oubliez pas ceci :

Les éditeurs HTML ont une fâcheuse tendance à rendre les auteurs de pages Web plus négligents dans leur code (par absence des espaces, des retraits, etc.). Ne vous laissez pas aller à la facilité, vous nous remercierez au moment de la première modification.

Résumé

Objectif	Procédure	Tag
Insérer un tag dans HotDog	Placer le curseur à l'endroit requis du code et cliquer sur le bouton correspondant de la barre des tags	
Insérer dans HotDog un bouton non accessible par la barre des tags	Placer le curseur à l'endroit requis du code et cliquer sur le bouton de la fenêtre des tags, puis, dans cette fenêtre, sélectionner le tag requis par un double-clic	
Insérer un tableau dans HotDog	Placer le curseur à l'endroit requis du code et cliquer sur le bouton des tableaux, puis compléter la fenêtre de tableau et valider par OK	
Insérer dans HotDog un tag inconnu à l'éditeur	Procéder à la saisie manuelle de ce tag, comme dans le Bloc-notes de Windows 95	
Visualiser le fichier HTML dans Netscape	Cliquer sur le bouton Preview pour lancer Netscape Navigator avec le fichier en cours d'édition	

Contrôle des connaissances

Vrai ou faux ?

	Vrai	Faux	
1.	L	E	Les éditeurs HTML offrent un vrai WYSIWYG
2.	D	Q	Il existe des extensions Word pour HTML
3.	I	M	Les éditeurs HTML permettent de gagner beaucoup de temps
4.	S	T	Les éditeurs HTML maîtrisent toutes les astuces de mise en page
5.	E	B	Un des éditeurs HTML les plus courants est HoTMetaL
6.	L	U	Les éditeurs HTML ne savent pas insérer d'hyperliens
7.	P	R	Les éditeurs évitent d'avoir à réfléchir lors de la création des pages Web

Vrai ou faux ?

	Vrai	Faux	Avec HotDog, vous pouvez
8.	H	K	Insérer des tags par un clic de souris
9.	T	V	Insérer des tags inconnus de HotDog
10.	W	M	Créer des tableaux complexes
11.	L	E	Appeler Netscape Navigator d'un clic de souris

Solution

-	-	-	-	-	-	-
1.	2.	3.	4.	5.	6.	7.

-	-	-	-
8.	9.	10.	11.

ÉDITEUR HTML

PARTIE B

Images
et Vidéo

9

Enfin des couleurs - des images dans les pages HTML

50 mn

Dans les sept premières leçons, vous avez appris comment manipuler du texte dans les pages HTML et comment gérer des hyperliens. Ce qu'il vous manque encore pour le moment, c'est la possibilité d'insérer des images dans nos pages Web. Imaginez une entreprise qui souhaite se présenter sur le World Wide Web : elle cherchera à intégrer dans ce document son logo, peut-être une photo de ses locaux, etc. C'est l'exemple qui nous servira de support dans ce chapitre.

À l'issue de cette leçon, vous saurez...

- Comment intégrer des images dans une page HTML.
- Comment créer vous-même les images et les intégrer.
- Quels sont les formats graphiques supportés par les pages HTML.
- Comment influer sur la taille des images.
- Comment charger deux images consécutives.
- Comment positionner les images.

Intégrer une image

Imaginez que l'on vous demande de créer la présentation de la pharmacie Paracelse. Le pharmacien précise qu'il souhaite également une image. Voici pour commencer le listing sans image :

Listing 9.1 :
Dans cette présentation, nous allons intégrer des images

```
1. <HTML>
2. <HEAD>
3. <TITLE>Pharmacie Paracelse</TITLE>
4. </HEAD>
5.
6. <BODY>
7.
8. <CENTER>
9.    <H1>
10.       <FONT COLOR="#FF0000">
11.          La Parmacie Paracelse
12.          <BR>
13.          dans le World Wide Web
14.       </FONT>
15.    </H1>
16. </CENTER>
17.
18. <HR SIZE=5>
19.
20. <B>
21.    Paracelse connaissa&icirc;t d&eacute;j&agrave; les vertus
22.    des plantes. C'est gr&acirc;ce &agrave; lui que nous savons
23.    qu'il n'existe pas de poisons dans la nature
24.    mais que ce sont les doses qui font le danger. La
25.    digitale pourpre (<I>Digitalis purpurea</I>) est
26.    une plante v&eacute;n&eacute;neuse de chez nous, dont
27.    le poison est employ&eacute; pour soigner de nombreuses
28.    maladies cardiaques et intervient
29.    dans la fabrication de m&eacute;dicaments importants.
30. </B>
31.
32. <HR>
33.
34. </BODY>
35. </HTML>
```

Ce listing ne contient aucune nouveauté et nous servira de base pour les extensions.

Vous trouverez ce listing sur le CD, il s'agit du fichier Sthtml15.htm du dossier C:\Sthtml.

Dans Netscape Navigator, il se présente sous la forme suivante :

Fig. 9.1 :
La Parmacie Paracelse se présente

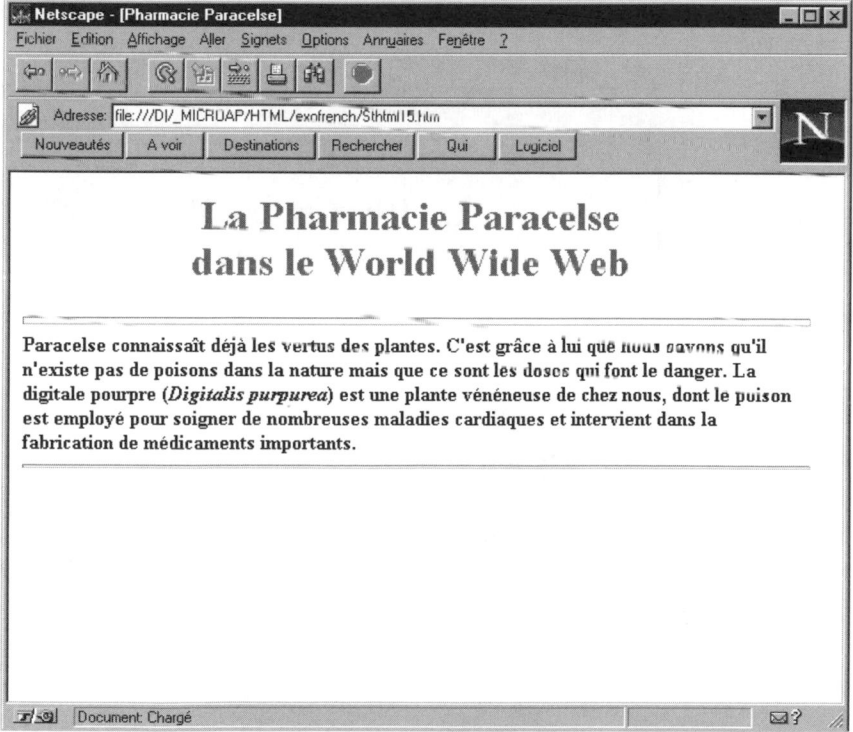

Cette présentation y gagnerait en intérêt si, au lieu d'évoquer la digitale pourpre, nous y intégrions une image de cette plante.

Nous avons tout préparé à votre intention, il vous reste à intégrer l'image, opération facile comme vous allez le constater.

1. Insérez la ligne 20 dans le listing précédent :

```
18. <HR SIZE=5>
19.
20. <IMG SRC="fingerht.gif">
21. <B>
22.    Paracelse connaissa&icirc;t d&eacute;j&agrave; les vertus
23.    des plantes. C'est gr&acirc;ce &agrave; lui que nous savons
```

Voilà, c'est fait. Regardez le résultat dans Netscape Navigator : vous venez d'intégrer votre première image.

Fig. 9.2 :
La première image

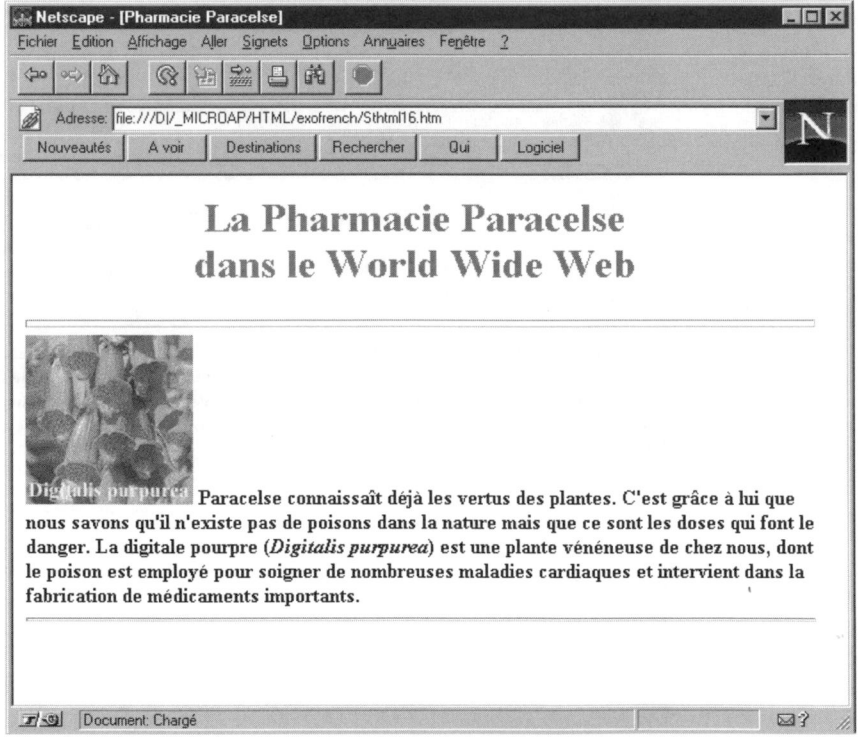

Voici ce que vous devez savoir de ces insertions d'images :

■ le tag <IMG> est un tag simple et le mot-clé SRC (pour *Search*, "rechercher") se charge de l'insertion de l'image dont l'adresse lui est affectée (SRC="fingerht.gif") ;

- si l'image se trouve dans un autre dossier, vous utiliserez la même technique que pour les hyperliens pour monter ou descendre dans l'arborescence. `<IMG SRC="../NomdeFichier">` insère une image placée dans le dossier parent de celui contenant le fichier HTM, alors que `<IMG SRC=".Hello/NomdeFichier">` insère une image à partir d'un sous-dossier de celui contenant le fichier HTM.

Cette première insertion est réussie, mais le résultat ne répond certainement pas à vos attentes. Le texte commence en bas à droite de l'image alors que le pharmacien souhaite le voir commencer en haut à droite de l'image et s'y "adosser". Peut-être préféreriez-vous, pour votre part, voir l'image à droite de la page et le texte à gauche. C'est justement le sujet de la section suivante.

Placer une image

La mise en place précise d'une image est tout aussi simple. Elle fait à nouveau intervenir les fameux tags Netscape. C'est pourquoi, nous commencerons d'abord par les tags acceptés par tous les navigateurs, puis traiterons de ceux qui sont spécifiques à Netscape Navigator.

1. Modifiez la ligne 20 de la façon suivante :

```
18. <HR SIZE=5>
19.
20. <IMG SRC="fingerht.gif" ALIGN="top">
21. <B>
```

Le résultat apparaît clairement dans Netscape Navigator :

Fig. 9.3 :
Une manière
peu orthodoxe
de placer du
texte à côté
d'une image

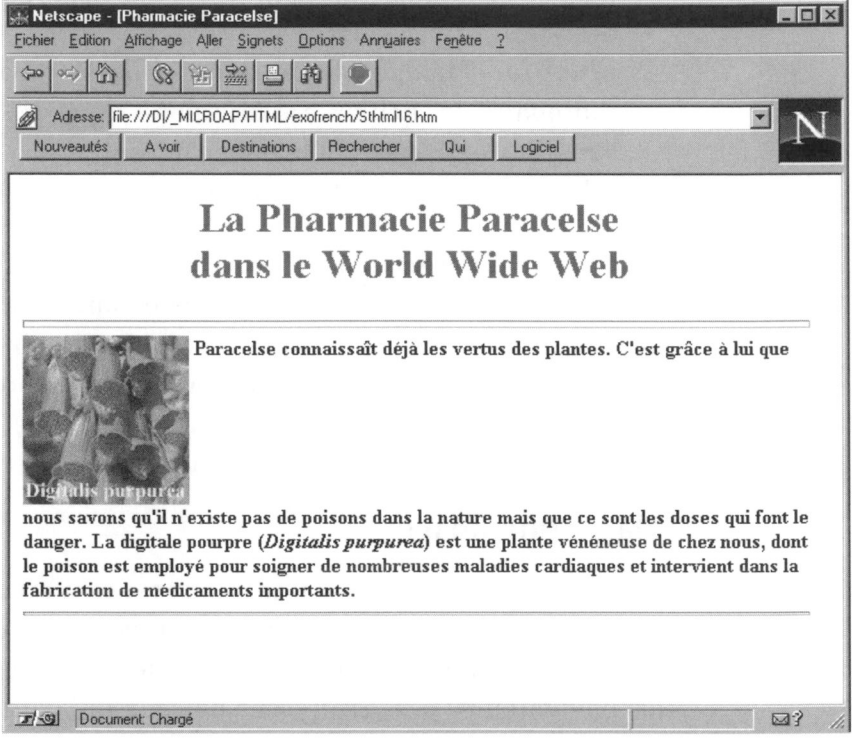

Ce n'est certainement pas le résultat auquel vous vous attendiez.
Le texte commence bien en haut de l'image, mais après la première
ligne, il continue sous l'image, laissant un grand espace blanc.

Le mot-clé ALIGN dans un tag <IMG> a été conçu au départ pour
placer un court texte de légende à côté de l'image. Et "court" signifie
dans ce contexte : pas plus d'une ligne.

Vous comprenez maintenant pourquoi, après la première ligne, la
suite du texte saute sous l'image. La première ligne est considérée
comme la légende et le reste du texte comme un texte ordinaire.

Si vous voulez effectivement placer une légende à côté de l'image, cette technique est parfaite. Mais elle est inapplicable pour des textes plus longs.

Pour le mot-clé `ALIGN` dans un tag `<IMG>`, vous devez savoir que :

- pour les légendes, le mot-clé `ALIGN` accepte les valeurs `"top"`, `"middle"` et `"bottom"` ;

- la valeur par défaut du mot-clé `ALIGN` est `"bottom"`, c'est elle qui est employée même en l'absence du mot-clé ;

- `ALIGN` avec la valeur `"middle"`, place la légende à côté de l'image, à mi-hauteur.

Vous connaissez déjà ALIGN="bottom", c'est la présentation que nous avions obtenue au départ.

Pour savoir à quoi correspond `ALIGN="middle"`, dans la ligne 20, remplacez le mot `top` par `middle`. En voici le résultat :

Fig. 9.4 :

ALIGN="middle"

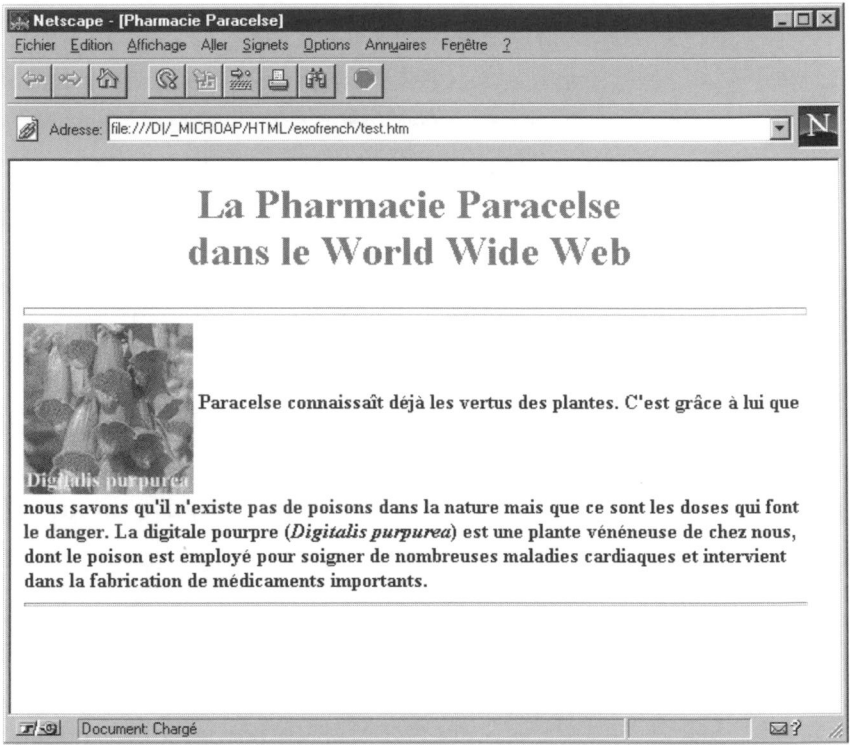

Mais ces affectations de valeurs au mot-clé ALIGN ne sont applicables qu'à des textes de légende courts. Pour aller plus loin, il nous faut recourir aux tags spécifiques de Netscape Navigator :

- dans Netscape Navigator, le mot-clé ALIGN accepte également les valeurs "left" et "right" ;

- ALIGN="left" place l'image à gauche, le texte s'insérant autour de l'image ;

- ALIGN="right" place l'image à droite, le texte s'insérant autour de l'image.

Faites un essai :

1. Dans la ligne 20, remplacez le mot middle par left.

2. Lorsque vous aurez contrôlé le résultat dans Netscape Navigator, remplacez left par right.

Voici un comparatif des résultats :

Fig. 9.5 :
Une image
à gauche...

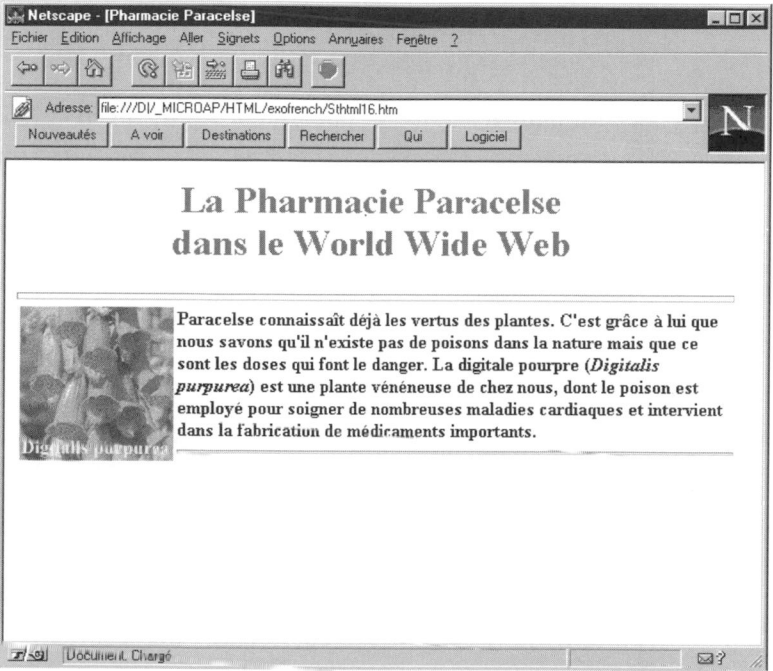

Fig. 9.6 :
...et la même
à droite

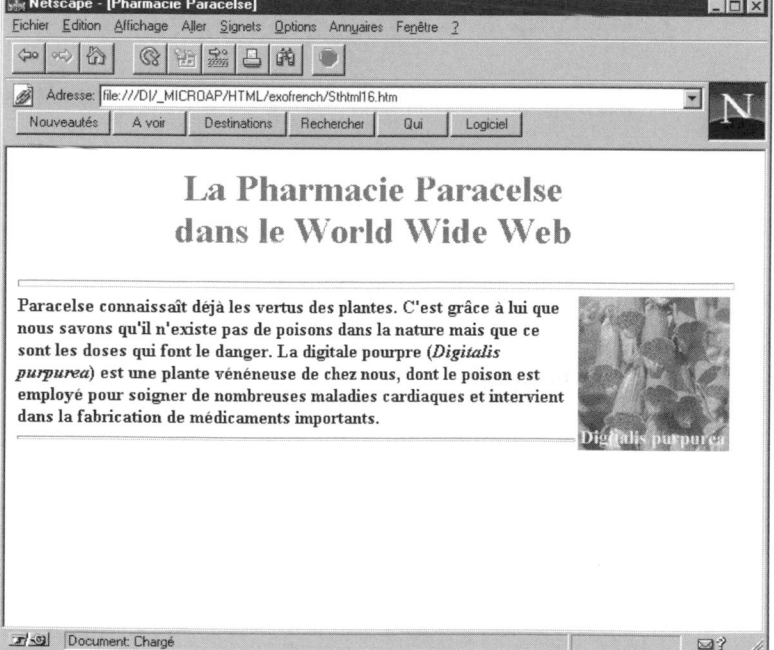

Mais rappelez-vous ceci:

Pour arriver à ce résultat, nous avons employé une valeur du mot-clé ALIGN du tag <IMG> qui risque d'être ignorée par bon nombre d'autres navigateurs. L'image sera bien affichée mais le texte sera positionné autrement. Méfiez-vous et ne faites en aucun cas référence à la position du texte ou de l'image.

Nous allons encore améliorer la présentation. Cette image mérite d'être un peu aérée par un espace plus important entre l'image et le texte. Voici comment procéder :

```
18. <HR SIZE=5>
19.
20. <IMG SRC="fingerht.gif" ALIGN="top" VSPACE=50 HSPACE=50>
21. <B>
```

Voici à quoi ressemble cette nouvelle mouture dans Netscape Navigator.

Fig. 9.7 :
L'image "aérée"

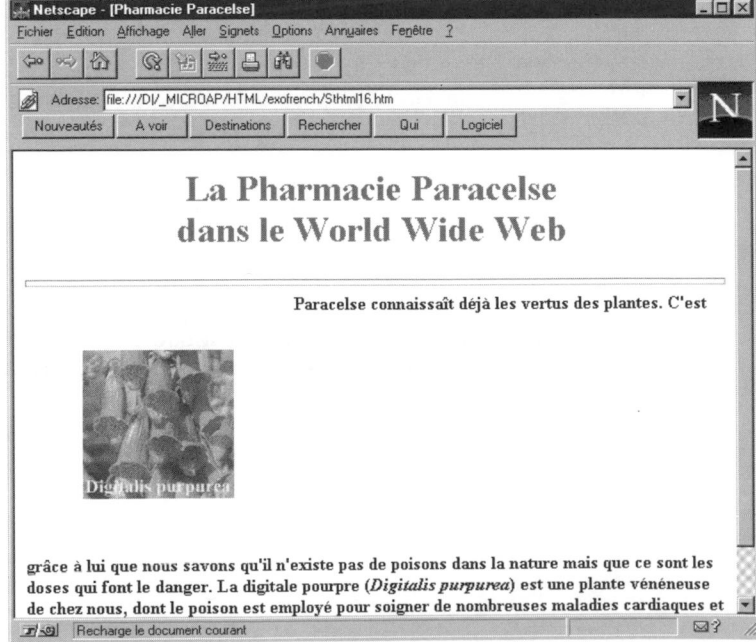

Netscape Navigator a mis en place autour de l'image une sorte de bordure invisible sur laquelle le texte est aligné. Ce résultat est le fruit des deux mots-clés HSPACE et VSPACE :

- les mots-clés HSPACE et VSPACE dans un tag <IMG> acceptent n'importe quelle valeur entière (par exemple, VSPACE=20) ;

- la valeur de VSPACE indique l'espacement vertical avant et après l'image, en pixels ;

- la valeur de HSPACE indique l'espacement horizontal à gauche et à droite de l'image, en pixels.

Encore une remarque concernant ces deux mots-clés :

Les valeurs utilisées dans cet exemple, VSPACE=50 et HSPACE=50, ont été volontairement choisies grandes, pour bien montrer les effets de ces mots-clés. En général, vous définirez des espacements plus réduits.

La même technique est applicable pour des images alignées à droite (ALIGN="right").

Mais il existe une autre technique pour placer les images. Jusqu'à présent, le tag <IMG> était associé à un tag <HT>. Mais que se passe-t-il si le tag <IMG> se trouve au milieu d'un texte ? Comme le plus souvent avec HTML, c'est l'expérimentation qui fournit la réponse la plus rapide.

1. Désactivez la ligne 20 en en faisant un commentaire et insérez à sa place la ligne 27 au milieu du texte.

```
18. <HR SIZE=5>
19.
20. <!-<IMG SRC="fingerht.gif" ALIGN="top" VSPACE=50 HSPACE=50>->
21. <B>
22.    Paracelse connaissa&icirc;t d&eacute;j&agrave; les vertus
23. des plantes. C'est gr&acirc;ce &agrave; lui que nous savons
24.    qu'il n'existe pas de poisons dans la nature
25.    mais que ce sont les doses qui font le danger. La
26.    digitale pourpre (<I>Digitalis purpurea</I>)
27. <IMG SRC="fingerht.gif" ALIGN="top" VSPACE=50 HSPACE=50> est
28.    une plante v&eacute;n&eacute;neuse de chez nous, dont
29.    le poison est employ&eacute; pour soigner de nombreuses
30.    maladies cardiaques et intervient
31.    dans la fabrication de m&eacute;dicaments importants.
32. </B>
```

Netscape Navigator ne rechigne pas :

Fig. 9.8 :
Netscape
Navigator sait
afficher un tag
<IMG> au beau
milieu du texte

Mais vous avez certainement noté que Netscape Navigator fait preuve d'une certaine indépendance : le tag <IMG> a été inséré dans le code après le mot purpurea. Or les mots suivants sont encore affichés dans la dernière ligne avant l'image. Si à première vue la réaction du programme est satisfaisante, vous ne pouvez pas vous contenter de cet a priori, car, en fonction de la résolution d'écran et de la taille de la fenêtre de l'utilisateur, les conséquences peuvent être très diverses.

Une petite astuce va nous permettre de peaufiner la présentation du texte et de l'image. Sous l'image se trouve une ligne horizontale (le tag <HR>), qui s'intègre à l'image tout comme le texte. En fait, cette ligne était destinée à clôturer la zone de texte et d'image. Pour arriver à ce résultat, la technique est simple :

1. Insérez dans la ligne 33, vierge pour le moment, le mot-clé suivant :

```
18. <HR SIZE=5>
19.
20. <!-<IMG SRC-"fingerht.gif" ALIGN="top" VSPACE=50 HSPACE=50>->
21. <B>
22.    Paracelse connaissa&icirc;t d&eacute;j&agrave; les vertus
23.    des plantes. C'est gr&acirc;ce &agrave; lui que nous savons
24.    qu'il n'existe pas de poisons dans la nature
25.    mais que ce sont les doses qui font le danger. La
26.    digitale pourpre (<I>Digitalis purpurea</I>)
27. <IMG SRC="fingerht.gif" ALIGN="top" VSPACE=50 HSPACE=50> est
28.    une plante v&eacute;n&eacute;neuse de chez nous, dont
29.    le poison est employ&eacute; pour soigner de nombreuses
30.    maladies cardiaques et intervient
31.    dans la fabrication de m&eacute;dicaments importants.
32. </B>
33. <BR CLEAR="all">
34. <HR>
```

Dans Netscape Navigator, voici les changements intervenus :

Fig. 9.9 :
La ligne
horizontale se
retrouve
désormais sous le
texte et l'image

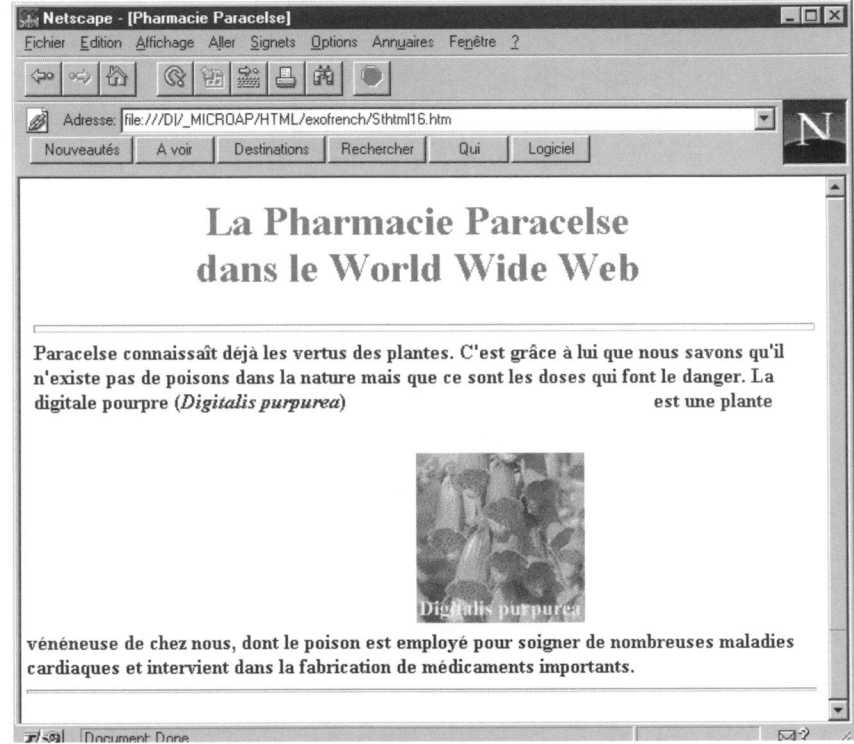

Vous avez inséré une forme spéciale de tag <BR>, le tag <BR CLEAR="all"> qui a pour conséquence de placer les éléments des lignes suivantes (ligne, texte ou titre) non pas autour de l'image, mais après son affichage complet.

Cette technique est intéressante, mais elle ne vous donne peut-être pas entièrement satisfaction, car vous avez certainement rencontré dans le Web des présentations plus attrayantes ou plus originales.

Placer des images avec des tableaux

Le tableau est un outil d'une puissance extraordinaire en matière d'agencement, à condition que la bordure en soit invisible. De plus, il n'est pas difficile de placer une image à l'aide d'un tableau :

1. Modifiez le fichier de la pharmacie d'après le listing suivant :

Listing 9.2 :
Texte et image
dans un tableau

```
18. <HR SIZE=5>
19.
20. <TABLE WIDTH="100%" CELLPADDING=8>
21. <TR>
22.     <TD WIDTH=131>
23.         <IMG SRC="fingerht.gif">
24.     </TD>
25.     <TD WIDTH="99%" ALIGN="center">
26.       <B>
27.       Paracelse connaissa&icirc;t d&eacute;j&agrave; les vertus
28.       des plantes. C'est gr&acirc;ce &agrave; lui que nous savons
29.       qu'il n'existe pas de poisons dans la nature
30.       mais que ce sont les doses qui font le danger. La
31.       digitale pourpre (<I>Digitalis purpurea</I>) est
32.       une plante v&eacute;n&eacute;neuse de chez nous, dont
33.       le poison est employ&eacute; pour soigner de nombreuses
34.       maladies cardiaques et intervient
35.       dans la fabrication de m&eacute;dicaments importants.
36.       </B>
37.     </TD>
38. </TR>
39. </TABLE>
40.
41. <HR>
```

Les principales modifications sont les suivantes :

■ le tag <IMG> de la ligne 23 est privé de ses mots-clés ALIGN, HSPACE et VSPACE ;

■ un tableau composé d'une ligne et de deux colonnes a été inséré (lignes 20-22, 24, 25 et 35-37), la première cellule contient l'image, la seconde le texte ;

■ avec le mot-clé ALIGN="center", la seconde cellule (le texte) a été centrée ;

- la largeur de cellule a été définie avec une valeur de 131 en ligne 23 et de 99 % en ligne 25 (nous y reviendrons dans un instant).

Regardons le résultat dans Netscape Navigator :

Fig. 9.10 :
La fenêtre de l'image en 100*100 pixels

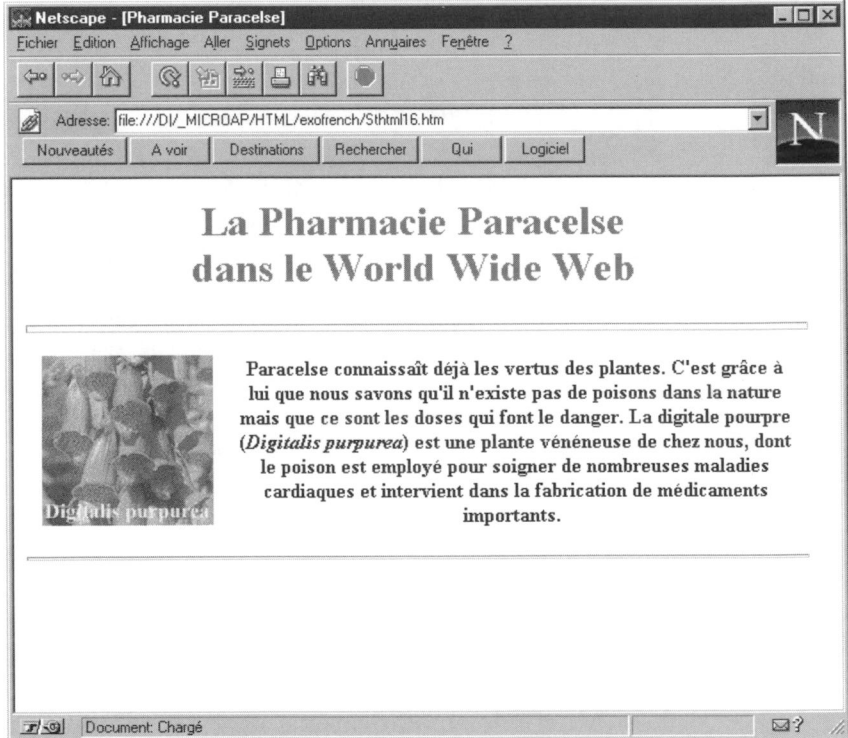

La seule véritable nouveauté est cette définition de largeur de cellule dans les deux tags <TD>. L'image de la digitale avec laquelle nous avons travaillé jusqu'alors a une largeur de 131 pixels et une hauteur de 132 pixels. Vous apprendrez dans un moment comment obtenir ces informations pour vos propres images. Voici ce que nous pouvons en déduire :

- Normalement, les indications de largeur absolues dans les tableaux ne sont pas recommandées (WIDTH=131), car vous empêchez ainsi Netscape Navigator d'optimiser l'affichage du tableau. Mais avec des tableaux contenant des images, il en va autrement. Contrairement à un texte, une image a une largeur et une hauteur fixes, qui ne changent pas selon la résolution ou la taille de la fenêtre du navigateur. D'où l'intérêt d'affecter à la cellule du tableau exactement la même largeur que l'image, en l'occurrence WIDTH=131.

■ Notez également qu'une indication de largeur absolue est prioritaire par rapport à une indication en pourcentage. Concrètement, cela signifie qu'une image déclarée avec WIDTH=131 sera entièrement affichée, quelle que soit l'indication en pourcentage affectée aux cellules suivantes. L'indication WIDTH="99%" pour la cellule de texte signifie tout simplement que le texte doit occuper au maximum l'espace restant.

Voyons un exemple pratique :

Pour le second tag <TD>, qui contient le texte, essayez des pourcentages plus petits, par exemple WIDTH="30%". Vous constaterez le rapport entre l'indication en valeur absolue et celle en pourcentage. Cette expérience est encore plus intéressante avec des fenêtres de navigateur de différentes tailles.

Les images

Ne vous en faites pas, nous n'allons pas vous imposer une longue section théorique sur les images, mais simplement vous donner quelques informations de base qui faciliteront les manipulations des images sur le World Wide Web.

Vous avez certainement déjà rencontré divers formats graphiques. Ces images portent en général des extensions du type *.gif, *.pcx, *.tif, *.jmp, et bien d'autres. Avec Netscape Navigator, seuls deux formats graphiques sont possibles : GIF et JPG. Pour insérer dans une page HTML des images d'un autre format, il n'y a véritablement pas de difficultés. Vous découvrirez dans la section suivante un programme de traitement graphique appelé Paint Shop Pro, qui vous permettra de lire et de convertir tous les formats graphiques usuels.

Pour notre part, nous nous limiterons aux images GIF, car elles offrent plus de possibilités que les images JPG.

Pour afficher un fichier JPG, notez que le tag HTML est exactement le même que pour les images GIF. Seule l'extension du fichier change : <IMG SRC="machin.jpg"> insère le fichier graphique machin.jpg dans la page HTML.

Le format GIF est plus souple que le format JPG. Il permet de créer des images aussi bien en 16 couleurs qu'en 256 couleurs, voire en "HiColor" ou en "TrueColor". En ce qui concerne Netscape Navigator, il ne peut pas afficher des images en plus de 256 couleurs.

Deux questions reviennent sans cesse à ce sujet.

Une profondeur de couleur de 256 n'est-elle pas un peu limitée ?

En comparaison des 16,7 millions de couleurs d'une image "TrueColor", il est clair que 256 couleurs semblent bien peu de chose. Et pourtant, dans le Web, vous trouverez une foule d'images d'excellente facture malgré cette limitation à 256 couleurs. De toute façon, l'œil humain est incapable de discerner 16,7 millions de couleurs, il sait tout au plus en appréhender quelques milliers. Et comme de ces quelques milliers de couleurs, l'image n'en contient que quelques-unes, les images en 256 couleurs conviennent parfaitement.

Vous vous demandez peut-être à quoi peuvent bien servir ces images en "TrueColor" ? Leur raison d'être est simple : pour pouvoir éditer des images (en modifier le contraste, la luminosité, supprimer des surplus de couleurs, etc.), les images "TrueColor" sont plus adaptées. En effet, les routines de traitement disposent de beaucoup plus d'informations chromatiques et permettent d'arriver à de bien meilleurs résultats.

Dois-je configurer ma carte graphique en 256 couleurs ?

Comme Netscape Navigator ne sait traiter que des images GIF en 256 couleurs, certains s'imaginent qu'une carte graphique en 256 couleurs donne la même qualité de résultat qu'une carte configurée en "HiColor" (65536 couleurs) ou en "TrueColor" (16,7 millions de couleurs). Ce n'est pas le cas, car si Netscape Navigator ne sait afficher que 256 couleurs par image, une page HTML peut contenir plusieurs images avec des palettes de couleurs différentes. Ainsi, avec quatre ou cinq images sur une même page, le nombre de couleurs à afficher dépasse rapidement les 1 000, et une carte limitée à 256 couleurs aura beaucoup de mal à rendre un affichage correct.

Si votre carte graphique supporte "HiColor" ou "TrueColor", n'hésitez pas à l'employer pour surfer sur le Web. La qualité de votre affichage n'en sera que meilleure.

Voici pour la théorie. En pratique, nous souhaitons bien sûr insérer des images dans nos pages HTML, mais aussi les créer.

Créer ses propres images

La technique utilisée pour insérer l'image FINGERHT.GIF dans notre page HTML est bien sûr aussi applicable à des images ou à des dessins personnels. Cependant, la création d'images de type professionnel est un art en soi et l'étude de la conception graphique dépasse de loin le cadre de cet ouvrage. Nous nous contenterons de vous indiquer quelques techniques simples de création et divers moyens de les intégrer dans vos pages HTML.

Dans la section suivante, vous ferez la connaissance du programme Paint Shop Pro. Il se peut que vous ayez déjà une expérience avec d'autres programmes du même type. Si vous souhaitez profiter de cette expérience et utiliser votre propre programme graphique, tenez compte du fait que les images à afficher dans les pages HTML doivent exister sous forme de fichiers JPG ou GIF (en 256 couleurs ou moins).

Si votre propre programme graphique supporte l'enregistrement des images dans ces formats, vous pourrez sans problème créer des images pour le World Wide Web.

Nous évoquerons quelques astuces qui malheureusement ne sont pas autorisées dans tous les programmes graphiques.

Si votre programme ne dispose pas des fonctionnalités auxquelles nous allons faire appel, vous pouvez malgré tout l'employer pour la création de l'image, puis effectuer les quelques opérations particulières dans Paint Shop Pro.

Ne vous privez pas, là encore, d'expérimenter. Même les professionnels ne se cantonnent en général pas à un seul programme de traitement d'image, ils font appel à plusieurs logiciels, en tirant profit des avantages de chacun.

Un nouvel outil : Paint Shop Pro

Il existe de très nombreux programmes graphiques, plus ou moins confortables et plus ou moins performants. Paint Shop Pro est un logiciel extrêmement puissant, disponible en Shareware, et offrant tout particulièrement un certain nombre de fonctionnalités hautement intéressantes pour l'insertion ultérieure des images dans un document HTML.

Vous pouvez télécharge la dernière version de Paint Shop Pro à l'adresse suivante : http://www.jasc.com/pspdl.html. Notez qu'il s'agit d'un Shareware qui vous est proposé en vue de tester le logiciel. Si vous décidez de l'adopter et de vous en servir régulièrement, pensez à l'enregistrer auprès de son auteur.

Paint Shop Pro est très facile d'emploi. Pour vous faciliter sa prise en main, voici d'abord quelques conseils d'ordre pratique destinés à éviter certains problèmes.

Après l'installation de Paint Shop Pro, procédez ainsi :

1. Lancez Paint Shop Pro. Comme il s'agit d'un Shareware, une fenêtre contenant un certain nombre d'informations s'affiche d'abord et attire votre attention sur la nécessité d'enregistrer votre programme en cas d'utilisation régulière. Validez cette fenêtre par un clic sur OK.

Pendant le travail avec Paint Shop Pro, vous pouvez garder Netscape Navigator et le Bloc-notes ouverts, et basculer ainsi d'une application à l'autre. Si votre PC ne dispose pas de suffisamment de mémoire, il se peut que le travail avec Paint Shop Pro soit ralenti. Dans ce cas, quittez Netscape Navigator et le Bloc-notes et ne rappelez ces programmes qu'après en avoir terminé avec l'image.

Voici à quoi ressemble Paint Shop Pro au premier démarrage :

Fig. 9.11 :
Paint Shop Pro : notre outil graphique

Les outils graphiques peuvent être déplacés librement à l'écran.

Si ces outils graphiques ne sont pas affichés, voici comment les activer :

1.   Cliquez sur le menu **View** pour dérouler le menu.

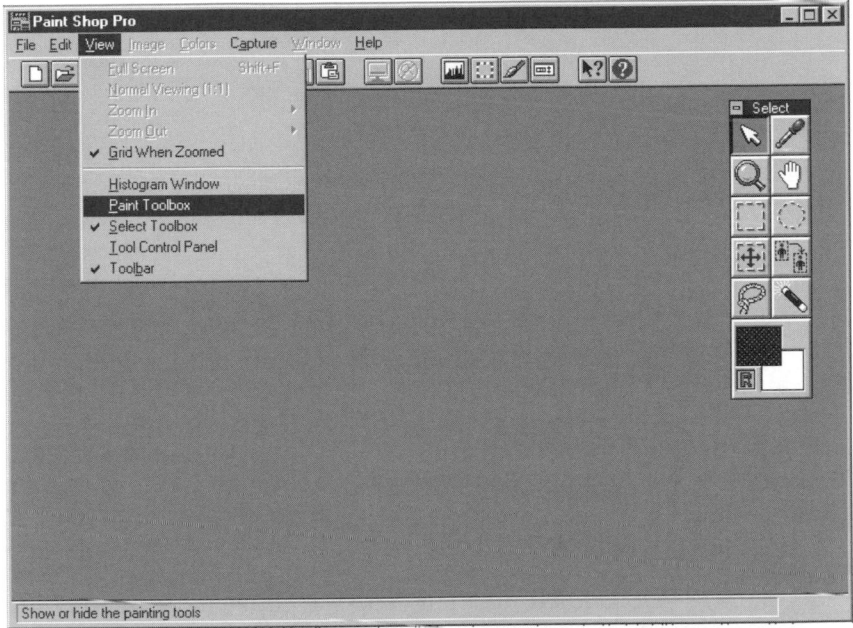

Vous y trouverez les commandes **Paint Toolbox**, **Select Toolbox** et **Tool Control Panel**. Chacune de ces commandes est dotée d'une coche si l'élément en question est affiché à l'écran. Pour afficher ces éléments, cliquez sur la commande correspondante pour lui affecter une coche.

2. Cliquez sur chacune de ces trois commandes non cochées pour les activer.

    Ainsi, Paint Shop Pro est prêt pour la création d'une nouvelle image, tous les outils sont disponibles.

    L'image que vous allez créer doit disposer des propriétés suivantes : une taille de 100 pixels sur 100 pixels, 256 couleurs, la couleur d'arrière-plan doit être un vert et celle de premier plan, un rouge.

Par la suite, vous pourrez bien évidemment créer des images de taille différente et avec d'autres couleurs. Il ne s'agit ici que d'un exemple facile pour vos débuts.

Commençons par définir la couleur de premier plan et d'arrière-plan. Dans la boîte à outils **Select Toolbox** vous attendent à cet effet deux champs activables d'un clic de souris.

Les champs de couleur de premier plan et d'arrière-plan

Pour modifier les couleurs, voici comment procéder :

1. Double-cliquez sur le carré représentant la couleur de premier plan. Une fenêtre s'ouvre :

Fig. 9.13 :
La fenêtre
de sélection
des couleurs

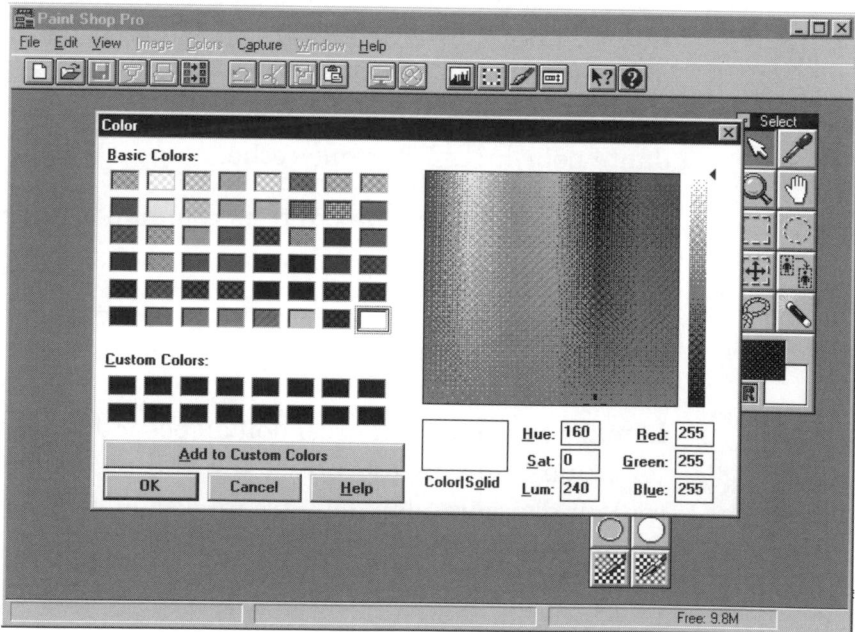

2. Dans la palette **Basic colors**, cliquez sur la couleur que vous souhaitez utiliser comme couleur de premier plan. Dans notre exemple, il s'agit du rouge vif.

En fonction de la profondeur de couleur configurée sur votre carte graphique (256 couleurs, HiColor ou TrueColor), votre fenêtre peut être présentée différemment. Mais la technique de sélection de la couleur reste la même.

3. Après sélection de la couleur rouge, cliquez sur le bouton OK pour valider votre option et fermer la fenêtre.

   Le carré matérialisant la couleur de premier plan affiche maintenant la couleur rouge. Faites de même pour la couleur d'arrière-plan (choisissez un vert quelconque).

4. Double-cliquez sur le carré de la couleur d'arrière-plan pour ouvrir la fenêtre de sélection des couleurs, cliquez sur une pastille verte et validez par OK.

   Tout est prêt maintenant pour la création de notre image avec Paint Shop Pro. Voici comment procéder :

1. Cliquez sur le menu File pour dérouler le menu suivant :

Fig. 9.14 :
Le menu File
permet de créer
une nouvelle
image

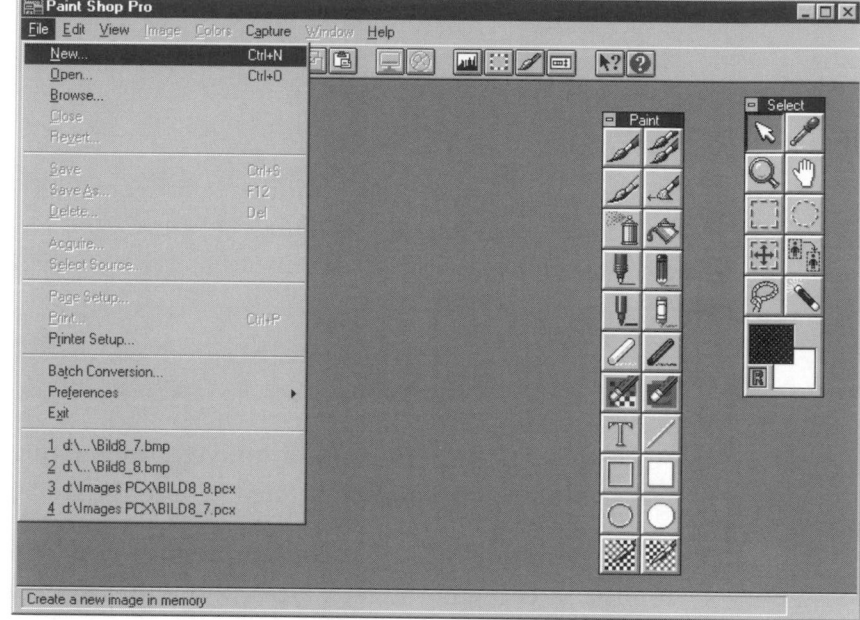

Cliquez sur le menu **File** pour le dérouler.

2. Cliquez sur la commande **New** pour ouvrir la fenêtre **New Image** :

Fig. 9.15 :
La fenêtre
New Image

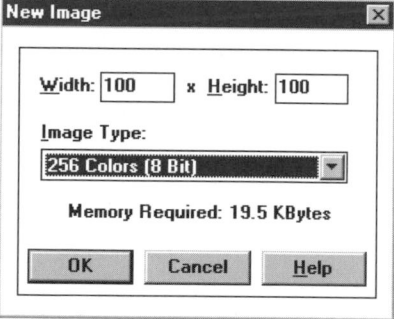

Dans cette fenêtre, vous allez définir la taille de la nouvelle image, largeur et hauteur, exprimée en pixels, ainsi que la profondeur de couleur.

3. Dans les champs *Width* et *Height*, indiquez la valeur 100 et sélectionnez dans le champ *Image Type* l'option *256 Colors*.

4. Cliquez sur OK.

Paint Shop Pro affiche maintenant une fenêtre dans laquelle vous allez créer l'image.

Fig. 9.16 :
La fenêtre de l'image en 100*100 pixels

Comme vous avez défini une couleur d'arrière-plan verte, cette couleur remplit la fenêtre de l'image. Dans cette image, nous avons marqué d'une flèche les zones sur lesquelles nous allons travailler.

Pour commencer, nous allons faire appel à l'outil de dessin représenté par le pinceau.

1. Cliquez sur l'outil **Pinceau** de la boîte à outils **Paint Toolbox**. Fondez-vous sur l'illustration précédente. La fenêtre **Tool Control Panel** change d'aspect et prend le titre **Brush**. C'est ici que sont définies les propriétés du pinceau.

2. Définissez les propriétés suivantes : dans le champ *Size* (taille) indiquez la valeur *10* et dans le champ *Style* optez pour *Round*.

245

3. Si vous placez le curseur dans la zone de l'image, vous verrez qu'il se transforme en pinceau. En maintenant le bouton de la souris enfoncé et en déplaçant cette souris, vous dessinez comme avec un véritable pinceau.

Faites d'abord quelques essais. Après les premiers traits de pinceau, vous aurez certainement envie de connaître les possibilités offertes par Paint Shop Pro pour créer des images personnelles. Nous ne passerons pas en revue toutes les fonctions, Paint Shop Pro est un outil beaucoup trop complexe, et il faudrait lui consacrer un livre entier. Nous nous limiterons à quelques tours de main pratiques.

Parallèlement au pinceau, d'autres outils sont à votre disposition. Ils sont tous utilisables par la même technique : un clic sur l'outil pour le sélectionner, puis dessin dans la fenêtre principale. À chaque sélection d'un outil, la fenêtre **Tool Control Panel** change pour afficher les propriétés de l'outil actif.

Le dessin est effectué avec la couleur de premier plan.

Essayez les divers outils et couleurs pour vous faire une idée plus précise des possibilités de Paint Shop Pro.

Le moment est venu de créer le logo de la pharmacie Paracelse.

1. Activez à nouveau la couleur de premier plan rouge et la couleur d'arrière-plan verte, sélectionnez le pinceau dans la boîte à outils et définissez les valeurs *10* et *Round* pour les champs *Size* et *Style*.

2. Supprimez vos essais en activant la commande **Edit/Clear**. La fenêtre est à nouveau remplie de la couleur d'arrière-plan.

3. Tracez un grand P avec le pinceau, en guise de logo de la Pharmacie.

Fig. 9.17 :
Un logo pour
notre pharmacie

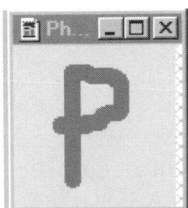

Le résultat n'est pas extraordinaire, c'est loin d'être une œuvre d'art. Mais ce n'est pas le but de l'exercice, vous pourrez ultérieurement passer tout le temps nécessaire à la confection de l'image.

Il faut ensuite enregistrer cette image pour que Netscape Navigator puisse la trouver lorsque nous l'aurons intégrée dans le document HTML. Voici comment procéder :

1. Appelez la commande **File/Save as**. S'ouvre alors la fenêtre suivante :

Fig. 9.18 :
La fenêtre
Save as

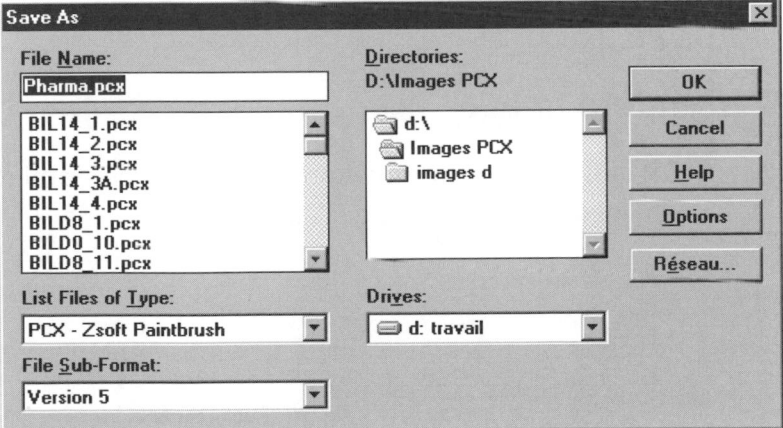

2. Dans cette fenêtre, déroulez la liste associée au champ *List Files of Type*.

3. Sélectionnez le type *GIF - Compuserve* d'un clic de souris. La liste disparaît.

4. Cliquez sur le bouton de liste *File sub-format* pour dérouler la liste des options et choisissez *Version 89a - Noninterlaced*.

    Reste ensuite à définir un nom pour le fichier et l'endroit où vous souhaitez le stocker :

5. Nommez le fichier Pharma.gif (Paint Shop Pro a déjà mis en place l'extension *.gif*) et sélectionnez comme dossier cible C:\Sthtml.

6. Un clic sur OK lance l'enregistrement de votre première image pour le World Wide Web.

    Un conseil encore en ce qui concerne vos images personnelles :

vous pouvez parfaitement choisir un autre dossier de stockage. Rappelez-vous simplement qu'avec un hyperlien local (leçon 7), il est possible de changer de dossier pour que Netscape Navigator retrouve le fichier concerné.

Et enfin la grande première !

Votre première image

Il suffit de rajouter quelques lignes toutes simples pour afficher le logo dans votre page HTML :

```
39. </TABLE>
40.
41. <HR>
42.
43. <IMG SRC="pharma.gif" ALIGN="left">Notre logo de pharmacie !
44.
45. </BODY>
46. </HTML>
```

1. Insérez la ligne 43 après le tag <HR> et avant le tag <BODY>.

Le tag <IMG> et ses mots-clés vous sont désormais connus. Seul le nom de l'image a changé. Et pour que les choses aient meilleure allure, nous avons ajouté un petit texte.

Et voilà votre première image dans une page Web :

Fig. 9.19 :
Le logo
de la pharmacie
dans Netscape
Navigator

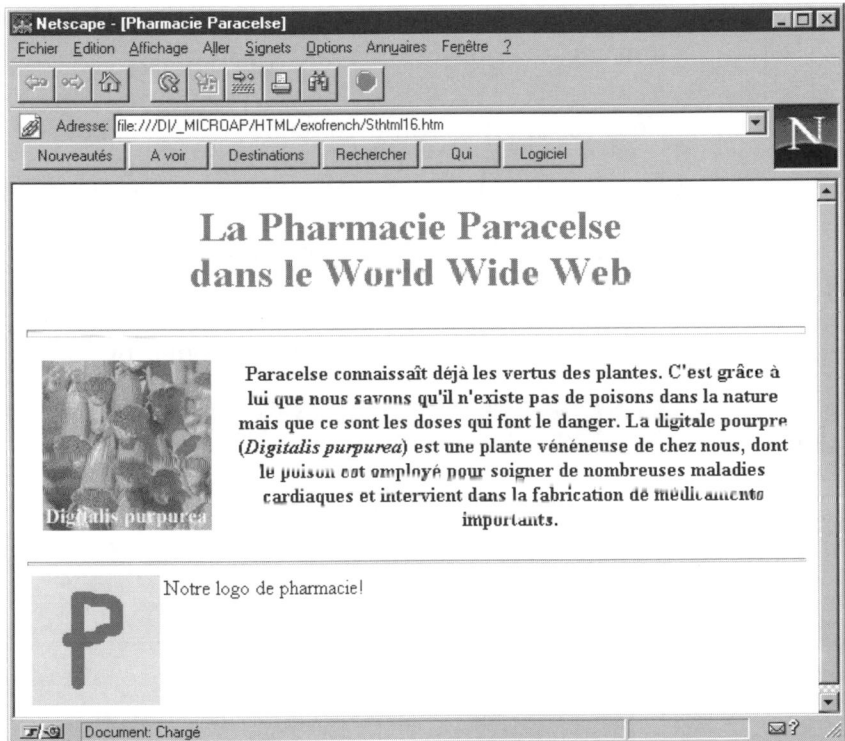

 Bien évidemment, cette image personnelle peut être positionnée comme n'importe quelle autre image, par exemple par l'intermédiaire d'un tableau. Essayez !

Modifier la taille de l'image

Il se peut que votre image soit trop grande ou trop petite pour un logo. Peut-être voudrez-vous en changer la taille ultérieurement ?

Vous allez d'abord doubler la largeur du logo et augmenter sa hauteur de moitié. Ses mesures initiales, au moment de sa création étaient de 100 pixels de haut sur 100 pixels de large. Il doit mesurer désormais 200 x 150 pixels.

Pour modifier la taille du logo :

1. Insérez dans la ligne 43 du listing les mots-clés WIDTH et HEIGHT :

```
43. <IMG SRC="pharma.gif" ALIGN="left" WIDTH=200 HEIGHT=150>
    Notre logo de pharmacie !
```

Voici le résultat dans Netscape Navigator :

Fig. 9.20 :

Le logo de la pharmacie dans une autre taille

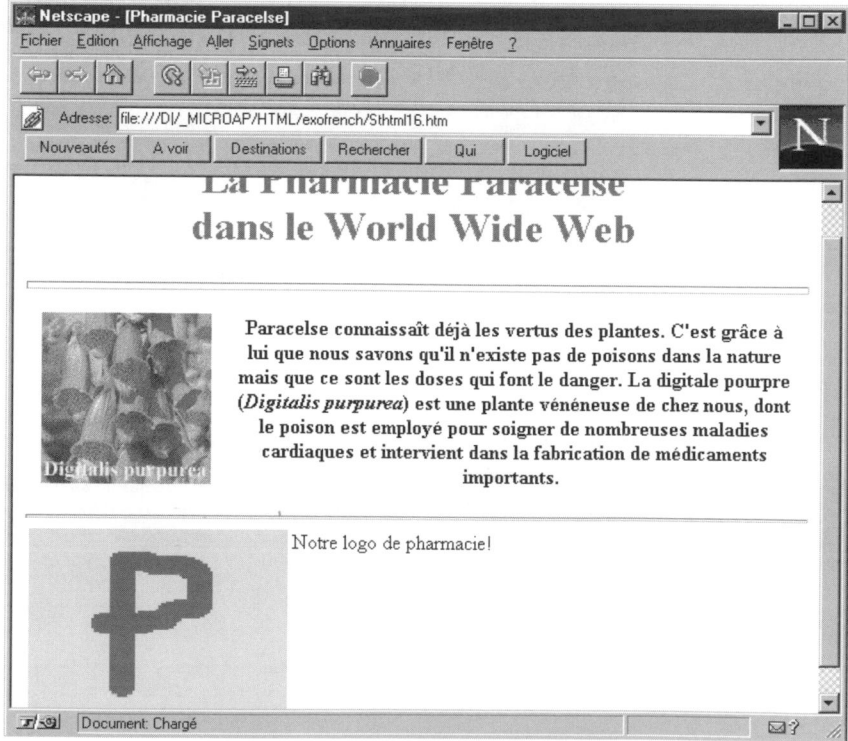

Si vous comparez le logo à ses mesures originales, vous constatez que sa largeur a doublé et que sa hauteur est supérieure de 50 %. Sur un plan général, retenez que :

■ les mots-clés, qui vous sont déjà connus, peuvent être appliqués à un tag `<IMG>` ;

■ avec `WIDTH=x` et `HEIGHT=y` , vous pouvez influer sur la dimension de l'image, telle qu'elle sera affichée dans Netscape Navigator, x et y acceptant toute valeur entière.

La réduction du logo part du même principe. Pour afficher le logo avec une taille de 60 pixels de large et 43 pixels de haut, indiquez dans la ligne 43 :

```
43. <IMG SRC="pharma.gif" ALIGN="left" WIDTH=60 HEIGHT=43>
    Notre logo de pharmacie !
```

Aussitôt, Netscape Navigator réduit la taille du logo :

Fig. 9.21 :
Le logo
en réduction

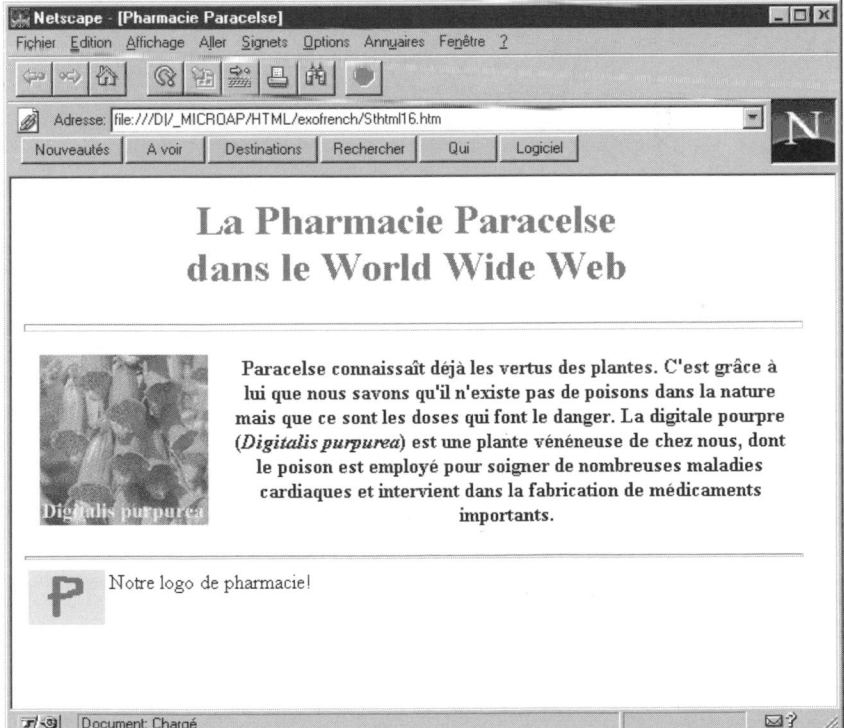

Deux points importants sont à noter :

L'agrandissement ou la réduction des images par les mots-clés WIDTH et HEIGHT est absolument libre. Avec des images complexes, il arrive que la mise à l'échelle soit correctement effectuée, mais que l'image, dans sa nouvelle taille, n'ait plus bonne allure à cause du non-respect des proportions.

D'où le conseil suivant :

Si vous modifiez les dimensions d'une image par les mots-clés WIDTH et HEIGHT, assurez-vous du résultat final dans Netscape Navigator. En cas d'une réduction de la taille, pensez à ceci : dans le World Wide Web, cette image sera transmise en pleine grandeur et seul son affichage par le navigateur sera réduite. Le temps de chargement est fonction de la taille effective de l'image et non de sa taille à l'écran. Évitez les réductions, elles ne font que ralentir les transferts par le Web. Il vaut mieux créer l'image dans sa taille définitive, se la représenter et la transmettre en taille réelle.

Stop ! il existe pourtant une exception à cette règle : si vous insérez une grande image dans une page Web et si vous souhaitez utiliser une deuxième fois la même image, mais cette fois en réduction, dans la même page, la réduction n'a pas d'intérêt. En effet, dans ce cas l'image ne sera transférée qu'une seule et unique fois. Par contre, si vous intégrez deux versions de l'image, une fois en taille réelle et un autre fichier en taille réduite, les deux images seront transférées.

Le chargement - autre fonction de WIDTH et HEIGHT

Vous connaissez le problème de la transmission des images et des textes qui peut être très lente, les temps d'attente n'en finissant pas. Si quelqu'un situé à Taiwan ou en Turquie cherche à visiter votre page Web, il se peut que cette page ne lui parvienne qu'au compte-gouttes. Que diriez-vous d'afficher votre page Web à ces utilisateurs pendant que les images sont transmises au fur et à mesure ? Comment arriver à ce résultat avec Netscape Navigator ?

Mettez-vous à la place de Netscape Navigator : le texte d'une page Web est arrivé à destination, il se trouve dans la mémoire de Netscape Navigator. Mais Netscape Navigator ne peut pas afficher le texte, car il attend la transmission des images avant de présenter le résultat final. Netscape Navigator ne sait pas, à ce moment précis, quelle sera la taille de ces images et quelle est la place réservée au texte. Netscape Navigator n'affiche le texte qu'après le transfert des images.

Dans l'exemple du logo de la pharmacie, vous avez déjà fourni à Netscape Navigator l'aide dont il avait besoin, vous lui avez indiqué les dimensions de l'image grâce aux mots-clés WIDTH et HEIGHT. Ainsi Netscape Navigator peut-il réserver la place des images et afficher le texte tout en chargeant les images.

Afficher l'image dans sa taille originale

Indiquez précisément les valeurs de WIDTH et de HEIGHT correspondant à la taille originale :

1. Modifiez la ligne 43 en conséquence :

```
43. <IMG SRC="pharma.gif" ALIGN="left" WIDTH=100 HEIGHT=100>
    Notre logo de pharmacie !
```

L'image GIF retrouve ainsi sa taille d'origine et Netscape Navigator peut afficher le texte de votre page pendant le chargement de l'image.

Bien évidemment, vous êtes curieux de voir le résultat dans le navigateur. Mais un léger problème semble survenir :

Fig. 9.22 :
Le logo de la pharmacie en taille originale

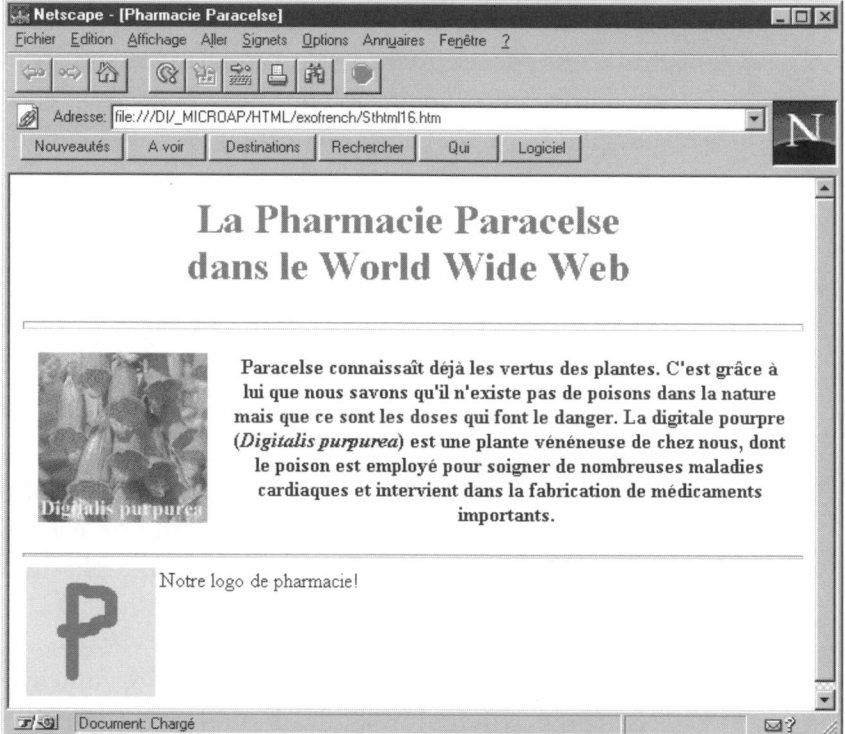

L'affichage dans Netscape Navigator ne se distingue en rien de ce même affichage sans les indications WITDH et HEIGHT. Au chargement du fichier, nous devrions voir apparaître le texte bien avant l'image. En réalité, si vous aviez chargé cette page Web depuis le réseau, avec les faibles taux de transfert qui le caractérisent, vous auriez effectivement constaté que le texte apparaît à l'écran bien avant l'image. Mais la route allant de votre disque dur à Netscape Navigator est bien trop rapide pour que vous puissiez en voir les effets en local.

Que ceci ne vous empêche pas de doter toutes vos images intégrées dans des pages Web des mots-clés WIDTH et HEIGHT, les utilisateurs du réseau vous en seront reconnaissants. À cet titre, il existe une petite astuce par laquelle il est possible de ralentir artificiellement le chargement des fichiers par Netscape Navigator : copiez le fichier HTML et les images qui le concernent sur une disquette et appelez le fichier en question par la commande File/Open de Netscape, à partir de la disquette. Vous aurez ainsi une bonne idée de la façon dont se passent les choses dans le réseau.

L'image Fingerht.gif est insérée dans la page Web, sans indication des mots-clés WIDTH et HEIGHT. Mais, quelle est la taille de cette image ?

Voici comment déterminer la taille d'une image :

1. Passez dans Paint Shop Pro ou rechargez-le si vous avez quitté le programme.

2. Appelez la commande **File/Open** pour parvenir à la fenêtre suivante :

Fig. 9.23 :
Spécifiez le fichier à ouvrir

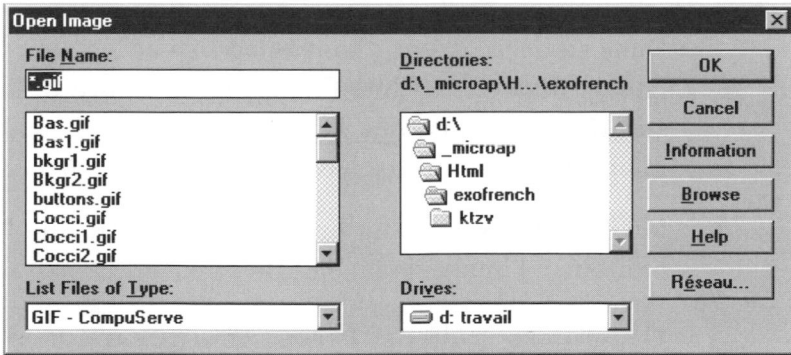

Vous y retrouvez le bouton List Files of Type, déjà rencontré lors de l'enregistrement du logo.

3. Sélectionnez le type de fichier GIF - Compuserve et passez dans le dossier C:\Sthtml.

4. Sélectionnez le fichier Fingerht.gif et validez par OK.

Le fichieren question est chargé dans Paint Shop Pro. Ce qui nous intéresse à ce stade, c'est la barre d'état, tout en bas de la fenêtre de Paint Shop Pro.

Fig. 9.24 :
Dans la barre d'état sont affichées les dimensions de l'image active

Dans sa barre d'état, Paint Shop Pro affiche les dimensions de l'image active. Le fichier Fingerht.gif mesure 131 pixels de large sur 132 pixels de haut. Fort de ces informations, vous pouvez maintenant définir les mots-clés WIDTH et HEIGHT.

1. Modifiez la ligne 23 du listing en affectant une largeur et une hauteur à l'image de la digitale :

```
20. <TABLE WIDTH="100%" CELLPADDING=8>
21. <TR>
22.     <TD WIDTH=131>
23.       <IMG SRC="fingerht.gif" WIDTH=131 HEIGHT=132>
24.     </TD>
25.     <TD WIDTH="99%" ALIGN="center">
26. <B>
27.    Paracelse connaissa&icirc;t d&eacute;j&agrave; les vertus
```

```
28.     des plantes. C'est gr&acirc;ce &agrave; lui que nous savons
29.     .....
```

Votre page d'accueil dispose désormais de deux images, la digitale et le logo, en ligne 23 et 43, toutes deux avec indication de la largeur et de la hauteur. Vous avez ainsi l'assurance que votre texte sera affiché (et lu) pendant que les images seront chargées.

Des images plus grandes (lowsrc)

Pour l'instant, les images que nous avons utilisées dans notre page HTML étaient de taille relativement petite. Peut-être souhaitez-vous intégrer des images beaucoup plus grandes. Les tags et les mots-clés utilisés précédemment fonctionnent parfaitement avec des images de grande taille.

Le problème, avec des images de grande taille, est lié à leur temps de chargement dans le World Wide Web. Vous pouvez faciliter les choses aux visiteurs de votre page en définissant les mots-clés WIDTH et HEIGHT, de manière à ce qu'ils puissent lire le texte pendant le chargement des images. Il existe une autre possibilité : vous pouvez demander à Netscape Navigator de charger et d'afficher au préalable une image plus petite, puis de remplacer cette petite image par l'image effective. Le visiteur peut ainsi s'orienter très rapidement dans votre page et recevoir les images avec un léger décalage.

Le concept de "grande" ou de "petite" image a trait à la taille du fichier graphique, car c'est elle qui détermine le temps de chargement. Une image "réduite" peut être, au choix, une miniature de l'image originale (Thumbnail) ou la même image, avec la taille originale, mais avec une profondeur de couleur moindre.

c:\program files\microsoft office\clipart\Traits\Feuilles d'automne

Dans le dossier C:\Sthtml, vous trouverez les fichiers graphiques Pharmal1.gif et Pharmal2.gif, que nous allons insérer dans notre page Web.

Voici un comparatif de ces deux images :

Fig. 9.25 :

Fig. 9.26 :
Les deux images

Les deux images ont des dimensions de 301 x 110 pixels, mais Pharmal1.gif est en noir et blanc et n'occupe que 2 Ko, alors que Pharmal2.gif est en couleur et occupe 10 Ko.

Netscape Navigator doit charger d'abord la petite image, puis la grande. Voici ce que vous devez modifier dans le listing :

1. Après le titre et avant le tag <CENTER>, insérez la ligne 16 :

Listing 9.3 :
Le tag <IMG>
avec le mot-clé
LOWSRC

```
1. <HTML>
2. <HEAD>
3. <TITLE>Pharmacie Paracelse</TITLE>
4. </HEAD>
5.
6. <BODY>
7.
8. <CENTER>
9.    <H1>
```

```
10.        <FONT COLOR="#FF0000">
11.          La Pharmacie Paracelse
12.          <BR>
13.          dans le World Wide Web
14.        </FONT>
15.      </H1>
16. <IMG  SRC="pharmal2.gif"  LOWSRC="pharmal1.gif"  WIDTH=301
HEIGHT=110>
17 </CENTER>
```

Dans Netscape Navigator, le résultat est le suivant :

Fig. 9.27 :
La nouvelle
image après
chargement
complet

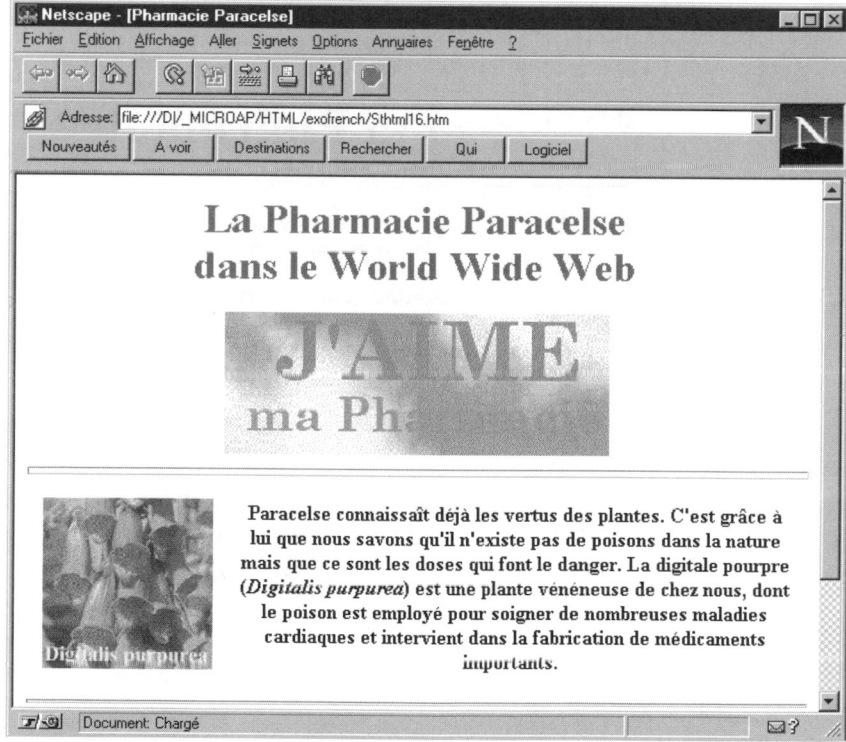

L'illustration montre la nouvelle image après qu'elle ait été intégralement chargée. La chose intéressante est cependant la procédure de chargement car c'est d'abord le fichier Pharmal1.gif qui est chargé, puis ensuite seulement Pharmal2.gif, celui-ci remplaçant le premier.

Voici une copie d'écran montrant comment la seconde image remplace la première, ligne par ligne :

Fig. 9.28 :
Pharmal2.gif remplace progressivement Pharmal1.gif

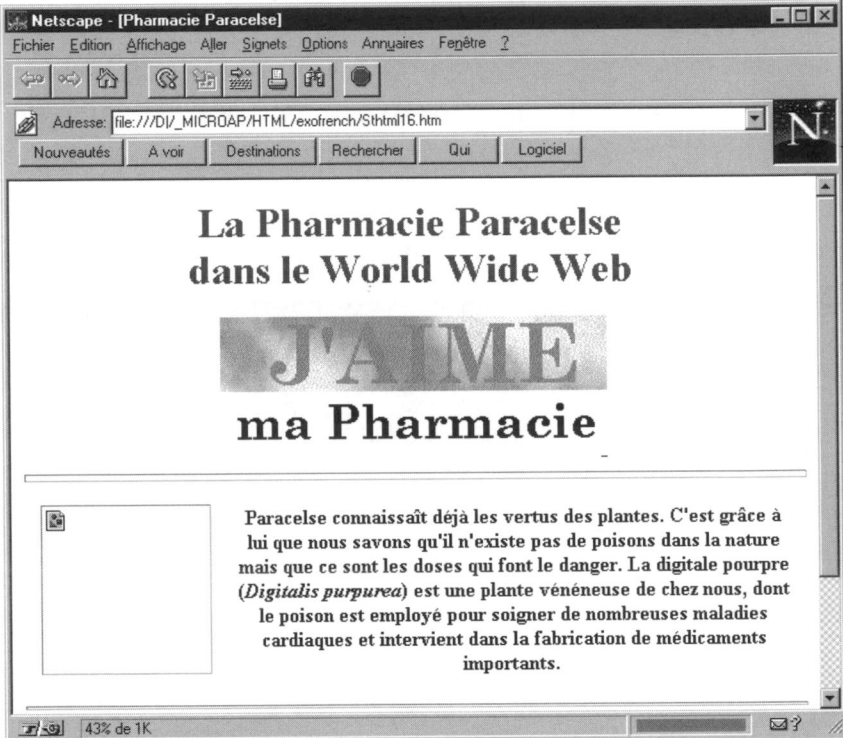

Cette illustration permet de constater deux choses : d'abord que le texte de la page Web est affiché intégralement, alors que la plupart des images sont encore absentes, et, ensuite, que l'image Pharmal1.gif est remplacée, dans le haut, par l'image Pharmal2.gif.

Gardez à l'esprit que la procédure de chargement effective peut être simulée si vous chargez en local le fichier graphique à partir d'une disquette.

En ce qui concerne le remplacement de la première image par la seconde, mis en place en ligne 16 par le mot-clé LOWSRC, notez les points suivants :

■ dans le tag <IMG>, après le mot-clé SRC, vous pouvez spécifiez une image plus petite (en terme de taille de fichier) par le mot-clé LOWSRC, au moment du chargement, la petite sera chargée en premier ;

■ les indications de taille par WIDTH et HEIGHT se rapportent à l'image définie par le mot-clé SRC.

Vous savez maintenant comment agrémenter vos pages HTML d'images et comment optimiser leur affichage.

Pour contrôle, vous trouverez le fichier HTML final de cette leçon sous le nom Sthtml16.htm, dans le dossier C:\Sthtml.

Résumé

Objectif	Procédure	Tag
Insérer une image dans un fichier HTML	Insérer un tag \<IMG\> avec le mot-clé SRC="NomdeFichier"	\<IMG SRC="NomdeFichier"\> (sont acceptés les fichiers GIF et JPG)
Placer une image	Insérer un tag \<IMG\> avec le mot-clé ALIGN affecté d'une valeur	\<IMG SRC="NomdeFichier" ALIGN="..."\> où ALIGN="top", ALIGN="middle", ALIGN="bottom", ALIGN="left", ALIGN="right"
Modifier la taille d'une image	Insérer dans le tag \<IMG\> les mots-clés WIDTH et HEIGHT indiquant les dimensions de l'image	\<IMG SRC="NomdeFichier" WIDTH=x HEIGHT=x\> (x = nombre entier)
Afficher le texte de la page pendant le chargement des images	Spécifier les mots-clés WIDTH et HEIGHT pour toutes les images	\<IMG SRC="NomdeFichier" WIDHT=x HEIGHT=x\> (x = nombre entier)
Afficher d'abord une image réduite avant la version définitive	Indiquer le nom de l'image plus petite dans le tag \<IMG\>, à l'aide du mot-clé LOWSRC	\<IMG SRC="NomdeFichier2" LOWSRC="NomdeFichier1"\>
Créer soi-même une image	Ouvrir un nouveau fichier dans Paint Shop Pro et utiliser les outils pour créer l'image	

Contrôle des connaissances

Vrai ou faux ?

	Vrai	Faux	Dans les fichiers HTML, les images
1.	I	W	Peuvent être en format GIF
2.	N	O	Peuvent être en format JPG
3.	L	T	Peuvent être en n'importe quel format
4.	E	T	Ne peuvent être affichées qu'en 256 couleurs

Trouvez les correspondances

5.		ALIGN="top"		R	Le texte coule autour de l'image alignée à gauche
6.		ALIGN="middle"		G	Le texte commence au haut de l'image
7.		ALIGN="bottom"		W	Le texte coule autour de l'image alignée à droite
8.		ALIGN="left"		E	Le texte commence au pied de l'image
9.		ALIGN="right"		R	Le texte commence au milieu de l'image
10.		LOWSRC="NomdeFichier"		D	Permet de définir la largeur de l'image
11.		WIDTH		I	Image réduite chargée avant l'image définitive
12.		SRC="Nomdefichier"		T	Image définitive à charger par le tag <IMG>

Vrai ou faux ?

	Vrai	Faux	
13.	H	M	ALIGN="left" est un tag spécifique de Netscape Navigator
14.	E	T	LOWSRC charge d'abord une image réduite
15.	A	T	Les images sont chargées après le texte
16.	H	G	WIDTH et HEIGHT permettent un affichage plus rapide
17.	E	R	WIDTH et HEIGHT permettent de réduire les images
18.	L	I	Les images affichées en réduction ne posent aucun problème
19.	Z	G	Plus les images sont grandes et plus rapide est la transmission de la page HTML
20.	H	K	Paint Shop Pro permet de créer vos propres images
21.	T	A	Paint Shop Pro permet de connaître la taille des images

Solution

-	-	-	-	-	-	-	-
1.	2.	3.	4.	5.	6.	7.	8.

-	-	-	-	-
9.	10.	11.	12.	13.

-	-
14.	15.

-	-	-	-	-	-
16.	17.	18.	19.	20.	21.

INTÉGRER WIDTH ET HEIGHT

10 Images et hyperliens

70 mn

Insérer des images dans les pages, c'est parfait, mais que diriez-vous s'il était possible de leur affecter des hyperliens comme au texte ? Un simple clic de souris sur l'image, et vous accédez à une autre page.

Encore plus fort : et si nous vous proposions de combiner plusieurs images en une seule et que ces différents morceaux conduisent par des hyperliens à des pages différentes ?

C'est très exactement ce que nous allons faire.

À l'issue de cette leçon, vous saurez...

- Comment affecter un hyperlien à une image.
- Comment créer des images d'hyperlien avec ou sans bordure.
- Comment contourner les problèmes de chargement des images.
- Comment structurer votre offre Web grâce à des boutons graphiques.
- Comment combiner plusieurs images.

Un clic dans une image

Si vous avez déjà surfé dans le Web, vous savez certainement que les mots ou les textes ne sont pas les seuls éléments susceptibles d'activer des hyperliens. Les images peuvent agir de la même manière, un clic sur l'image charge une autre page. Vous allez voir tout de suite comme c'est facile !

Revenons pour le moment à la page d'accueil de notre pharmacie Paracelse. Nous allons lui ajouter un hyperlien qui devra conduire à une seconde page qui reste à créer. Heureusement pour vous, nous avons tout préparé à votre intention.

Vous trouverez sur le CD, dans le dossier C:\Shtml, le fichier Sthtml17.htm, dans lequel nous avons intégré le logo de la pharmacie mais également un texte complémentaire, ainsi que le fichier Toux.htm auquel nous souhaitons nous rendre par un clic sur le logo.

Voici le listing des deux fichiers. D'abord *Sthtml17.htm* :

```
1. <HTML>
2. <HEAD>
3. <TITLE>Pharmacie Paracelse</TITLE>
4. </HEAD>
5.
6. <BODY>
7.
8. <CENTER>
9.    <H1>
10.       <FONT COLOR="#FF0000">
11.          La Pharmacie Paracelse
12.          <BR>
13.          dans le World Wide Web
14.       </FONT>
15.    </H1>
16.    <IMG SRC="pharmal2.gif" LOWSRC="pharmal1.gif"
       WIDTH=301 HEIGHT=110>
17. </CENTER>
```

```
18.
19. <HR SIZE=5>
20.
21. <TABLE WIDTH="100%" CELLPADDING=8>
22.    <TR>
23.       <TD WIDTH=131>
24.          <IMG SRC="fingerht.gif" WIDTH=131 HEIGHT=132>
25.       </TD>
26.       <TD WIDTH="99%" ALIGN="center">
27. <B>
28.    Paracelse connaissa&icirc;t d&eacute;j&agrave; les vertus
29.    des plantes. C'est gr&acirc;ce &agrave; lui que nous savons
30.    qu'il n'existe pas de poisons dans la nature
31.    mais que ce sont les doses qui font le danger. La
32.    digitale pourpre (<I>Digitalis purpurea</I>) est
33.    une plante v&eacute;n&eacute;neuse de chez nous, dont
34.    le poison est employ&eacute; pour soigner de nombreuses
35.    maladies cardiaques et intervient
36.    dans la fabrication de m&eacute;dicaments importants.
37.       </B>
38.       </TD>
39.    </TR>
40. </TABLE>
41.
42. <HR>
43.
44. <IMG SRC="pharma.gif" ALIGN="left" WIDTH=100 HEIGHT=100>
45. La Pharmacie Paracelse est r&eacute;put&eacute;e pour ses pastilles
46. contre la toux tr&egrave;s efficaces. Cliquez sur le logo de la pharmacie
47. pour de plus amples informations.
48.
49. </BODY>
50. </HTML>
```

Et voici le fichier Toux.htm :

```
1. <HTML>
2. <HEAD>
3. <TITLE>Pastilles contre la toux</TITLE>
4. </HEAD>
5.
6. <BODY>
7. <H1>La toux ... peut &ecirc;tre combattue ! </H1>
```

```
8. <HR>
9. <B>Nos pastilles contre la toux vous soulageront.. </B>
10.
11.
12. </BODY>
13. </HTML>
```

Ce fichier Toux.htm est nouveau mais ne présente aucune particularité, vous connaissez tous les tags qui sont employés. Dans le fichier Sthtml17.htm, la seule nouveauté par rapport à la leçon précédente est un texte complémentaire ajouté en fin de fichier (lignes 45-47), par lequel nous indiquons au visiteur qu'un clic sur le logo de la pharmacie l'entraîne vers une page offrant des informations sur nos pastilles contre la toux.

Voici les deux pages dans Netscape Navigator :

Fig. 10.1 :
La page d'accueil modifiée

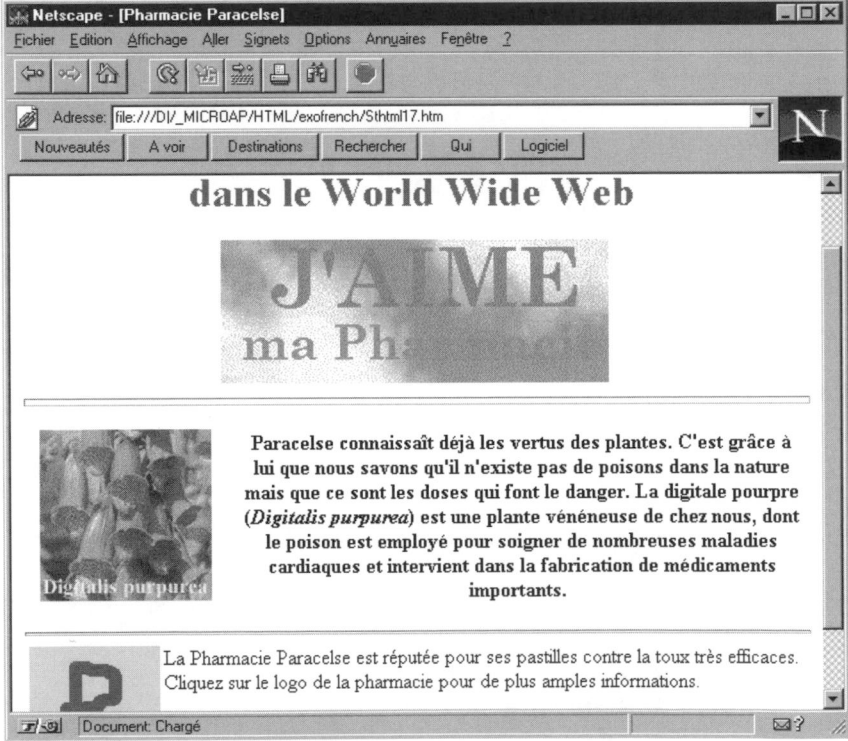

268

Fig. 10.2 :
Le fichier
Toux.htm

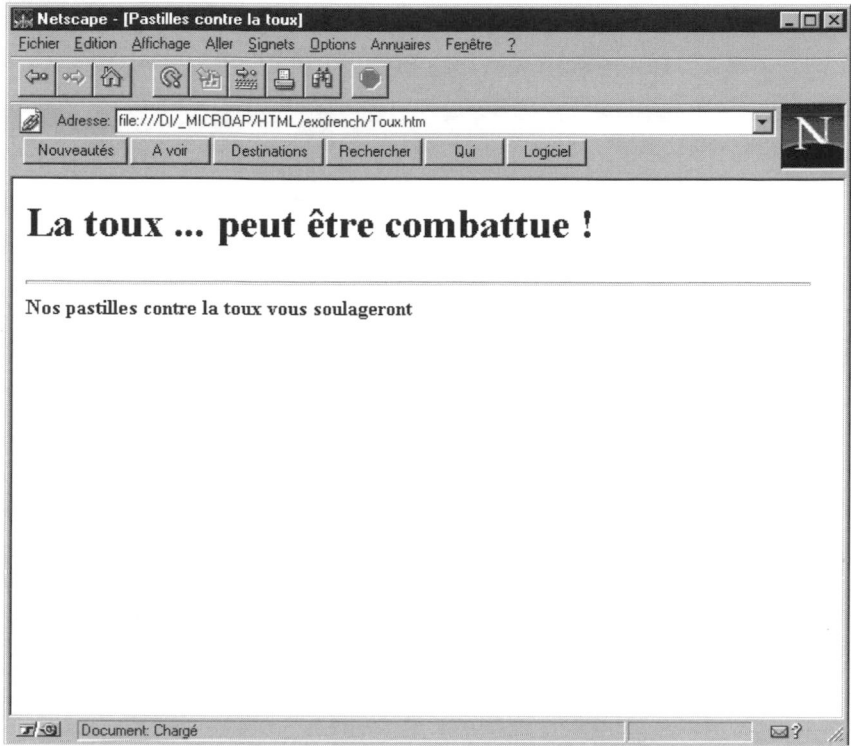

Ainsi, les choses sont claires.

La première image avec hyperlien

Dans les leçons 6 et 7, vous avez affecté un hyperlien à des mots ou à des passages de texte. Pour cela, vous avez placé ces mots dans un tag `<A HREF="...">...</A>`. Pour créer un hyperlien à partir d'une image, il suffit d'encadrer le tag `<IMG>` du tag `<A HREF>`.

1. Modifiez la ligne 44 du fichier Sthtml17.htm :

```
44. <A HREF="toux.htm"><IMG SRC="pharma.gif" ALIGN="left" WIDTH=
    100 HEIGHT=100></A>
```

Comme vous le constatez, le tag `<IMG>` du logo est encadré du tag `<A HREF="toux.htm">...</A>`. En cliquant sur le logo, vous devez

accédez à la seconde page. Dans Netscape Navigator, cet hyperlien n'apporte qu'une modification mineure :

Fig. 10.3 :
Le logo
de la pharmacie
est un hyperlien,
il est encadré
d'une bordure

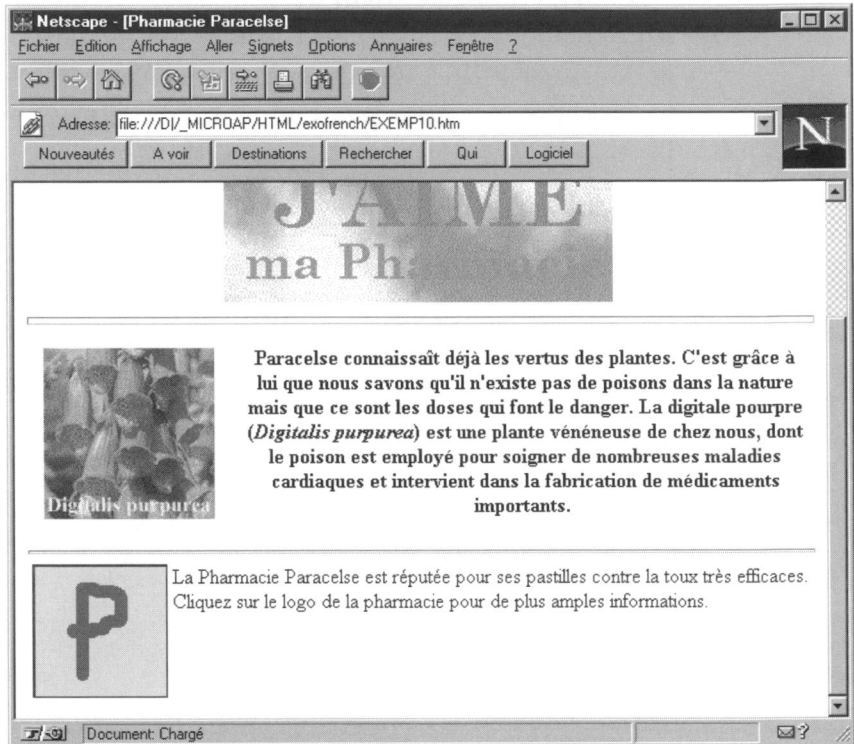

Le logo est entouré d'une bordure bleue indiquant qu'il s'agit
d'un hyperlien graphique. Faites l'essai : un clic sur le logo
affiche la page Toux.htm.

Vous venez de créer un hyperlien graphique local. Mais bien sûr, vous
pouvez aussi affecter cet hyperlien à une page du World Wide Web,
comme avec un passage de texte. Dans ce cas, vous utiliserez, à la place
de `<A HREF="NomdeFichier">`, un tag `<A HREF="http://...">` ou autre.

Avec ou sans bordure ?

Les images affectées d'un hyperlien sont par défaut dotées d'un cadre bleu. Cette bordure doit indiquer au visiteur que derrière cette image se cache un hyperlien. Mais ce cadre est quelquefois gênant. Pour le supprimer ou lui appliquer une autre épaisseur, procédez ainsi :

```
44. <A HREF="toux.htm"><IMG SRC="pharma.gif" ALIGN="left" WIDTH=100
    HEIGHT=100 BORDER=0></A>
```

Ainsi le logo sera affiché sans bordure :

Fig. 10.4 :
Le logo avec hyperlien mais sans bordure

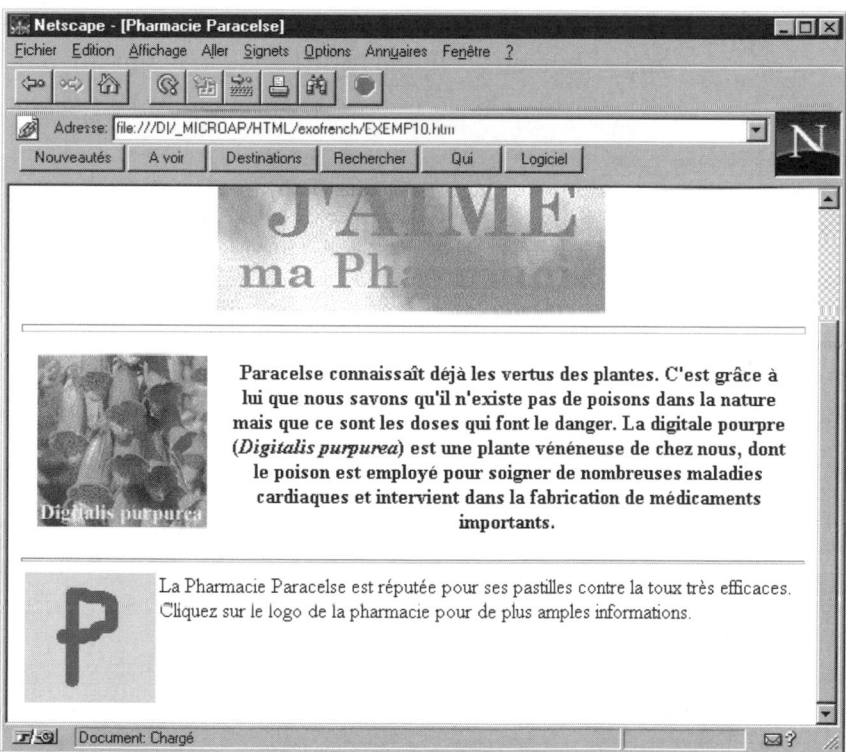

Comme le montre l'illustration, lorsque le pointeur arrive sur l'hyperlien sans bordure, il se transforme en une main avec le doigt tendu. C'est un moyen de détecter les hyperliens sans bordure.

Les autres propriétés du mot-clé BORDER sont faciles à comprendre :

BORDER sert à définir la taille de la bordure d'un hyperlien graphique. BORDER=0 a pour effet de ne pas afficher de bordure. Avec BORDER=1, BORDER=2, etc., vous pourrez influer sur l'épaisseur de cette bordure, 1 ou 2 étant la largeur exprimée en pixels. Sans indication spécifique, BORDER adopte la valeur par défaut 3.

Si vous avez encadré une image d'un espacement avec HSPACE et VSPACE, la bordure d'hyperlien n'est tracée qu'autour de l'image.

Pas d'images sans mots - le tag ALT

Rares sont aujourd'hui les surfeurs du Web qui utilisent encore un navigateur de type texte (par exemple, Lynx), sans possibilité d'afficher les images. En revanche, beaucoup d'autres privilégient l'affichage des pages sans les images, afin de réduire les temps de chargement.

Dans Netscape Navigator, vous arriverez à ce résultat en cliquant sur le menu **Options**, puis la commande Autochargement des images.

Cet utilisateur verra la page de la pharmacie sous la forme suivante :

Fig. 10.5 :
La page d'accueil après avoir désactivé le chargement des images

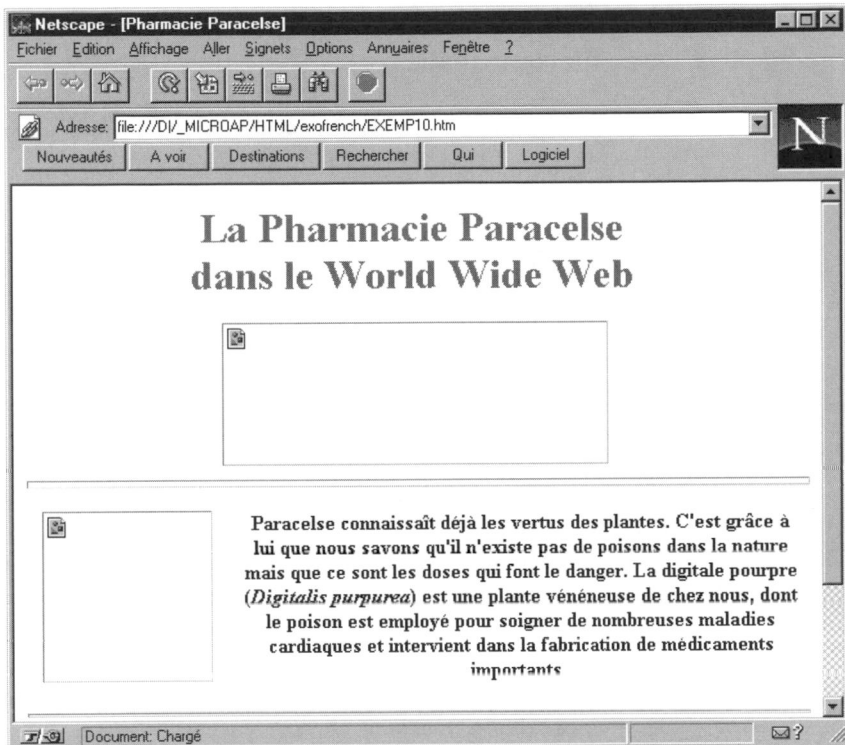

Se pose alors la question de savoir si les images valent la peine d'être chargées. Vous les afficherez par un clic sur le bouton **Images** de la barre d'outils Netscape Navigator. Il est recommandé de doter chaque image d'un bref texte explicatif permettant ainsi au visiteur de juger de l'intérêt de l'image.

Ce petit texte explicatif sera également le bienvenu en cas de problème lors de la transmission des images (les distances à parcourir dans le Web sont longues...).

Nous allons doter les trois images de notre page Web de ce type de texte :

1. Insérer en ligne 16, 24 et 44, dans le tag <IMG>, le mot clé ALT, avec un court texte.

```
16.    <IMG SRC="pharma12.gif" LOWSRC<IMG>/LOWSRC="pharma11.gif"
       WIDTH=301 HEIGHT=110 ALT="J'aime ma pharmacie">
17. </CENTER>
18.
19. <HR SIZE=5>
20.
21. <TABLE WIDTH="100%" CELLPADDING=8>
22.    <TR>
23.      <TD WIDTH=131>
24.       <IMG SRC="fingerht.gif" WIDTH=131 HEIGHT=132 ALT="La digitale">
25.      </TD>
26.      <TD WIDTH="99%" ALIGN="center">
27. <B>
28.    Paracelse connaissa&icirc;t d&eacute;j&agrave; les vertus
29.    des plantes. C'est gr&acirc;ce &agrave; lui que nous savons
30.    qu'il n'existe pas de poisons dans la nature
31.    mais que ce sont les doses qui font le danger. La
32.    digitale pourpre (<I>Digitalis purpurea</I>) est
33.    une plante v&eacute;n&eacute;neuse de chez nous, dont
34.    le poison est employ&eacute; pour soigner de nombreuses
35.    maladies cardiaques et intervient
36.    dans la fabrication de m&eacute;dicaments importants.
37.      </B>
38.      </TD>
39.    </TR>
40. </TABLE>
41.
42. <HR>
43.
44. <A HREF="toux.htm"><IMG SRC="pharma.gif" ALIGN="left"
    WIDTH=100 HEIGHT=100 BORDER=0 ALT="Logo de la pharmacie">
```

Si vous n'avez pas désactivé le chargement des images dans Netscape Navigator, vous ne constaterez aucune différence par rapport à la version précédente. En désactivant les images, voici le résultat :

Fig. 10.6 :

Les images
non affichées
sont expliquées
par les textes

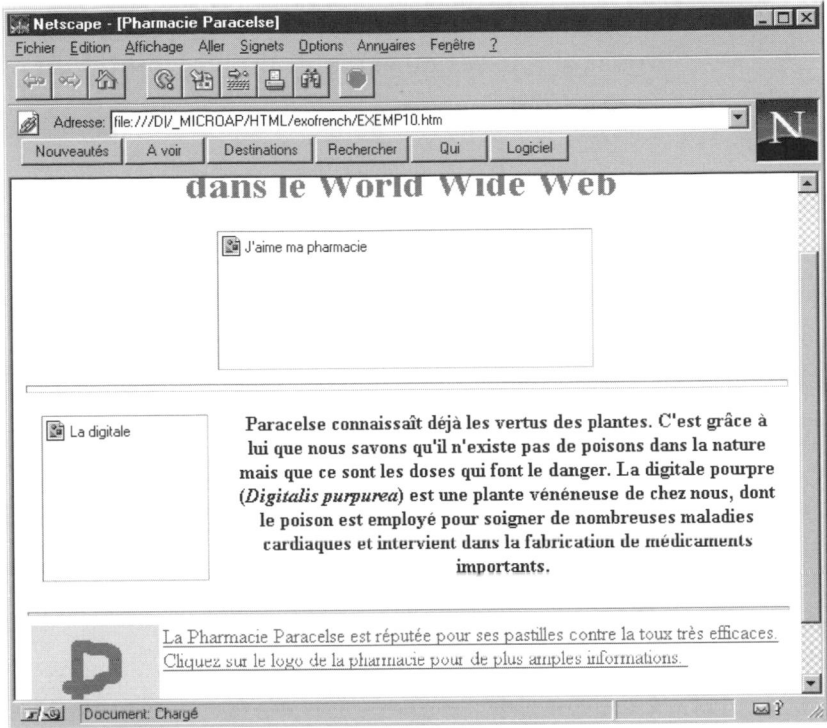

Le texte affecté au logo est affecté d'une bordure bleue indiquant qu'il s'agit d'un hyperlien.

En ce qui concerne ALT, notez les éléments suivants :

- pour affecter à une image un texte explicatif qui apparaît si l'image n'est pas chargée, insérez dans le tag <IMG> le mot-clé ALT et affectez-lui le texte en question ;
- pour ce texte, pensez à utiliser les définitions de caractères accentués ou spéciaux ;
- si l'image est placée dans un paragraphe auquel vous avez appliqué des tags de formatage de texte (<B>, <Hx>, etc.), le texte du mot-clé ALT sera également doté de ces attributs de format. Si ce n'est pas ce que vous souhaitez, désactivez la mise en forme avant le tag <IMG> et réactivez-la après le tag, comme, par exemple, <B>Début du texte du paragraphe</B><IMG SRC="..." ALT="..."><B>Suite du texte du paragraphe</B>.

Ce dernier point s'adresse principalement aux puristes, mais vous connaissez ainsi toutes les possibilités du mot-clé ALT dans le tag <IMG>.

Les boutons

Dans le dossier C:\Sthtml, vous trouverez les boutons Gauche.gif, Home.gif, Hauthaut.gif, Haut.gif, Bas.gif, Droite.gif ainsi que les boutons Gauche1.gif, Home1.gif, Hauthaut1.gif, Haut1.gif, Bas1.gif, Droite1.gif.

Ces deux séries de boutons ont les mêmes fonctions, en l'occurrence :

- page précédente ;
- page d'accueil (*[HOME]*) ;
- remonter d'un cran dans une hiérarchie de pages ;

et

- début de la page ;
- fin de la page ;
- page suivante.

La différence entre les deux séries est que la seconde est la version de secours de la première. Ces boutons sont prévus pour les cas où certains boutons ne pourraient pas être activés par l'utilisateur. Ainsi pouvez-vous créer une barre d'outils proposant toujours le même nombre de boutons, chaque bouton disposant d'un état "actif" ou "indisponible".

Prenons l'exemple du fichier Toux.htm qui doit contenir une barre d'outils :

1. Insérez dans le listing de cette page les lignes de 8 à 15.

Listing 10.1 :
Le fichier
Toux.htm

```
1.  <HTML>
2.  <HEAD>
3.  <TITLE>Pastilles contre la toux</TITLE>
4.  </HEAD>
5.
6.  <BODY>
7.
8.  <IMG SRC="gauche1.gif" WIDTH=50 HEIGHT=21 ALT="Page pr&eacute;
    c&eacute;dente;ck">
9.  <A HREF="sthtml17.htm"><IMG SRC="home.gif" WIDTH=50 HEIGHT=21
    BORDER=0 ALT="HOME"></A>
10. <A HREF="sthtml17.htm"><IMG SRC="hauthaut.gif" WIDTH=50 HEIGHT=21
    BORDER=0 ALT="Niveau sup&eacute;rieur"></A>
11. <IMG SRC="haut1.gif" WIDTH=50 HEIGHT=21 ALT="D&eacute;but de la page">
12. <IMG SRC="bas1.gif" WIDTH=50 HEIGHT=21 ALT="Fin de la page">
13. <IMG SRC="droite1.gif" WIDTH=50 HEIGHT=21 ALT="Page suivante">
14.
15. <HR>
16. . <H1>La toux ... peut &ecirc;tre combattue ! </H1>
17. <HR>
18. <B>Nos pastilles contre la toux vous soulageront. </B>
19.
20.
21. </BODY>
22. </HTML>
```

Notez la chose suivante : dans les lignes 9 et 10 intervient le fichier Sthtml17.htm. Vous avez modifié ce fichier au départ de la leçon et l'avez probablement enregistré sous un autre nom pour ne pas écraser l'original. C'est pourquoi il y a lieu de remplacer dans ces lignes le nom du fichier par le nouveau nom, de manière à ce que l'hyperlien pointe vers le fichier modifié.

Vous venez d'insérer six boutons par un tag <IMG> et en avez défini deux (lignes 9 et 10) comme hyperliens. Regardons le résultat dans Netscape Navigator :

Fig. 10.7 :
Une barre
d'outils tout à fait
présentable

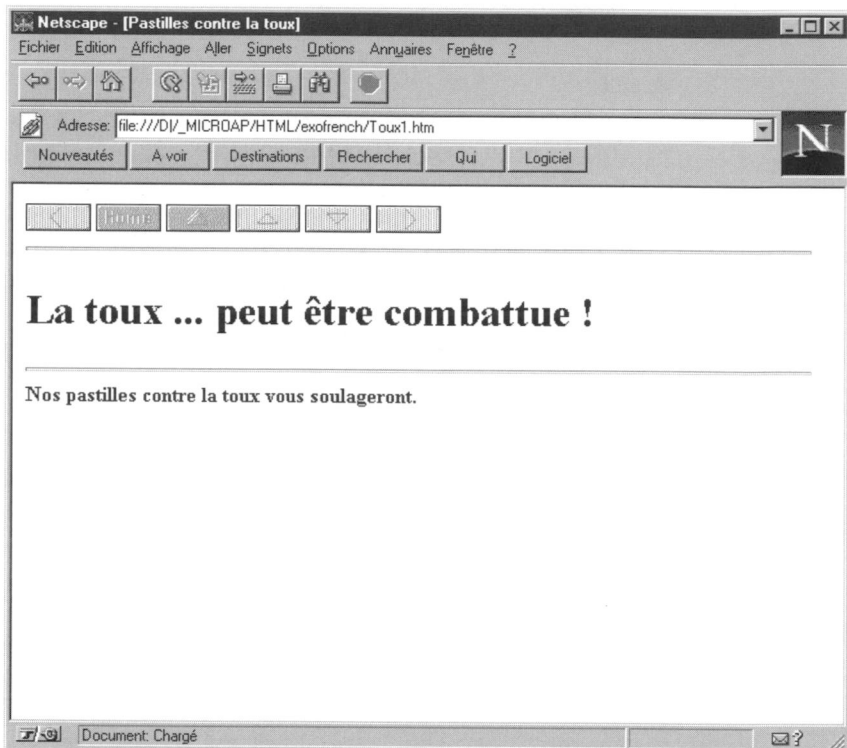

Les quatre boutons sans hyperliens sont présentés en version "indisponible", les deux autres en version "active".

2. Vérifiez que les hyperliens fonctionnent correctement.

Pour l'instant, ces hyperliens concernent le bouton permettant de sauter à la page d'accueil et celui permettant de remonter d'un niveau. La technique sera la même si vous décidez d'étendre l'offre Web de la pharmacie ou d'ajouter la barre d'outils dans d'autres pages.

■ Si vous créez, par exemple, une seconde page consacrée aux pastilles contre la toux, vous remplacerez dans la barre d'outils de la première page le fichier graphique Droite1.gif par le fichier Droite.gif et définirez pour ce bouton un hyperlien vers la page suivante. Dans cette seconde page, vous activerez un bouton **Page précédente**, et ainsi l'utilisateur pourra naviguer très facilement dans votre offre.

■ Si une page est longue au point de ne pas tenir dans l'écran, vous pourrez ajouter en fin de page une seconde barre d'outils et affecter au fichier Haut.gif un hyperlien vers un signet en début de page.

Comme une mosaïque : combiner des images

Voici ce que vous devez modifier dans le fichier Toux.htm :

1. Insérez un tag `<BR>` entre le troisième et le quatrième tag `<IMG>` de la ligne 11.

```
1. <HTML>
2. <HEAD>
3. <TITLE>Pastilles contre la toux</TITLE>
4. </HEAD>
5.
6. <BODY>
7.
8. <IMG SRC="gauche1.gif" WIDTH=50 HEIGHT=21 ALT="Page pr&eacute;
   c&eacute;dente">
9. <A HREF="sthtml17.htm"><IMG SRC="home.gif" WIDTH=50 HEIGHT=21
   BORDER=0 ALT="HOME"></A>
10. <A HREF="sthtml17.htm"><IMG SRC="hauthaut.gif" WIDTH=50 HEIGHT=21
    BORDER=0 ALT-"Niveau sup&eacute;rieur"></A>
11. <BR>
12. <IMG SRC="haut1.gif" WIDTH=50 HEIGHT=21 ALT="D&eacute;but de la page">
13. <IMG SRC="bas1.gif" WIDTH=50 HEIGHT=21 ALT="Fin de la page">
14. <IMG SRC="droite1.gif" WIDTH=50 HEIGHT=21 ALT="Page suivante">
15.
16. <HR>
17. . <H1>La toux ... peut &ecirc;tre combattue ! </H1>
18. <HR>
19. <B>Nos pastilles contre la toux vous soulageront. </B>
20.
```

```
21.
22. </BODY>
23. </HTML>
```

Ce tag a pour effet d'afficher les trois premiers boutons dans une ligne et les trois suivants dans une autre ligne. Voici le résultat dans Netscape Navigator :

Fig. 10.8 :
Les boutons
sur deux lignes

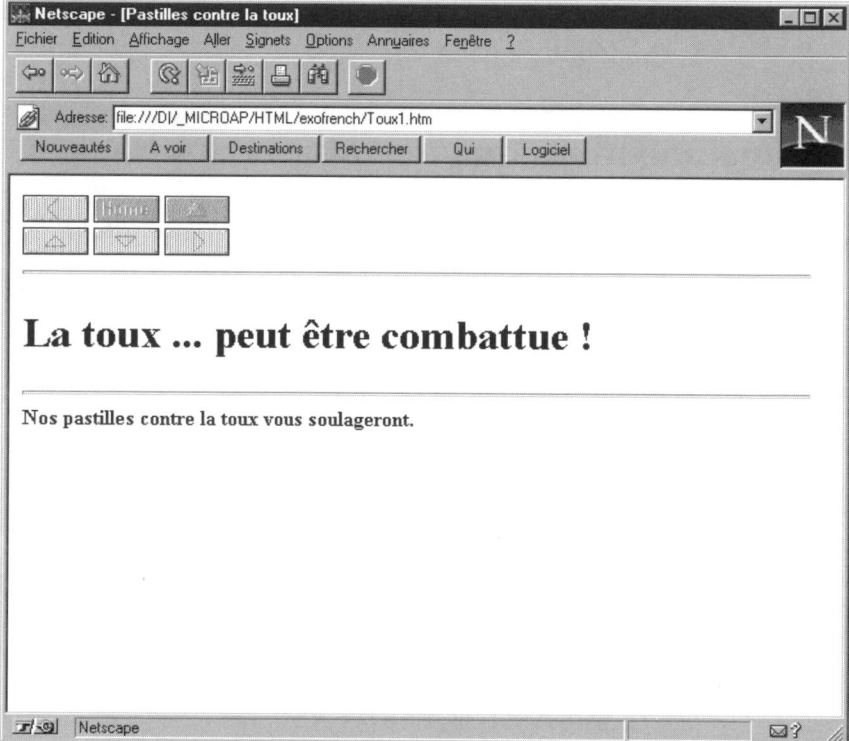

Les boutons sont désormais affichés sur deux lignes, avec un léger espace. Dans certaines images, cet espace peut se révéler gênant, et il vous faudra trouver une solution pour les accoler. Rappelez-vous la toute première leçon : les sauts de ligne dans le Bloc-notes sont interprétés par Netscape Navigator comme des espaces. Et voilà l'origine de nos espaces : il s'agit d'espaces liés au fait que chaque tag <IMG> est placé dans une autre ligne.

La solution pour les éviter :

2. Dans le Bloc-notes, supprimez tous les sauts de ligne entre le premier et le dernier tag <IMG> (ainsi que tous les espaces entre ces tags).

```
1.  <HTML>
2.  <HEAD>
3.  <TITLE>Pastilles contre la toux</TITLE>
4.  </HEAD>
5.
6.  <BODY>
7.
8.  <IMG SRC="gauche1.gif" WIDTH=50 HEIGHT=21 ALT="Page pr&eacute;
    c&eacute;dente;ck"><A HREF="sthtml17.htm"><IMG SRC="home.gif"
    WIDTH=50 HEIGHT=21 BORDER=0 ALT="HOME"></A><A HREF="sthtml17.htm">
    <IMG SRC="hauthaut.gif" WIDTH=50 HEIGHT=21 BORDER=0 ALT="Niveau
    sup&eacute;rieur"></A><BR><IMG SRC="haut1.gif" WIDTH=50 HEIGHT=21
    ALT="D&eacute;but de la page"><IMG SRC="bas1.gif" WIDTH=50 HEIGHT=21
    ALT="Fin de la page"><IMG SRC="droite1.gif" WIDTH=50 HEIGHT=21
    ALT="Page suivante">
9.
10. <HR>
11. . <H1>La toux ... peut &ecirc;tre combattue ! </H1>
12. <HR>
13. <B>Nos pastilles contre la toux vous soulageront. </B>
14.
15.
16. </BODY>
17. </HTML>
La ligne 8 est devenue démesurée
```

La ligne 8 est devenue énorme. Ce n'est pas idéal en terme de lisibilité, mais c'est la seule solution pour éviter les espacements entre les boutons.

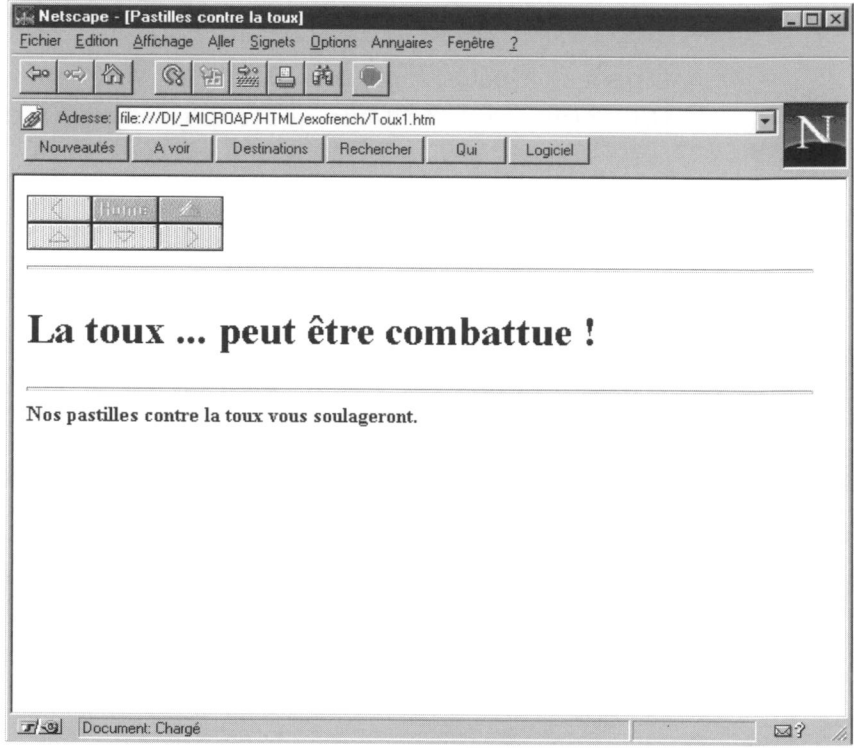

Les images sont maintenant collées les unes aux autres. Reste éventuellement à trouver une solution pour que le code soit plus lisible. Les sauts de ligne, dans le Bloc-notes, entre les tags ne peuvent être exploités sous peine de voir à nouveau apparaître des espacements entre les boutons. Reste la solution qui consiste à répartir la ligne 8 sur plusieurs lignes dans le Bloc-notes en mettant en place des sauts de lignes directement dans les tags.

Nous n'avons pas employé jusqu'à présent de sauts de ligne dans les tags. Mais dans cet exemple, c'est la seule solution.

Voici comment faire pour fractionner cette ligne 8 dans le Bloc-notes :

3. Insérez des sauts de ligne exactement comme dans le listing ci-dessous :

Listing 10.2 :
Des sauts
de ligne
dans les tags

```
1.  <HTML>
2.  <HEAD>
3.  <TITLE>Pastilles contre la toux</TITLE>
4.  </HEAD>
5.
6.  <BODY>
7.
8.  <IMG SRC="gauche1.gif" WIDTH=50 HEIGHT=21 ALT="Page pr&eacute;
    c&eacute;dente;ck"><A
9.  HREF="sthtml17.htm"><IMG SRC="home.gif" WIDTH=50 HEIGHT=21 BORDER=0
    ALT="HOME"></A><A
10. HREF="sthtml17.htm"><IMG SRC="hauthaut.gif" WIDTH=50 HEIGHT=21
11. BORDER=0 ALT="Niveau sup&eacute;rieur"></A><BR><IMG SRC="haut1.gif"

12. WIDTH=50 HEIGHT=21 ALT="D&eacute;but de la page"><IMG SRC="bas1.gif"

13. WIDTH=50 HEIGHT=21 ALT="Fin de la page"><IMG SRC="droitc1.gif"
14. WIDTH=50 HEIGHT=21 ALT="Page suivante">
15.
16. <HR>
17. <H1>La toux ... peut &ecirc;tre combattue ! </H1>
18. <HR>
19. <B>Nos pastilles contre la toux vous soulageront. </B>
20.
21.
22. </BODY>
23. </HTML>
```

Lorsque vous ouvrirez ce fichier avec Netscape Navigator, vous ne constaterez aucune différence avec le fichier initial. Le seul objectif de cette opération est d'améliorer la lisibilité du fichier HTML affiché dans le Bloc-notes. Cette facilité de lecture conditionne la compréhension et la correction éventuelle des différents tags utilisés.

Si vous n'avez pas d'autre solution que d'insérer des sauts de ligne dans les tags, rappelez-vous ceci :

Pour améliorer la lisibilité du code en plaçant des sauts de ligne dans les tags, essayez de vous en tenir à une règle précise et de la respecter en toute circonstance, par exemple de placer le saut au premier endroit possible dans le tag, de manière à ce que la plus grande partie du tag soit dans une même ligne.

Pour clore ce chapitre, voici quelques conseils pratiques pour la combinaison de plusieurs images :

Cette combinaison fonctionne uniquement si vous faites l'impasse, pour ces images, des mots-clés HSPACE et VSPACE et si vous placez, pour des images d'hyperlien, BORDER=0.

Les deux fichiers d'arrivée de cette leçon se trouvent sur le CD dans le dossier C:\Sthtml. Il s'agit des fichiers Sthtml18.htm et Toux1.htm.

Résumé

Objectif	Procédure	Tag
Doter une image d'un hyperlien	Encadrer le tag \<IMG>d'un tag d'hyperlien	\<A HREF="NomdeFichier"> \<IMG SRC="NomdeFichier"> \</A> ou \<A HREF="http://..."> \<IMG SRC="NomdeFichier"> \</A>
Modifier la bordure d'un hyperlien graphique	Insérer dans le tag \<IMG> le mot-clé BORDER=x	\<IMG SRC="NomdeFichier" BORDER=0> (pas de bordure) ou \<IMG SRC="NomdeFichier" BORDER=x> (x = largeur de la bordure en pixel)
Accompagner une image d'un texte	Insérer dans le tag \<IMG> le mot-clé ALT="texte"	\<IMG SRC="NomdeFichier" ALT="texte">
Combiner plusieurs images	Supprimer tous les sauts de ligne et espaces entre les tags	
Insérer exceptionnellement des sauts de ligne dans les tags	Remplacer dans les tags un espace par un saut de ligne	

Contrôle des connaissances

Vrai ou faux ?

	Vrai	Faux	
1.	H	K	Il est possible de combiner les images sans espace entre elles
2.	M	Y	Les images sont affectées d'un type d'hyperlien spécial
3.	P	V	BORDER=0 annule la bordure d'une image
4.	E	K	Dans Netscape Navigator, il est possible de désactiver le chargement des images
5.	N	R	Il est interdit de placer des sauts de ligne dans les tags

Trouvez les correspondances

6.		Texte accompagnant une image	**E**	<A HREF="xyz"> <IMG SRC="abc"></A>
7.		Pas de bordure	**L**	ALT="Logo de la société"
8.		Hyperlien graphique	**N**	BORDER=20
9.		Bordure de 20 pixels	**I**	BORDER=0

Solution

-	-	-	-	-	-	-	-	-
1.	**2.**	**3.**	**4.**	**5.**	**6.**	**7.**	**8.**	**9.**

HYPERLIEN

11 Remarques graphiques

40 mn

Maintenant que les manipulations d'images n'ont plus de secrets pour vous, nous allons aborder quelques remarques graphiques particulières, comme les images transparentes, les arrière-plans en couleur et les images animées.

À l'issue de cette leçon, vous saurez...

- Comment représenter des images "entrelacées".
- Comment mettre en place un arrière-plan de couleur.
- Comment intégrer des images d'arrière-plan.
- Comment créer des images transparentes.
- Comment créer des images animées.

Comme à la télévision : des images entrelacées

Lorsque vous allumez votre téléviseur, vous avez sous les yeux un flux de 25 images par seconde. Pour l'œil humain, il est impossible de saisir chaque image individuelle. Pour le spectateur, cette succession d'images est ressentie comme une animation, mais une animation qui semblerait de bien mauvaise qualité si une remarque n'était employée : les images de la télévision ne sont pas transmises ligne par ligne, mais de manière "entrelacée". L'entrelacement consiste à transmettre successivement la ligne 1, puis la 3, puis la 5, etc., pour reprendre ensuite à la ligne 2, 4, 6 etc. Pour l'œil humain, c'est un peu comme si le nombre d'images transmises chaque seconde passait à 50, avec pour résultat une animation parfaite et une image générale de bonne qualité.

Ce type de transmission d'image est appelé interlaced ou "entrelacée". Il y a quelques années, de très nombreux moniteurs informatiques pratiquaient ce système. Aujourd'hui, les moniteurs portent souvent la mention Non-Interlaced, ce qui signifie concrètement que le nombre d'images par seconde (60, 80, voire 100) est si important qu'il suffit à lui seul pour assurer un bon affichage, même en transmettant les lignes dans l'ordre les unes après les autres.

Quel est le rapport avec nos fichiers HTML ?

La réponse est simple : dans les documents, les images peuvent être transmises avec ou sans entrelacement. Lors de vos incursions sur le Web, vous avez certainement rencontré des images affichées au départ sous une forme brute, et dont la finesse augmente au fur et à mesure de l'avancement de la transmission. Dans ce cas, il s'agit sans doute d'une image "entrelacée". L'avantage de ce système est que le spectateur a dès le départ une vision grossière de l'image, pendant que le chargement se poursuit.

Vous allez créer une image entrelacée. Voici comment procéder pour transformer l'image Fingerht.gif en image entrelacée :

1. Lancez Paint Shop Pro et chargez le fichier par la commande **File/Open**.

2. L'image est affichée. Cliquez sur la commande **File/Save as**.

Fig. 11.1 :
La boîte
de dialogue
d'enregistrement

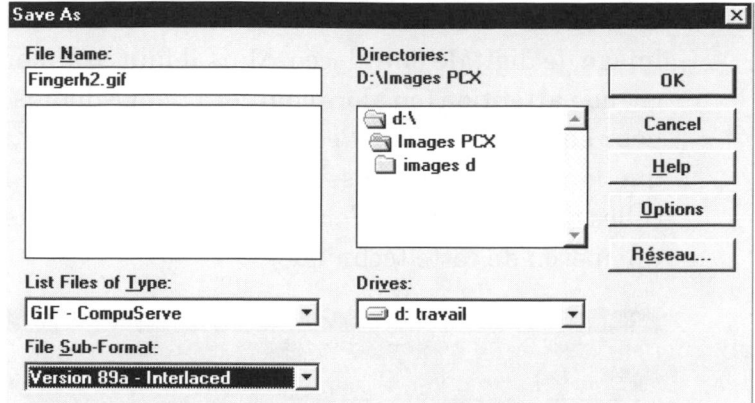

3. Cette boîte de dialogue vous est familière. Dans le champ *File Sub Format*, sélectionnez l'option *Version 89a - Interlaced*.

4. Modificz lc nom du fichier, appelez-le Fingerh2.gif et cliquez sur le bouton OK.

Dans le dossier C:\Sthtml, vous trouverez ce fichier Fingerh1.gif, version entrelacée de la digitale. Le fichier HTML de cette leçon est le Sthtml19.htm.

5. Remplacez, dans le fichier Sthtml19.htm, dans la ligne 24, l'image Fingerht.htm par Fingerh2.htm.

Listing 11.1 :
Changement
de fichier
dans la ligne 24

```
20. ...
21. <TABLE WIDTH="100%" CELLPADDING=8>
22.     <TR>
23.         <TD WIDTH=131>
24.           <IMG SRC="fingerh2.gif" WIDTH=131 HEIGHT=132 ALT="La digitale">
25.         </TD>
26.         <TD WIDTH="99%" ALIGN="center">
27. <B>
28.     Paracelse connaissa&icric;t d&eacute;j&agrave; les vertus
29.     des plantes. C'est gr&acirc;ce &agrave; lui que nous savons
30.     qu'il n'existe pas de poisons dans la nature
31. ....
```

289

La page d'accueil de la pharmacie présente maintenant une image de digitale entrelacée. Mais il faut vraiment y prêter une grande attention (ou alors charger l'image depuis une disquette) pour en voir les effets. Ces effets n'interviennent véritablement que lors d'une transmission par une connexion lente telle que celles du World Wide Web. L'illustration suivante vous donnera un aperçu de cette technique.

Fig. 11.2 :
L'image de la digitale affichée grossièrement

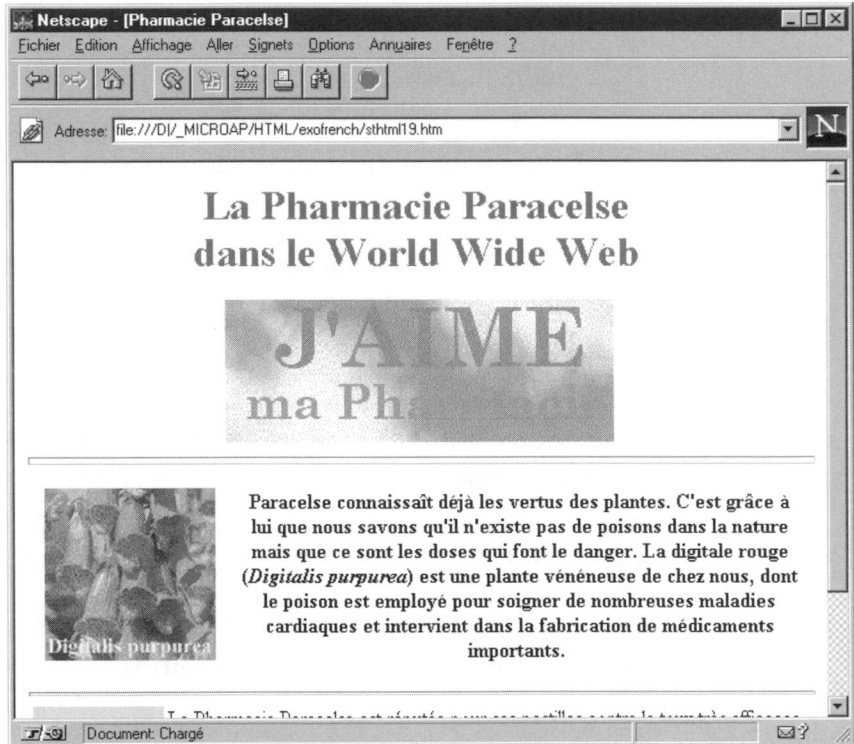

En ce qui concerne l'entrelacement, notez qu'une image enregistrée sous forme entrelacée n'est affichée automatiquement avec entrelacement par Netscape Navigator que s'il s'agit d'un format gif. Si votre image est en format JPG, utilisez le mot-clé LOWSRC (leçon 8).

Arrière-plan coloré

Dans Netscape Navigator, par la commande **Options/Préférences générales/Couleur**, vous pouvez déterminer une couleur pour l'arrière-plan de vos pages Web. Par défaut, cet arrière-plan est blanc ou gris. Il se peut que vos images soient mieux mises en valeur avec un fond jaune ou vert. Il faudrait pour cela pouvoir choisir la couleur d'arrière-plan des pages. Voici comment intervenir pour modifier cet arrière-plan :

1. Insérez, dans la ligne 6, dans le tag <BODY> :

```
1. <HTML>
2. <HEAD>
3. <TITLE>Pharmacie Paracelse</TITLE>
4. </HEAD>
5.
6. <BODY BGCOLOR="#000099">
7.
8. <CENTER>
```

Dans Netscape Navigator, vous découvrirez ainsi un arrière-plan bleu foncé :

Fig. 11.3 :
La couleur
de fond a changé

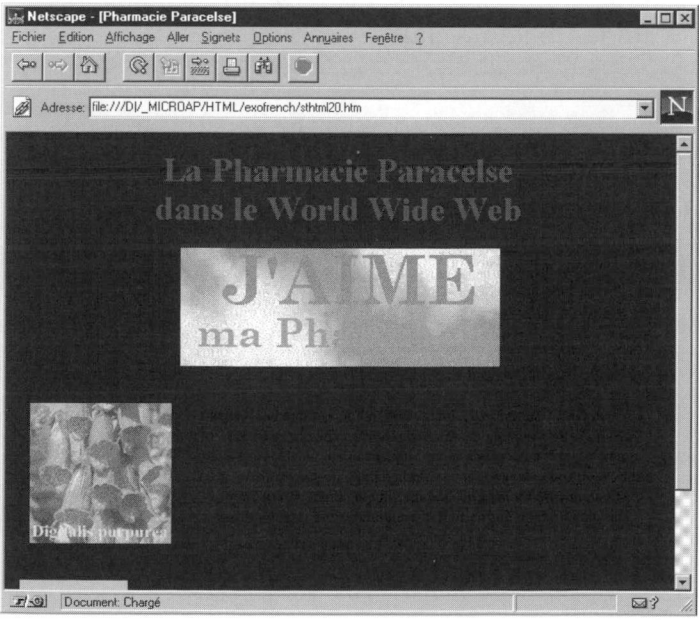

Cependant, le texte n'est plus très lisible. Nous allons y remédier dans un instant, mais revenons rapidement au mot-clé BGCOLOR :

- dans le tag <BODY>, le mot-clé BGCOLOR définit une couleur d'arrière-plan que Netscape Navigator utilisera à partir de là comme arrière-plan par défaut ;

- l'affectation est faite, comme avec le mot-clé COLOR pour les couleurs de texte (leçon 4), par une valeur hexadécimale du type BGCOLOR="#XXXXXX".

Netscape Navigator adapte automatiquement les couleurs des lignes horizontales et des bordures de tableau à la nouvelle couleur de fond.

Attaquons maintenant le problème de la couleur du texte, de manière à le rendre à nouveau lisible. Vous savez d'ailleurs déjà comment procéder :

1. Au début du texte, choisissez une couleur claire par le tag <FONT> COLOR="#XXXXXX" et annulez cette option à la fin du texte, par </FONT>. Essayez, par exemple, <FONT COLOR="#FFFF00"> pour un texte jaune clair.

Rappelez-vous qu'une partie du texte est placée dans un tableau et que les attributs de formatage de texte (y compris la couleur) doivent être définis individuellement pour chaque cellule.

Le texte est à nouveau bien lisible :

Fig. 11.4 :

Un texte clair
sur un fond
sombre :
une alternative
intéressante

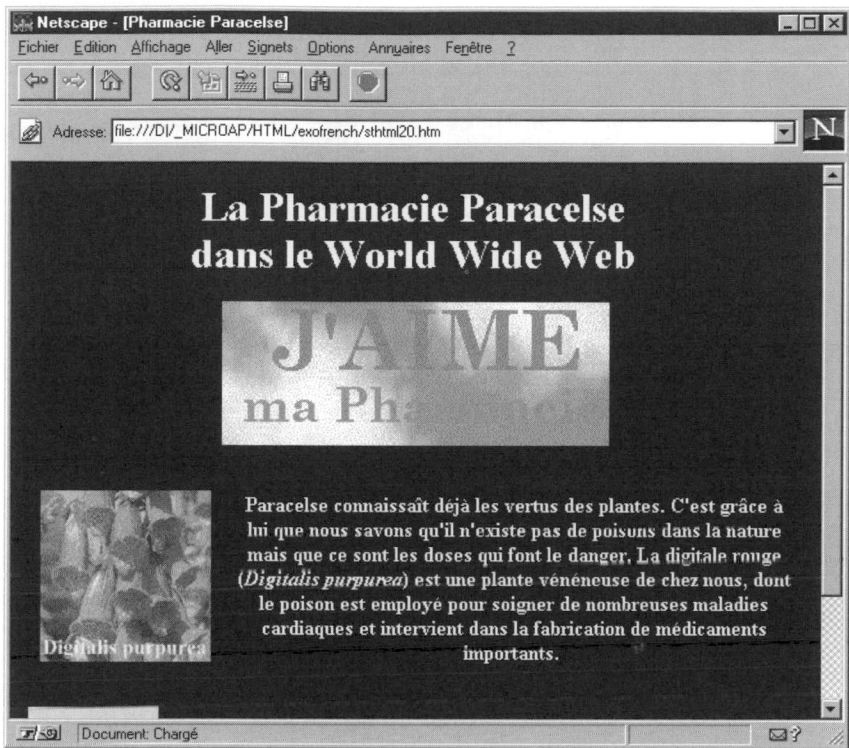

Si la plupart des navigateurs acceptent le changement de la couleur d'arrière-plan, les modifications de la couleur de texte (telles que présentées dans la leçon 4) exigent un tag Netscape que certains navigateurs ignorent.

Un navigateur qui ignore le tag `<FONT COLOR="#XXXXXX">` affichera le texte en noir. Avec un arrière-plan sombre, autant dire que le texte sera indéchiffrable.

■ Un tag `<CENTER>` ignoré affiche le texte avec un alignement à gauche au lieu de le centrer, mais le texte n'en reste pas moins lisible. En revanche, un tag `<FONT COLOR>` ignoré peut en empêcher la lecture. Les conséquences qui en découlent dépendent de l'objectif de votre page Web.

■ Peut-être écrivez-vous cette page pour un intranet, réseau interne d'une entreprise. Dans ce cas, tous les membres du réseau utilisent très certainement Netscape Navigator, et vous pouvez sans problème utiliser des combinaisons de couleur de texte et d'arrière-plan. Tous vos collègues verront sur leur écran la même chose que vous.

■ Si vos pages Web sont destinées au World Wide Web, à vous de définir la priorité : préférez-vous être lu par le plus grand nombre de personnes ou attachez-vous plus d'importance à l'aspect visuel de votre page Web ?

■ Et pourquoi ne pas opter pour un compromis ? Utilisez sans vergogne des couleurs d'arrière-plan et des textes colorés, mais choisissez systématiquement un fond clair et un texte sombre. Ainsi, même si le navigateur ignore le tag <FONT COLOR>, le résultat restera exploitable.

■ Pour finir, pensez également à la solution consistant à définir la page d'accueil en deux versions : l'une optimisée pour Netscape Navigator et une autre sans les tags Netscape. Il suffit pour cela de proposer au visiteur une première page avec deux hyperliens, l'un pointant vers la présentation Netscape et l'autre vers la présentation pour les autres.

Images d'arrière-plan

Encore plus attrayant qu'un arrière-plan en couleur : l'image d'arrière-plan. Vous en avez certainement déjà rencontrée dans le World Wide Web. Un logo ou un motif de papier peint remplit la page comme une mosaïque. Nous allons créer un papier peint de ce type pour notre pharmacie :

1. Modifiez la ligne 6 et son tag <BODY> :

```
1. <HTML>
2. <HEAD>
3. <TITLE>Pharmacie Paracelse</TITLE>
4. </HEAD>
5.
6. <BODY BACKGROUND ="bkgr1.gif">
7.
8. <CENTER>
```

Nous venons de définir le fichier graphique bkgr1.gif comme motif de papier peint.

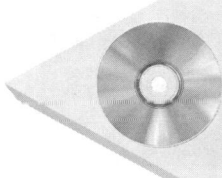

Vous trouverez ce fichier dans le dossier C:\Sthtml. Mais vous verrez dans un instant que vous pouvez également utiliser vos images personnelles.

Regardons ce que donne cette page dans Netscape Navigator.

Fig. 11.5 :
La page d'accueil avec un papier peint

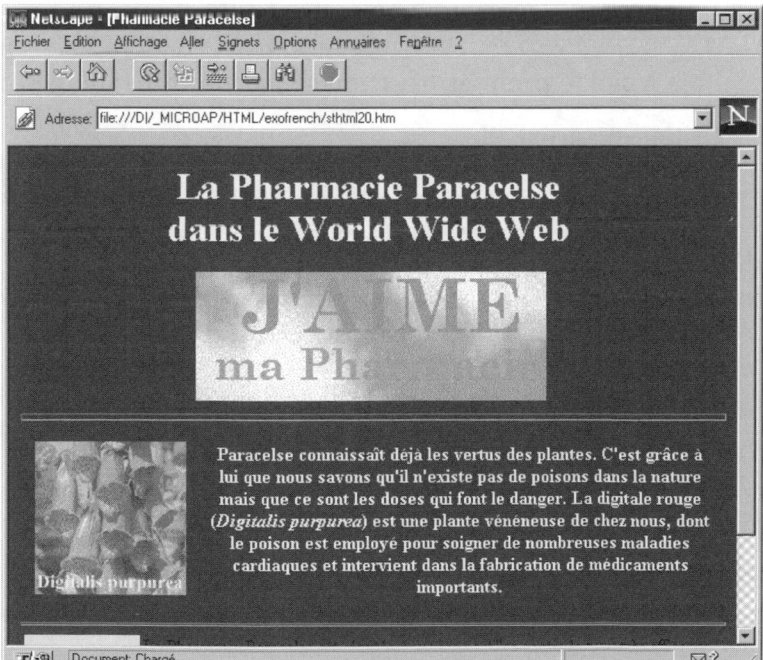

Le nouvel arrière-plan bleu est moins monotone que le précédent.

Fig. 11.6 :
Elle a une taille
de 50*35 pixels

Jetez un coup d'œil à cette image dans Paint Shop Pro. Elle est véritablement toute petite, avec l'avantage d'une transmission très rapide grâce à sa petite taille.

Voici le premier principe concernant les images d'arrière-plan :

Une image d'arrière-plan est un fichier graphique tout à fait ordinaire, en format gif. Netscape Navigator utilise cette image comme un carreau de mosaïque et la répète à l'horizontale et à la verticale pour remplir la fenêtre. Utilisez des images petites pour améliorer la durée de transmission.

Il en découle que vous pouvez créer une image personnelle dans Paint Shop Pro et l'employer comme motif de papier peint, à condition de l'enregistrer en format gif. Et pourquoi ne pas utiliser notre image de digitale ?

1. Remplacez dans la ligne 6 le fichier Bkgr1.gif par le fichier Fingerht.gif :

```
6. <BODY BACKGROUND ="fingerht.gif">
```

Il n'y a en principe aucun problème :

Fig. 11.7 :
L'image
de la digitale
en guise
d'arrière-plan

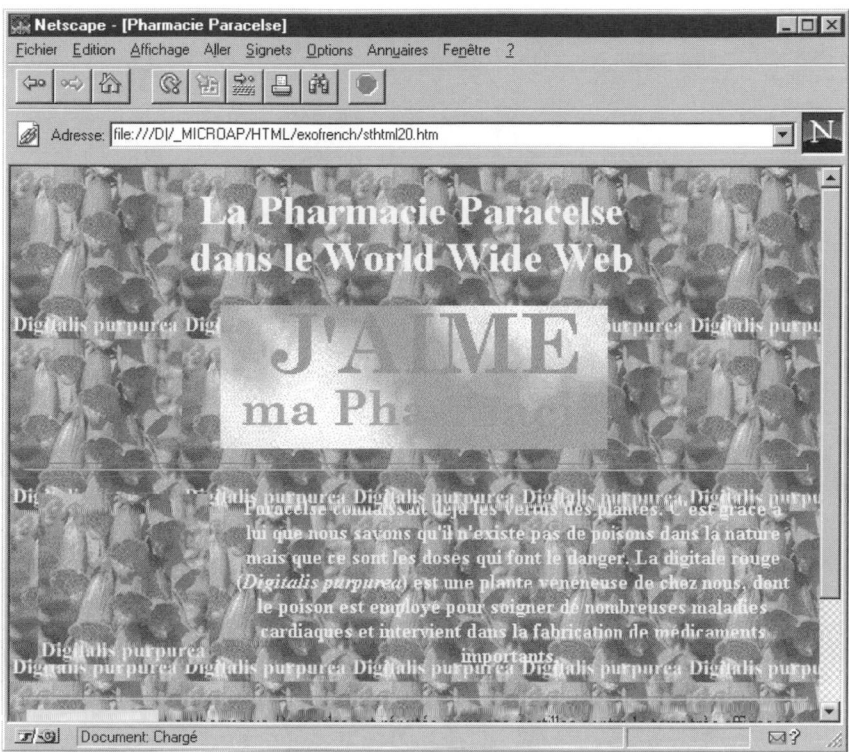

Mais cette image n'est pas idéale comme motif d'arrière-plan, sa répétition est gênante car si les carreaux de mosaïque sont combinés sans espace, le visiteur distingue malgré tout clairement qu'il s'agit d'une répétition de la même image.

Comment éviter cette impression ?

Il y a une règle simple à respecter : l'utilisateur ne doit pas pouvoir distinguer les images individuelles de la mosaïque. Plutôt qu'un long discours, voyons un exemple.

Regardez cette image :

Fig. 11.8 :
La lettre "P"
est répartie
sur deux lignes
pour permettre
une mosaïque
parfaite

La lettre "P" est répartie sur deux lignes pour permettre une mosaïque parfaite

 Vous trouverez ce fichier dans le dossier C:\Sthtml.

1. Modifiez à nouveau la ligne 6 en affectant au tag `<BODY>` l'image Bkgr.gif.

    ```
    6. <BODY BACKGROUND ="bkgr2.gif">
    ```

Dans Netscape Navigator, la page ressemble à ceci :

Fig. 11.9 :

Une foule de "P" comme arrière-plan

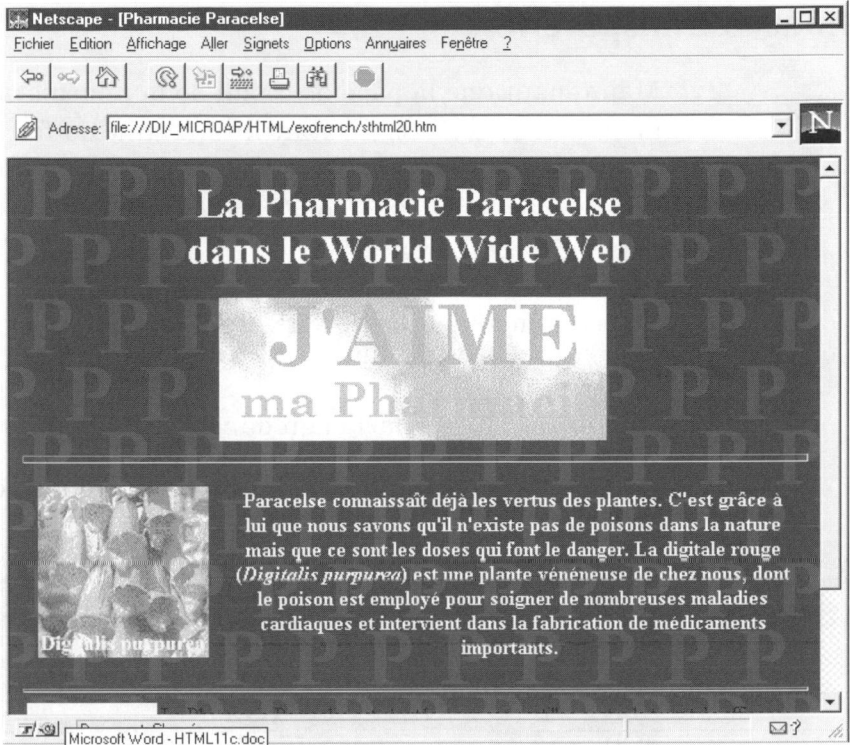

Vous connaissez maintenant les règles de base dont vous devez tenir compte pour créer vos propres images d'arrière-plan. Essayez de transformer vos propres images en papier peint, toutes ces expériences ne peuvent que vous être profitables pour la suite des opérations.

Dans le tag <BODY>, il est même possible de définir simultanément une couleur d'arrière-plan et un motif d'arrière-plan (<BODY BGCOLOR ="#XXXXXX" BACKGROUND= "Xyz.gif">). Dans ce cas, la couleur sera affichée jusqu'au chargement de l'image.

Images transparentes

Maintenant que la page d'accueil de la pharmacie dispose d'un arrière-plan correct, il serait intéressant de faire flotter notre logo personnel, la lettre P dessinée manuellement tout à l'heure, devant cette mosaïque. En fait, nous souhaiterions voir l'arrière-plan par transparence.

Voici comment passer de l'arrière-plan vert du logo à un arrière-plan transparent.

1. Ouvrez le fichier Pharma.gif dans Paint Shop Pro.

2. Dans la boîte à outils des outils de sélection, cliquez sur la pipette.

Fig. 11.10 :
La pipette

3. Lorsque le pointeur se déplace sur l'image, vous noterez qu'il prend la forme d'une pipette.

4. Placez cette pipette sur l'arrière-plan vert et regardez la barre d'état.

5. Dans cette barre apparaît, entre autres, une indication du type (I:198, R:153, G:255, B:0).

En fonction du vert sélectionné pour ce logo, les chiffres peuvent être différents ! Dans la suite des explications, vous utiliserez bien évidemment les valeurs précises de votre propre logo !

6. Notez le chiffre indiqué derrière le I: (pour nous, il s'agit de 198).

7. Appelez la commande **File/Save as**. Dans la fenêtre ainsi ouverte, vous trouverez un bouton **Options** sur lequel vous cliquerez. Une autre boîte de dialogue s'ouvre.

Fig. 11.11 :
La boîte de
dialogue Options

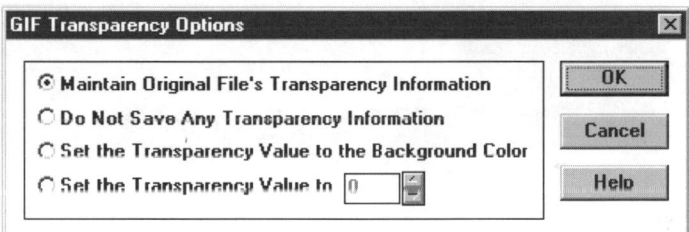

8. Cliquez sur la case d'option *Set the transparency Value to* et indiquez dans la zone de saisie la valeur notée précédemment (198).

9. Fermez la boîte de dialogue **Options** d'un clic sur OK.

10. Vous retrouvez la boîte de dialogue **Save as** dans laquelle vous définirez un autre nom pour le logo, par exemple Pharma2.gif, avec, comme *File Sub Format*, l'option *Version 89a - Noninterlaced*. Validez toutes ces options d'un clic sur OK.

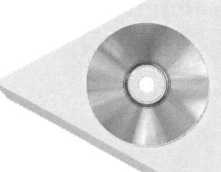

Vous trouverez ce fichier dans le dossier C:\Sthtml, il s'appelle Pharma1.gif.

Cette procédure est relativement longue, mais vous allez voir que ces efforts sont payants. Vous venez de créer votre première image transparente. Il vous reste une simple formalité à accomplir : remplacer le fichier de la ligne 44, Pharma.gif par la nouvelle version transparente Pharma2.gif.

```
44. <A HREF="toux.htm"><IMG SRC="pharma2.gif" ALIGN="left"
    WIDTH=100 HEIGHT=100 BORDER=0 ALT="Logo de la pharmacie"></A>
```

En voici le résultat :

Fig. 11.12 :
Le logo de notre pharmacie avec son arrière-plan transparent

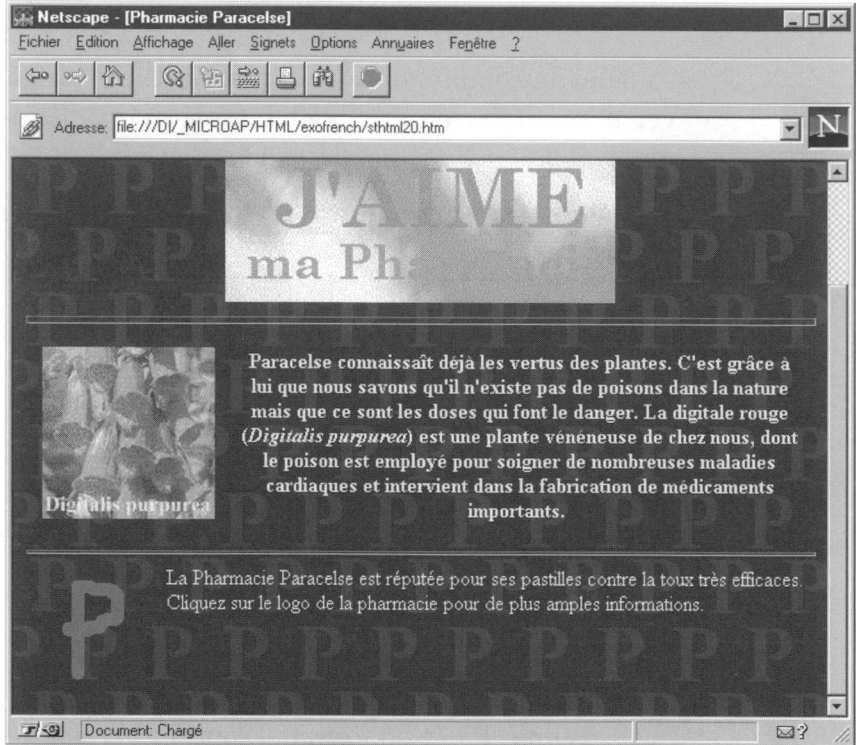

Vous constaterez que le P est toujours affiché mais que l'arrière-plan vert est remplacé par l'arrière-plan de la fenêtre de Netscape Navigator. Cet effet donne souvent des résultats très intéressants.

Voici ce que vous devez savoir à propos des images transparentes :

■ les images transparentes sont souvent appelées images à fond ou arrière-plan transparent, ce qui n'est d'ailleurs pas très logique, car cette technique permet de sélectionner n'importe quelle couleur et d'en faire la couleur de transparence ;

■ pour chaque image, il ne peut exister qu'une seule couleur de transparence.

Les couleurs de transparence ne sont possibles qu'avec des images en format gif. Cela dit, vous pouvez charger n'importe quelle image dans Paint Shop Pro, la convertir en gif et lui appliquer une transparence.

Les images animées

Passons maintenant à une Remarque graphique tout à fait particulière : les images animées. Vous en avez certainement déjà rencontrées dans le World Wide Web, qu'il s'agisse d'un monstre ouvrant la gueule ou d'un texte changeant en permanence.

Une petite remarque préliminaire : vous avez peut-être déjà créé ce genre de petites animations consistant en des feuilles de papier que l'on feuillette rapidement, chacune portant une image légèrement différente de la précédente et de la suivante. C'est le principe même des premiers dessins animés. Dans les pages HTML, c'est cette même technique qui est appliquée : un ensemble d'images affichées les unes à la suite des autres à un rythme rapide. Notez que pour arriver à une animation fluide de quelques secondes, il vous faudra plusieurs dizaines d'images. Inutile de vous dire que les capacités de transmission dans le World Wide Web sont mises à rude épreuve. En ce qui nous concerne, nous nous limiterons à une animation simple (mais non dénuée d'intérêt).

Vous trouverez dans le dossier C:\Sthtml un ensemble de cinq images qui nous serviront de base pour l'animation. Il s'agit des fichiers Cocci1.gif à Cocci5.gif

Pour avoir une première idée de notre future animation, affichez ces images dans Paint Shop Pro et placez-les dans l'ordre chronologique, les unes sous les autres.

Fig. 11.13 :
La coccinelle avance de la gauche vers la droite

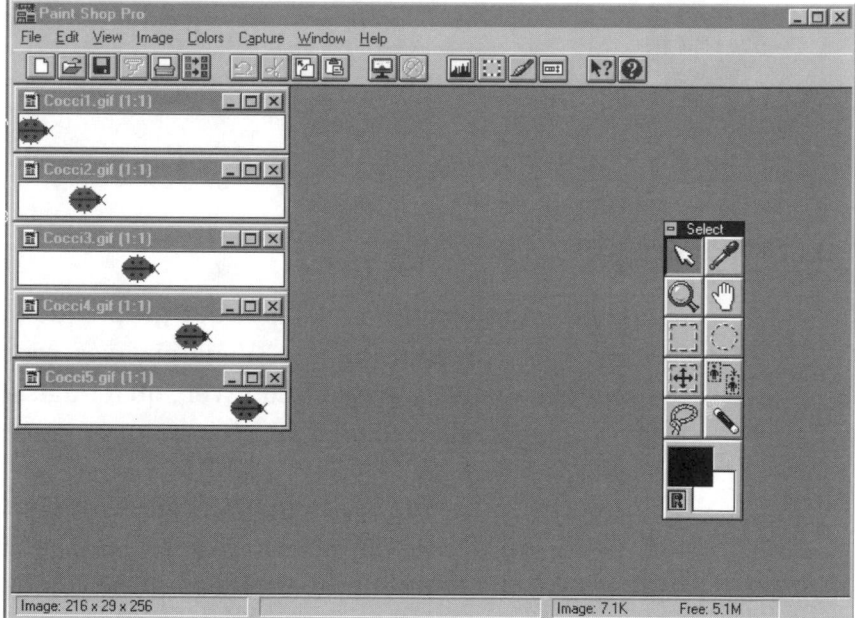

Les cinq images contiennent la même coccinelle, mais dans une position différente. Pour faire de ces cinq images une animation, il vous faut un nouvel outil.

L'outil Gif Construction Set

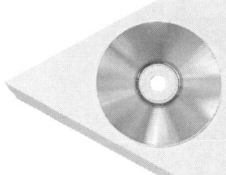

Vous trouverez Gif Construction Set sur le CD et pourrez l'installer à partir de là.

Voici comment faire de nos cinq coccinelles une animation :

1. Ouvrez le Gif Construction Set.

Fig. 11.14 :
Le Gif
Construction Set

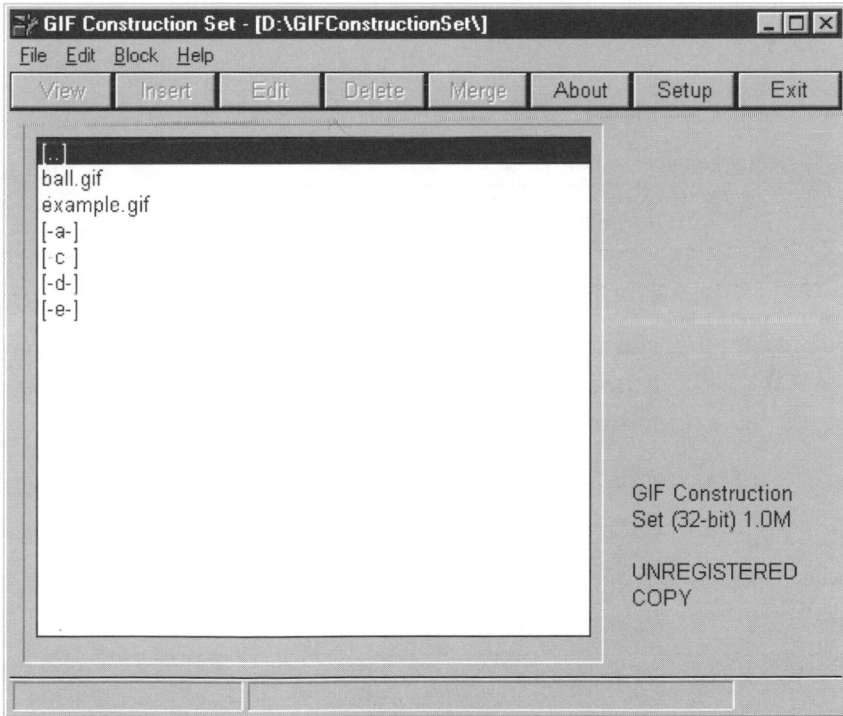

Le texte, en bas à droite, *Unregistered copy* indique qu'il s'agit d'un shareware et que, en cas d'utilisation courante, il vous est demandé d'enregistrer votre version. Respectez cette règle de conduite.

2. Pour créer une nouvelle animation, cliquez sur la commande **File/New**.

Fig. 11.15 :
Créer une
nouvelle
animation

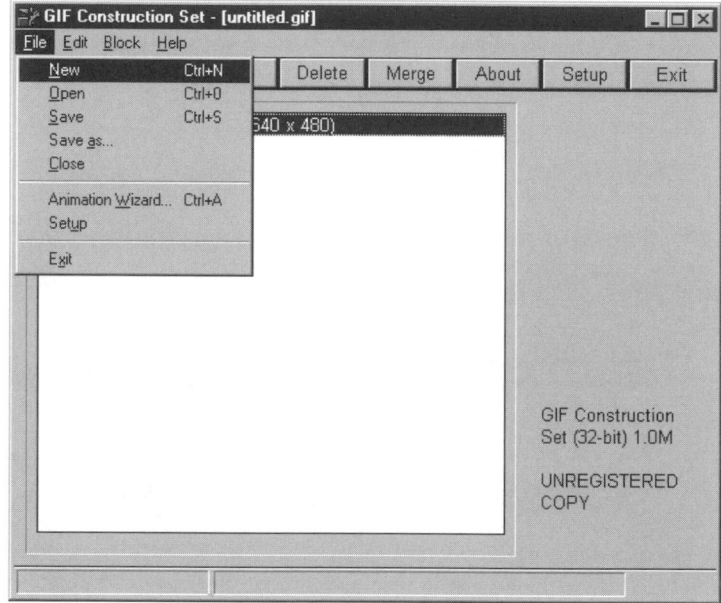

Dans la fenêtre principale du Gif Construction Set, vous trouverez une mention *HEADER gif89a Screen (640*480)*. Elle est automatiquement sélectionnée et vous pouvez la modifier par le bouton **Edit**.

3. Cliquez sur le bouton **Edit** pour arriver à la boîte de dialogue :

Fig. 11.16 :
La fenêtre
HEADER

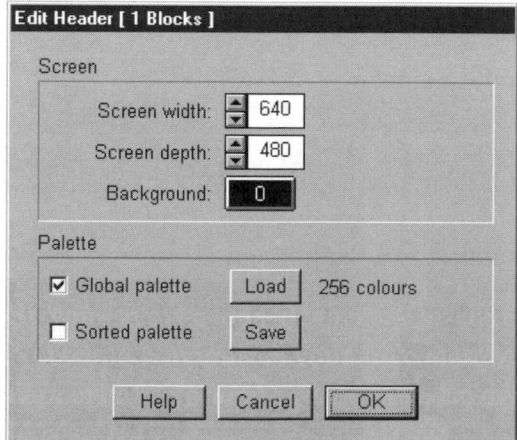

4. Remplacez la mention *640*480* par la taille effective des images destinées à l'animation. Pour nos coccinelles, définissez une largeur (*Width*) de 216 et une hauteur (*Depth*) de 29.

5. Validez par OK.

6. Cliquez sur le bouton **Insert** pour ouvrir la boîte de dialogue suivante :

Fig. 11.17 :
La fenêtre Insert

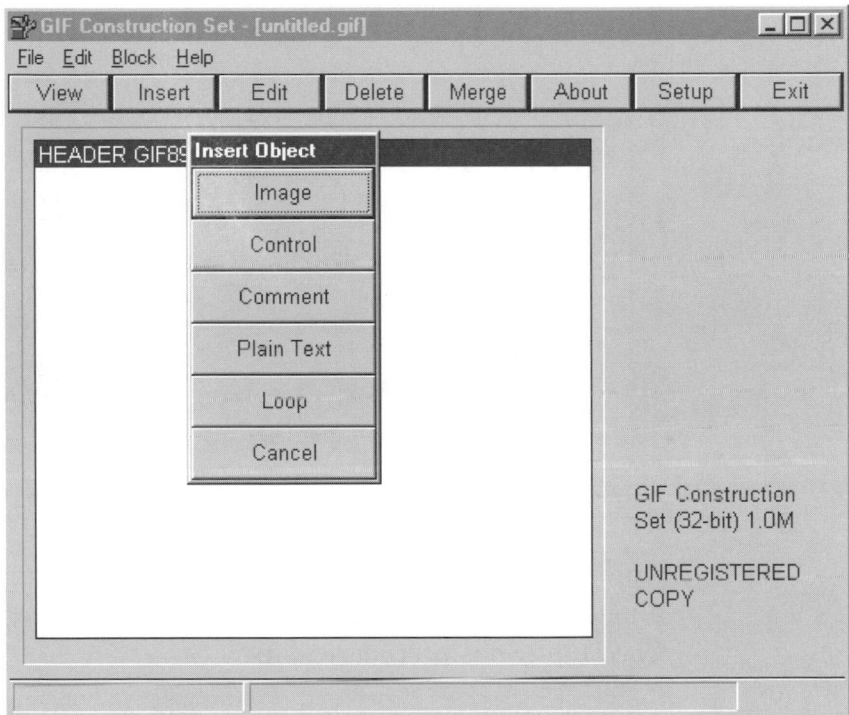

7. Cliquez sur le bouton **Loop**. La fenêtre **Insert** se referme automatiquement et l'écran suivant vous est présenté :

Fig. 11.18 :
HEADER et
LOOP sont
nécessaires pour
notre animation

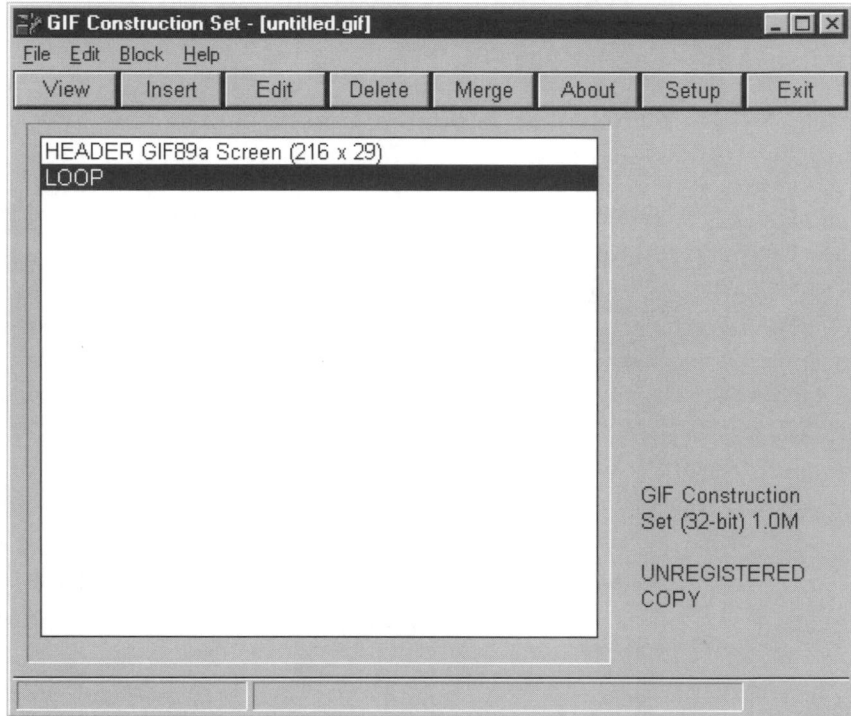

Après ces options nécessaires pour chaque animation, nous allons définir les images à intégrer. Pour le premier fichier, Cocci1.gif, vous procéderez ainsi.

8. Cliquez à nouveau sur le bouton **Insert**. Dans cette boîte de dialogue, cliquez sur le bouton **Control**. La fenêtre **Insert** se referme, et vous disposez maintenant de trois entrées dans la fenêtre principale du Gif Construction Set :

Fig. 11.19 :
HEADER, LOOP
et CONTROL
dans la fenêtre
principale

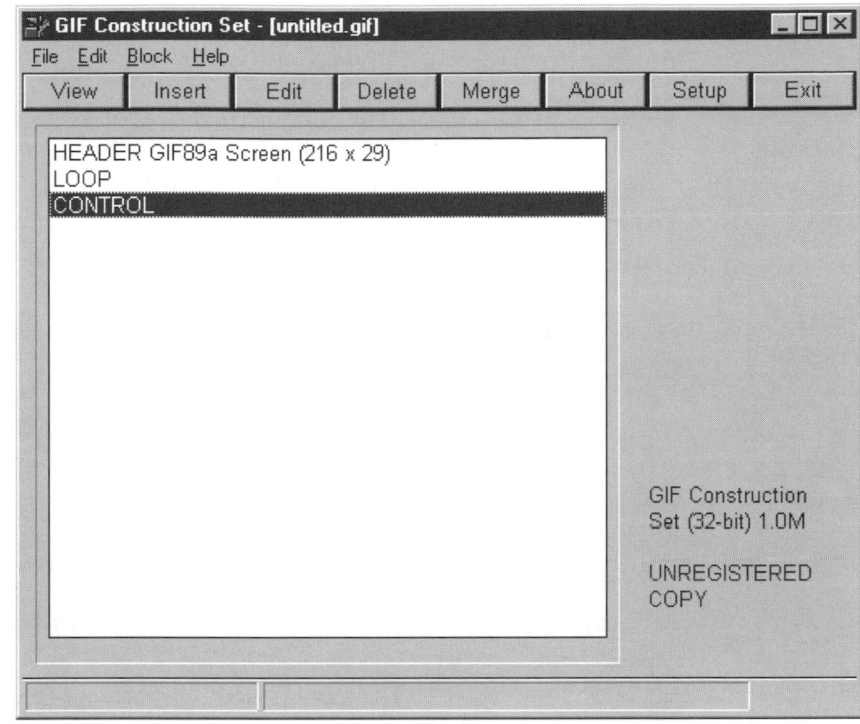

La ligne *CONTROL* est active, nous allons l'éditer :

9. Cliquez sur le bouton **Edit** pour passer à la boîte de dialogue **Edit Control Block**.

Fig. 11.20 :
La boîte de
dialogue Edit
Control Block

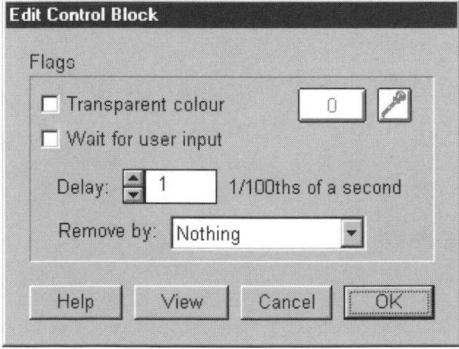

Dans le champ *Delay*, définissez la durée d'affichage de la première image. Cette indication est exprimée en centième de seconde.

10. Saisissez une valeur de 20, pour afficher la première coccinelle durant 20 centièmes de seconde, et validez par OK.

Enfin la première coccinelle est insérée.

11. Cliquez à nouveau sur le bouton **Insert**, puis dans la fenêtre **Insert**, sur le bouton **Image**. Apparaît la boîte de dialogue **Open** :

Fig. 11.21 :
La fenêtre Open

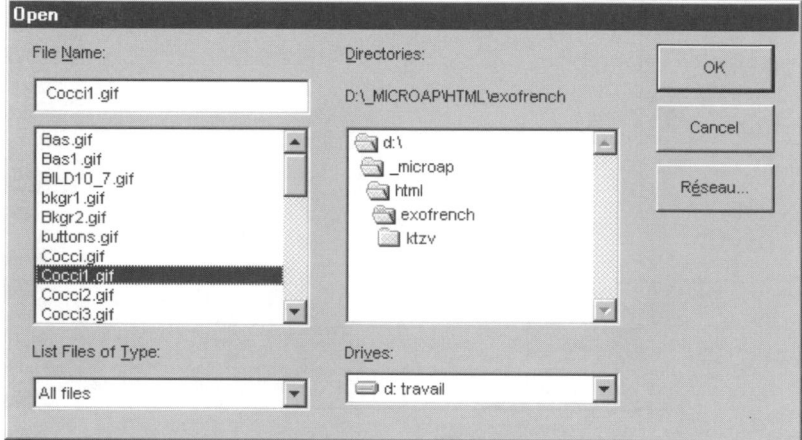

Dans cette fenêtre, sélectionnez l'image à insérer dans l'animation. Voici comment procéder :

12. Localisez dans le champ *Directories* le dossier C:\Sthtml. Dans *File Name*, sélectionnez le fichier Cocci1.gif et validez par OK.

13. Une nouvelle boîte de dialogue apparaît, pour la définition des informations chromatiques (la palette) :

Fig. 11.22 :
Définition
des informations
de couleur
de l'image
animée

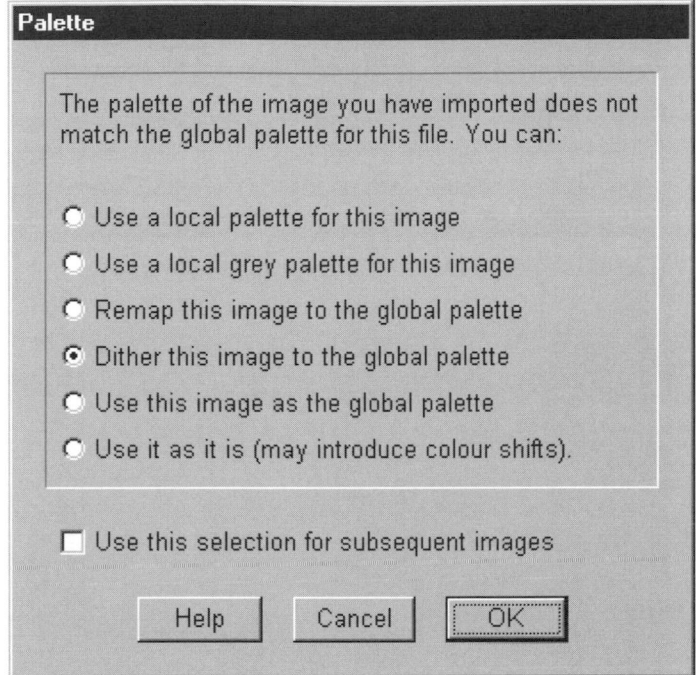

S'agissant de la première des cinq images, sélectionnez la palette de cette image comme palette par défaut.

14. Sélectionnez l'option *Use this image as the global palette* et validez par OK.

La fenêtre principale du Gif Construction Set porte maintenant une nouvelle mention (*IMAGE 261*29, 256 colours*), et l'image insérée est affichée en miniature.

Fig. 11.23 :

La première
image est insérée
et affichée
en miniature

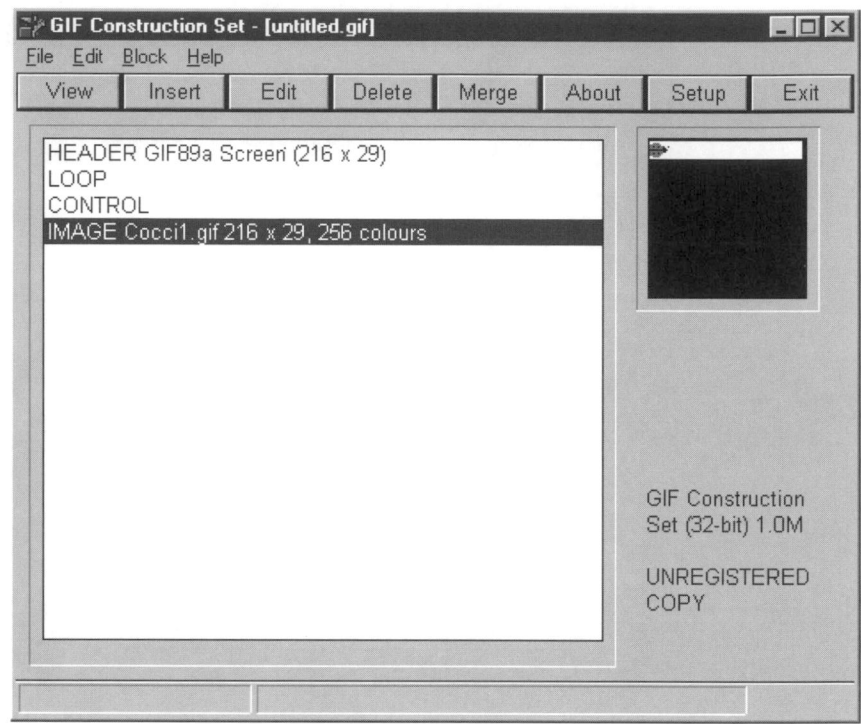

Pour cette première image, nous avons donc inséré une ligne *Control* et l'avons éditée. Cette même procédure est à répéter pour chacune des autres images, en l'occurrence Cocci2.gif jusqu'à Cocci5.gif. Les indications de palette ne seront cependant plus à effectuer.

15. Répétez les étapes 8 à 12 pour les quatre autres images.

À la fin de ces opérations, votre fenêtre Gif Construction Set ressemble à ceci :

Fig. 11.24 :

Les cinq images sont insérées

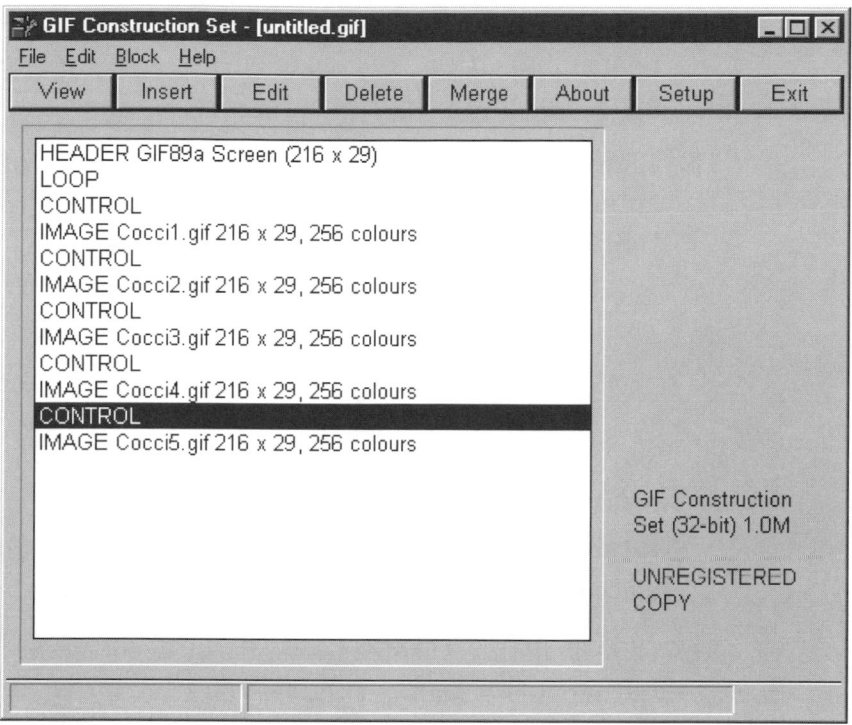

Si vous commettez une erreur dans une ligne ou si vous souhaitez vérifier une de ces lignes, sélectionnez-la et cliquez sur le bouton **Edit**.

Quel sera le résultat dans Netscape Navigator ? Nous allons en avoir une première idée dans le Gif Construction Set.

Cliquez sur le bouton **View** pour demander au programme de vous présenter l'animation. Sachez cependant que la vitesse ne sera pas celle utilisée par la suite dans Netscape Navigator. Pour arrêter l'animation, faites un clic droit !

Il est vrai que toutes ces procédures demandent un peu de temps, mais il est très facile ensuite d'insérer cette animation dans la page HTML.

16. Cliquez sur la commande **File/Save as** et enregistrez cette animation sous le nom de Cocciok.gif. Un clic sur OK lance l'enregistrement.

Vous trouverez ce fichier Cocci.gif dans le dossier C:\Sthtml.

Reste maintenant à insérer ce fichier Cocciok.gif dans la page d'accueil de la pharmacie.

17. Dans le listing, insérez les lignes 49 et 50 avant le tag </BODY> :

```
44. <A HREF="toux.htm"><IMG SRC="pharma2.gif" ALIGN="left" WIDTH=100
    HEIGHT=100 BORDER=0 ALT="Logo de la pharmacie"></A>
45. <FONT COLOR="#FFFF00">La Pharmacie Paracelse est r&eacute;
    put&eacute;e pour ses pastilles
46. contre la toux tr&egrave;s efficaces. Cliquez sur le logo de la
    pharmacie
47. pour de plus amples informations.</FONT>
48.
49. <P>
50. <IMG SRC="cocciok.gif" WIDTH=216 HEIGHT=29>
51.
52. </BODY>
53. </HTML>
```

Dans Netscape Navigator, vous obtiendrez l'image suivante :

Fig. 11.25 :
L'image animée
(du moins
dans la réalité)

Ce que l'illustration ne peut montrer que sous forme statique devrait être, sur votre écran, une animation. La petite coccinelle se déplace en permanence de la gauche vers la droite, vous avez créé une animation.

Pour créer vos propres animations, sachez encore ceci :

- logiquement, les images d'une animation doivent toutes être de la même taille ; il est possible d'utiliser des images de format différent et de les rassembler en une animation, mais dans ce cas, indiquez dans HEADER les dimensions de la plus grande ;

- chaque image peut être affectée d'une durée d'affichage spécifique (*Delay*).

Dans les images animées, les images individuelles sont toutes intégralement enregistrées, d'où la taille de ces fichiers. D'où, également le conseil suivant :

Vous disposez désormais d'une large palette d'Remarques graphiques pour agrémenter vos pages Web. Pour ces trois dernières leçons, un dernier conseil : toutes ces possibilités graphiques donnent souvent aux auteurs de pages Web la tentation d'exagérer. Ne vous laissez pas prendre au jeu et ne tombez pas dans les extrêmes en matière d'image et de graphisme.

Vous trouverez le fichier Sthtml20.htm dans le dossier C:\Sthtml.

Résumé

Objectif	Procédure	Tag
Créer une image entrelacée	Charger l'image dans Paint Shop Pro et l'enregistrer comme fichier gif, en "Version 89a - interlaced", l'intégration du fichier dans la page HTML s'effectue comme à l'ordinaire	<IMG SRC="NomdeFichier.gif">
Créer un arrière-plan en couleur	Insérer dans le tag <BODY> le mot-clé BGCOLOR affecté d'une valeur hexadécimale	<BODY BGCOLOR="#XXXXXX"> (XXXXXX = valeur hexa)
Insérer une image d'arrière-plan	Insérer dans le tag <BODY> le mot-clé BACKGROUND affecté d'un nom de fichier.	<BODY BACKGROUND="Nomde Fichier.gif">

Objectif	Procédure	Tag
Créer une image transparente	Charger l'image dans Paint Shop Pro et déterminer avec la pipette la valeur d'index de la couleur de transparence, puis enregistrer le fichier en définissant dans Options la valeur de cette couleur, l'intégration du fichier dans la page HTML est effectuée normalement	<IMG SRC="NomdeFichier.gif">
Créer une image animée	Créer les images et les intégrer dans le Gif Construction Set, l'intégration du fichier dans la page HTML s'effectue normalement	<IMG SRC="NomdeFichier.gif">

Contrôle des connaissances

Vrai ou faux ?

	Vrai	Faux	Dans Netscape, vous pouvez
1.	T	W	Afficher des images entrelacées
2.	R	O	Éditer des images
3.	U	N	Afficher des images d'arrière-plan
4.	T	D	Afficher des images transparentes

Vrai ou faux ?

	Vrai	Faux	
5.	U	E	Afficher des images animées
6.	M	N	Tourner les images de 90°

Complétez la phrase

BGCOLOR="#XXXXX"> crée un

-	-	-	-	-	-	-	-
7.	8.	9.	10.	11.	12.	13.	14.

-	-	-	-
15.	16.	17.	18.

Trouvez les correspondances

19.		Valeur d'index
20.		Valeur hexadécimale
21.		Version 89a
22.		Gif Construction Set
23.		BACKGROUND
24.		JPG

O	Image animée
C	Image transparente
E	Format graphique
R	Image d'arrière-plan
O	Arrière-plan de couleur
L	Image entrelacée

Solution

-	-	-	-
1.	2.	3.	4.

-	-
5.	6.

-	-	-	-	-	-	-	-	-	-	-	-
7.	8.	9.	10.	11.	12.	13.	14.	15.	16.	17.	18.

-	-	-	-	-	-
19.	20.	21.	22.	23.	24.

TOUT UN ARRIÈRE-PLAN COLORÉ

12 Son et vidéo

40 mn

Dans les pages HTML, il est possible également d'intégrer des sons et des séquences vidéo.

À l'issue de cette leçon, vous saurez...

- déterminer les principaux formats de fichiers de son et de vidéo ;
- définir ce dont vous avez besoin pour manipuler des sons et des vidéos ;
- configurer Netscape Navigator pour ces divers types de fichiers ;
- définir des hyperliens vers des fichiers de son ou de vidéo.

Son et vidéo d'un clic de souris

Les canalisations de données de l'Internet acceptent les fichiers les plus divers, aussi n'y a-t-il a priori aucune raison de ne pas transmettre des fichiers de son ou des fichiers vidéo. Sur un plan pratique, la question est toute autre, car ces fichiers sont très volumineux et l'Internet n'est pas prévu pour de telles masses d'informations. À titre d'exemple, un CD audio traditionnel contient environ 600 Mo de données, soit autant qu'un petit disque dur.

Pour transmettre du son et de la vidéo sur le World Wide Web, il existe des formats de fichiers capables de compresser les données. Les techniques de compression utilisées actuellement sur les PC travaillent souvent au détriment de la qualité sonore ou de l'image. Ne vous attendez pas à une diffusion en qualité Hi-fi stéréo par l'Internet, même si l'évolution va dans ce sens.

Les formats : WAV, AU, AVI, MOV, MPG, MID

Voici un petit tableau des principaux formats son et vidéo utilisés sur le Web :

Tab. 12.1 :Formats sonores et vidéo utilisés sur le Web

Extension	Remarque
	SON
.wav	Ce format de fichier son est utilisable par le Diffuseur de médias de Windows 95
.au	Netscape Navigator peut diffuser automatiquement ce type de fichier
.mid	Nécessite un logiciel spécial (par exemple, Music Sculptor)
	VIDÉO
.avi	Ce format de fichier son est utilisable par le Diffuseur de médias de Windows 95
.mov	Nécessite un logiciel spécial (par exemple, Quicktime for Windows)
.mpg	Nécessite un logiciel spécial (par exemple, MPEGPLAY)

Comme vous le constatez, trois de ces formats sont directement utilisables par le diffuseur de médias de Windows 95 ou par Netscape Navigator. En revanche, pour les formats *.mid*, *.mov* et *.mpg*, il vous faudra disposer d'applications spécifiques pour pouvoir les diffuser. Notez que toutes ces applications sont disponibles sur le Web.

Matériel nécessaire

Pour les formats *.mid, .mov* et *.mpg*, vous aurez besoin des applications évoquées précédemment.

Votre PC doit bien sûr être équipé d'une carte son avec des enceintes ou un casque.

Pour la diffusion des fichiers vidéo, vous devrez disposer au moins d'un 486 rapide, avec une mémoire minimale de 8 Mo (16 Mo conseillée).

 Il est toujours possible de diffuser les séquences vidéo sur une machine lente, mais elles ne seront pas fluides.

Si vous disposez d'un microphone connecté à votre carte son, vous pourrez enregistrer vos propres fichiers .wav sous Windows 95.

Si vous êtes passionné au point de vouloir créer vos propres fichiers vidéo, vous aurez besoin d'une carte vidéo et d'un Camcorder.

Nous nous contenterons ici d'intégrer des fichiers son et vidéo existant dans une page HTML et de configurer Netscape Navigator.

Configuration de Netscape

Indépendamment des fichiers .au que Netscape Navigator peut diffuser grâce à son NAPLAYER intégré, sans aucune configuration particulière, tous les autres fichiers supposent de votre part que vous indiquiez à Netscape Navigator avec quel programme les diffuser.

La procédure est toujours la même. Voici comment procéder pour des fichiers .wav.

1. Déroulez le menu **Options** de Netscape Navigator.

Fig. 12.1 :
Le menu Options de Netscape

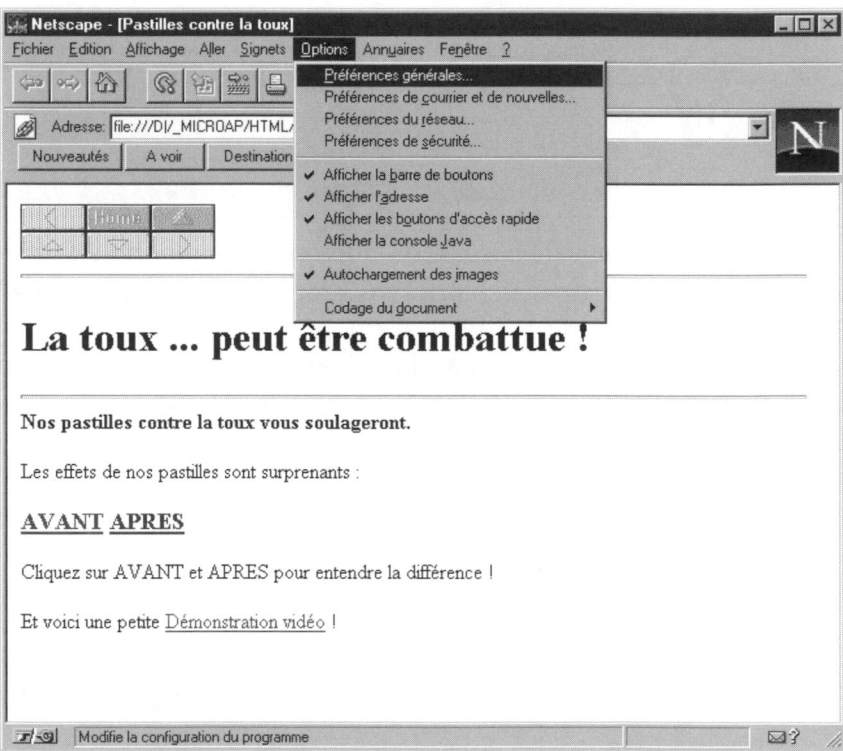

2. Activez la commande **Préférences générales**. Elle ouvre une boîte de dialogue à onglets :

Fig. 12.2 :
La boîte
de dialogue
des préférences
générales

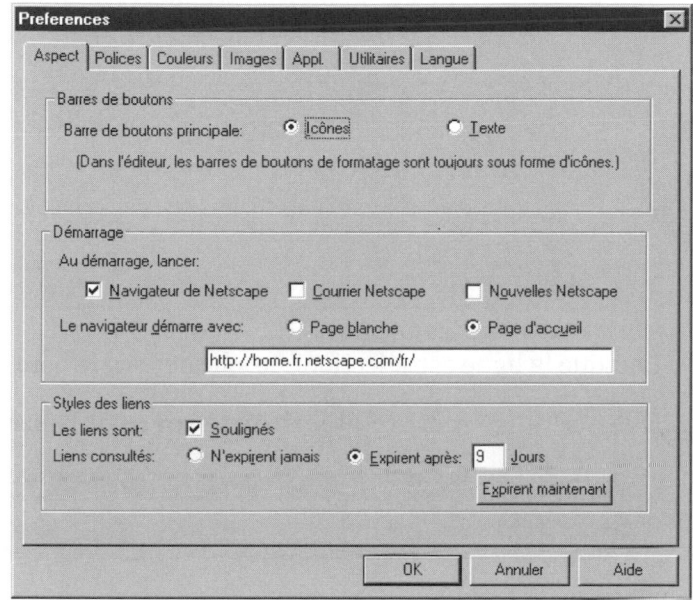

3. Cliquez sur l'onglet **Utilitaires** pour afficher la boîte de dialogue suivante :

Fig. 12.3 :
C'est ici que vous
définirez
les utilitaires
appropriés

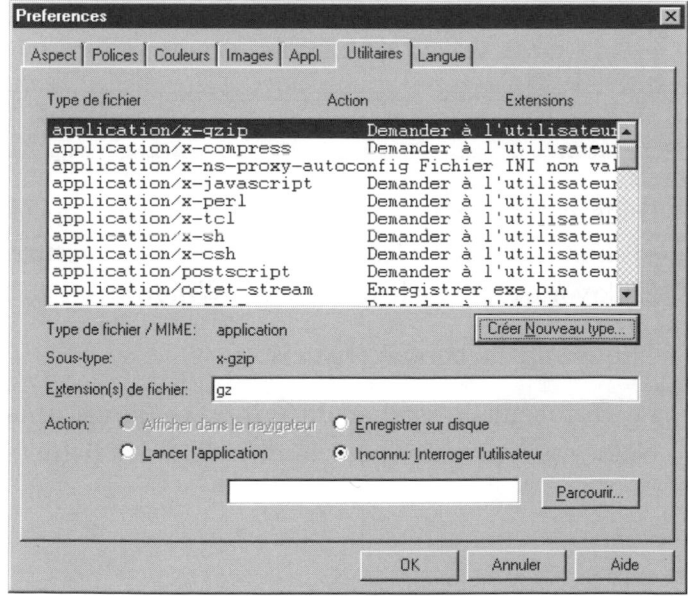

Dans cet exemple, vous allez indiquer à Netscape le programme à utiliser pour diffuser des fichiers .wav.

4. Dans la liste, sélectionnez l'extension *.wav*.

Si, face à l'indication de l'extension *.wav*, vous rencontrez un nom d'application au lieu de *Demander à l'utilisateur*, c'est que Netscape Navigator a déjà été configuré. Dans ce cas, sautez l'étape suivante.

5. Lorsque la ligne est sélectionnée, cliquez sur le bouton **Parcourir**.

   Elle ouvre la fenêtre **Sélectionne un afficheur approprié** :

Fig. 12.4 :
La fenêtre de sélection

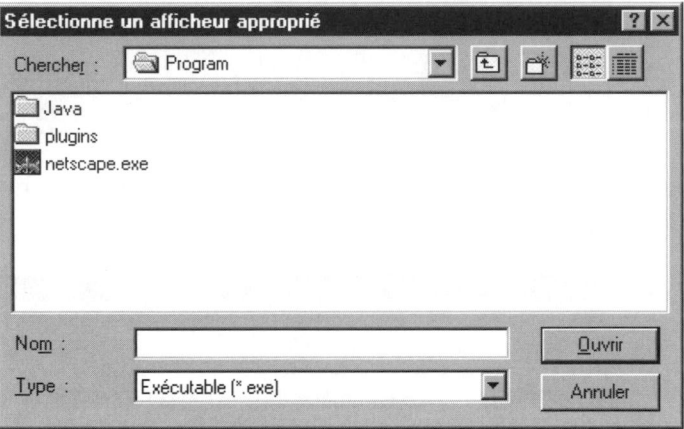

6. Dans cette fenêtre, localisez l'application avec laquelle vous souhaitez diffuser les fichiers .wav, en l'occurrence le fichier Mplayer.exe, dans le dossier C:\Windows.

7. Cliquez sur le bouton **Ouvrir**.

   Le Diffuseur de médias de Windows 95 est ainsi déclaré dans Netscape Navigator pour la diffusion des fichiers .wav.

Fig. 12.5 :
Mplayer est
déclaré dans
Netscape

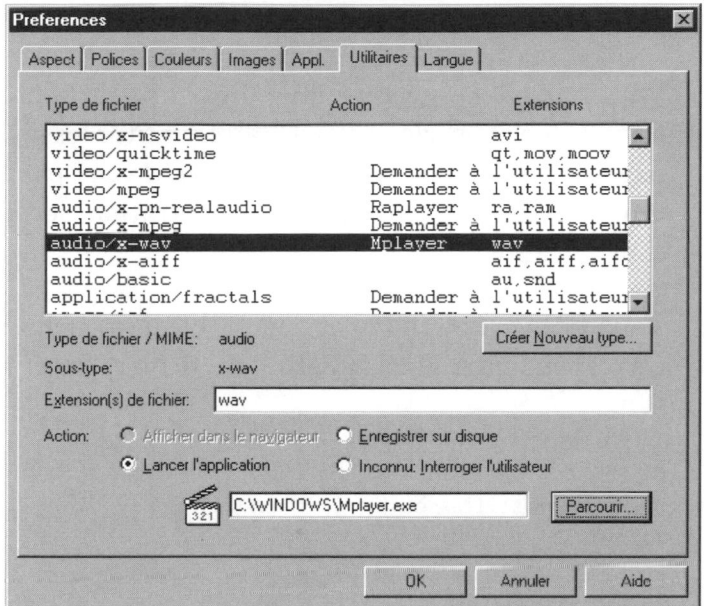

Profitez-en pour déclarer un second programme pour l'affichage des fichiers vidéo AVI. Là encore vous utiliserez le Diffuseur de médias de Windows 95. Sélectionnez la mention contenant l'extension .avi et répétez l'opération précédente pour cette extension.

Vous voici parfaitement équipé pour définir des hyperliens vers des fichiers .wav ou .avi dans des pages HTML.

Si vous avez installé d'autres programmes pour les fichiers .mid ou .mpg, n'hésitez pas à les configurer également dans Netscape Navigator. Procédez toujours de la même façon et sélectionnez le programme correspondant pour chaque type de fichier.

L'hyperlien

Vous souvenez-vous du fichier Toux.htm de la pharmacie Paracelse ? Que penseriez-vous de faire profiter les visiteurs de cette page des effets sonores bienfaisants de ces pastilles contre la toux ? Avec une vidéo, la démonstration serait encore plus convaincante !

Vous trouverez dans le dossier Sthtml les fichiers .avi et .wav correspondants. Voici le listing du fichier Toux1.htm :

Listing 12.1 :
TOUX1.htm

```
1.  <HTML>
2.  <HEAD>
3.  <TITLE>Pastilles contre la toux</TITLE>
4.  </HEAD>
5.
6.  <BODY>
7.
8.  <IMG SRC="gauche1.gif" WIDTH=50 HEIGHT=21 ALT="Page pr&eacute;
    c&eacute;dente;ck"><A
9.  HREF="Sthtml17.htm"><IMG SRC="home.gif" WIDTH=50 HEIGHT=21 BORDER=0
    ALT="HOME"></A><A
10. HREF="Sthtml17.htm"><IMG SRC="hauthaut.gif" WIDTH=50 HEIGHT=21
11. BORDER=0 ALT="Niveau sup&eacute;rieur"></A><BR><IMG SRC="haut1.gif"

12. WIDTH=50 HEIGHT=21 ALT="D&eacute;but de la page"><IMG SRC="bas1.gif"

13. WIDTH=50 HEIGHT=21 ALT="Fin de la page"><IMG SRC="droite1.gif"
14. WIDTH=50 HEIGHT=21 ALT="Page suivante">
15.
16. <HR>
17. <H1>La toux ... peut &ecirc;tre combattue ! </H1>
18. <HR>
19. Nos pastilles contre la toux vous soulageront </B>
20.
21.
22. </BODY>
23. </HTML>
```

Pour intégrer les fichiers .avi et .wav dans cette page, vous devez effectuer quelques modifications :

1. Insérez les lignes 20 à 28 dans le listing.

Listing 12.2 :
Intégrer les
fichiers .wav
et .avi

```
16. <HR>
17. <H1>La toux ... peut &ecirc;tre combattue ! </H1>
18. <HR>
19. Nos pastilles contre la toux vous soulageront </B>
20. <P>
21. Les effets de nos pastilles sont surprenants :
22.
23. <A HREF="file:///C:/aviwav/toux.wav"><H3>AVANT</A>
24. <A HREF="file:///C:/aviwav/siffler.wav">APRES</H3></A>
25.
26. Cliquez sur AVANT et APRES pour entendre la diff&eacute;rence !
27. <P>
28. Et voici une petite <A HREF="file:///C:/aviwav/datademo.avi">
    D&eacutemonstration vid&eacuteo</A> !
29.
30. </BODY>
31. </HTML>
```

Voici le résultat dans Netscape Navigator :

Fig. 12.6 :
Hyperliens
vers des tichiers
de son ou vidéo

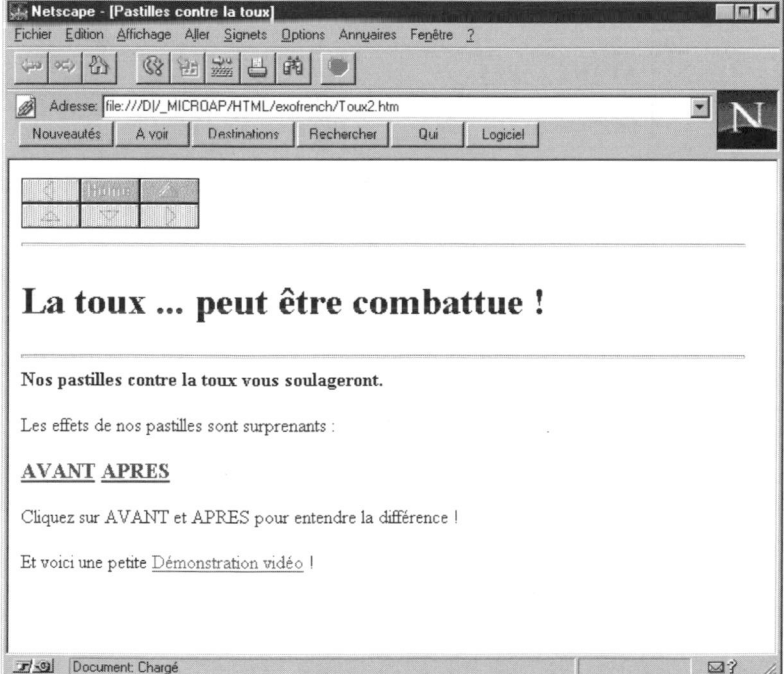

Testez ces hyperliens d'un clic de souris.

2. Cliquez sur l'un des trois liens (AVANT, APRÈS, ou Démonstra-tion vidéo).

Netscape Navigator affiche après un court instant de charge-ment la fenêtre du Diffuseur de médias (et avec le fichier vidéo une fenêtre vidéo).

Fig. 12.7 :
Diffuseur de médias et fenêtre vidéo

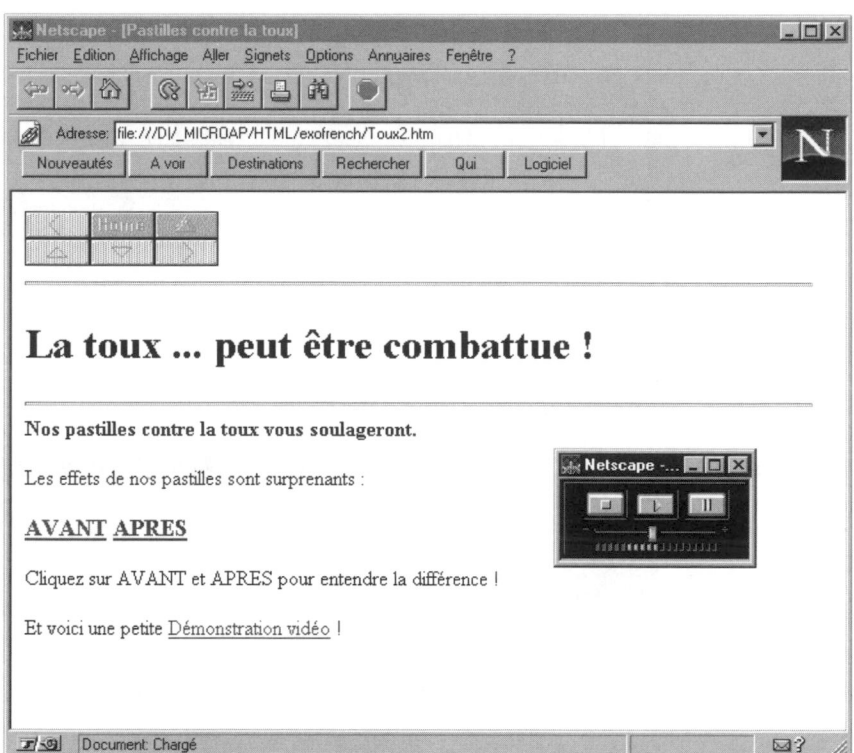

Que vous ayez appelé un fichier .avi ou un fichier .wav, vous pouvez utiliser la fenêtre du Diffuseur de médias comme s'il s'agissait d'un lecteur de cassette.

3. Cliquez sur les boutons de lecture ou d'arrêt.

Les trois fichiers utilisés dans cet exemple ont été intégrés dans le listing sur la base d'une adresse "absolue" (par exemple, `<A HREF="file:///D:/aviwav/siffler.wav">`) pour vous épargner de gaspiller de la place sur votre disque dur. Pour transférer ces fichiers sur un serveur, il vous faudra un adressage relatif. Pour cela, copiez les fichiers dans le même dossier que le fichier Toux2.htm et définissez l'hyperlien sous la forme `<A HREF="SIFFLER.WAV">`.

- Le tag `<A HREF="NomdeFichier.Ext">` permet d'intégrer n'importe quel format de fichier son ou vidéo en guise d'hyperlien. Le visiteur de votre page Web ne pourra cependant les diffuser d'un clic de souris qu'à la condition d'avoir configuré Netscape Navigator en conséquence.

- Si le type de données concerné n'est pas configuré dans Netscape Navigator, le visiteur verra s'afficher un message indiquant le problème et proposant soit de configurer Netscape Navigator maintenant, soit de copier le fichier sur le disque dur.

- Comme les fichiers de son et de vidéo sont en principe volumineux, il est recommandé d'informer le visiteur de leur taille. Placez à côté de l'hyperlien une brève information, par exemple `"Fichier WAV - 250 Ko"`. Ainsi, il pourra décider en toute connaissance de cause si ce fichier l'intéresse réellement au point de le télécharger.

- Avec HTML 4, les capacités du tag `OBJECT`, réservées uniquement à Microsoft Internet Explorer, dépassent à présent largement la seule intégration de contrôles ActiveX. Il peut désormais déclarer toute référence à des objets multimédias ou programmes externes. Le tag `OBJECT` rend ainsi tous les anciens tags d'intégration d'objet obsolètes et permet d'insérer n'importe quel élément multimédia. Ce peut être des graphiques, des photos, des séquences vidéo, des sons ou bien des applications spécialisées comme les applets Java (petits programmes spécialement conçus pour le Web et développés en langage Java). Sachez toutefois que seuls Internet Explorer et Netscape Communicator 4, peuvent prendre en charge cette nouvelle balise.

Vous venez d'intégrer trois fichiers de son ou de vidéo dans une page HTML. À partir du CD-ROM, leur chargement est rapide, mais n'oubliez pas que la somme des trois fichiers occupe près de 3 Mo. Il s'agit d'un volume considérable, compte tenu des performances des transmissions Internet. Réfléchissez à deux fois avant d'intégrer des fichiers de cette taille et interrogez-vous sur leur intérêt effectif.

Vous trouverez la page HTML modifiée dans le dossier C:\Sthtml, sous le nom Toux2.htm.

Résumé

Objectif	Procédure	Tag
Configurer Netscape Navigator pour un format vidéo ou son	Dans **Options/Préférences générales/Utilitaires**, sélectionner l'extension et cliquer sur le bouton **Parcourir** pour déterminer l'afficheur requis	
Définir un hyperlien vers un fichier de son ou de vidéo	Insérer le nom du fichier dans un tag <A HREF="NomdeFichier.ext">	<A HREF="NomdeFichier.ext"> ... </A> (les extensions les plus courantes sont : .wav, .au, .avi, .mov, .mpg, .mid)

Contrôle des connaissances

Complétez la phrase

Netscape Navigator peut diffuser automatiquement les fichiers au format

-	-
1.	2.

Vrai ou faux ?

	Vrai	Faux	
3.	T	K	Netscape Navigator doit être configuré pour pouvoir diffuser des fichiers de formats spéciaux

Trouvez les correspondances

4.		wav, au, mid
5.		avi, mov, mpg

E	Fichiers Vidéo
R	Fichiers de son

Solution

-	-	-	-	-
1.	2.	3.	4.	5.

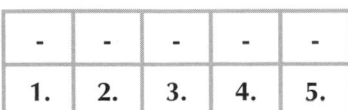

AUTRE

PARTIE C

Utilisation Avancée

13 Ma page d'accueil dans le World Wide Web

60 mn

Vous connaissez désormais les techniques de base intervenant lors de la création de pages Web. Se pose maintenant la question de rendre ces pages disponibles aux millions de visiteurs du World Wide Web.

À l'issue de cette leçon, vous saurez...

- Chercher et trouver un serveur adapté.
- Comment transférer facilement les données sur un serveur.

Le premier pas : recherche d'un serveur

Pour présenter des pages Web sur le World Wide Web, la procédure est simple : vous devez installer ces pages sur un serveur Web. Une fois que ces pages seront transférées sur un serveur, elles pourront être visitées par toute la communauté de l'Internet.

En réalité, cette simplicité n'est qu'apparente : vous devez d'abord trouver un serveur adéquat, puis savoir comment y transférer vos fichiers.

Voyons d'abord comment trouver un serveur.

En principe, un serveur n'est rien d'autre qu'une machine rapide, connectée en permanence au World Wide Web et sur laquelle fonctionne un programme permettant l'appel de pages Web. Si vous stockez votre page Web sur ce type de serveur, tous les utilisateurs du monde entier pourront venir visiter vos pages.

L'usage d'un serveur a pour conséquence un surcroît de travail et un coût. La mise en place de pages Web sur un serveur n'est pas une opération gratuite, même si les coûts varient fortement d'un fournisseur à l'autre. Voici quelques conseils qui vous aideront à diffuser vos pages dans le Web à moindre coût.

Votre fournisseur de service comme point de départ

Il est au moins un fournisseur de service avec lequel vous êtes déjà en contact : votre fournisseur de service Internet qui vous permet l'accès au Web. Ce fournisseur dispose d'un serveur et a bien évidemment intérêt à vous garder comme client (la concurrence commence à être rude). Le premier réflexe sera donc de vous adresser à ce fournisseur, de lui demander s'il est prêt à placer vos pages Web sur son serveur et à quel prix.

Si sa réponse est positive et s'il vous communique un prix, posez-lui concrètement les questions suivantes :

1. Pour le prix indiqué, de quel espace disque dur disposerez-vous ? 100 Ko, 1 Mo, 10 Mo ?

2. Pour ce prix, quel est le volume mensuel de données qui pourra être transmis aux visiteurs de votre page ? 100 Mo, 500 Mo, illimité ?

3. Quel support et quel conseil ce fournisseur est-il prêt à vous offrir pour ce prix ?

4. Avez-vous la possibilité de maintenir vous-même vos pages Web ou faut-il à chaque fois en donner l'ordre au fournisseur ?

Voici ce que vous devez considérer :

Tab. 13.1 : Grille d'évaluation des prestations d'un fournisseur

Rapport Prix-Prestation ?	Il existe des fournisseurs allouant pour 200 à 400 francs par mois un espace disque dur de 5 à 10 Mo sur le serveur et un transfert de données aux visiteurs de 200 à 500 Mo par mois. D'autres sont singulièrement plus chers, même s'ils offrent souvent plus de support en cas de problème ou d'erreur.
De quel espace avez-vous besoin ?	Une page Web simple, avec trois ou quatre images, occupe rapidement près de 50 Ko. Réfléchissez au nombre de pages actuel de votre présentation et à vos projets d'extension. Pour un volume de vingt à trente pages, il vous faudra près de 1 Mo d'espace disque.
Le volume de données ou l'intérêt de vos pages	Admettons que vous projetiez vingt pages Web, occupant au total 1 Mo de disque dur. Lorsqu'un utilisateur visite les vingt pages, c'est un total de 1 Mo de données qui est transféré du serveur vers son PC. En comptant sur une fréquentation de cent visiteurs par mois, le volume à transmettre est de 100 Mo. Cette évaluation est-elle réaliste ? Tout dépend de l'intérêt de votre offre : une page se limitant à "Bonjour, je m'appelle Philippe et mes hobbies sont..." aura bien du mal à attirer 100 visiteurs par mois. Elle n'intéressera que vos amis ou connaissances. En revanche, si vous proposez des Remarques non documentées concernant Windows 95, la fréquentation de vos pages peut très vite s'amplifier.
Maintenance des pages Web	Pouvoir assurer vous-même la maintenance de vos pages ou la confier au fournisseur sont deux choses distinctes. Dans la seconde hypothèse, le fournisseur attend que vous lui transmettiez les nouvelles pages par e-mail ou disquette et se charge de remplacer les anciennes pages par la nouvelle mouture. Si vous conservez les mêmes pages plusieurs semaines, cette solution est envisageable, mais si vous les modifiez tous les jours, il vous faut pouvoir les maintenir vous-même (par exemple par FTP).

Réfléchissez bien aux divers points de ce tableau et définissez vos besoins avec précision. Ainsi, vous serez en mesure d'évaluer l'offre qui vous est proposée.

Il se peut aussi que votre fournisseur ne prenne pas en charge les pages de ses clients ou que son prix vous semble prohibitif. Dans ce cas, partez à la recherche d'un autre fournisseur de service, plus adapté à vos besoins ou à vos moyens.

À qui s'adresser ?

Mettons tout de suite les choses au clair : ce livre n'est sponsorisé par aucun fournisseur de service et n'a pas pour objectif de faire de la publicité déguisée pour tel ou tel prestataire. Vous n'y trouverez donc aucun conseil du style "Essayez untel" ou "Testez la société xyz", il existe d'ailleurs beaucoup trop de fournisseurs de serveur (chaque jour en voit arriver de nouveaux), de sorte qu'une liste exhaustive est absolument impossible à établir. Nous nous limiterons ici à une check-list des opérations à entreprendre pour trouver un opérateur adapté :

1. Jetez d'abord un coup d'œil sur le World Wide Web et dans les nombreux magazines informatiques, vous y trouverez une foule d'annonces et d'offres.

2. En général, sur le Web, ce genre d'annonce est relié au fournisseur par un hyperlien (dans les magazines, l'annonce s'accompagne de l'adresse Web). Activez cet hyperlien et regardez le temps nécessaire pour le chargement de sa page d'accueil. Vous aurez ainsi une première indication des performances du serveur.

3. Si vous avez trouvé par ce biais un fournisseur susceptible de répondre à vos attentes, n'hésitez pas à lui envoyer un e-mail reprenant les questions évoquées précédemment et demandant les conditions financières du serveur.

Lors de la recherche du serveur le plus approprié, deux questions surviennent régulièrement.

Aux USA, il existe des fournisseurs de serveur particulièrement bon marché.
Mais cela fonctionne-t-il vraiment ?

Certaines sociétés françaises proposent des prix très intéressants pour installer vos pages Web sur des serveurs américains (reconnaissables à leur adresse WWW de type xyz.com). Comme l'Internet est un réseau mondial, cette pratique ne pose normalement aucun problème. Mais sachez que les communications vers les États-Unis sont très encombrées, que les temps d'accès aux serveurs sont souvent très longs et que les transmissions sont lentes. C'est un facteur à ne pas négliger au moment du choix.

Admettons que vous habitiez à Strasbourg et que vous vous connectiez au World Wide Web par un fournisseur X. Vous souhaitez voir une page Web stockée sur le serveur d'un fournisseur Y, proche de chez vous, basé à Metz. L'opération ne pose bien sûr aucun problème, mais il n'y a pas moyen de déterminer la route prise par les paquets de données pour passer de Metz à Strasbourg. Ces données ont peut-être voyagé de Metz à San Francisco, puis de San Francisco à Strasbourg. Dans ce cas, les données ont eu à se faufiler par deux fois dans le goulet d'étranglement des communications américaines. Si les données avaient été stockées aux États-Unis au lieu de Metz, le goulet n'était passé qu'une fois. Dans certains cas, les accès à un serveur américain sont plus rapides qu'entre deux serveurs européens.

Gardez le point suivant à l'esprit : si l'on vous fait une offre extrêmement intéressante pour stocker vos pages Web aux États-Unis et s'il s'agit pour vous d'une première expérience, n'hésitez pas et lancez-vous. Du moins si vous avez suffisamment de connaissance de la langue anglaise pour pouvoir dialoguer avec le Web-Master du serveur, c'est-à-dire la personne chargée de la maintenance et de la correction des erreurs.

Puis-je obtenir un nom de domaine propre ?

Un nom de domaine identifie un fournisseur précis dans l'Internet. Vous les connaissez déjà : `www.serveur.fr` est l'adresse Web d'un fournisseur français (`fr`), géré par la Société Serveur, `www` étant le nom de la machine accessible par cette adresse. Le nom de domaine est donc `serveur.fr`.

Si vous mettez vos pages Web en place sur le serveur d'un fournisseur, vous obtiendrez une adresse Web pour vos pages, construite sur le même schéma `www.serveur.fr/MesPages/`. Cela signifie que vos pages sont placées et disponibles dans un sous-dossier du serveur Web.

Pour la présentation de la pharmacie Paracelse, il est souhaitable de disposer d'un nom de domaine personnel (`Paracelse.fr`). Pour cela, la solution consiste à monter et à gérer votre propre serveur : opération onéreuse et demandant un gros travail qui dépasse largement le cadre de ce livre. Mais il existe une autre possibilité :

- plusieurs fournisseurs de serveur proposent à leurs clients des serveurs virtuels, avec un nom de domaine personnel. Le principe est que tout comme il est possible de créer sur un même disque dur plusieurs partitions qui apparaissent chacune sous forme d'une initiale de lecteur (lecteur E:, F:, G:, etc.), bien que physiquement ce soit toujours le même disque, il est possible sur un même serveur de gérer plusieurs noms de domaines. Le gestionnaire du serveur `www.serveur.fr` pourrait ainsi installer à votre intention une zone du disque dur sous `www.paracelse.fr`. Ainsi, tous les visiteurs pourraient accéder par cette adresse à la page d'accueil de la pharmacie Paracelse, bien que physiquement il s'agisse de la machine `www.serveur.fr`.

Un serveur de ce type est appelé serveur virtuel. Le coût d'un serveur virtuel est un peu plus élevé que le simple stockage de vos pages sur un serveur existant, mais malgré tout beaucoup moins cher que la création et la gestion de votre propre serveur. Si vous attachez une certaine importance à disposer d'un nom de domaine personnel, orientez vos recherches vers les fournisseurs proposant des serveurs virtuels.

Un serveur virtuel n'est pas pour autant un serveur de seconde classe : des entreprises renommées et de taille mondiale ont adopté cette solution, car pour le surfeur Web, il est impossible de distinguer un serveur personnel d'un serveur virtuel.

La transmission des données

Vous avez trouvé un fournisseur adapté à vos besoins et à vos finances et il vient de vous proposer de transférer vos pages HTML sur le serveur. Cette transmission depuis votre PC sur le serveur est réalisée par FTP (File Transfer Protocol). Il s'agit d'un moyen rapide et pratique pour échanger des données entre deux ordinateurs.

Vous avez certainement déjà rencontré sur le Web des offres proposant, par un simple clic de souris, de télécharger sur votre machine un fichier ou un logiciel. Là encore, ce transfert se passe par FTP, Netscape Navigator se chargeant de tous les détails.

S'il est possible de charger avec Netscape Navigator des fichiers depuis un serveur sur votre PC, l'opération inverse (PC vers serveur) suppose un logiciel spécial. L'un des meilleurs de ce type est WS_FTP, il vous décharge de toutes les tâches fastidieuses.

 Vous trouverez le programme WS_FTP sur le CD-ROM Vous pouvez l'installer à partir de là.

Avant de lancer WS_FTP, préparez quelques données que le gestionnaire du serveur aura mises à votre disposition si vous avez conclu un contrat avec lui :

■ l'adresse Web du serveur, ainsi que le sous-dossier dans lequel vos données sont stockées (par exemple, `www.serveur.fr/homepages/paracelse/`) ;

■ un User-ID, fourni par le gestionnaire du serveur (par exemple, paracel) ;

■ Et pour finir un mot de passe (par exemple xyzppq).

 Dans certains cas, l'adresse du serveur Web ne vous sera pas fournie en clair (par exemple www.provider.fr/homepages/paracelse/), mais sous forme d'un numéro IP (par exemple 123.456.789.246/homepages/paracelse/). C'est plus difficile à mémoriser, mais le principe de fonctionnement est le même.

 Rappelez-vous : toute personne connaissant votre identification et votre mot de passe est en mesure de modifier vos fichiers sur le serveur, de les supprimer ou d'ajouter d'autres fichiers. Conservez soigneusement ces informations à l'écart des oreilles et des yeux indiscrets, comme vous le faites pour votre code de carte de crédit.

Tout est prêt ? C'est parti :

1. Lancez le programme WS_FTP.

Fig. 13.1 :
Le menu
de départ
de WF_FTP

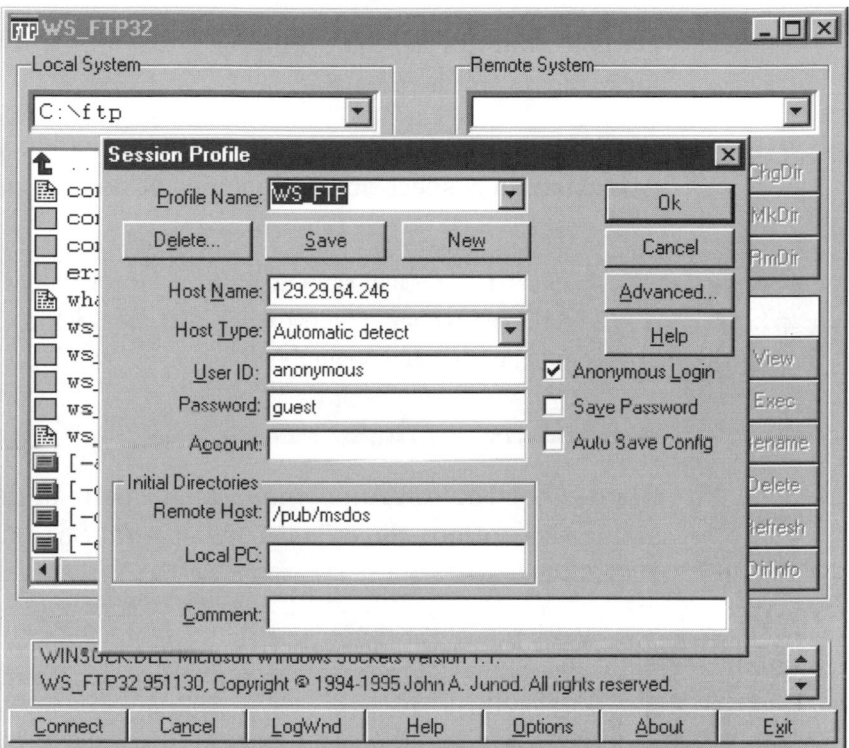

Si vous souhaitez d'abord faire un petit tour d'horizon du programme, refermez cette fenêtre par un clic sur le bouton **Session Profile**. Pour la faire réapparaître, cliquez sur le bouton **CONNECT**.

Voici les modifications à entreprendre dans cette fenêtre :

2. Cliquez sur le bouton **New**. Presque tous les champs de la fenêtre sont effacés et vous pouvez commencer la saisie des informations spécifiques à votre serveur Web.

3. Dans *Profile Name*, saisissez un nom libre pour le serveur sur lequel vos pages seront transférées (par exemple, Paracelse).

4. Dans *Host Name*, indiquez l'adresse Web de votre serveur Web
    (www.serveur.fr). Le dossier de départ (par exemple, /homepage/
    paracelse/) est déterminé automatiquement à partir de votre User ID.

5. Dans le champ *User-ID*, indiquez votre identification d'utilisa-
    teur (par exemple, paracel).

6. Dans le champ *Password*, tapez votre mot de passe (xyzppq).
    Attention au respect des minuscules et des majuscules.

Au cours de la saisie du mot de passe, celui-ci n'est pas affiché en clair
à l'écran, pour contrer les éventuels curieux. Faites attention à ne pas
commettre de faute de frappe

7. Cliquez sur l'option *Anonymous Login* pour la désactiver, puis
    activez les options *Save Password* et *Auto Save Config*.

En activant Save Password, votre mot de passe est enregistré et vous
n'aurez pas à le saisir à chaque démarrage de WS_FTP. Si d'autres
personnes sont amenées à utiliser votre machine, n'activez pas cette
option, faute de quoi les autres auront très facilement accès à vos fichiers.

8. Cliquez sur le bouton OK.

    Ainsi WS_FTP connaît vos données d'accès et la fenêtre **Session
    Profile** se referme.

Notez le changement de forme du pointeur de la souris. Après fermeture de la fenêtre, il se transforme en sablier accompagné d'une flèche. C'est ainsi que le programme indique qu'il essaie de prendre contact avec le serveur Web. Si, pour une raison ou une autre, vous étiez déjà en ligne, la connexion au serveur est immédiate. Mais en général, vous ne serez pas encore en ligne à ce moment et vous devrez passer par les étapes suivantes.

9. Cliquez sur le bouton **Cancel**.

8. Cliquez sur le bouton OK.

WS_FTP connaît maintenant vos données d'accès, et la fenêtre **Session Profile** se referme.

9. Cliquez sur le bouton **Cancel**.

La tentative de connexion du programme WS_FTP au serveur Web est annulée et vous pouvez tranquillement passer en ligne.

Si votre PC est équipé d'une carte son, ne sursautez pas si le programme lance un petit coup de klaxon au moment du clic sur le bouton **Cancel**. Vous pouvez le désactiver **par Options/Session Options/Sounds**.

Comme vous pouvez basculer du mode Inline au mode Offline dans Netscape Navigator (voir leçon 6), il en va de même dans WS_FTP.

10. Cliquez sur la commande **Démarrer/Programmes/Accessoi-res/Accès réseau à distance**. Dans ce dossier, établissez la connexion à votre fournisseur comme vous le faites habituellement.

À partir de votre PC, la connexion est établie comme à l'accoutumée, par modem ou carte Numéris. Pour que le fournisseur détecte vos autorisations d'accès, il faut utiliser votre User ID

(User ID 1), et votre mot de passe (Password 1) qui vous a été communiqué par votre fournisseur. En cas de connexion, une liaison par téléphone est établie entre votre PC et le serveur.

Le serveur est la station intermédiaire entre votre PC et l'Internet. C'est grâce à lui que vous accédez au World Wide Web, mais aussi que vous disposez d'un accès FTP à ce serveur. Cet accès FTP est également protégé par un ID utilisateur (User ID 2) et un mot de passe (Password 2), que vous aurez à saisir dans WS_FTP.

Dans certains cas, vous pourrez utiliser le serveur de votre fournisseur comme serveur Web. Dans ce cas aussi, vous aurez besoin des deux ID utilisateurs et des deux mots de passe.

Après cette courte explication, nous sommes prêts à œuvrer : vous êtes en ligne et vous pouvez désormais établir la connexion au serveur Web :

11. Passez dans WS_FTP.

12. Cliquez sur le bouton **Connect**.

Une nouvelle fenêtre **Session Profile** s'ouvre :

Fig. 13.2 :
La nouvelle
fenêtre

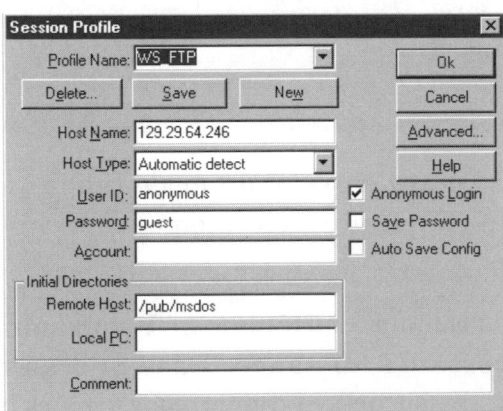

13. Ouvrez la liste *Profile Name* pour obtenir la liste de tous les serveurs déclarés dans le programme, mais surtout de la mention du nom que vous avez vous-même définie lors de la configuration de WS_FTP, à l'étape 2, pour votre serveur (par exemple, *paracelse*).

14. Sélectionnez ce serveur dans la liste.

15. Cliquez sur OK pour établir la liaison.

Fig. 13.3 :
La liaison avec le
serveur est établie

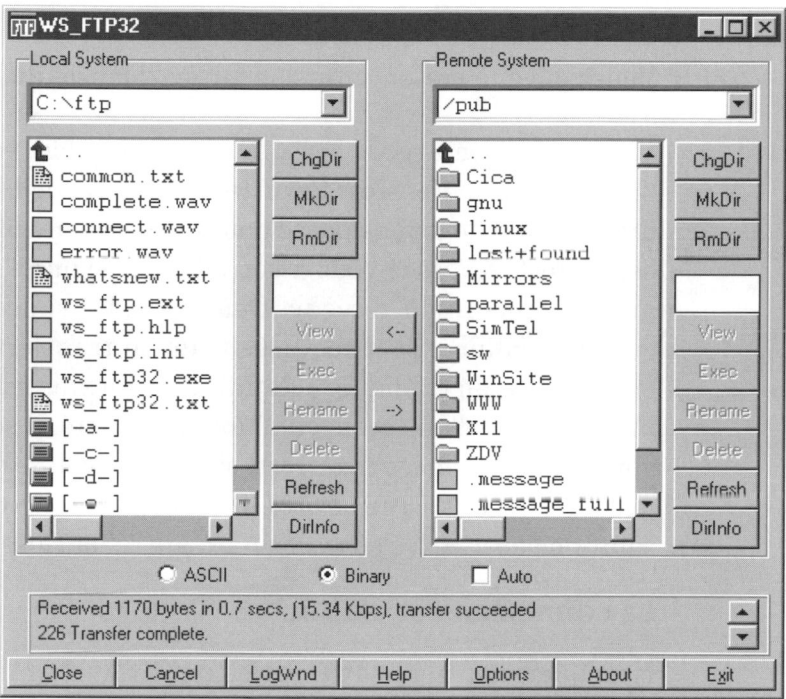

Dans la fenêtre de protocole de WS_FTP, vous pouvez suivre comment le programme établit la liaison avec votre serveur Web. En cas de problème, un message d'erreur est affiché.

Lorsque la liaison est correctement établie, la fenêtre du serveur (**Remote Host**) affiche la liste des fichiers et des sous-dossiers déjà en place sur le serveur.

Si c'est votre première connexion au serveur Web, vous n'y trouverez bien évidemment aucun fichier et aucun sous-dossier, car vous n'avez encore rien transmis. Mais vous reconnaîtrez une liaison correcte au dernier message de la fenêtre de protocole, 226 Transfer complete.

Vous pouvez à présent transmettre les données du PC au serveur.

Si la connexion avec le serveur est impossible, vérifiez d'abord dans la fenêtre **Session Profile** que le nom de la machine, l'ID utilisateur et le mot de passe ont été correctement saisis. Si tout est correct, adressez-vous à votre fournisseur de service, et non au gestionnaire du serveur. Demandez-lui si des informations complémentaires sont requises pour un transfert par WS_FTP et qu'il vous en explique le détail. Si le fournisseur est le centre informatique d'une école ou d'une université, il se peut que l'on vous informe que les transferts vers le serveur sont impossibles avec WS_FTP et d'autres programmes FTP. Dans ce cas, la seule solution consiste à s'adresser à un autre fournisseur.

La connexion est établie

Normalement, après avoir pris contact avec votre fournisseur, plus rien ne devrait s'opposer à la connexion au serveur Web. Vous pouvez transférer les données :

Fig. 13.4 :
Transfert facile
des données

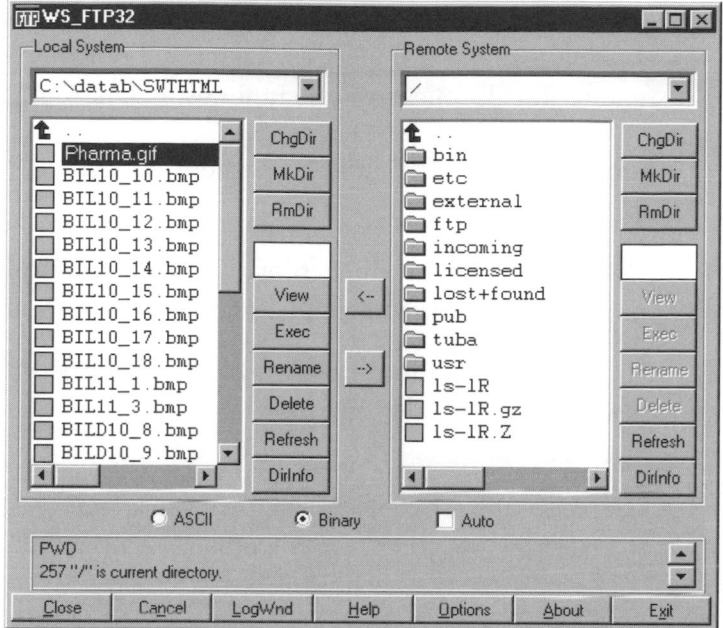

Dans le volet de gauche de la fenêtre **WS_FTP**, sont affichées les données de votre PC : le chemin d'accès actif (par exemple, C:\Sthtml), suivi de la liste des fichiers et des sous-dossiers. À droite, avec la même présentation, les données déjà en place sur le serveur Web.

Pour transférer un fichier du PC vers le serveur, procédez ainsi :

1. Cliquez sur le nom du fichier dans le volet gauche de la fenêtre (par exemple, pharmacie.gif) pour le sélectionner.

2. Cliquez sur le bouton de transfert (voir l'illustration précédente).

Le fichier est automatiquement transmis au serveur. Pendant le transfert, une fenêtre s'ouvre et permet de suivre l'avancement de la procédure.

Fig. 13.5 :
Avancement du
transfert

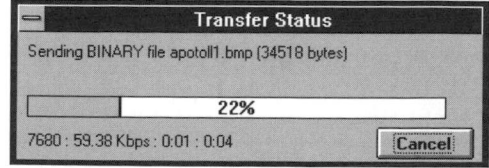

Lorsque le fichier est transmis, la fenêtre d'avancement se referme et signale que le transfert est terminé. Le fichier se trouve maintenant dans le volet droit de la fenêtre, donc sur le serveur.

Pour transférer un fichier du serveur vers votre PC, la technique est identique :

1. Cliquez sur le nom du fichier dans le volet droit de la fenêtre (par exemple, Pharmacie.gif) pour le sélectionner.

2. Cliquez sur le bouton de transfert en retour (voir l'illustration précédente).

Pour ces transferts, il est bien sûr possible d'effectuer des sélections multiples de fichier, en enfonçant la touche Ctrl et en cliquant successivement sur tous les fichiers à déplacer.

Tout aussi simplement que le transfert de fichier, vous pourrez effectuer d'autres opérations avec ce programme WS_FTP. Voici un descriptif de sa barre d'outils :

Fig. 13.6 :
Les boutons
de WS_FTP

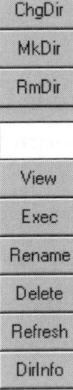

Ces boutons permettent les opérations suivantes :

Tab. 13.2 : Explications des boutons

Bouton	Fonction
ChgDir	En cliquant sur ce bouton, vous ouvrez une boîte de dialogue dans laquelle vous pouvez activer un autre dossier. Notez qu'un double-clic sur un sous-dossier permet d'y accéder directement, alors que pour remonter au dossier parent, vous devez double-cliquer sur la mention "...".
MkDir	Un clic sur ce bouton ouvre une boîte de dialogue dans laquelle vous définirez le nom du nouveau dossier à créer.
RmDir	Si vous avez sélectionné un ou plusieurs sous-dossiers, un clic sur ce bouton les supprime. Le programme demande confirmation de la suppression.
View	Si vous avez sélectionné un fichier, un clic sur ce bouton l'affiche. Cela suppose cependant que dans le programme, vous ayez associé l'extension du fichier (par exemple, .txt) à un afficheur (par exemple, le Bloc-notes de Windows 95), dans **Options/File Associations**.
Exec	Si vous avez sélectionné un fichier exécutable, un clic sur ce bouton démarre son exécution.
Rename	Si vous avez sélectionné un fichier, un clic sur ce bouton ouvre une boîte de dialogue permettant d'en modifier le nom.
Delete	Si vous avez sélectionné un ou plusieurs fichiers, un clic sur ce bouton les supprime. Une demande de confirmation est affichée.
Refresh	Lors du transfert des informations de fichier du serveur vers le PC, il arrive que la fenêtre de fichier ne soit plus affichée proprement. Un clic sur ce bouton reconstruit l'affichage.
DirInfo	Pour obtenir des informations sur les fichiers du volet de gauche ou de droite, cliquez sur ce bouton pour passer en affichage de type Détails.

Soyez prudent avec les boutons **RmDir** et **Delete**, s'il s'agit de fichiers du serveur. Sur votre PC, vous disposez certainement d'un programme permettant de restaurer ou de récupérer les fichiers supprimés, mais ce n'est pas le cas du serveur.

Sous les volets de la fenêtre principale du programme, se trouvent trois options ASCII, Binary et Auto, la seconde étant activée par défaut. Pour le transfert de pages Web vers le serveur, ne modifiez pas ces paramètres.

Vous savez maintenant comment transférer des données sur le serveur Web. Reste à savoir quels sont les fichiers à transférer pour que votre page Web soit correctement installée.

Comme exemple, nous reprendrons la page d'accueil de la pharmacie et la dernière version du listing, Sthtml10.htm :

```
1.  <HTML>
2.  <HEAD>
3.  <TITLE>Pharmacie Paracelse</TITLE>
4.  </HEAD>
5.
6.  <BODY BACKGROUND ="bkgr2.gif">
7.
8.  <CENTER>
9.      <H1>
10.        <FONT COLOR="#FF0000">
11.          La pharmacie Paracelse
12.            <BR>
13.          dans le World Wide Web
14.        </FONT>
15.      </H1>
16.      <IMG SRC="pharmal2.gif" LOWSRC="pharmal1.gif" WIDTH=301
         HEIGHT=110 ALT="J'aime ma pharmacie">
17. </CENTER>
18.
```

```
19. <HR SIZE=5>
20.
21. <TABLE WIDTH="100%" CELLPADDING=8>
22.    <TR>
23.       <TD WIDTH=131>
24.         <IMG SRC="fingerh2.gif" WIDTH=131 HEIGHT=132 ALT="La digitale">
25.       </TD>
26.       <TD WIDTH="99%" ALIGN="center">
27. <B>
28.    Paracelse connaissa&icirc;t d&eacute;j&agrave; les vertus
29.    des plantes. C'est gr&acirc;ce &agrave; lui que nous savons
30.    qu'il n'existe pas de poisons dans la nature
31.    mais que ce sont les doses qui font le danger. La
32.    digitale pourpre (<I>Digitalis purpurea</I>) est
33.    une plante v&eacute;n&eacute;neuse de chez nous, dont
34.    le poison est employ&eacute; pour soigner de nombreuses
35.    maladies cardiaques et intervient
36.    dans la fabrication de m&eacute;dicaments importants.
37.       </B>
38.       </TD>
39.    </TR>
40. </TABLE>
41,
42. <HR>
43.
44. <A HREF="toux.htm"><IMG SRC="pharma2.gif" ALIGN="left" WIDTH=100
    HEIGHT=100 BORDER=0 ALT="Logo de la pharmacie"></A>
45. <FONT COLOR="#FFFF00">La Pharmacie Paracelse
    est r&eacute;put&eacute;e pour ses pastilles
46. contre la toux tr&egrave;s efficaces. Cliquez sur le logo de la
    pharmacie
47. pour de plus amples informations.</FONT>
48.
49. <P>
50. <IMG SRC="Cocciok.gif" WIDTH=216 HEIGHT=29>
51.
52. </BODY>
53. </HTML>
```

Voici comment déterminer tous les fichiers requis pour un affichage correct de notre page Web sur le serveur :

1. Notez le nom de la page Web que vous souhaitez transférer sur le serveur.

2. Notez tous les fichiers d'images, de sons, de vidéos intervenant dans le listing (y compris un éventuel fichier d'arrière-plan).

3. Notez également tous les hyperliens locaux. Dans la page d'accueil de la pharmacie, il s'agit des fichiers Sthtml20.htm, Bkgr2.gif, Pharmal1.gif, Pharmal2.gif, Fingerh1.gif, Pharma2.gif, Cocciok.gif et Toux.htm.

4. Répétez la même opération pour tous les hyperliens locaux (ici, Toux.htm).

Vous disposez ainsi de la liste de tous les fichiers qu'il y a lieu de transférer sur le serveur pour obtenir un résultat correct.

Si vous avez stocké une partie des fichiers dans un sous-dossier de votre PC, pensez à créer la même structure sur le serveur, en utilisant le bouton **MkDir**.

Et si l'extension doit être HTML ?

Reste un dernier petit problème à résoudre. Ce problème n'intervient que si vous tenez absolument à placer sur le serveur des fichiers HTML avec une extension *.html* au lieu de *.htm*.

Rapide retour en arrière : les pages Web avec l'extension *.htm* fonctionnent tout aussi bien que les pages avec l'extension *.html*. La seule différence est que certains prétendent que les fichiers HTML donnent une impression de professionnalisme. Comment faire pour que vos pages affichent, elles aussi, un aspect "professionnel" ?

Reprenons l'exemple de la pharmacie. Cette offre se compose de deux pages Web : *Sthtml20.htm* et *Toux.htm* (et de tous les fichiers associés, sons, vidéos, images, etc.). Une fois ces fichiers transférés sur le serveur, il suffit de les renommer :

1. Transférez les deux pages HTML sur le serveur.

2. Sélectionnez le fichier Sthtml20.htm dans la fenêtre des fichiers du serveur.

3. Cliquez sur le bouton **Rename**.

4. Indiquez comme nouveau nom Sthtml20.htmL et validez par OK.

5. Faites de même avec le fichier Toux.htm, appelez le Toux.html.

Comme vous le voyez, renommer un fichier HTM en HTML n'est vraiment pas un gros problème et pourtant, il existe un écueil :

```
44. <A HREF="toux.htm"><IMG SRC="Pharma2.gif" ALIGN="left"    WIDTH=100
HEIGHT=100 BORDER=0 ALT="Logo de la pharmacie"></A>
```

Dans la ligne 44 du fichier Sthtml20.htm (qui se trouve sur votre PC), nous avons mis en place un hyperlien <A HREF="toux.htm">. Or, si vous renommez sur le serveur le fichier toux.htm en toux.html, vous devez également modifier l'hyperlien.

Sur un plan général, disons que tous les hyperliens avec une extension *.htm* doivent être convertis en *.html* pour qu'ils fonctionnent sur le serveur après avoir renommé les fichiers.

Vous serez d'accord avec nous pour dire que le prix à payer pour l'extension *.html* sur le serveur n'en vaut pas forcément la chandelle.

Peut-être pensez-vous que tout ceci n'est vraiment pas pratique, car si vous renommez sur le PC tous les hyperliens locaux de *.htm* en *.html*, Netscape Navigator sera normalement dans l'incapacité de retrouver ces fichiers, puisque sur le PC, ils conservent l'extension *.htm*.

Heureusement, Netscape Navigator est un programme intelligent.

 Si, dans un fichier, vous mettez en place un hyperlien sur un fichier NomdeFichier.html, Netscape Navigator cherche ce fichier, mais aussi le fichier NomdeFichier.htm

Il est donc inutile de renommer les fichiers sur le PC, vous pouvez parfaitement mettre en place les hyperliens avec des extensions *.html*, tester les pages sur le PC, avec Netscape Navigator, puis transférer les fichiers sur le serveur et renommer les fichiers sur le serveur.

Résumé

Objectif	Procédure	Tag
utiliser l'extension HTML pour les fichiers du serveur	Avec WS_FTP, vous pouvez renommer les fichiers .htm en .html, mais avant, pensez à modifier tous les hyperliens locaux pour les adapter aux nouveaux noms	

Contrôle des connaissances

Vrai ou faux ?

	Vrai	Faux	Pour transférer une page Web sur un serveur Web, il faut
1.	N	I	L'adresse Internet du serveur
2.	O	H	Un User-ID
3.	T	R	Un mot de passe
4.	S	R	Une machine UNIX
5.	E	W	Un logiciel de FTP

Complétez la phrase

Si ma

-	-	-	-
6.	7.	8.	9.

-	-	-	-	-	-	-	-
10.	11.	12.	13.	14.	15.	16.	17.

est installée sur un serveur Web, le monde entier peut la visiter.

Trouvez les correspondances

18.		.htm
19.		.html
20.		.ftp

U	Extension possible sur un serveur Web
S	Extension possible sur tous les PC
R	Protocole de transfert de fichier

Vrai ou faux ?

	Vrai	Faux	Sur le serveur Web, vous transférerez
21.	L	W	Uniquement les fichiers HTM
22.	W	H	Tous les fichiers intervenant dans votre page Web
23.	O	W	Votre logiciel graphique

Solution

NOTRE PAGE D'ACCUEIL SUR WWW

14 À ne pas oublier

40 mn

Dans cette leçon, il est question des points à prendre en considération lorsque vous transférez des données sur votre serveur Web. N'oubliez pas que les données transférées sur ce serveur sont visibles par le monde entier. C'est un moyen, insoupçonné encore il y a peu de temps, de se présenter et de présenter ses idées à des millions de personnes. C'est justement pourquoi il faut bien réfléchir aux informations publiées sur le Web.

L'autoroute de l'information n'est souvent qu'une départementale

Lorsque les hommes politiques traitent des nouveaux médias et abordent l'Internet, nous entendons régulièrement resurgir le concept d'autoroute de l'information. Cela correspond bien au vocable politique, mais nous, utilisateurs avertis de l'Internet, nous savons bien que cette autoroute ressemble bien plus à une route départementale (voire à un sentier muletier) qu'à une voie rapide.

Bien sûr, fort de son succès, il est certain que l'Internet évolue et deviendra progressivement cette autoroute tant annoncée, mais d'ici là, il faut tenir compte de ses faiblesses et de ses lacunes. Lors de la création des pages Web, prenez en considération l'aspect informatif et esthétique de ces documents, mais tenez compte également des possibilités limitées de transmission du World Wide Web.

Remarques pour des pages HTML compactes

Peut-être aimeriez-vous revoir dans un même tableau l'ensemble des trucs, Remarques et conseils permettant d'obtenir des pages compactes, ne serait-ce que pour vérifier que vos pages Web répondent bien à ces principes.

Pour chacune de vos pages Web, commencez par prendre connaissance de leur taille. Voici comment faire :

1.   Chargez la page HTML dans le Bloc-notes et notez le nom du fichier, ainsi que celui de tous les fichiers graphiques qui y sont associés.

2.   Activez la commande **Démarrer/Programmes/Explorateur Windows** et localisez le dossier contenant la page HTML et tous ses fichiers graphiques.

3.   Cliquez successivement sur chacun des fichiers notés précédemment et regardez sa taille dans la barre d'état de l'Explorateur.

4.   En additionnant, même approximativement, toutes ces indications de taille, vous aurez une idée du volume que le World Wide Web devra transmettre pour que chaque visiteur puisse visualiser votre page HTML complète.

Reportez-vous à la règle suivante, en tenant compte du résultat de l'addition :

■   1-20 Ko : Cette taille est correcte, même avec des transmissions lentes. Mais vous pouvez essayer de réduire encore la taille des fichiers graphiques.

■   20-50 Ko : Avec des transmissions lentes, cette page mettra déjà plus d'une minute à être affichée. Prenez la précaution de définir pour chaque image les mots-clés WIDTH et HEIGHT, pour que l'utilisateur puisse lire le texte durant le chargement des images.

■ 50 Ko et plus : Réfléchissez bien à l'intérêt que trouveront les utilisateurs à votre page Web après un temps de chargement long. Testez des variantes en ce qui concerne les images et essayez le fractionnement de la page en plusieurs autres.

Voici le tableau des mesures à prendre pour des pages HTML compactes :

Tab. 14.1 : Mesures à prendre pour des pages HTML compactes

Texte	Si le texte de la page est très long, essayez de le répartir sur plusieurs pages en utilisant la structuration linéaire ou hiérarchique.
	Dans les pages HTML, les commentaires sont utiles, mais eux aussi sont transmis ; soyez donc bref et précis.
	Avant d'intégrer une image volumineuse, faites usage des divers tags de mise en valeur, par exemple <Hx> ou <FONT SIZE=x>.
	Beaucoup d'effets graphiques peuvent être réalisés de manière plus dense par une utilisation judicieuse de tableaux sans bordures.
	L'objectif de rendre les pages HTML plus denses ne doit pas vous faire ignorer la lisibilité du code. N'hésitez pas à rajouter quelques sauts de ligne ou espaces de plus dans le code.
Image	Au lieu de réduire les images par WIDTH et HEIGHT, réduisez-les dans un programme graphique.
	Indiquez toujours la taille des images par les mots-clés WIDTH et HEIGHT pour que le visiteur puisse lire le texte avant l'arrivée des images.
	N'hésitez pas à recourir à l'entrelacement pour les images de grande taille.
	Pensez également à LOWSRC pour afficher plus rapidement les images.
	Les images avec un arrière-plan de couleur monochrome sont plus faciles à compresser et offrent des tailles réduites.
	Les photos seront plus compactes si vous les compressez et enregistrez en format jpg.

Tab. 14.1 : Mesures à prendre pour des pages HTML compactes

Texte	Si le texte de la page est très long, essayez de le répartir sur plusieurs pages en utilisant la structuration linéaire ou hiérarchique.
	Pensez à la possibilité d'utiliser des images ou des logos à répétition sur vos pages. Un logo répété trois fois dans une page ne sera chargé qu'une seule fois.
Sons et vidéo	Vérifiez d'abord leur intérêt informatif pour le visiteur. Évitez systématiquement les fichiers énormes.
	Informez le visiteur de la taille et du format des fichiers son et vidéo.

Le monde entier voit ma page d'accueil : la Netiquette

Nous allons nous attacher dans cette section au contenu des pages. Lorsque vous entrez dans le World Wide Web et y déposez vos pages Web, dites-vous que des millions de personnes sont susceptibles d'en prendre connaissance et que ces visiteurs viennent de tous les coins du monde. Ces personnes ont des cultures, des traditions, des religions différentes et peuvent apprécier de diverses manières votre document.

Depuis les débuts de l'Internet, il existe un code de bienséance informel mais respecté par tous : la Netiquette (combinaison de Net et de Étiquette). Cette Netiquette reprend les grands principes en vigueur dans tous les pays démocratiques.

Le premier de ces principes stipule que personne ne peut être avantagé ou poursuivi du fait de son sexe, de ses origines, de sa race, de sa langue, de son pays, de ses croyances, de sa religion ou de ses convictions politiques.

Lors de la création de vos pages Web, gardez ce principe à l'esprit et essayez de déterminer si votre texte ne risque pas d'être sujet à une mauvaise interprétation (ou du moins à une interprétation différente de la vôtre).

Du fait du caractère mondial de l'Internet, ce n'est pas toujours facile. L'image d'une jeune femme en maillot de bain ne choque personne aux États-Unis ou en Europe, alors que dans les pays islamiques, elle est considérée comme pornographique. À l'inverse, une image de corrida, parfaitement admise en Espagne, sera synonyme de cruauté et risque de choquer d'autres utilisateurs européens.

De toute façon, la Netiquette ne signifie pas qu'il faille éviter absolument tout ce qui, dans une région ou une autre, risque d'être mal perçu. Le principal est d'y réfléchir au préalable et d'en être conscient.

Si votre objectif n'est pas seulement de mettre en place votre page de présentation sur le World Wide Web, mais de présenter une entreprise ou une organisation, arrangez-vous pour que votre message soit acceptable et agréable pour les gens de tous les pays et de toute croyance.

La Netiquette traite également de quelques aspects complémentaires :

■ sur votre page d'accueil, soyez précis, votre nom ou celui de votre entreprise doit y apparaître clairement ;

■ donnez aux visiteurs la possibilité de vous joindre par e-mail, pour d'éventuelles suggestions ou critiques ;

■ si vous avez utilisé des tags spécifiques de Netscape dans votre page, indiquez-le sur la page d'accueil (par exemple, "L'affichage optimal de cette offre suppose l'emploi de Netscape Navigator 2.0 ou plus") ;

■ si vous insérez des hyperliens dans votre page, indiquez avec précision ce à quoi le visiteur aboutira après un clic sur cet hyperlien (ne vous contentez pas de "Cliquez ici ! ") ;

- optimisez vos pages Web, les visiteurs n'auront que plus de plaisir à y revenir.

Ce dernier point aborde un aspect que certaines pages Web n'ont pas encore bien compris. La Netiquette n'est pas seulement un principe moral, appliqué par les personnes "bien élevées", elle trouve aussi son origine dans le fait qu'une offre Web n'est attractive pour les visiteurs que si la Netiquette est respectée. Auriez-vous l'idée de passer une commande à une entreprise dont la page Web vous trompe ou vous insulte ? De même, des images énormes et des temps de chargement excessifs ne vous inciteront certainement pas à revenir sur cette page.

Les règles de copyright s'appliquent au Web

Il y a un aspect de la Netiquette que nous avons passé pour le moment sous silence : évitez de faire dans le Web des offres ou des propositions allant à l'encontre de la loi. Nous avons consacré une section à ce sujet, car de telles propositions ne sont pas seulement incorrectes, elles sont également répréhensibles et condamnables. En particulier, lorsqu'il s'agit de bafouer les droits d'auteurs ou la législation du copyright.

Vous entendrez des utilisateurs affirmer haut et fort que l'Internet est un espace de "liberté" et que, à ce titre, les textes et les images du World Wide Web peuvent être copiés et réutilisés sans vergogne. C'est faux.

Le World Wide Web est un espace de liberté, c'est vrai, mais la liberté ne signifie pas l'absence de loi.

Et le fait que le non-respect des droits d'auteurs dans le World Wide Web ne soit que rarement poursuivi sur le plan juridique n'y change rien. Prenons un exemple :

Vous avez créé un logo et l'avez intégré dans votre page Web. Sur le plan juridique, vous êtes l'auteur de ce logo et tant que vous ne conférez pas à quelqu'un d'autre le droit de l'utiliser, personne n'est autorisé à utiliser ce logo.

Un visiteur découvre votre page Web et l'apprécie. Il décide de mettre en place dans sa propre page un hyperlien vers votre page et utilise pour cela votre logo. Normalement, il aurait d'abord dû vous demander l'autorisation, mais, dans la pratique, vous ne lui en voudrez pas. Vous serez certainement même fier et flatté qu'un autre utilisateur mette en place un lien vers votre page, la fréquentation de votre page ne peut qu'augmenter.

Un autre utilisateur, basé à Taiwan ou ailleurs, découvre lui aussi votre logo et l'utilise à des fins personnelles. Si l'idée vous venait de l'attaquer en justice dans son pays, votre avocat vous déconseillerait à coup sûr de lancer la procédure : avant d'obtenir réparation (si vous y parvenez), vous aurez perdu beaucoup plus de temps et d'argent que l'affaire n'en vaut réellement.

Que les choses soient bien claires, cet exposé n'est pas une incitation au pillage systématique des pages étrangères. Là encore, la Netiquette impose d'éviter ce genre de comportement, même si les risques juridiques sont dérisoires.

Notez que la législation des droits d'auteurs s'applique même en cas d'utilisation d'un élément modifié. Ce n'est pas en changeant un pixel ou deux dans une image que vous en devenez l'auteur ou que vous pouvez contourner la loi.

La seule exception à cette règle est celle de ces nombreux offreurs du Web, qui mettent explicitement des logos, des images ou des dessins à disposition de la communauté. C'est, par exemple, le cas des boutons "à usage domestique" que vous avez découverts dans la leçon 9. Il serait intéressant de retrouver ces boutons sur de nombreuses pages Web au cours du surf sur l'Internet, ce serait la preuve indéniable du succès de cet ouvrage !

Ce que vous avez le droit de "voler"

Après toutes ces barrières "juridico-légales", voyons ce que vous avez le droit de dérober en tout bien, tout honneur.

Si vous avez effectué tous les exercices de ce livre, vous savez désormais beaucoup de choses sur la création de pages Web. Au cours de vos pérégrinations dans le World Wide Web, vous rencontrerez des pages et vous vous direz "Je connais, je sais comment faire pour arriver à ce résultat ! ". Même des sujets pointus tels que les images animées ou les tableaux complexes n'ont plus de secret pour vous. Et pourtant, de temps à autre, vous serez confronté à une page plaisante sans savoir comment son auteur l'a réalisée.

Dans ce cas, jeter un coup d'œil en coulisse vous intéressera certainement. Il existe un moyen pour en percer le secret et, si les images et les textes des pages sont protégés, la suite de tags formant la page HTML ne l'est pas. Ces pages sont librement "récupérables", sans enfreindre la loi. Connaissez-vous le musée du Louvre ? Si vous êtes amateur d'Art, pourquoi ne pas faire une visite en ligne au Louvre ? Vous trouverez le Louvre à l'adresse `http://mistral.culture.fr/louvre`.

Nous allons prendre une page Web du Louvre pour étudier comment découvrir les Remarques utilisées par les auteurs des pages.

1. Établissez une connexion et cliquez sur le bouton **Ouvrir** de Netscape Navigator. Indiquez l'adresse `http://mistral.cul-ture.fr/louvre/` et validez. Voici la page qui est présentée :

Fig. 14.1 :
La page d'accueil du musée du Louvre

Si l'image vous intéresse, la première chose à faire est de la contempler sans le texte.

2. Cliquez avec le bouton droit dans l'image.

Fig. 14.2 :
Le menu contextuel

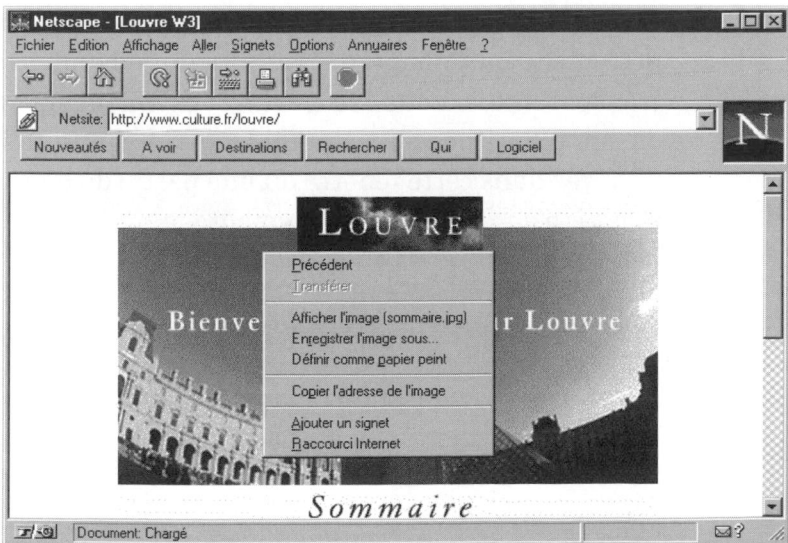

3. Cliquez dans ce menu (cette fois-ci avec le bouton gauche de la souris) sur **Afficher l'image (sommaire.jpg)**. Vous obtiendrez ainsi une nouvelle fenêtre Netscape Navigator, affichant l'image.

Fig. 14.3 :
L'image
sélectionnée,
en solo

Cette possibilité de visualiser l'image isolée de son contexte est utile pour déterminer la structure de la page Web, car l'image est présentée devant un arrière-plan neutre. Vous pouvez ainsi distinguer ce qui fait partie de l'image et ce qui est l'arrière-plan de couleur ou l'image d'arrière-plan (surtout avec des images transparentes). Vous découvrirez également si l'image n'est pas, en fait, constituée d'un assemblage d'images différentes. Si vous ne voyez dans cette fenêtre qu'une partie de l'image originale, il s'agit à n'en pas douter d'un montage.

Un clic sur le bouton **Enregistrer l'image sous...** permet d'enregistrer l'image sous un nom, sur votre disque dur. C'est une technique bien pratique si vous souhaitez contempler tranquillement l'image "Offline". Les droits d'auteurs ne s'appliquent qu'à une ré-utilisation de l'image, pas au fait de l'afficher.

Pour voir comment a été conçu le code HTML de la page Web, procédez ainsi :

4. Cliquez sur le bouton **Précédente** de Netscape pour revenir à la page complète de départ.

5. Cliquez sur le menu **Affichage**. Dans le menu ainsi déroulé, activez la commande **Source du document** :

Fig. 14.4 :
Le menu
Affichage

Cette commande ouvre la fenêtre suivante (elle peut être présentée différemment selon les versions du navigateur).

Fig. 14.5 :
La fenêtre Source
de Netscape

```
Netscape - [Source of: http://www.culture.fr/louvre/]

<!DOCTYPE HTML SYSTEM "html.dtd">
<HTML>
<HEAD>
<TITLE>Louvre W3</TITLE>
<LINK HREF="mailto:devitry@louvre.fr" REV="Made"></HEAD>
<BODY BGCOLOR="ffffff">
<CENTER><IMG SRC="/louvre/images/sommaire.jpg"></CENTER>
<CENTER>
<TABLE>
<TR>
<TD ALIGN="left"> </TD>
<TD></TD></TR>
<TR>
<TD ALIGN="left"><IMG SRC="/icones/level1.gif ">
<A HREF="/louvre/francais/magazine/magazine.htm">Magazine</A></TD>
<TD ALIGN="left"><IMG SRC="/icones/level1.gif">
<A HREF="/louvre/francais/musee/collec.htm">Les collections</A></TD></TR>
<TR>
<TD ALIGN="left"><IMG SRC="/icones/level1.gif">
<A HREF="/louvre/francais/infoprat/infoprat.htm">Informations pratiques</A>
<TD ALIGN="left"><IMG SRC="/icones/level1.gif">
<A HREF="/louvre/francais/musee/musee.htm">Le Louvre : palais et mus&eacute;
</A> </TD></TR>
<TR>
```

Ce que vous voyez est le code HTML complet de la page Web
active, tel que l'auteur l'a écrit.

Si vous étudiez attentivement le code, vous découvrirez peut-
être des Remarques encore inconnues ou des idées nouvelles de
combinaisons de tags HTML.

Il existe un moyen encore plus confortable pour visualiser le code des
pages HTML, si vous définissez le Bloc-notes de Windows 95 comme
afficheur de code HTML. Cliquez sur **Options/Préférences
générales/Appl.** et définissez le Bloc-notes comme afficheur, dans le
champ Voir les sources.

Ainsi, la commande **Affichage/Source du document** chargera
le Bloc-notes de Windows 95, et vous aurez le loisir d'enregistrer
ce code sous un autre nom. Vous l'étudierez à tête reposée, Offline.

Si vous surfez dans le World Wide Web et rencontrez des pages
intéressantes, jetez un coup d'œil à leur code HTML. Expérimentez ensuite les combinaisons de tags que vous y aurez
trouvées. Vous constaterez que le World Wide Web est un
excellent maître d'apprentissage.

Résumé

Objectif	Procédure	Tag
Apprendre par les autres pages Web, les trucs et Remarques de leurs auteurs	Charger la page dans Netscape Navigator et visualiser le code HTML par la commande View Source	

Contrôle des connaissances

Vrai ou faux ?

	Vrai	Faux	
1.	L	K	Évitez de réduire les images par WIDTH et HEIGHT
2.	O	E	Évitez complètement l'emploi de WIDTH et HEIGHT
3.	S	H	Il est judicieux de répartir les grandes pages HTML sur plusieurs pages
4.	A	R	Une page doit contenir de nombreux commentaires
5.	N	E	Des pages HTML claires et lisibles sont l'apanage des débutants
6.	I	G	N'utilisez jamais des images à répétition
7.	L	P	Les grandes surfaces monochromes sont faciles à compresser
8.	B	E	Les images entrelacées sont particulièrement lentes à charger
9.	I	S	Il est permis de réutiliser tout texte ou image trouvé sur le Web
10.	E	P	Il n'est pas possible de visualiser le code HTML caché derrière les pages Web
11.	T	S	Vous pouvez utiliser le Bloc-notes pour visualiser le code HTML des pages intéressantes
12.	V	L	La taille d'un fichier son ou vidéo ne regarde en rien le visiteur
13.	D	E	N'essayez pas de déterminer la taille totale d'une page HTML
14.	F	C	Des pages HTML compactes n'ont aucun intérêt sur l'autoroute de l'information

Trouvez les correspondances

15. ☐ Netiquette

16. ☐ VIEW - DOCUMENT SOURCE

| **P** | Apprendre à partir d'autres pages Web |
| **O** | Règles de bienséance de l'Internet |

Complétez la phrase

Un clic sur le bouton de

-	-	-	-	-	-
17.	18.	19.	20.	21.	22.

, dans une image, permet d'afficher une fenêtre complémentaire

Solution

-	-	-
1.	2.	3.

-	-	-	-	-	-
4.	5.	6.	7.	8.	9.

-	-	-	-	-
10.	11.		12.	13.

-	-	-	-	-	-	-	-	-
14.	15.	16.	17.	18.	19.	20.	21.	22.

LES RÈGLES ET LE COPYRIGHT

15 Pas de succès en ligne ?

50 mn

Ça y est enfin : vous avez appliqué vos nouvelles connaissances et disposez de quelques superbes pages Web. Vous avez trouvé le serveur Web qui vous convient et y avez installé vos fichiers. Vos pages sont désormais disponibles pour le monde entier.

Vous avez certainement prévenu tous vos amis et toutes vos connaissances disposant d'un accès à l'Internet et leur avez demandé d'aller y jeter un coup d'œil.

C'est un sentiment extraordinaire lorsque les premiers messages des visiteurs vous reviennent. Et ensuite ? Comment informer les milliers de personnes qui ne sont pas du cercle de vos connaissances de l'existence de votre page ? Ce chapitre vous le fera découvrir.

À l'issue de cette leçon, vous saurez...

- Comment déclarer vos pages Web aux moteurs de recherche.
- Où déclarer vos pages.
- Comment fonctionnent les robots de recherche.
- Comment agencer vos pages pour qu'elles soient convenablement exploitées par les moteurs de recherche.

Chercher une aiguille dans une meule de foin

Il n'existe aucune statistique relatant le nombre de pages Web existant de par le monde. Il s'en rajoute quelques milliers tous les jours. On estime ce nombre à près de 50 millions. Si vous surfez 24 heures sur 24 sur le Web et si vous visitez chaque page pendant 10 secondes, il vous faudra 10 ans pour faire le tour de l'offre actuelle.

Vous ne pourrez jamais visiter personnellement toutes les pages Web. Autant dire que pour trouver votre propre page Web, les autres surfeurs devront avoir beaucoup de chances. Une véritable aiguille dans une meule de foin !

Sauf... si vous déclarez votre page auprès d'un ou de plusieurs moteurs de recherche.

Déclaration aux moteurs de recherche

Vous avez certainement déjà entendu parler de ces moteurs de recherche, par exemple Yahoo. Ces moteurs sont organisés sous forme de structure hiérarchique permettant de naviguer pas à pas dans des listes de pages Web répondant à un centre d'intérêt.

Voyons comment déclarer une page Web à l'un de ces moteurs de recherche, en l'occurrence Yahoo France.

Rappelez-vous que les moteurs de recherche prennent sans cesse en compte de nouvelles pages et détruisent les liens obsolètes. C'est pourquoi, sur votre écran, vous n'aurez pas forcément la même image que les illustrations. Mais le principe de la déclaration reste le même.

1. Établissez la connexion et chargez dans Netscape Navigator la page d'accueil `http://www.yahoo.fr/`.

Voici cette page d'accueil :

Fig. 15.1 :
La page d'accueil
de Yahoo France

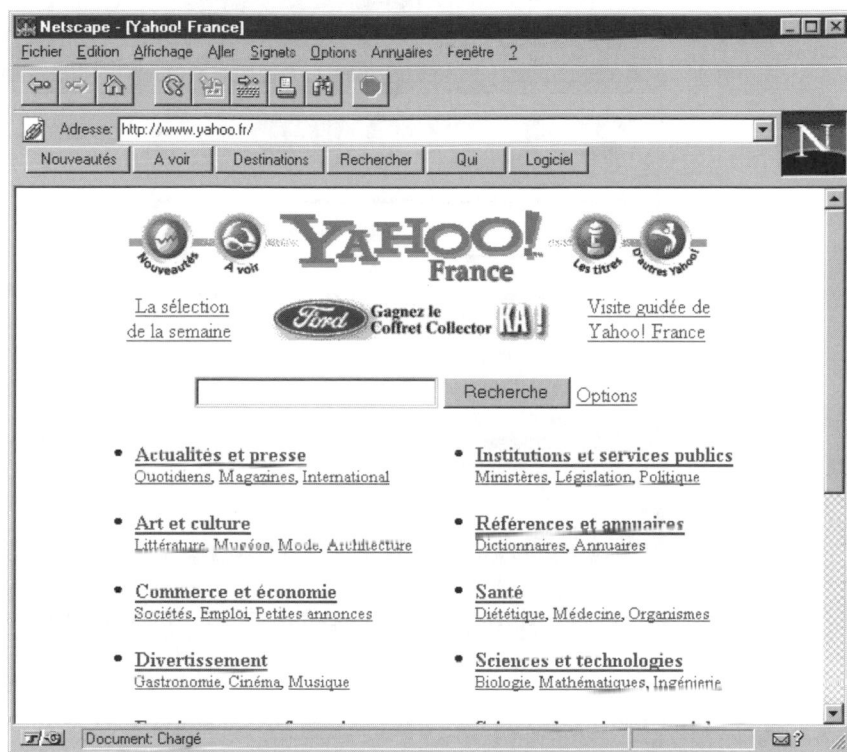

2. Cette page présente la structure hiérarchique des offres Web.

Dans notre exemple, nous cherchons à déclarer la page de notre Pharmacie Paracelse auprès de Yahoo. Les premières catégories ne sont pas appropriées pour notre activité, mais en parcourant ces catégories, voici qu'apparaît une catégorie *Santé*.

3. Un clic sur cette catégorie *Santé* fait apparaître des sous-entrées dont l'une retient tout particulièrement l'attention : *Pharmacologie*. Un clic sur cette catégorie, puis un autre sur la sous-catégorie *Sociétés* prouve que d'autres sociétés pharmaceutiques sont déjà présentes. La Pharmacie Paracelse n'a pas une taille internationale, mais elle profitera ainsi de l'attrait des grands groupes et attirera des visiteurs curieux.

Fig. 15.2 :
Les autres
sociétés du
secteur
pharmaceutique

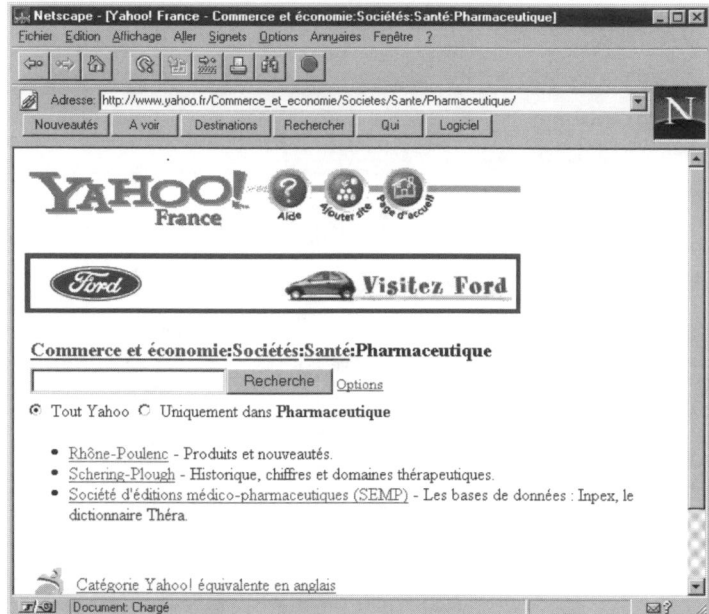

Nous retenons cette catégorie pour notre page d'accueil.

4.   Revenez à la page d'accueil de Yahoo et cliquez sur l'hyperlien
     Comment ajouter un Site, tout en bas de la page.

Fig. 15.3 :
Cliquez sur
Comment
ajouter site

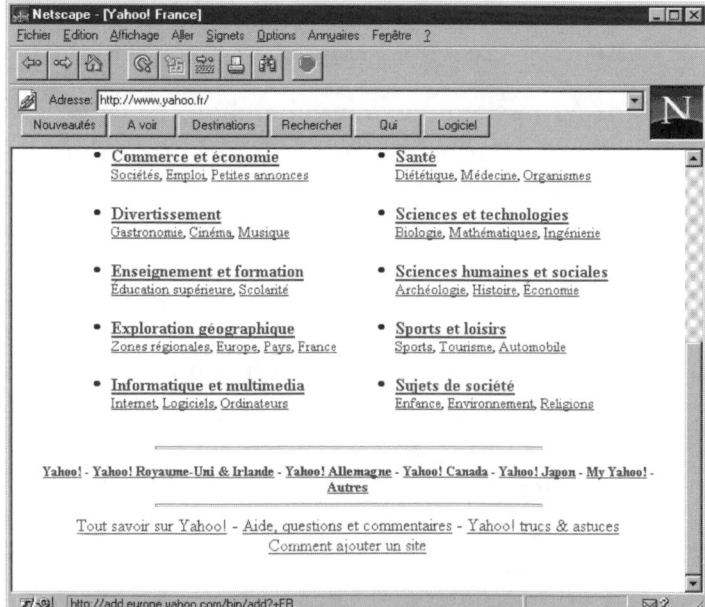

5. Voici le formulaire de déclaration auprès de Yahoo.

Fig. 15.4 :

Le formulaire de déclaration de Yahoo

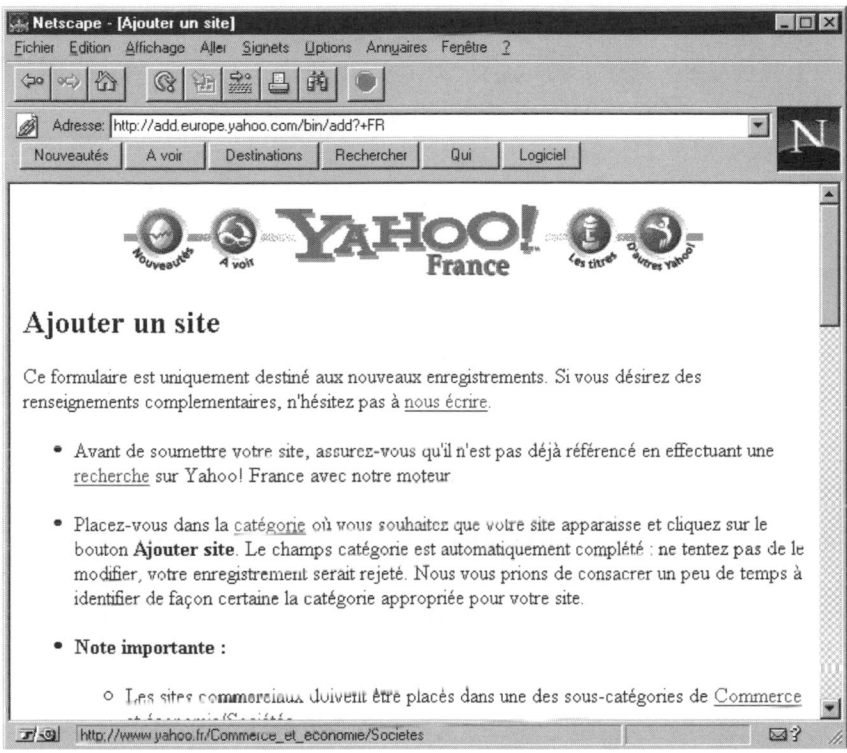

Faites défiler cette page vers le bas jusqu'à arriver au formulaire de déclaration. Voici de quoi se compose ce formulaire.

1. Complétez les champs *Catégorie, Adresse URL, Commentaires, Nom* et *Adresse électronique*. Au besoin, définissez également les champs *Autres catégories* et *Emplacement géographique*.

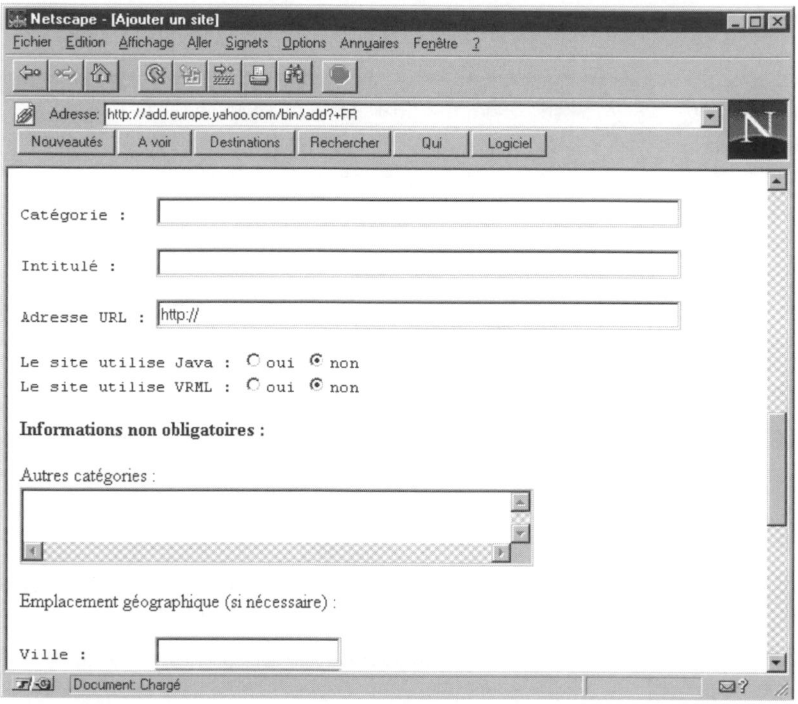

Fig. 15.5 :
Complétez les
différents champs

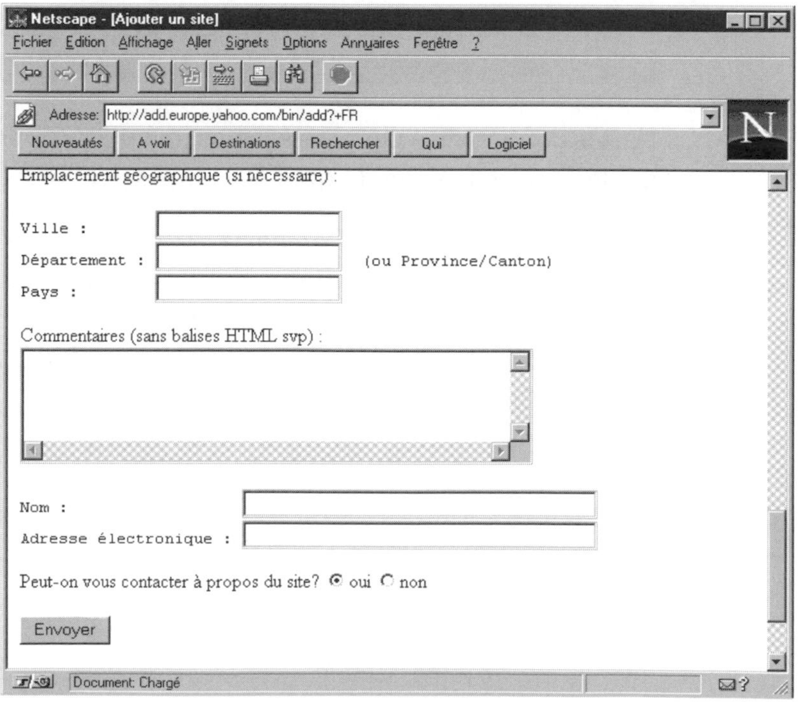

Fig. 15.6 :
Le formulaire de
déclaration
auprès de Yahoo

 Vous pouvez modifier à tout moment un champ déjà saisi en cliquant dessus avec la souris.

2. Lorsque tout est au point, cliquez sur le bouton **Envoyer**. Vos informations sont transmises à Yahoo, et, après quelques jours, vous trouverez votre page Web dans la liste des sites Yahoo, sous la catégorie *Pharmacologie*.

À partir de là, les visiteurs cherchant des sites ciblés trouveront votre page chez Yahoo.

 La procédure que nous venons de vous présenter pour Yahoo est identique pour tous les autres moteurs de recherche, à quelques détails près. N'hésitez pas à effectuer des déclarations auprès d'autres systèmes de recherche, la fréquentation de votre site en dépend.

Les déclarations qui en valent la peine

Voici une liste des principaux moteurs de recherche.

 Vous trouverez dans le dossier C:\Sthtml le fichier Cherche.htm avec des hyperliens vers les principaux moteurs de recherche. Un simple clic suffit pour déclarer confortablement vos pages Web :

Fig. 15.7 :

Cherche.htm :
une liste de
moteurs de
recherche

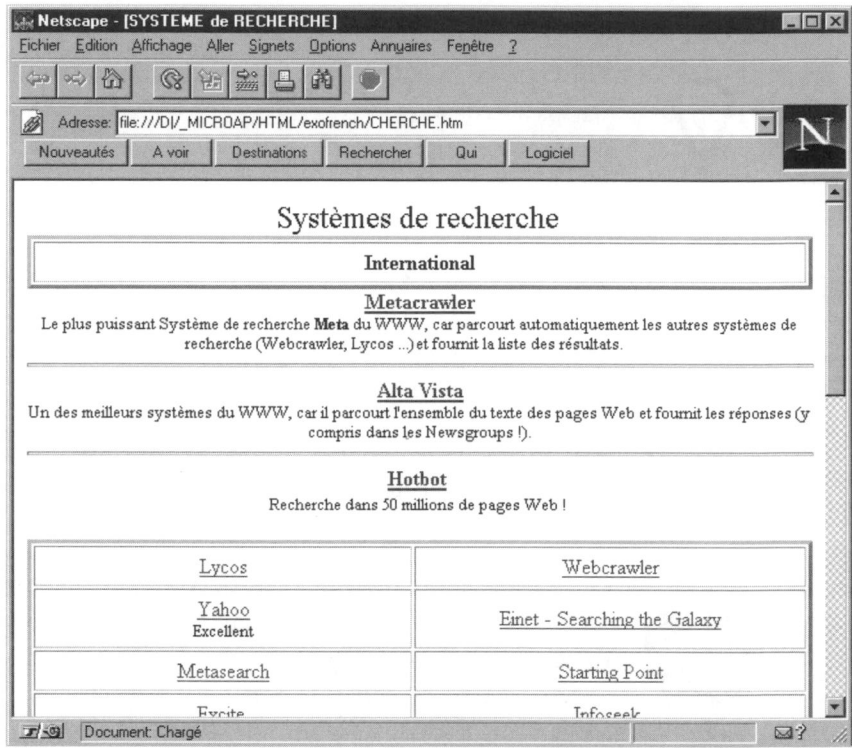

Ce document HTML propose également une liste mondiale des
serveurs régionaux.

Si vous habitez un pays de l'Europe, Suisse, Lichtenstein Autriche,
Allemagne, sachez qu'un clic sur l'hyperlien Europe affiche une carte
de l'Europe. Sur cette carte, sélectionnez votre pays d'origine et
poursuivez le chemin jusqu'à votre domicile.

Les robots-traqueurs...

Pour l'instant, lorsque nous parlions de moteur ou de système
de recherche, il s'agissait de système de type hiérarchique, tel
Yahoo, dans lesquels il vous revenait de déclarer vos pages Web
avec un court descriptif. Vous connaissez certainement aussi les
systèmes de recherche Altavista ou Hotbot. Ces derniers ne

proposent pas de structure hiérarchique par catégories, mais un masque de saisie dans lequel il est possible de saisir un critère de recherche afin d'obtenir comme résultat une longue liste de sites répondant au critère.

Ces systèmes de recherche travaillent avec des robots. Concrètement, ces systèmes disposent d'ordinateurs rapides et puissants, connectés au World Wide Web et sur lesquels fonctionnent des programmes cherchant automatiquement les pages Web nouvelles ou modifiées.

C'est là toute la puissance de ces moteurs, car ils parcourent chaque heure des milliers de pages et les enregistrent dans une base de données. Ainsi, Hotbot se targue d'avoir visité et enregistré près de 54 millions de pages.

Mais ces systèmes, tout performants qu'ils soient, ont un inconvénient : un robot Web n'exploite pas le contenu des pages, il se contente d'indiquer les mots qui interviennent dans les pages enregistrées. Sachant cela, c'est à vous d'utiliser des mots suffisamment forts dans votre page, pour qu'ils soient considérés par le robot.

Nous verrons dans un instant comment agencer vos pages pour que les robots s'y intéressent.

Il existe une cependant une difficulté. Les robots Web parcourent le Web en profondeur, mais ils commencent toujours leur recherche à partir des pages connues et suivent ensuite tous les hyperliens. Ce type de surf automatique ne permettra la découverte de votre page que s'il existe quelque part un hyperlien vers votre page. Mais comment voulez-vous qu'un autre utilisateur du Web puisse établir un hyperlien vers votre page, puisque votre page n'est pas enregistrée par le robot ce qui signifie que l'utilisateur ne peut pas la trouver ? La solution consiste à aider le robot :

Déclarez vos pages auprès des systèmes de recherche robotisés, en tenant compte de deux différences par rapport aux systèmes hiérarchiques :

- les systèmes robotisés ne demandent pas que vous définissiez une catégorie dans laquelle vos pages apparaîtront, il suffit d'une adresse Web ;

- une fois que la page est déclarée, le robot la visitera à intervalle régulier pour vérifier si des changements sont intervenus. Une seule déclaration est donc suffisante, même si vous modifiez régulièrement votre page ou si vous en ajoutez d'autres (à condition d'établir un hyperlien depuis la page enregistrée vers les nouvelles pages).

Voici comment déclarer vos pages sur le système Altavista :

1. Chargez le fichier Cherche.htm.

Fig. 15.8 :
Cet hyperlien permet d'établir la connexion avec Altavista

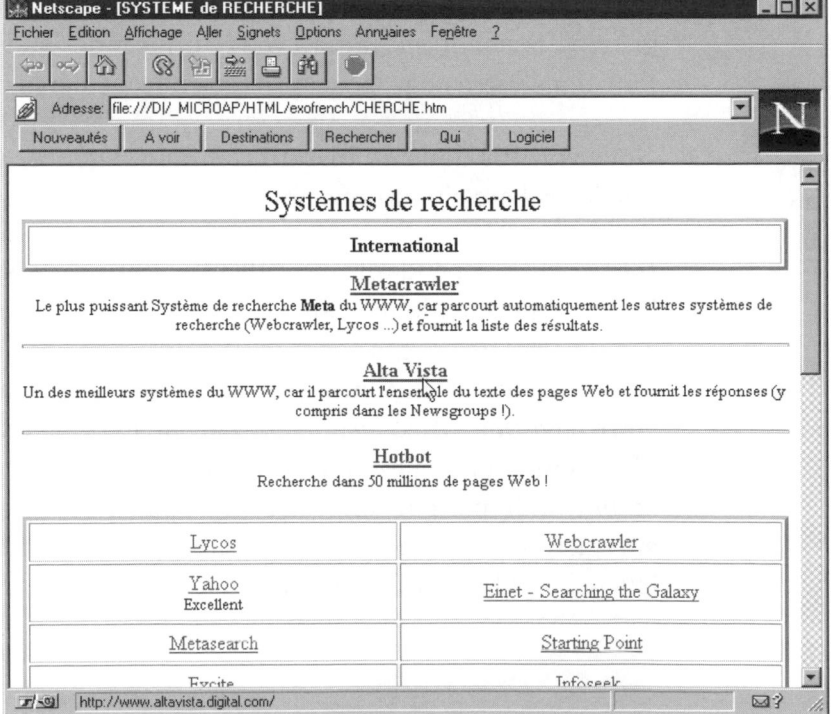

2. Cliquez sur *Altavista* pour arriver à l'écran du robot de recherche.

Fig. 15.9 :
La page de départ

3. Cliquez sur *Add URL*. Altavista affiche une page de déclaration de votre site Web.

Fig. 15.10 :
La déclaration

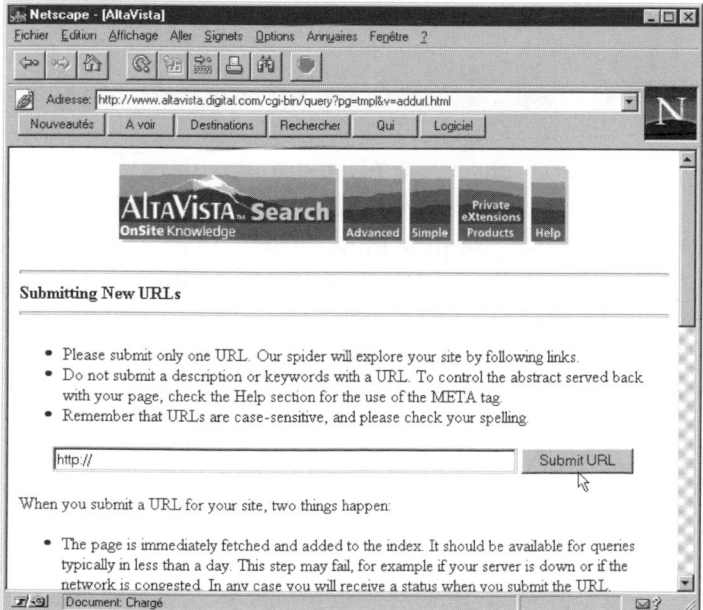

4. Dans la zone de saisie, après *http://*, indiquez l'adresse Web de vos pages (par exemple, `http://www.paracelse.fr/index.htm`) et cliquez sur le bouton **Submit URL**. Ainsi, Altavista connaît votre page et vous en informe par l'écran suivant :

Fig. 15.11 :
Votre page a été déclarée auprès d'Altavista

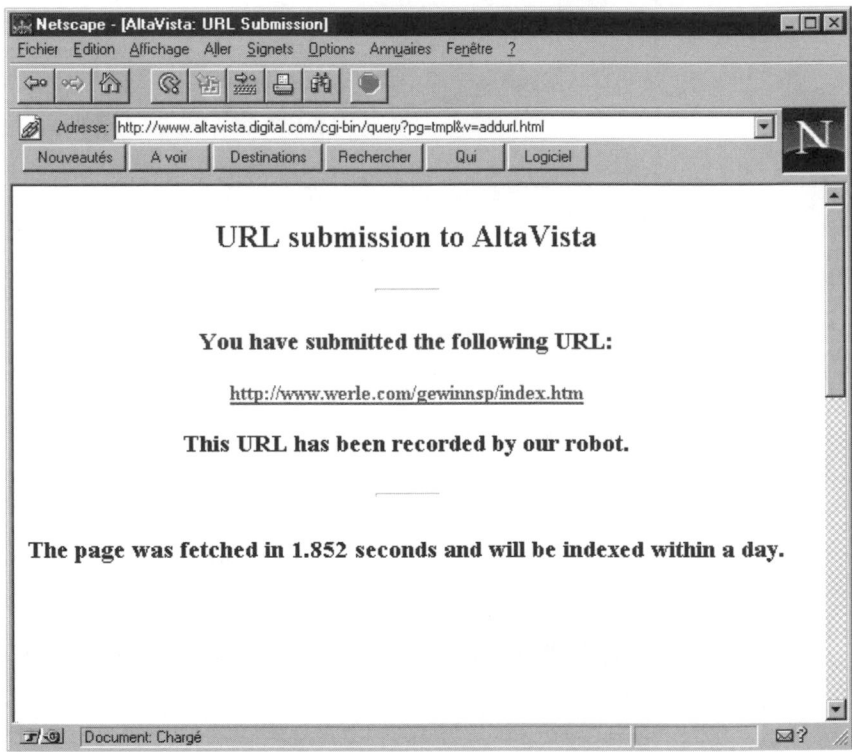

Que votre page soit prise en considération dans un délai d'une journée, comme l'annonce le système, n'est pas toujours exact. Mais sous quelques jours, elle le sera et vous pourrez la retrouver par la saisie d'un critère de recherche (par exemple, *Pharmacie Paracelse*).

Tous les systèmes n'enregistrent pas les pages dans un délai de quelques jours. Chez certains, la prise en compte peut durer plusieurs semaines. D'où l'intérêt de noter les systèmes dans lesquels vous avez enregistré vos pages, car un enregistrement en double n'accélère en rien les choses.

Venons-en maintenant aux critères de recherche utilisés par un système comme Altavista pour indexer votre page. Tout dépend de vous et de la façon dont vous avez agencé la page par rapport au robot.

...et comment les alimenter

Nous allons voir, avec l'exemple de la page Web de la pharmacie, la procédure à suivre pour que le robot trouve bien tous les mots que nous estimons intéressants pour les visiteurs :

1. Éditez d'abord le tag `<TITLE>`. Tous les titres sont considérés en priorité par les robots de recherche.

    Dans le tag `<TITLE>`, le texte doit contenir les mots-clés principaux de votre page le plus concrètement possible.

    L'instruction `<TITLE>Page d'accueil Pharmacie</TITLE>` n'est pas bonne, car il existe très certainement plusieurs pages d'accueil de pharmacie.

    `<TITLE>Page d'accueil de la Pharmacie Paracelse </TITLE>` est correct, car, ainsi, les personnes véritablement intéressées par la pharmacie Paracelse la trouveront immédiatement.

2. Parcourez le texte de la page et vérifiez les points suivants :

    ■ Tous les mots-clés jugés importants apparaissent-ils dans la page ?

- Chacun de ces mots intervient-il sous une forme qu'un utilisateur est susceptible de saisir ? Employez le terme "Pastille" de préférence à "Pastilles", car en général la saisie porte plutôt sur un mot au singulier.

- Existe-t-il des synonymes ou des mots similaires pour les mots-clés ? Des utilisateurs chercheront peut-être "Rhume" plutôt que "Toux". Le fait d'employer les deux dans votre page augmentera vos chances d'être trouvé.

- Si votre page est destinée également à des visiteurs étrangers, nous vous conseillons d'intégrer dans le texte la traduction anglaise des mots-clés.

3. Jetez un coup d'œil à chaque image de la page pour contrôler l'intérêt des informations présentées sous forme graphique. N'oubliez pas que les robots sont incapables d'exploiter les images, aussi ne vous limitez pas au logo de votre société, même s'il fait état du nom. Indiquez le nom en clair, dans le texte.

Ceci s'applique également aux textes affectés aux images par un tag `<ALT ="...">`, car les robots n'exploitent pas les tags.

Mis à part ces éléments, d'autres facteurs interviennent dans la prise en considération de votre message par les robots de recherche. Consultez à cet effet le formulaire de déclaration auprès d'Altavista, il y est indiqué que les tags `Meta` y ont une importance toute particulière. Ce tag est étudié à la leçon suivante où nous parlons des tags importants dans l'en-tête d'un fichier HTML.

Résumé

Objectif	Procédure	Tag
Enregistrer une page auprès d'un moteur de recherche hiérarchique (par exemple, Yahoo)	Définir la catégorie dans laquelle la page sera présentée et établir la déclaration	
Enregistrer une page auprès d'un robot de recherche	Indiquer au système de recherche l'adresse de la page Web	
Veiller à ce que les robots de recherche indexent correctement la page	Vérifier que la page contient tous les mots-clés requis	
Déclarer votre page à partir d'une liste des moteurs de recherche les plus courants	Appeler le fichier Cherche.htm et sélectionner les systèmes de recherche voulus	

Contrôle des connaissances

Complétez la phrase

Les

-	-	-	-	-	-
1.	2.	3.	4.	5.	6.

de recherche indexent automatiquement les pages Web

Vrai ou faux ?

	Vrai	Faux	Dans le World Wide Web, il existe
7.	R	-	Plusieurs milliers de pages Web
8.	I	T	Près de 5 millions de pages Web
9.	R	G	Plus de 50 millions de pages Web

Trouvez les correspondances

10.		Yahoo	**Q**	Robot de recherche
11.		Altavista	**A**	Système de recherche hiérarchique

Vrai ou faux ?

	Vrai	Faux	
12.	L	U	Le tag <TITLE> n'est pas intéressant pour un robot de recherche
13.	O	E	Dans le tag <TITLE>, il faut placer le plus d'informations possible
14.	U	T	Tous les mots-clés importants doivent intervenir dans le texte
15.	E	R	Les synonymes sont automatiquement reconnus par le robot
16.	S	B	Les images ne sont pas exploitées par les robots de recherche

Solution

-	-	-	-	-	-	-	-	-	-	-	-	-	-	-	-
1.	2.	3.	4.	5.	6.	7	8.	9.	10.	11.	12.	13.	14.	15.	16.

ROBOTS-TRAQUEURS

16 L'en-tête d'un fichier HTML

30 mn

Hormis le tag `<TITLE>`, l'en-tête des fichiers HTML n'a pas présenté pour l'instant d'intérêt majeur. Les choses vont changer.

À l'issue de cette leçon, vous saurez...

- comment "cacher" des informations relatives au contenu dans l'en-tête du fichier HTML ;
- comment une page HTML peut appeler automatiquement une autre page HTML.

Dans l'en-tête

La relation entre l'en-tête et le corps d'un fichier HTML peut être décrite de la manière suivante : dans le corps interviennent toutes les indications (texte, hyperliens, tags) que Netscape affichera dans sa fenêtre principale, alors que l'en-tête sert à transmettre au navigateur des informations importantes, mais non affichées.

Le tag `<TITLE>` est un bon exemple, car le titre n'apparaît pas dans la fenêtre principale de Netscape, bien que Netscape Navigator l'affiche dans la première ligne du haut de la fenêtre globale.

Un tag caché dans l'en-tête, et qui agit sous forme masquée, est placé dans le tag <META>. Ce tag permet d'abord de résoudre un problème évoqué il y a quelques instants, de façon très élégante : pour qu'un moteur de recherche enregistre dans son index le mot anglais Pharmacy lorsqu'il parcourt votre page d'accueil, ce mot doit intervenir dans la page. Mais comment intégrer cette orthographe étrangère dans une page Web typiquement française ? L'en-tête du fichier HTML est l'endroit idéal.

Informations importantes concernant le contenu

Les moteurs de recherche comme Altavista conseillent de placer des informations relatives à la page Web dans l'en-tête du fichier HTML, car elles seront exploitées en priorité.

1. Observez la page d'aide d'Altavista. Cliquez sur la page de départ de **Help**, pour afficher le texte suivant :

Fig. 16.1 :
L'aide d'Altavista

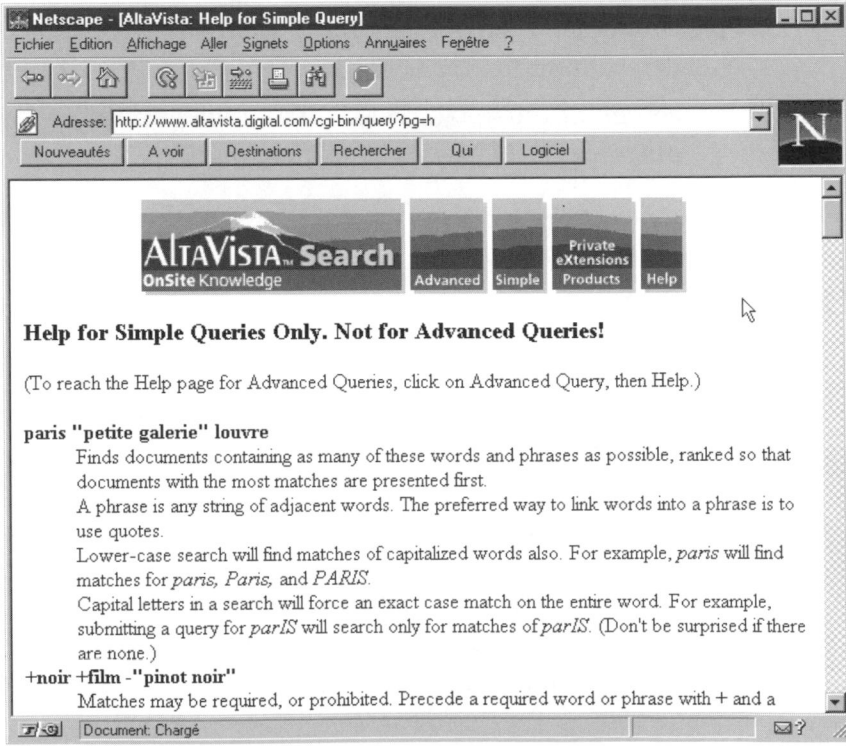

Altavista vous informe de la manière ciblée dont le moteur peut retrouver des mots-clés et des informations brèves sur le contenu dans l'en-tête des pages HTML.

Appliquons ce conseil judicieux à la page Web de la pharmacie :

1. Insérez dans l'en-tête de la page d'accueil les lignes 4 et 5 :

Listing 16.1 :
Insertion des
META NAME

```
1. <HTML>
2. <HEAD>
3. <TITLE>Pharmacie Paracelse</TITLE>
4. <META NAME="description" CONTENT="Page d'accueil de la Pharmacie
   Paracelse">
5. <META NAME="keywords" CONTENT="Pharmacie Paracelse, pharmacy,
   pastille, toux">
6. </HEAD>
7.
8. <BODY BACKGROUND ="bkgr2.gif">
9. ...
```

Vous trouverez ce fichier dans le dossier C:\Sthtml, sous le nom Sthtml21.htm.

Les tags <META> que vous venez de saisir servent uniquement à aider les moteurs de recherche tels qu'Altavista dans la reconnaissance immédiate des mots-clés et leur traitement prioritaire. Notez que vous venez d'intégrer le mot pharmacy, sans que ce terme n'intervienne dans la page Web.

Voici ce que vous devez savoir sur le tag <META> :

■ Le tag <META> est un tag simple. Pour des indications destinées aux moteurs, vous utiliserez les mots-clés NAME et CONTENT.

■ L'affectation NAME="description" indique à Altavista (et aux autres moteurs de recherche) qu'il doit affecter le mot-clé

CONTENT à la description de votre page HTML. Cette description (CONTENT="Page d'accueil de la Pharmacie Paracelse") est affichée par le moteur lorsque la liste des sites trouvés est présentée à l'utilisateur.

■ Chaque mot de la description est enregistré dans l'index d'Altavista et peut faire l'objet d'une recherche. Des mots-clés complémentaires peuvent être définis par NAME="keywords" et CONTENT="mot-clé, mot-clé, mot-clé,...". Les mots-clés sont séparés par une virgule et un espace.

■ Un mot-clé peut se composer de plusieurs mots (par exemple, "Pharmacie Paracelse"). Altavista interprète ces deux mots comme un mot-clé unique, alors que les mots-clés "Pharmacie", "Paracelse" seront interprétés distinctement.

■ Pour les mots-clés et les descriptions, utilisez les définitions de caractères accentués et de caractères spéciaux.

Avec les nouvelles instructions du langage HTML 4.0, il est désormais possible d'indiquer aux navigateurs Web la langue utilisée dans un document. Cela peut également se révéler utile pour le travail de recensement des moteurs de recherche.

Pour mettre en place une telle information concernant le contenu général d'un document, vous utiliserez l'attribut lang dans la balise HTML. Par exemple :

```
<html lang=fr>
```

fr correspond au français. Vous pouvez utiliser en-us pour l'américain, de pour l'allemand, es l'espagnol, etc.

Refresh : chargement automatique de fichiers

Sur le Web, vous avez peut-être déjà rencontré des pages qui sont soudain remplacées par une autre. Le cas le plus fréquent est le changement d'adresse. Si l'adresse d'une page Web a changé et si vous appelez l'ancienne adresse, vous trouverez en principe un court message "Vous trouverez désormais cette page à l'adresse `http://www.xyz.fr/`". À peine ce texte s'affiche-t-il, que vous êtes transporté automatiquement vers la nouvelle adresse.

Là encore, un tag `<META>` intervient, mais avec un nouveau mot-clé. Voici comment procéder :

Dans le dossier C:\Sthtml, vous trouverez le fichier Refresh.htm que nous utiliserons pour la suite des opérations.

1. Ajoutez au fichier Refresh.htm la ligne 4 :

Listing 16.2 :
Rechargement automatique d'un fichier HTML

```
1. <HTML>
2. <HEAD>
3. <TITLE>Test Refresh</TITLE>
4. <META HTTP-EQUIV="Refresh" CONTENT="5">
5. </HEAD>
6.
7. <BODY>
8.
9. <CENTER>
10. <H1>Rechargement automatique d'un fichier HTML</H1>
11. <IMG SRC="pharmal2.gif" LOWSRC="pharmall1.gif" WIDTH=301 HEIGHT=110>
12. </CENTER>
13.
14. </BODY>
15. </HTML>
```

En voici le résultat sous Netscape :

Fig. 16.2 :
Le fichier
REFRESH.htm

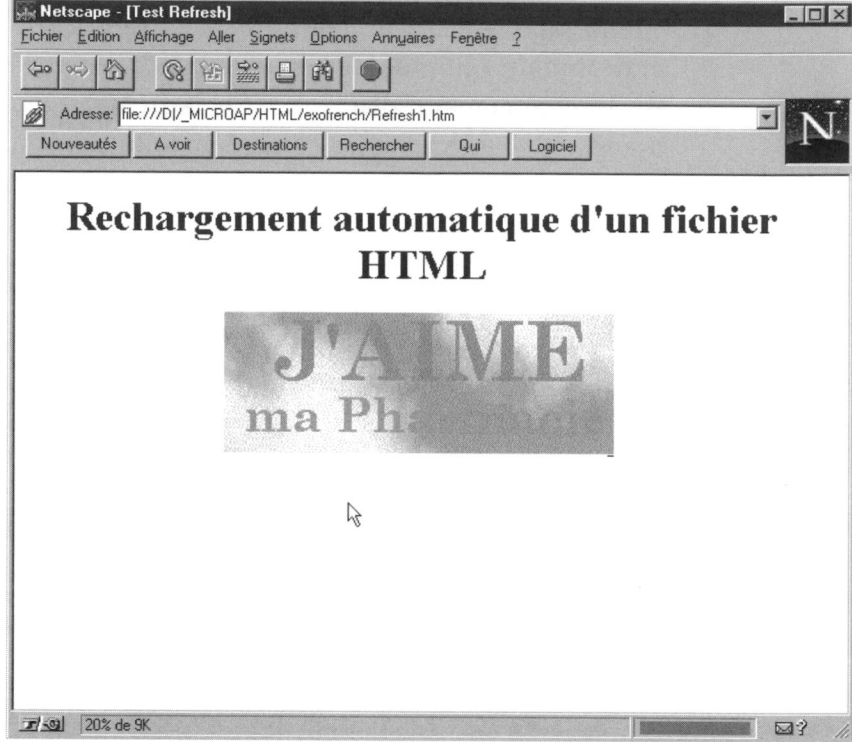

Dans Netscape Navigator, le fichier est rechargé et réaffiché toutes les cinq secondes.

Cet effet est créé par le tag <META> et les mots-clés HTTP-EQUIV="Refresh" et CONTENT="5". Refresh est la commande de rechargement du fichier HTML et l'affectation de la valeur 5 à CONTENT indique que le rafraîchissement intervient toutes les cinq secondes.

Pourquoi recharger une page HTML à intervalle régulier ? Il existe des serveurs Web qui actualisent automatiquement leurs pages à une fréquence très rapprochée (par exemple, pour les cours de la Bourse ou les nouvelles). Dans cette situation, il est clair que les pages affichées aux visiteurs doivent impérativement subir les mêmes mises à jour.

En ce qui concerne votre propre page, le rafraîchissement n'a pas d'intérêt, sauf si la commande Refresh permet de passer automatiquement à une autre page. Voici comment procéder.

Modifiez le listing au niveau des lignes 4 et 10 :

Listing 16.3 :
Listing après modification des lignes 4 et 10

```
1.  <HTML>
2.  <HEAD>
3.  <TITLE>Test Refresh</TITLE>
4.  <META HTTP-EQUIV="Refresh" CONTENT="5; URL=Sthtml21.htm">
5.  </HEAD>
6.
7.  <BODY>
8.
9.  <CENTER>
10. <H1>En route pour la <A HREF="sthtml21.htm">page d'accueil de la
    pharmacie</A></H1>
11. <IMG SRC="pharmal2.gif" LOWSRC="pharmall.gif" WIDTH-301 HEIGHT=110>
12. </CENTER>
13.
14. </BODY>
15. </HTML>
```

Le chargement automatique d'une page Web est déclenché par la modification en ligne 4 du listing. La valeur 5 au mot-clé CONTENT entraîne un chargement toutes les cinq secondes, et vous avez indiqué une page Web par URL=Sthtml21.htm, page qui sera chargée à la place de la page active.

Notez l'emploi peu habituel des guillemets, CONTENT="5; URL=Sthtml21.htm", que vous devez absolument respecter pour que le système fonctionne.

Vous n'êtes bien sûr pas limité aux cinq secondes définies ici, vous pouvez choisir la fréquence tout à fait librement, par un entier exprimant un nombre de secondes.

Il est également possible d'indiquer n'importe quelle adresse Web (par exemple, URL=http://www.yahoo.fr, la technique ne se limite pas aux hyperliens locaux (URL=Sthtml21.htm).

Après ces modifications, Netscape Navigator affiche l'image suivante :

Fig. 16.3 :
Cette page n'est affichée que cinq secondes, puis...

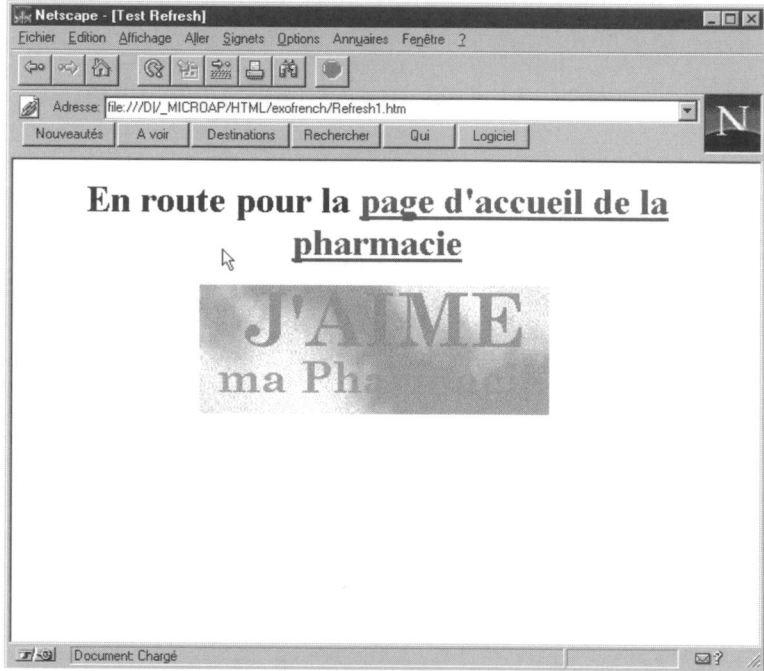

Fig. 16.4 :
... la page d'accueil de la pharmacie est chargée

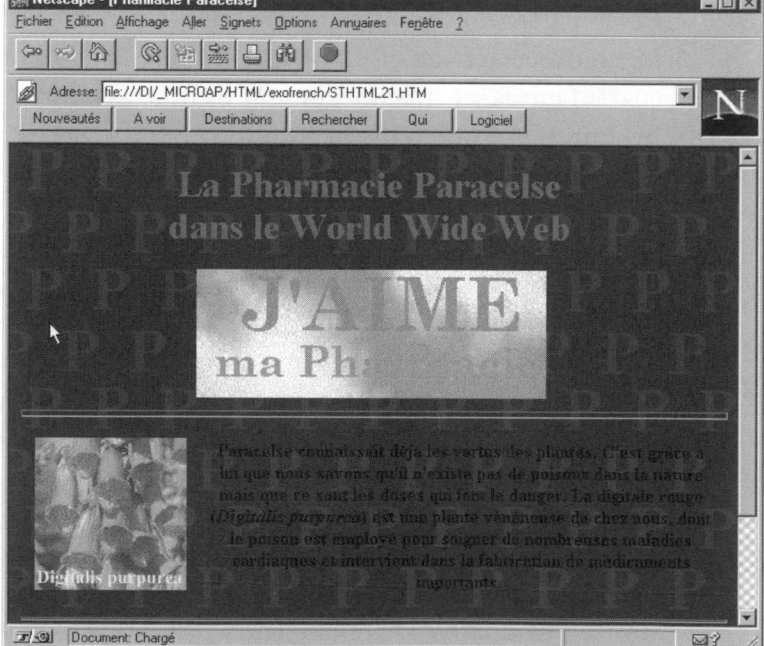

Cette technique peut aussi être étendue. Si vous définissez sur la seconde page un autre tag <META>, vous pouvez créer toute une chaîne de pages.

Hyperliens manuels

Les modifications de la ligne 10 entraînent un problème lors du passage d'une page à l'autre :

```
10. <H1>En route pour la <A HREF="sthtml21.htm">page d'accueil de la
    pharmacie</A></H1>
```

Pourquoi l'hyperlien <A HREF="sthtml21.htm">page d'accueil de la pharmacie</A> fait-il référence à la page d'accueil de la pharmacie, alors qu'elle doit être chargée automatiquement ?

L'emploi du tag <META> pour le chargement de fichier est une particularité de Netscape, qui n'est pas supportée par tous les navigateurs. Un visiteur de votre page Web n'utilisant pas Netscape ne bénéficiera pas du chargement automatique de la page suivante et sera très heureux de trouver un hyperlien manuel pour poursuivre son chemin.

Ce n'est d'ailleurs pas le seul aspect problématique. Par ces chargements automatiques, vous retirez à l'utilisateur le contrôle du déroulement, ce n'est plus lui qui décide de la suite des opérations. Cette façon de procéder va à l'encontre des principes de l'Internet, selon lesquels le visiteur doit avoir un libre choix.

Dans toute la mesure du possible, laissez entière liberté à l'utilisateur de définir où il souhaite se rendre dans le World Wide Web. Il vous en sera reconnaissant et reviendra avec plaisir vous rendre visite. N'utilisez cette technique que si vous avez de très bonnes raisons.

Vous pouvez désormais tirer le meilleur parti de l'en-tête de vos fichiers HTML et faciliter le travail des moteurs de recherche.

Vous trouverez dans le dossier C:\Sthtml du CD-ROM les fichiers Sthtml22.htm et Refresh1.htm, qui contiennent les modifications effectuées dans cette leçon.

Résumé

Objectif	Procédure	Tag
Doter une page d'une description pour les moteurs de recherche	Insérer dans l'en-tête du fichier le tag <META>	<META NAME="description" CONTENT="Description">
Rajouter des mots-clés complémentaires pour décrire une page Web	Insérer dans l'en-tête du fichier le tag <META>	<META NAME="keywords" CONTENT="mot-clé, mot-clé...">
Recharger à une fréquence régulière une page Web	Utiliser le tag <META> avec les mots-clés	<META HTTP-EQUIV="refresh" CONTENT="x"> (x = nombre de secondes)
Créer une page Web appelant automatiquement une autre page après x secondes	Utiliser le tag <META> pour recharger le fichier et rajouter l'indication d'une autre page	<META HTTP-EQUIV="refresh" CONTENT="x; URL=NomdeFichier"> (x = nombre de secondes)

Contrôle des connaissances

Trouvez les correspondances

#				
1.		NAME="description"	E	Insérer des mots-clés dans une page Web
2.		NAME="keywords"	A	Nom du fichier à charger
3.		HTTP-EQUIV="refresh"	G	Mes mots-clés sont séparés par des virgules
4.		CONTENT="x"	S	Les pages Web peuvent être rechargées
5.		URL=NomdeFichier	L	Insérer la description d'une page HTML
6.		CONTENT="Maison, Jambe, Table"	T	Nombre de secondes avant le rafraîchissement

Vrai ou faux ?

	Vrai	Faux	
7.	S	L	Le tag <Meta> prend la place dans l'en-tête du fichier HTML
8.	M	E	Le tag <Meta> n'a aucun intérêt pour les moteurs de recherche
9.	O	N	Le tag <Meta> ne peut intervenir en même temps que le tag <TITLE>

Vrai ou faux ?

	Vrai	Faux	Dans le tag <META>
10.	D	E	Les mots-clés sont séparés par des points virgules
11.	N	E	Il faut utiliser les définitions de caractères accentués ou spéciaux

Complétez la phrase

Dans l'en-

-	-	-	-
12.	13.	14.	15.

d'un fichier HTML, il est possible de recharger le fichier

Solution

-	-	-
1.	2.	3.

-	-	-	-
4.	5.	6.	7.

-	-
8.	9.

-	-	-	-	-	-	-
10.	11.	12.	13.	14.	15.	16.

LES TAGS EN EN-TÊTE

17 Frames, les fenêtres dans la fenêtre

80 mn

Jusqu'à présent, dans la fenêtre de navigation de Netscape, nous avons toujours affiché un document unique, avec la possibilité de le faire défiler. Vous rencontrerez aussi des sites Web où la fenêtre du navigateur est fractionnée en plusieurs fenêtres plus petites avec des barres de défilement. Chacune de ces fenêtres affiche un autre document. Ces fenêtres sont des "frames".

Dans la version 3.2 du langage HTML, le concept n'avait pas été retenu. Il existait cependant déjà dans la version 3.0. Et le voici maintenant officiellement intégré dans les normes du langage (HTML 4), avec quelques améliorations.

À l'issue de cette leçon, vous saurez...

- créer des frames ;
- définir les propriétés des frames ;
- charger des documents dans des frames ;
- charger de nouveaux documents par un clic de souris ;
- de configurer les frames pour qu'ils puissent être affichés par les autres navigateurs.

Le premier exemple de frame

Si la distinction entre l'en-tête et le corps des pages HTML, avec les tags <HEAD> et <BODY>, est devenue pour vous évidente, le moment est venu de changer de raisonnement. À la place du tag <BODY>, vous allez découvrir un nouveau tag : <FRAMESET>...</FRAMESET> encadre le corps d'une page HTML comme le faisait jusqu'à présent le tag <BODY>.

1. Créez un nouveau fichier selon le listing suivant :

Listing 17.1 :
Création du
fichier de frame

```
1.  <HTML>
2.  <HEAD>
3.  <TITLE>Le premier fichier de Frame</TITLE>
4.  </HEAD>
5.
6.  <FRAMESET COLS="20%,80%">
7.
8.  <FRAME>
9.  <FRAME>
10.
11. </FRAMESET>
12. </HTML>
```

Vous trouverez ce fichier dans le dossier C:\Sthtml sous le nom de Sthtml23.htm.

En voici le résultat dans Netscape Navigator :

Fig. 17.1 :
La fenêtre est
subdivisée
verticalement en
deux frames

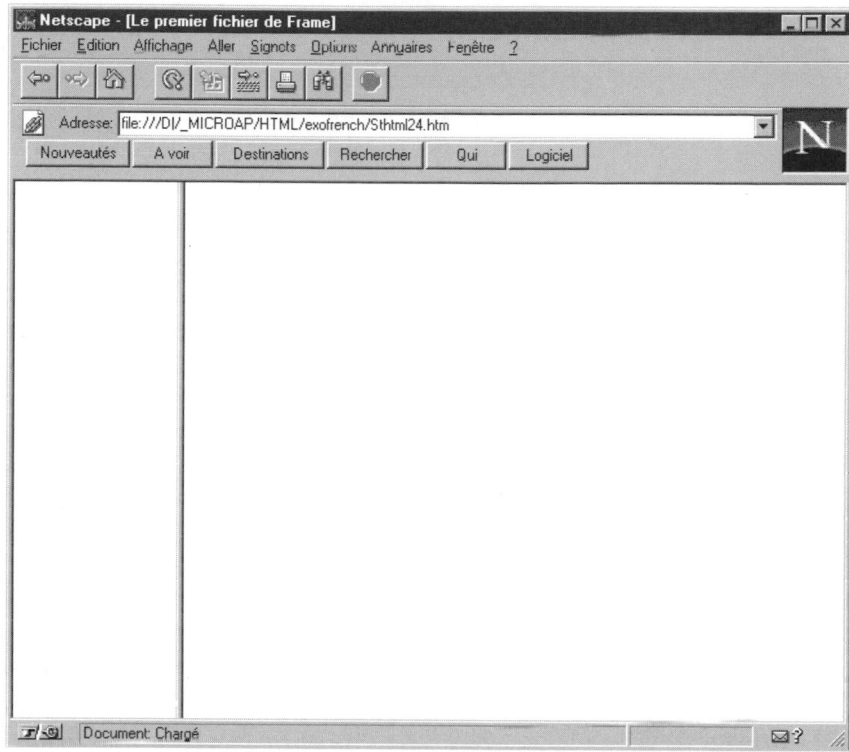

La fenêtre de navigation de Netscape est maintenant scindée en deux verticalement, le volet (frame) de gauche occupant 20 % de la largeur de l'écran et celui de droite, les 80 % restant. Ces dimensions correspondent à la ligne 6 du listing :

```
6. <FRAMESET COLS="20%,80%">
```

Pour une scission à l'horizontale, il suffit de remplacer COLS par ROWS :

```
6. <FRAMESET ROWS="20%,80%">
```

En voici le résultat dans Netscape :

Fig. 17.2 :
Fractionnement
horizontal

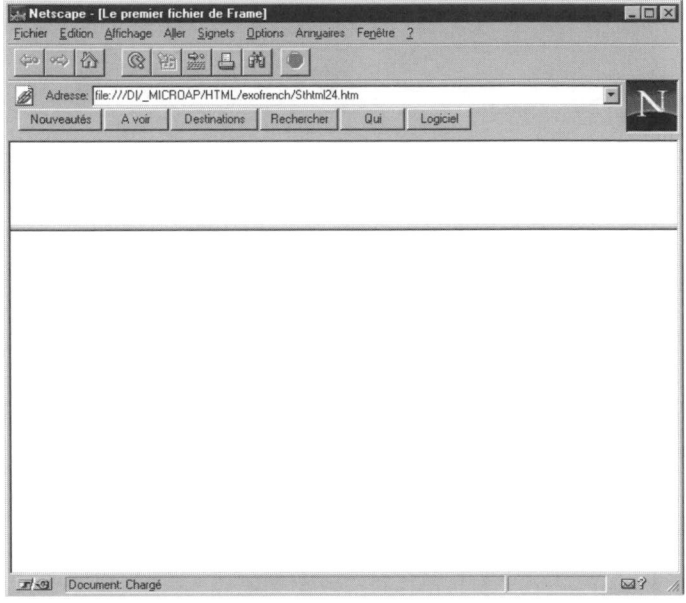

 Toutes les versions de Netscape, à compter de la version 2.0, supportent l'affichage de frames, mais actualiser un fichier modifié par le bouton **Recharger** ne fonctionne pas avec toutes les versions. Si votre version de Netscape Navigator n'est pas opérante, demandez l'actualisation par la commande **Fichier/Ouvrir**.

Comme vous le constatez, les frames sont faciles à créer. Voici ce qu'il faut savoir :

■ <FRAMESET> est un tag double encadrant le corps d'un fichier frame (vous verrez un peu plus loin que ce tag, contrairement à <BODY>, peut intervenir à plusieurs reprises dans la même page) ;

■ dans le tag d'ouverture <FRAMESET>, les mots-clés ROWS et COLS servent à définir l'axe du fractionnement de la fenêtre de navigation et ses dimensions ;

■ vous pouvez utiliser ROWS ou COLS, mais pas les deux. Les règles applicables aux deux mots-clés sont les mêmes ;

- avec `ROWS="20%,80%"` seront définis un volet horizontal occupant 20 % de la hauteur de l'écran et un autre occupant 80 %. Avec `ROWS="20%,60%,10%,10%"`, vous créez quatre volets verticaux se partageant l'écran dans un rapport de 20:60:10:10. Le nombre de volets est libre, le principal étant que la somme des largeurs soit de 100 % ;

- à la place du pourcentage, il est possible de définir les dimensions en pixels. `ROWS="200,280"` crée deux volets horizontaux d'une hauteur de 200 et de 280 pixels.

Comme vous ne connaissez pas la résolution d'affichage et la taille de la fenêtre de vos visiteurs, les indications en valeurs absolues ne sont pas judicieuses.

Les indications en valeur absolue ne sont efficaces qu'avec une option complémentaire : dans l'indication des dimensions en valeurs absolues, l'une des mesures peut être remplacée par une étoile, par exemple `ROWS="200,*,100"`. Dans ce cas, le premier volet aura une hauteur de 200 pixels, le troisième une hauteur de 100 pixels et le second prendra la dimension qui permettra de remplir la fenêtre de navigation.

- pour chaque frame défini dans le tag `<FRAMESET>`, vous devez mettre en place un tag `<FRAME>`, entre `<FRAMESET>` et `</FRAMESET>`. Pour `<FRAMESET ROWS="20%,60%,10%,10%">`, il faut par conséquent quatre tags `<FRAME>`.

Nous vous conseillons d'effectuer quelques expérimentations pour vous familiariser avec ces nouveaux tags. Pour combiner des volets verticaux et horizontaux, suivez les étapes ci-après :

1. Complétez le listing précédent par les lignes 9 à 13 :

Listing 17.2 :
Fichier de
Frame avec
volets
horizontaux et
verticaux

```
1. <HTML>
2. <HEAD>
3. <TITLE>Le premier fichier de Frame</TITLE>
4. </HEAD>
5.
6. <FRAMESET ROWS="20%,80%">
7.
8. <FRAME>
9.
10.     <FRAMESET COLS="30%,70%">
11.     <FRAME>
12.     <FRAME>
13.     </FRAMESET>
14.
15. </FRAMESET>
16. </HTML>
```

Avec ces quelques modifications, vous venez de créer un fichier de frame présentant des volets horizontaux et verticaux :

Fig. 17.3 :
Frames
horizontaux
et verticaux

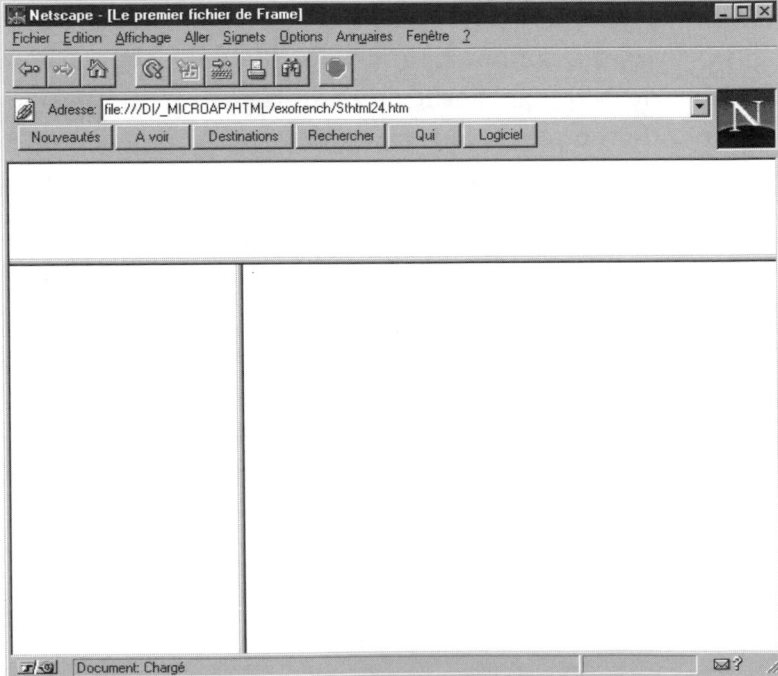

Comment est effectuée cette combinaison entre frames horizontaux et verticaux ? Les frames sont des fenêtres dans une fenêtre. En fait, la fenêtre de navigation, dans laquelle n'est affiché en principe qu'un seul document, est fractionnée par le tag <FRAMESET>. Comme les poupées russes, les frames peuvent être imbriqués les uns dans les autres. Si vous subdivisez une fenêtre en deux volets 1 et 2, rien ne vous empêche de fractionner à nouveau le volet 2 en plusieurs sous-fenêtres, par exemple 2.1, 2.2, 2.3, etc.

La seule chose à respecter est que chaque groupe ne peut être fractionné que verticalement ou horizontalement, mais pas des deux manières. Cependant, il est possible de fractionner un volet horizontalement et plusieurs sous-volets verticalement.

Examinez le résultat du code dans Netscape Navigator :

Voici la fenêtre de navigation, fractionnée d'abord en deux frames selon un rapport de 20:80. C'est le résultat des tags suivants :

```
<FRAMESET ROWS="20%,80%">
<FRAME>
<FRAME>
</FRAMESET>
```

Voici le résultat dans Netscape Navigator :

Fig. 17.4 :

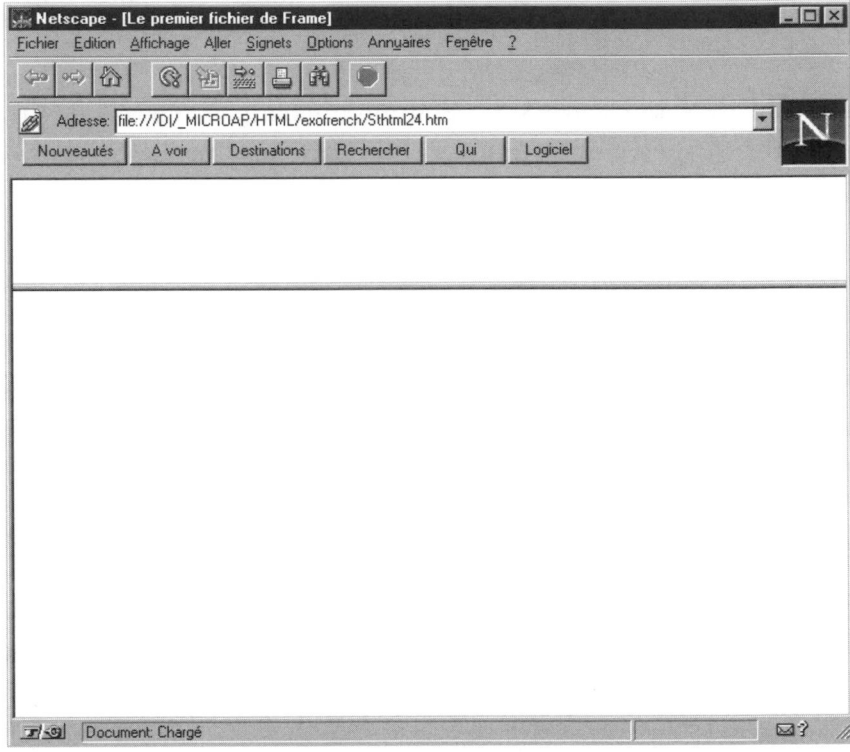

Pour fractionner à nouveau le volet 2, remplacez le second tag
<FRAME> dans le code HTML par une nouvelle définition <FRAMESET> :

Listing 17.3 :
Fractionnement
du volet 2

```
<FRAMESET ROWS="20%,80%">
<FRAME>
<FRAME>    <FRAMESET COLS="30%,70%">
           <FRAME>
           <FRAME>
           </FRAMESET>
</FRAMESET>
```

Le résultat est le fractionnement du volet 2 (mais cette fois
verticalement par COLS) en deux sous-volets, 2.1 et 2.2.

D'après ce schéma, vous pourrez créer autant de volets et de sous-volets que vous en aurez besoin. À chaque fois, il suffira de remplacer le tag <FRAME> par une structure <FRAMESET>.

Veillez à une mise en retrait correcte du code dans le fichier HTML, faute de quoi vous en perdrez rapidement le fil.

Les frames et leurs propriétés

Vous connaissez maintenant les principes de base des frames et ceux de leur combinaison, mais pour l'instant, ces frames sont encore vides. Nous allons à nouveau prendre l'exemple de la pharmacie Paracelse et afficher sa page d'accueil, le fichier Sthtml21.htm, dans la plus grande des fenêtres (2.2). Qu'allons-nous afficher dans les deux autres fenêtres ?

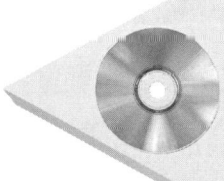

Vous trouverez dans le dossier C:\Sthtml, les fichiers Frame1.htm et Frame2.htm.

Listing 17.4 :
Le fichier *Frame 1*

```
1. <HTML>
2. <HEAD>
3. <TITLE>Frame 1</TITLE>
4. </HEAD>
5.
6. <BODY>
7. <CENTER>
8. <H1>La page d'accueil de la Pharmacie</H1>
9. </CENTER>
10. </BODY>
11.
12. </HTML>
```

Listing 17.5 :
Le fichier *Frame 2*

```
1. <HTML>
2. <HEAD>
3. <TITLE>Frame 2</TITLE>
4. </HEAD>
5.
6. <BODY>
7. PHARMACIE
8. <P>
9. TOUX</B>
10. </BODY>
11.
12. </HTML>
```

Comme vous le constatez, il s'agit de deux fichiers HTML ordinaires. Le fichier Sthtml21.htm lui non plus n'a pas été modifié depuis sa dernière utilisation.

Vous pouvez charger n'importe quel fichier dans une fenêtre frame au lieu de le charger dans la fenêtre de navigation de Netscape. Nous vous conseillons avant de faire quelques essais de frames en plusieurs dimensions.

Il manque la déclaration de ces trois fichiers dans le fichier de départ. Elle est réalisée facilement :

1. Complétez les tags <FRAME> dans les lignes 8, 11 et 12, avec le mot-clé SRC="..." :

Listing 17.6 :
Le fichier *Sthtml23.htm* complété

```
1. <HTML>
2. <HEAD>
3. <TITLE>Le premier fichier de Frame</TITLE>
4. </HEAD>
5.
6. <FRAMESET ROWS="20%,80%">
7.
8. <FRAME SRC="frame1.htm">
9.
10.     <FRAMESET COLS="30%,70%">
11.     <FRAME SRC="frame2.htm">
```

```
12.        <FRAME SRC="sthtml21.htm">
13.        </FRAMESET>
14.
15.  <FRAME>
16.
17.  </FRAMESET>
18.  </HTML>
```

Si vous appelez le fichier Sthtml23.htm modifié dans Netscape Navigator, voici ce que vous obtiendrez :

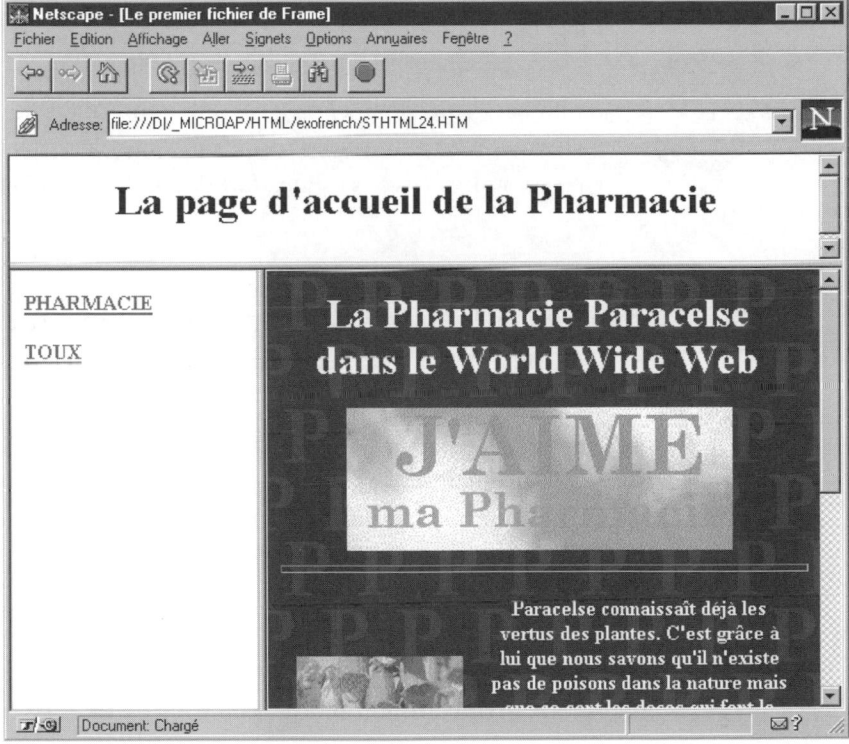

Pour l'affichage de cette page, vous avez utilisé quatre fichiers : les trois fichiers HTML, qui ne contiennent pas de nouveautés, et le fichier de multifenêtrage contenant la structure des volets et dans lequel les autres fichiers ont été déclarés. Ce fichier frame est un cas particulier parmi les fichiers HTML, car son rôle n'est pas de présenter un contenu, mais une structure. Ceci explique que certains critiques reprochent à ces fichiers frame de ne pas respecter les règles HTML.

La nouveauté du fichier frame est le mot-clé SRC dans le tag <FRAME> :

- il est possible d'affecter à chaque tag <FRAME>, dans un tag <FRAMESET>, un fichier HTML par l'intermédiaire du mot-clé SRC. Ce fichier sera affiché dans le volet correspondant.

Cette affirmation est vraie en toute circonstance. Cela signifie que vous pouvez affecter à un tag <FRAME> un fichier HTML composé lui-même de frames. Vous obtiendrez ainsi une imbrication de fenêtres. Cette technique n'est à conseiller qu'en cas de force majeure, car avec ce type de structure, vous risquez fort de rendre le code confus.

Comme vous l'avez maintenant compris, une frame est bien au départ une structure secondaire de la structure principale, la fenêtre de votre navigateur. Elle n'en est pas moins une fenêtre parfaitement autonome disposant de toutes les fonctionnalités d'un document HTML standard. Une telle fenêtre dispose donc de propriétés qui lui sont propres par rapport à des propriétés plus générales.

Chaque frame peut donc se voir associer des barres de défilement, un espacement entre les bords et son contenu. Une frame peut également être complètement "gelée", c'est à dire que l'utilisateur ne pourra pas en modifier les dimensions, notamment.

Voyons plus précisément les différentes propriétés complémentaires que vous pouvez définir dans vos fichiers frames.

Le concept de Windows, stipulant qu'il est possible de modifier la hauteur et la largeur des fenêtres avec la souris, s'applique également aux frames.

1. Vous pouvez le vérifier aisément en plaçant le pointeur sur la ligne de séparation entre deux volets. Il change de forme et en enfonçant le bouton gauche de la souris, vous pouvez déplacer ce trait de séparation.

Fig. 17.6 :
Modification
de la taille
des frames

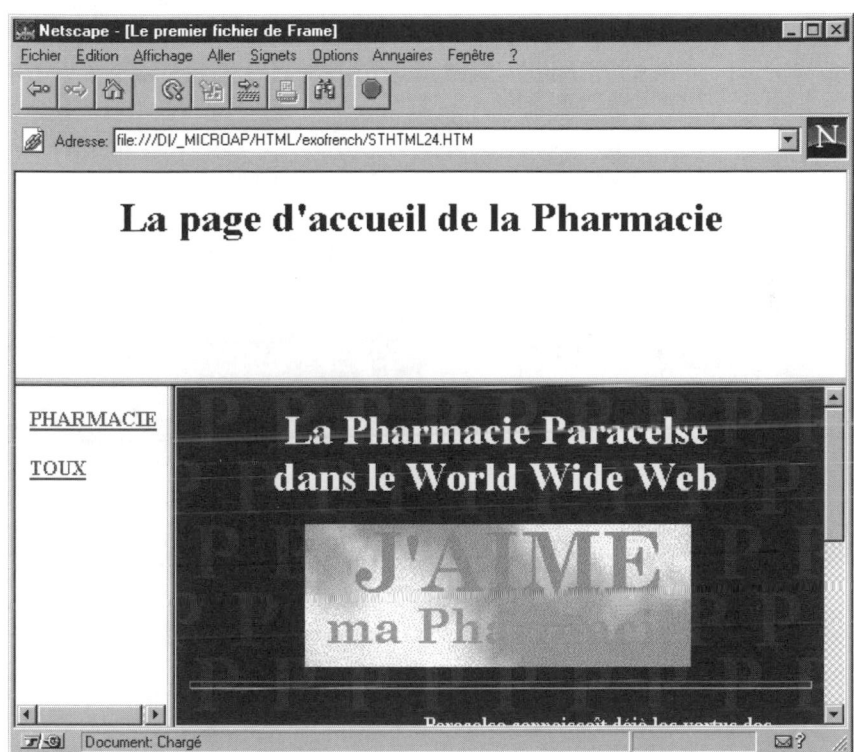

Les modifications de taille avec la souris peuvent être changées à tout moment, mais un clic sur le bouton **Recharger** ne permet pas d'annuler les modifications. Pour revenir à la situation de départ, vous devez ouvrir de nouveau le fichier dans Netscape.

La possibilité de déplacer la ligne de séparation peut aussi être désactivée.

2. Modifiez la ligne 8 de la manière suivante :

```
8. <FRAME SRC="frame1.htm" NORESIZE>
```

L'effet de ce nouveau mot-clé empêche toute mise à l'échelle des volets :

Fig. 17.7 :
Une ligne
de séparation
modifiable
et une autre ligne
figée

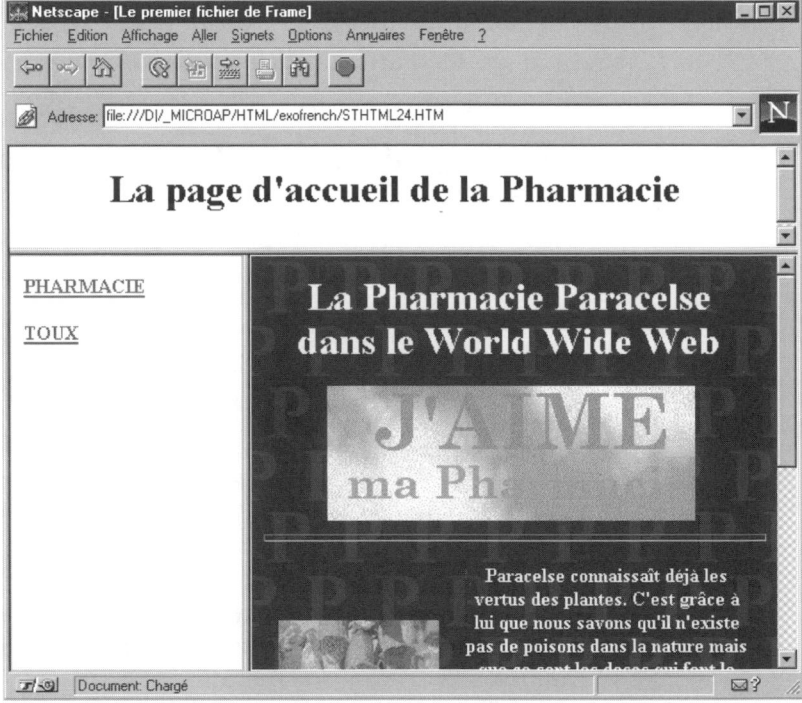

Le mot-clé NORESIZE a pour effet de figer le trait de séparation : l'utilisateur ne peut pas le déplacer avec la souris. Par conséquent, les deux autres volets ne peuvent pas être modifiés en hauteur. Cependant, la largeur de ces deux autres volets peut être changée.

Dans certains ouvrages, on annonce que le mot-clé NORESIZE dans un tag <FRAME> a pour effet de figer les lignes de séparation entre les volets. Comme vous venez de le constater, cette affirmation est fausse !

Toutefois, si vous figez ainsi vos frames, il pourrait en résulter des trous ou des affichages incorrects. Nous vous conseillons donc de l'utiliser avec précaution. Le multifenêtrage de manière générale n'est jamais réellement absolu puisqu'il dépend de la dimension et de la résolution de l'écran. Cette relativité, qui existe déjà au niveau de votre système d'exploitation, se retrouve aussi au niveau de l'Internet et est sans doute accentuée par les capacités d'affichage des différents navigateurs.

Souvent, la seule indication de NORESIZE dans un tag <FRAME> suffit à verrouiller l'ensemble des traits de séparation, à condition de sélectionner le bon tag <FRAME>.

1. Déterminez quel est le volet disposant d'une ligne de séparation horizontale et verticale avec toutes les autres fenêtres frames (dans notre exemple, il s'agit du deuxième et du troisième volet).

2. Dans l'un de ces volets, mettez en place le mot-clé NORESIZE. Ainsi, tous les volets sont verrouillés.

3. Dans des structures frames complexes, s'il n'existe aucune fenêtre répondant à la condition de l'étape 1, essayez de trouver deux volets dont la combinaison permet d'obtenir une ligne de séparation horizontale et verticale avec tous les autres volets et placez le mot-clé NORESIZE dans ces volets.

Parallèlement à la taille des volets, une autre propriété des fenêtres frames est importante : dans notre exemple, Netscape Navigator a automatiquement équipé la fenêtre de la page d'accueil de la pharmacie d'une barre de défilement verticale. Notez que les deux autres volets n'en disposent pas.

Normalement, vous pouvez laisser à Netscape la responsabilité de la mise en place des barres de défilement.

Si vous décidez de définir vous-même que les volets seront ou non dotés de barres de défilement, procédez ainsi :

1. Modifiez les lignes 8 et 12 de la façon suivante :

Listing 17.7 :

```
1.  <HTML>
2.  <HEAD>
3.  <TITLE>Le premier fichier de Frame</TITLE>
4.  </HEAD>
5.
6.  <FRAMESET ROWS="20%,80%">
7.
8.  <FRAME SRC="frame1.htm" SCROLLING="yes">
9.
10.     <FRAMESET COLS="30%,70%">
11.     <FRAME SRC="frame2.htm">
12.     <FRAME SRC="sthtml21.htm" SCROLLING="no">
13.     </FRAMESET>
14.
15. </FRAMESET>
16. </HTML>
```

Voici le résultat dans Netscape Navigator :

Fig. 17.8 :
Avec ou sans barre de défilement

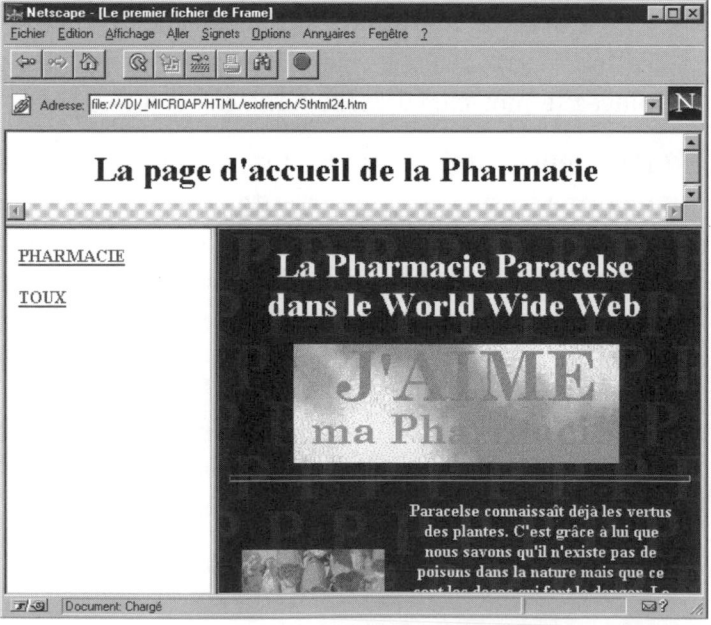

Le mot-clé `SCROLLING="yes"` permet de forcer la présentation d'une barre de défilement. Avec `SCROLLING="no"`, l'affichage d'une éventuelle barre de défilement est désactivé.

Comme vous le constatez, dans l'exemple de la pharmacie, cette technique ne présente pas grand intérêt, car les barres de défilement du premier volet ne font que gaspiller de la place, alors que la désactivation de la barre dans le troisième volet empêche de voir l'ensemble de la page.

Le mot-clé SCROLLING peut se révéler utile : si vous faites état du texte "Utilisez la barre de défilement pour voir l'ensemble de notre offre !" , il est clair que cette barre de défilement doit bien apparaître à l'écran, et ceci en toute circonstance, même si elle n'a pas d'utilité du fait de la taille de la fenêtre Netscape Navigator ou de la résolution de l'écran.

Abordons maintenant la dernière propriété des frames de Netscape :

1. Supprimez les deux mots-clés `SCROLLING` des lignes 8 et 12.

2. Modifiez la ligne 12 :

```
12.    <FRAME SRC="sthtml21.htm" MARGINWIDTH=50 MARGINHEIGHT=100>
```

Regardez la troisième fenêtre dans Netscape Navigator :

Fig. 17.9 :

Une marge plus importante entre textes ou images et la bordure de la fenêtre

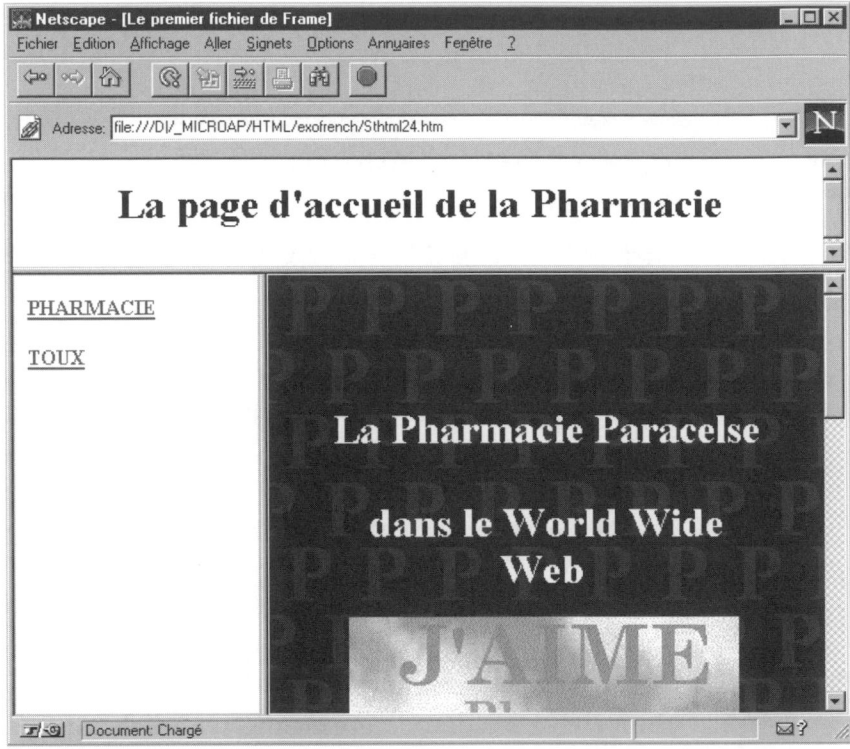

L'ensemble du contenu de la page d'accueil du troisième volet dispose d'une marge plus importante entre les textes ou les images et la bordure de la fenêtre. Ceci est dû aux mots-clés MARGINWIDTH et MARGINHEIGHT. Ils ont pour effet :

- MARGINWIDTH =x définit l'espacement en pixels entre le contenu du fichier HTML et les bords gauche et droit du frame ;

- MARGINHEIGHT =x définit l'espacement en pixels entre le contenu du fichier HTML et les bords supérieur et inférieur du frame.

- Ces mots-clés n'acceptent que des valeurs entières exprimant un nombre de pixels (y compris 0).

Si vous avez créé un volet en indiquant des dimensions absolues 120*72 pixels et si vous souhaitez y afficher une image de la même taille, remplissant parfaitement le volet, vous y parviendrez avec `MARGINWIDTH =0` et `MARGINHEIGHT =0`.

Nommer les fenêtres

En matière de définition de propriétés de frames, les règles de base sont désormais connues. Les frames présentent encore un autre avantage : grâce aux eux, il est possible de définir des hyperliens beaucoup plus clairs qu'avec un affichage traditionnel de document HTML.

Avec l'exemple de notre page d'accueil de la pharmacie, nous voulons, par un clic sur les mots PHARMACIE ou TOUX du deuxième volet, que le troisième volet affiche soit la page d'accueil (Sthtml21.htm) soit le fichier Toux2.htm.

Pour cela, il faut d'abord créer la condition préalable : un hyperlien dans un volet doit avoir une action dans un autre volet. Ceci suppose d'affecter un nom à cette dernière fenêtre :

1. Modifiez le fichier Sthtml23.htm à la ligne 12 :

```
12.     <FRAME SRC="sthtml21.htm" MARGINWIDTH=50 MARGINHEIGHT=100
        NAME="Pharmacie">
```

Vous venez de donner un nom au troisième volet. Si vous regardez le résultat de cette modification dans Netscape Navigator, vous ne constaterez aucune différence. Les règles de base de l'affectation d'un nom sont :

■ dans un fichier frame, il est possible de donner un nom à chaque volet par l'intermédiaire de son tag <FRAME>. Ce nom n'est cependant utile que si vous souhaitez modifier ce volet par un hyperlien à partir d'un autre volet. Pour affecter un

nom à un volet, vous utilisez le mot-clé NAME="NomdeFenêtre".
Ce nom est libre, à condition de respecter la règle suivante :
il ne doit être composé que de lettres (non accentuées) ou de
tirets de soulignement (le signe de soulignement ne doit pas
être au début du nom).

■ un nom de fenêtre ne peut intervenir qu'une seule fois dans
une structure frame.

Comme le troisième volet dispose d'un nom ("Pharmacie"), il est
possible d'y accéder par un hyperlien dans un autre volet.

De frame en frame

Dans le second volet, nous voulons mettre en place un hyperlien
vers le troisième volet.

1. Ouvrez dans le Bloc-notes le fichier Frame2.htm et modifiez les
lignes 7 et 9 :

Listing 17.8 :
Le fichier
Frame2.htm

```
1.  <HTML>
2.  <HEAD>
3.  <TITLE>Frame 2</TITLE>
4.  </HEAD>
5.
6.  <BODY>
7.  <A HREF="sthtml21.htm" TARGET="Pharmacie">PHARMACIE</A>
8.  <P>
9.  <A HREF="toux2.htm" TARGET="Pharmacie">TOUX</A></B>
10. </BODY>
11.
12. </HTML>
```

Si vous enregistrez le fichier Frame2.htm sous un autre nom,
rappelez-vous qu'il y est fait référence dans le fichier Sthtml23.htm et
qu'il faut donc modifier cette référence, faute de quoi Netscape
Navigator chargera le fichier d'origine, et non le fichier modifié.

Voici ce que vous obtenez :

Fig. 17.10 :
Deux hyperliens
dans la
deuxième fenêtre

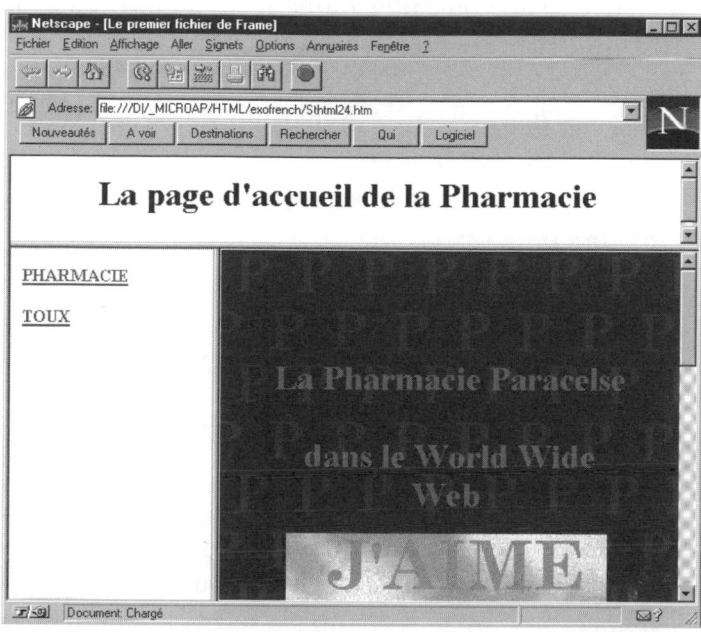

2. Dans la deuxième fenêtre, cliquez sur l'hyperlien *TOUX* pour
    obtenir l'image suivante :

Fig. 17.11 :
Un clic sur
TOUX et la
troisième fenêtre
est modifiée

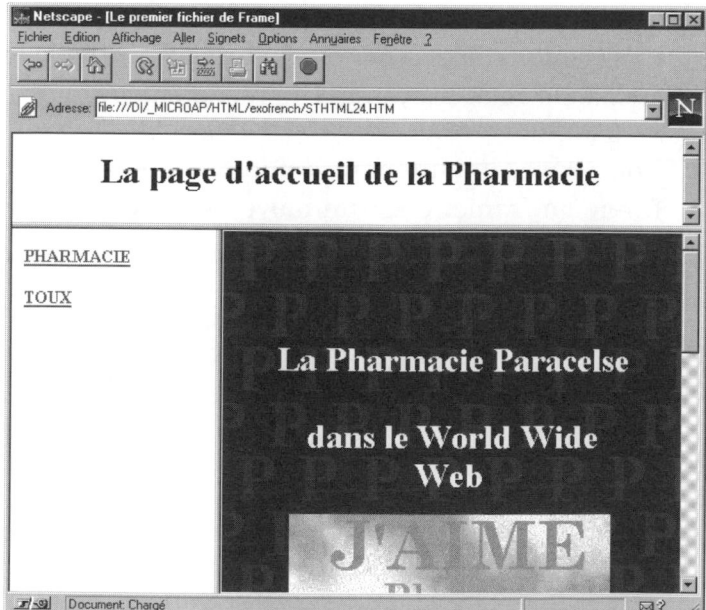

Vous pouvez ainsi cliquer successivement sur *TOUX* et *PHAR-MACIE* pour basculer dans le troisième volet entre les fichiers Sthtml21.htm et Toux2.htm.

Si vous définissez un hyperlien dans une fenêtre frame, sans indication particulière, par exemple `<A HREF="NomdeFichier">...</A>`, le fichier en question sera affiché dans la fenêtre indiquée ;

Vous pouvez le vérifier immédiatement dans le troisième volet à partir de la page d'accueil. Faites défiler la page jusqu'au logo, qui contient un hyperlien ordinaire sur le fichier Toux2.htm En cliquant dessus, ce fichier s'affiche dans le troisième volet.

Si, dans une fenêtre frame, un hyperlien doit avoir une action dans une autre fenêtre frame, vous devez ajouter à l'hyperlien le mot-clé `TARGET="Nom"`, où `Nom` est le nom du volet à modifier.

Il est bien sûr possible d'indiquer comme hyperlien un fichier sur une autre machine, n'importe où dans le Web. Un hyperlien tel que `<A HREF="http://www.yahoo.fr/" TARGET="Pharmacie">PHARMACIE</A>` dans le second volet aura pour effet d'afficher dans le troisième volet le système de recherche Yahoo.

Vous savez maintenant comment définir des hyperliens de frame en frame. C'est un moyen simple et facile de faciliter la navigation des visiteurs.

Il reste cependant un dernier problème : que se passe-t-il pour les visiteurs ne disposant pas de Netscape Navigator 2.0 ou plus et dont le navigateur ne sait pas afficher de frames ?

Création de frames avec compatibilité arrière

Si vous avez suivi tous les exercices de cette leçon, c'est que vous disposez de Netscape Navigator 2.0 ou plus ou d'Internet Explorer 3.0 au minimum. Voyons maintenant ce qui se passe avec Netscape Navigator 1.1 ou un autre navigateur.

Netscape Navigator 1.1 (et les autres navigateurs) n'affichent rien.

Il existe cependant deux moyens de remédier à cette situation. Dans les deux, vous devez saisir un texte (avec hyperliens) en complément de la structure frame.

La première possibilité : <NOFRAMES>

Un double tag <NOFRAME>...</NOFRAME> permet de mettre en place des textes, des images et des hyperliens dans une définition de frames. Les navigateurs compatibles "frames" ignoreront ce tag :

Listing 17.9 :
Test de compatibilité de votre Navigateur avec les frames

```
1.  <HTML>
2.  <HEAD>
3.  <TITLE>Le premier fichier de Frame</TITLE>
4.  </HEAD>
5.
6.  <FRAMESET ROWS="20%,80%">
7.
8.  <FRAME SRC="frame1.htm">
9.
10.     <FRAMESET COLS="30%,70%">
11.     <FRAME SRC="frame2_1.htm">
12.     <FRAME SRC="sthtml21.htm" MARGINWIDTH=50 MARGINHEIGHT=100
        NAME="Pharmacie">
13.     </FRAMESET>
14.
15. <FRAME>
16. </FRAMESET>
17.
18. <NOFRAME>
19. Si vous voyez ce message, c'est que votre navigateur ne peut pas
    afficher de frames. Vous pouvez malgr&eacute; tout voir notre page
    d'accueil si vous cliquez sur
```

```
20. <P>
21. <A HREF="sthtml21.htm">PAGE D'ACCUEIL PHARMACIE</A></B>
22.
23. </NOFRAME>
24.
25. </HTML>
```

Alors qu'un navigateur compatible frames affichera le fichier comme précédemment, les autres navigateurs proposeront le texte équipé de son hyperlien.

C'est un moyen d'offrir aux visiteurs la possibilité d'accéder à la page d'accueil même s'ils ne disposent pas d'un navigateur compatible frames, par un simple clic sur *PAGE D'ACCUEIL PHARMACIE*.

Pour que cette technique soit judicieuse, il faut bien sûr aussi que le fichier de la page d'accueil contienne des hyperliens vers Toux2.htm.

La seconde possibilité : le tag <BODY>

Au lieu de travailler avec <NOFRAME>...</NOFRAME>, une autre solution consiste à insérer, après les définitions de frames, un tag <BODY>...</BODY> et d'y placer des indications destinées aux utilisateurs de navigateurs non compatibles frames.

Listing 17.10 :
Possibilité d'affichage pour les navigateurs non compatibles

```
1. <HTML>
2. <HEAD>
3. <TITLE>Le premier fichier de Frame</TITLE>
4. </HEAD>
5.
6. <FRAMESET ROWS="20%,80%">
7.
8. <FRAME SRC="frame1.htm">
9.
10.    <FRAMESET COLS="30%,70%">
```

```
11.    <FRAME SRC="frame2_1.htm">
12.    <FRAME SRC="sthtml21.htm" MARGINWIDTH=50 MARGINHEIGHT=100
       NAME="Pharmacie">
13.    </FRAMESET>
14.
15. <FRAME>
16. </FRAMESET>
17.
18. <BODY>
19. Si vous voyez ce message, c'est que votre navigateur ne peut pas
    afficher de frames. Vous pouvez malgr&eacute; tout voir notre page
    d'accueil si vous cliquez sur
20. <P>
21. <A HREF="sthtml21.htm">PAGE D'ACCUEIL PHARMACIE</A></B>
22.
23. </BODY>
24.
25. </HTML>
```

Il suffit de remplacer le tag <NOFRAME> par le tag <BODY>. Avec Netscape Navigator 2.0 ou plus, l'affichage reste toujours le même et, avec Netscape Navigator 1.1, vous retrouvez le même affichage qu'avec <NOFRAME>.

Reste à choisir entre les deux variantes. La plus judicieuse est la solution du tag <BODY>, même si l'autre fonctionne aussi parfaitement bien.

Rappelez-vous de la réaction des navigateurs en cas de tags inconnus : ils les ignorent. Un navigateur incapable d'afficher des frames trouvera soit le tag <NOFRAME>, soit le tag <BODY>. Bien qu'il ne connaisse pas le tag <NOFRAME>, il affiche le texte placé entre <NOFRAME> et </NOFRAME>. En revanche, le tag <BODY> lui est familier et il sait comment l'exploiter.

Ceci prouve que les divers développements de HTML aboutissent parfois à des solutions diverses. Mais vos connaissances sont suffisantes pour que vous puissiez juger de la solution la plus adaptée.

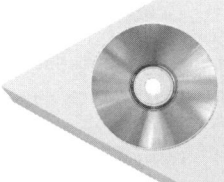

Vous trouverez dans le dossier C:\Sthtml les deux fichiers modifiés au cours de cette leçon, Sthtml24.htm et Frame2_1.htm.

Résumé

Objectif	Procédure	Tag
Créer un fichier frame	Remplacer le tag <BODY> par un tag <FRAMESET>, ainsi qu'un tag <FRAME>-pour chaque fenêtre	<FRAMESET> <FRAME> ... </FRAMESET>
Fractionner une fenêtre à l'horizontale	Utiliser dans le tag <FRAMESET> le mot-clé ROWS	En pourcentage, <FRAMESET ROWS="x%,y%, ..."> ou en valeur absolue, <FRAMESET ROWS="x,*,y, ..."> * = Cette mesure est définie par le navigateur en fonction de la taille de la fenêtre
Fractionner une fenêtre à la verticale	Utiliser dans le tag <FRAMESET> le mot-clé COLS.	en pourcentage, <FRAMESET COLS="x%,y%, ..."> ou en valeur absolue, <FRAMESET COLS="x,*,y, ..."> * = Cette mesure est définie par le navigateur en fonction de la taille de la fenêtre

Objectif	Procédure	Tag
Fractionner à nouveau une fenêtre frame	Remplacer le tag <FRAME> concerné par une structure <FRAMESET>	<FRAMESET COLS="20%,80%"> <FRAME> <FRAMESET ROWS="50%,50%"> <FRAME> <FRAME> </FRAMESET> </FRAMESET>
Afficher un fichier dans une fenêtre frame	Utiliser dans le tag <FRAME> concerné le mot-clé SRC	<FRAME SRC="NomdeFichier">
Figer la taille d'une fenêtre frame	Utiliser dans le tag <FRAME> concerné le mot-clé NORESIZE	<FRAME SRC="NomdeFichier" NORESIZE>
Empêcher ou forcer l'affichage de barres de défilement	Utiliser dans le tag <FRAME> concerné le mot-clé SCROLLING et lui affecter la valeur "yes" ou "no"	<FRAME SRC="NomdeFichier" SCROLLING="no"> <FRAME SRC="NomdeFichier" SCROLLING="yes">
Définir une marge entre le texte ou les images et la bordure de la fenêtre frame	Utiliser dans le tag <FRAME> concerné le mot-clé MARGINWIDTH ou MARGINHEIGHT et lui affecter une valeur en pixels	<FRAME SRC="NomdeFichier" MARGINWIDTH=x> <FRAME SRC="NomdeFichier" MARGINHEIGHT=y> x et y = Nombre de Pixels
Affecter un nom à une fenêtre frame	Utiliser dans le tag <FRAME> concerné le mot-clé NAME et lui affecter un nom	<FRAME SRC="NomdeFichier" NAME="un_nom">
Afficher un hyperlien dans une autre fenêtre frame	Utiliser dans l'hyperlien concerné le mot-clé TARGET et lui affecter le nom de la fenêtre cible voulue	<A HREF="NomdeFichier" TARGET="un_nom">
Afficher des frames avec les navigateurs non compatibles	Insérer dans le fichier frame un paragraphe <NOFRAMES> ... </NOFRAMES> ou <BODY> ... </BODY>, qui contient un hyperlien sur le fichier le plus important à afficher	<NOFRAMES> ... </NOFRAMES> ou <BODY> ... </BODY>

Contrôle des connaissances

Vrai ou faux ?

	Vrai	Faux	**Les frames peuvent être fractionnés**
1.	U	E	horizontalement
2.	N	F	verticalement
3.	B	E	à la fois verticalement et horizontalement

Complétez la phrase

Les frames sont des fenêtres dans une

-	-	-	-	-	-	-
4.	**5.**	**6.**	**7.**	**8.**	**9.**	**10.**

Vrai ou faux ?

	Vrai	Faux	**Les frames**
11.	F	N	ont automatiquement un nom
12.	O	E	peuvent être affectés d'un nom
13.	S	M	doivent obligatoirement avoir un nom
14.	M	A	doivent obligatoirement avoir un nom si ils sont la cible d'un hyperlien

Trouvez les correspondances

15.		<FRAMESET>	**F**	Fractionnement vertical de la fenêtre
16.		NORESIZE	**M**	Force une barre de défilement
17.		COLS=" "	**E**	Début de définition de frame

18.		SRC="NomdeFichier"	A	Fractionnement horizontal de la fenêtre
19.		ROWS=" "	E	Fige les dimensions de la fenêtre
20.		SCROLLING="yes"	E	Espacement par rapport au bord gauche et droit
21.		MARGINWIDTH=x	R	Affiche un fichier dans une fenêtre frame

Solution

-	-	-
1.	2.	3.

-	-	-	-	-	-	-
4.	5.	6.	7.	8.	9.	10.

-	-	-	-	-	-
11.	12.	13.	14.	15.	16.

-	-	-	-	-
17.	18.	19.	20.	21.

UNE FENÊTRE NOMMÉE FRAME

18 Les formulaires et leur manipulation

60 mn

Beaucoup de pages Web contiennent des formulaires dans lesquels les visiteurs peuvent effectuer des saisies ou sélectionner des entrées dans une liste. Ces formulaires sont à transmettre au serveur Web qui les exploite automatiquement.

À l'issue de cette leçon, vous saurez...

- créer des formulaires ;
- déterminer quels sont les divers types de formulaires ;
- envoyer un formulaire sous forme de courrier électronique ;
- mieux utiliser les moteurs de recherche.

Créer un formulaire

Depuis la version 2.0 d'HTML, nous disposons d'un outil efficace de retour d'informations du client vers le serveur : les formulaires. L'interactivité entre le client et le serveur est particulièrement importante pour les serveurs commerciaux qui doivent mettre en place une activité commerciale sur le Web. Un formulaire disposera, comme les traitements de texte, de champs de saisie, de listes, de boutons et d'autres contrôles efficaces pour communiquer. Le client peut, même hors ligne, remplir ainsi un formulaire dans la fenêtre de son navigateur et envoyer ensuite sa copie au serveur pour le traitement des réponses.

L'un des avantages évident des formulaires, par rapport à un simple message e-mail, est que les informations données par l'utilisateur peuvent être traitées par de puissantes bases de données. L'une des applications la plus manifeste des formulaires est la sélection d'une entrée dans une liste.

Rappelez-vous l'exemple de la vidéothèque. Nous pourrions offrir aux visiteurs la possibilité de commander directement par e-mail les films présentés.

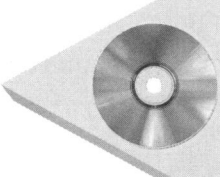

Vous trouverez dans le dossier C:\Sthtml le fichier Sthtml25.htm.

1. Chargez le fichier Sthtml25.htm depuis le CD-ROM :

```
82.    </TR>
83. </TABLE>
84.
85. <P>
86.
87. <H3>Vous pouvez commander nos vid&eacute;os en ligne:</H3>
88. <FORM ACTION="mailto:durand@machin.fr" METHOD="post">
89. Votre nom : <INPUT NAME="client" SIZE=40 MAXLENGTH=60>
90. <P>
91. <INPUT TYPE="submit" VALUE="Commander">
92. <INPUT TYPE="reset" VALUE="Effacer">
93. </FORM>
94.
95. </BODY>
96. </HTML>
```

Ce fichier vous est déjà connu, il s'agit de Sthtml10.htm, avec quelques rajouts : les lignes 85 à 93 représentent le code HTML pour le premier formulaire qui sera expédié par courrier électronique.

Pour vous permettre non seulement de juger ce formulaire, mais aussi d'en tester l'envoi par e-mail, procédez de la manière suivante :

2. Remplacez dans la ligne 88 l'adresse e-mail fictive (durand@machin.fr) par votre propre adresse e-mail.

3. Établissez une connexion et examinez le formulaire :

Fig. 18.1 :
Le premier
formulaire e-mail

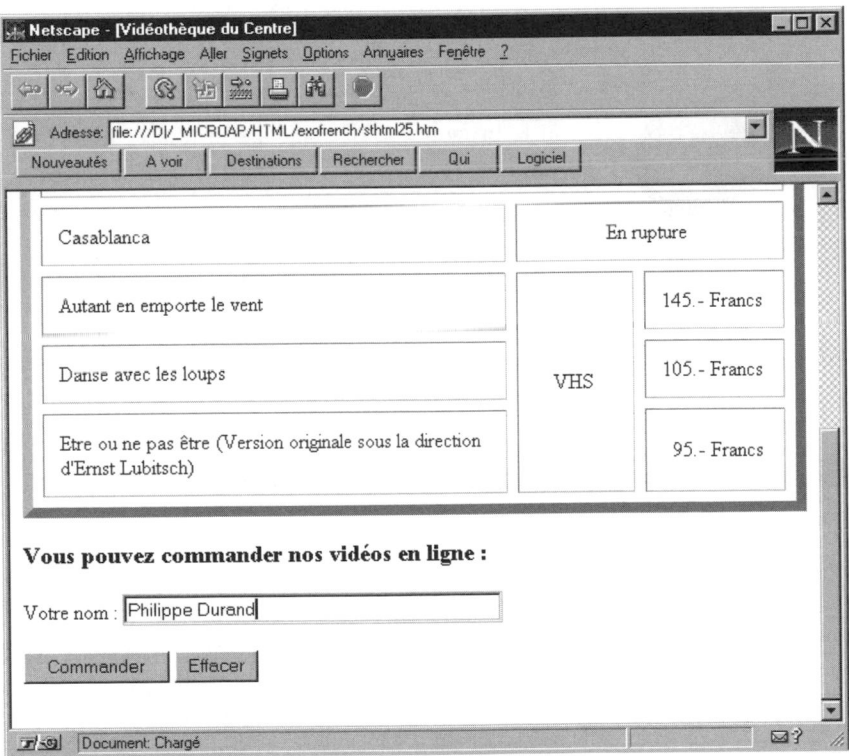

Sous le tableau des offres apparaît un petit formulaire avec des champs vierges, destiné à la saisie du nom et doté de deux boutons : **Commander** et **Effacer**.

4. Indiquez un nom dans le champ de texte.

5. Cliquez sur le bouton **Effacer** pour supprimer la saisie.

6. Indiquez de nouveau un nom (par exemple `Philippe Durand`) et cliquez sur **Commander**.

   Netscape Navigator envoie automatiquement le formulaire par courrier électronique à votre adresse e-mail.

   En fonction du serveur, ce courrier peut mettre un certain temps avant d'arriver dans votre boîte aux lettres.

7. Vérifiez l'arrivée du message.

Selon le programme de messagerie utilisé, le formulaire sera affiché directement ou attaché sous forme de pièce jointe.

Dans les deux cas, le contenu du formulaire ressemble à ceci :

```
client=Philippe+Durand
```

Envoyer un formulaire comme e-mail

Voici ce que vous devez savoir concernant les formulaires :

■ chaque formulaire est encadré d'un tag `<FORM>...</FORM>`. Entre ces deux tags sont placés d'autres tags de formulaire, mais aussi du texte (les tags de formatage sont autorisés) ;

Les tableaux et les formulaires ont souvent du mal à collaborer. Évitez si possible les formulaires dans les tableaux et surtout les tableaux dans les formulaires, sous peine de voir Netscape Navigator se bloquer.

- le tag d'ouverture `<FORM>` accepte les mots-clés `ACTION` et `METHOD` ;

- le mot-clé `ACTION` est affecté d'une adresse Internet, à laquelle le courrier sera envoyé. Pour expédier un courrier électronique, utilisez ce mot-clé sous la forme `ACTION="mailto:durand@machin.fr"` ;

- le mot-clé `METHOD` accepte les valeurs `post` et `get`. Avec la méthode GET, le formulaire retourné sera traité dans une variable QUERY_STRING limitée en nombre de caractères, le programme CGI effectuant les évaluations. La méthode POST interprète le formulaire comme une suite de commandes correspondant aux saisies ou choix de l'utilisateur. Concrètement, la méthode GET s'est imposée comme système de lien, mais ne permet de transférer qu'une assez faible quantité de données. Dans le cas d'un retour e-mail, c'est plutôt la méthode POST qui est privilégiée ;

- le tag `<INPUT>` sert à fournir un champ de saisie. Chaque champ de saisie doit disposer d'un nom, défini grâce au mot-clé `NAME`. Dans notre exemple, le champ s'appelle `"client"` (`NAME="client"`) ;

- la largeur du champ de saisie (en nombre de caractères) est définie par le mot-clé `SIZE` (par exemple, `SIZE=40`). La taille maximale est définie par `MAXLENGTH`. Si `MAXLENGTH` est supérieur à `SIZE`, Netscape Navigator fait automatiquement défiler le texte ;

- les mots-clés `TYPE` et `VALUE` servent à des formes particulières de saisie dans un tag `<INPUT>` ;

- avec `TYPE="submit"` ou `TYPE="reset"`, Netscape Navigator affiche un bouton. Un clic sur ce bouton **submit** envoie le formulaire à l'adresse spécifiée dans le tag `<FORM>`, un clic sur **reset** efface toutes les saisies du formulaire ;

- le mot-clé VALUE peut être affecté d'une valeur qui apparaîtra comme étiquette du bouton. Laissez libre cours à votre fantaisie. Pensez simplement à employer les définitions de caractères accentués et spéciaux ;

- le texte d'un champ de saisie est transmis comme courrier sous la forme suivante : le nom du champ de saisie (ici client) est suivi du signe = et des mots saisis, séparés par un signe + : client=Philippe+Durand ;

- il existe plusieurs types de bouton. Les plus connus, **submit** pour envoyer un formulaire et **reset** pour l'annuler, et le type **button** dont l'intérêt est une nouvelle balise (<BUTTON>) qui apporte une innovation graphique importante dans les formulaires. Vous pouvez désormais, avec HTML 4, insérer une animation dans un bouton, un fichier GIF animé, par exemple. Dans ce cas, vous utiliserez une instruction de ce type :

```
<BUTTON type="submit" name="[nom]" value="[nom]"> nom du fichier
image </BUTTON>
```

Cette forme peu lisible d'affichage du contenu du formulaire indique bien que les formulaires ont été conçus pour envoyer des informations à une machine (qui sait les exploiter), et non à un utilisateur. Mais avec un peu de pratique, vous réussirez sans problème à déchiffrer ces messages.

Champs de saisie de texte

Vous avez découvert un champ de saisie de texte simple. Lorsque le texte est long, il est préférable d'agrandir ce champ. Comme exemple, nous allons rajouter l'adresse du client de la vidéothèque dans le formulaire.

1. Complétez le fichier Sthtml25 des lignes 91 et 92 :

```
86. ...
87. <H3>Vous pouvez commander nos vid&eacute;s en ligne:</H3>
88. <FORM ACTION="mailto:durand@machin.fr" METHOD="post">
89. Votre nom : <INPUT NAME="client" SIZE=40 MAXLENGTH=60>
90. <P>
91. Votre adresse : <TEXTAREA NAME="adresse" ROWS=5 COLS=40></TEXTAREA>
92. <P>
93. <INPUT TYPE="submit" VALUE="Commander">
94. <INPUT TYPE="reset" VALUE="Effacer">
95. </FORM>
96.
97. </BODY>
98. </HTML>
```

Voici le résultat dans Netscape Navigator :

Fig. 18.2 :
Un champ de
texte plus grand

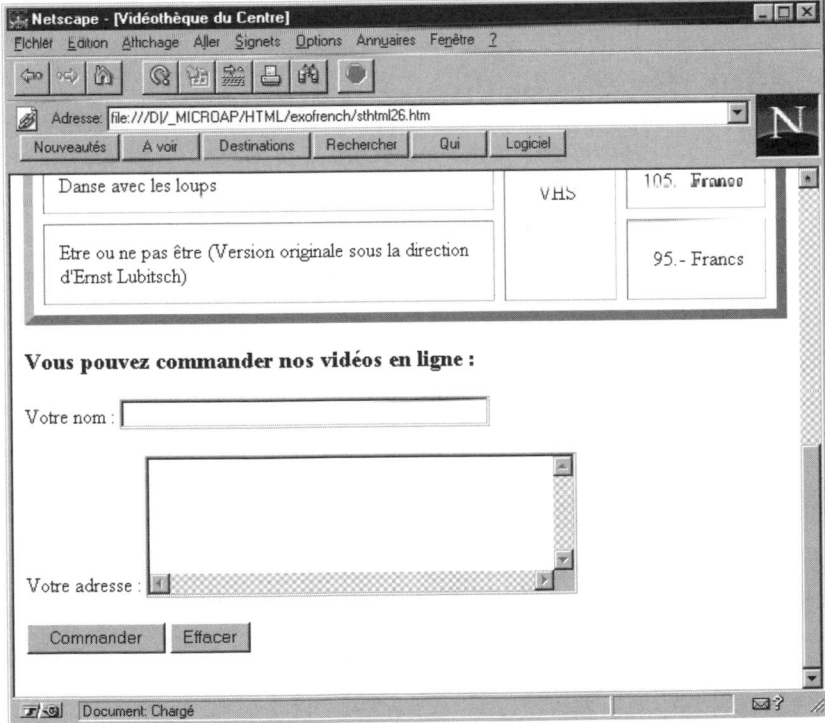

Ce champ de texte agrandi est également doté d'une barre de défilement horizontale et verticale permettant la saisie de textes longs.

Si vous le souhaitez, vous pouvez effectuer un test maintenant pour visualiser l'aspect du courrier électronique. L'ensemble vous sera de toute manière présenté à la fin de cette leçon.

Voici les propriétés de ce champ de texte :

- le tag double `<TEXTAREA>...</TEXTAREA>` insère dans le formulaire un champ de texte long ;

- vous lui affecterez également un nom avec le mot-clé `NAME` ;

- avec `ROWS=x`, vous définirez le nombre de lignes de ce champ et, avec `COLS=x`, sa largeur en nombre de caractères.

Boutons de sélection

Les boutons de sélection existent en deux versions : les cases d'option et les cases à cocher. Si ces deux termes ne vous sont pas familiers, ce n'est pas un problème, vous allez découvrir dans un instant leurs spécificités.

Les cases d'option

Pour savoir, par exemple, si les visiteurs de la page d'accueil de la vidéothèque sont en majorité des hommes ou des femmes, placez dans le formulaire une question à laquelle le visiteur pourra répondre d'un clic de souris.

Voici comment procéder :

1. Complétez le listing précédent des lignes 93 à 96 :

```
86. ...
87. <H3>Vous pouvez commander nos vid&eacute;s en ligne:</H3>
88. <FORM ACTION="mailto:durand@machin.fr" METHOD="post">
89. Votre nom : <INPUT NAME="client" SIZE=40 MAXLENGTH=60>
```

```
90.  <P>
91.  Votre adresse : <TEXTAREA NAME="adresse" ROWS=5 COLS=40></TEXTAREA>
92.  <P>
93.  Êtes-vous de sexe :
94.  <INPUT TYPE="radio" NAME="sexe" VALUE="homme"> homme
95.  <INPUT TYPE="radio" NAME="sexe" VALUE="femme"> femme
96.  <P>
97.  <INPUT TYPE="submit" VALUE="Commander">
98.  <INPUT TYPE="reset" VALUE="Effacer">
99.  </FORM>
100.
101. </BODY>
102. </HTML>
```

Voyons à présent comment fonctionnent ces cases d'option :

Fig. 18.3 :
Deux cases d'option pour le sexe masculin et féminin

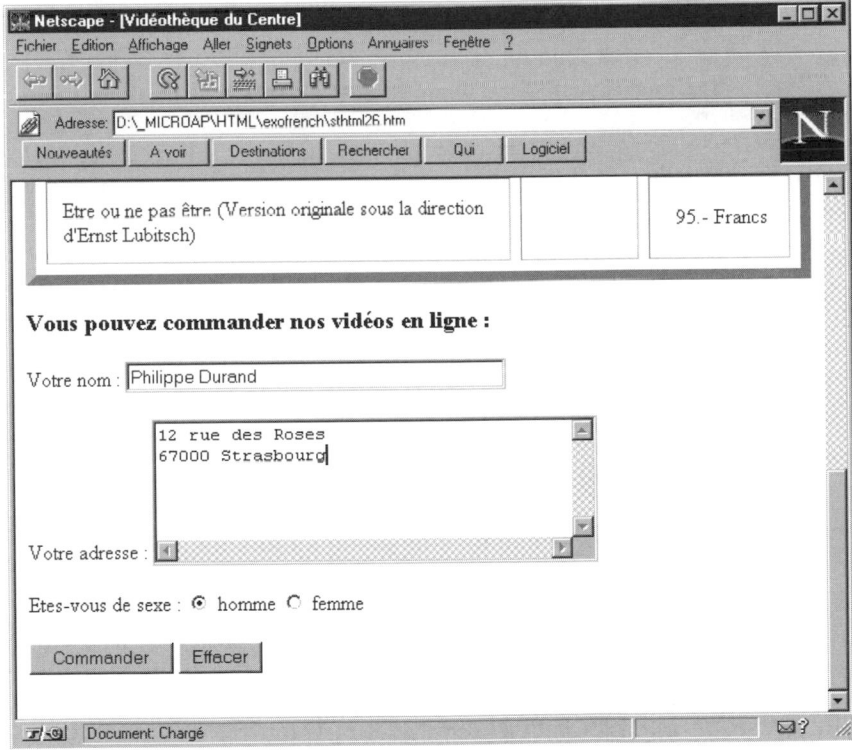

À gauche des mentions *masculin* et *féminin* se trouvent de petits cercles dans lesquels l'utilisateur peut cliquer. La particularité

des cases d'option est que seul un cercle peut être activé. Le visiteur est de sexe soit masculin soit féminin.

■ les cases d'option sont créées à l'aide du tag `<INPUT>` et du mot clé `TYPE="radio"` ;

■ le fait que les diverses cases forment un ensemble est dû au nom identique affecté à tous les tags `<INPUT>` par le mot-clé `NAME` (`NAME="sexe"`) ;

■ le mot-clé `VALUE` indique le texte à expédier par e-mail si la case en question est activée (par exemple, `VALUE="homme"`).

Pour arriver à placer toutes les cases d'option les unes sous les autres, il suffit de placer un tag `<P>` entre les tags `<INPUT>`.

Les cases à cocher

Les cases à cocher ressemblent aux cases d'option, à la différence que le cercle est remplacé par un carré et que l'utilisateur peut cocher simultanément plusieurs cases. Si les cases à cocher ne présentent pas d'intérêt pour la détermination des sexes, il en va autrement pour la commande des vidéos. Le visiteur peut commander une ou plusieurs cassettes.

1. Complétez le listing par les lignes 97 à 106 :

```
86. ...
87. <H3>Vous pouvez commander nos vid&eacute;s en ligne:</H3>
88. <FORM ACTION="mailto:durand@machin.fr" METHOD="post">
89. Votre nom : <INPUT NAME="client" SIZE=40 MAXLENGTH=60>
90. <P>
91. Votre adresse : <TEXTAREA NAME="adresse" ROWS=5 COLS=40></TEXTAREA>
92. <P>
93. Êtes-vous de sexe :
94. <INPUT TYPE="radio" NAME="sexe" VALUE="homme"> homme
```

```
95. <INPUT TYPE="radio" NAME="sexe" VALUE="femme"> femme
96. <P>
97. Quels films souhaitez-vous commander :
98. <BR>
99. <INPUT TYPE="checkbox" NAME="video" VALUE="Casablanca"> Casablanca
100. <BR>
101. <INPUT TYPE="checkbox" NAME="video" VALUE="Vent"> Autant en emporte
le vent
102. <BR>
103. <INPUT TYPE="checkbox" NAME="video" VALUE="Loup"> Danse avec les loups
104. <BR>
105. <INPUT TYPE="checkbox" NAME="video" VALUE="Etre">
     Être ou ne pas &ecirc;tre
106. <P>
107. <INPUT TYPE="submit" VALUE="Commander">
108. <INPUT TYPE="reset" VALUE="Effacer">
109. </FORM>
110.
111. </BODY>
112. </HTML>
```

Notez que le tag <INPUT> est presque identique à celui des cases d'option. La seule différence réside dans le mot-clé TYPE, affecté désormais de la valeur TYPE="checkbox". Voyez le résultat dans Netscape Navigator :

Fig. 18.4 :
Sélection des
films par des
cases à cocher

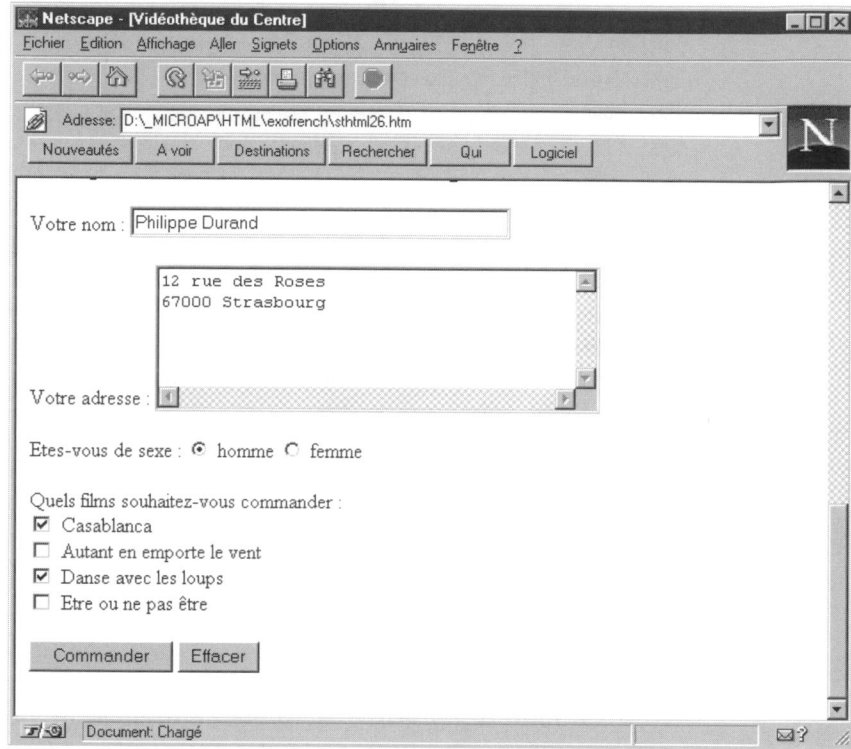

Lorsque vous cliquez sur une case, une coche s'y inscrit, un second clic la retire.

Listes de sélection

Voici d'autres possibilités de proposer un choix dans un formulaire : la liste de sélection.

1. Insérez dans le listing les lignes 107 à 115 :

```
86. ...
87. <H3>Vous pouvez commander nos vid&eacute;s en ligne:</H3>
88. <FORM ACTION="mailto:durand@machin.fr" METHOD="post">
89. Votre nom : <INPUT NAME="client" SIZE=40 MAXLENGTH=60>
90. <P>
91. Votre adresse : <TEXTAREA NAME="adresse" ROWS=5 COLS=40></TEXTAREA>
92. <P>
93. Êtes-vous de sexe :
```

```
94. <INPUT TYPE="radio" NAME="sexe" VALUE="homme"> homme
95. <INPUT TYPE="radio" NAME="sexe" VALUE="femme"> femme
96. <P>
97. Quels films souhaitez-vous commander :
98. <BR>
99. <INPUT TYPE="checkbox" NAME="video" VALUE="Casablanca"> Casablanca
100. <BR>
101. <INPUT TYPE="checkbox" NAME="video" VALUE="Vent"> Autant en emporte
     le vent
102. <BR>
103. <INPUT TYPE="checkbox" NAME="video" VALUE="Loup">
     Danse avec les loups
104. <BR>
105. <INPUT TYPE="checkbox" NAME="video" VALUE="Etre"> Etre ou ne pas
     &ecric;tre
106. <P>
107. Nous vous proposons &eacute;galement :
108. <BR>
109. <SELECT NAME="medias" SIZE=3 MULTIPLE>
110. <OPTION> Cassettes audio
111. <OPTION> CD classiques
112. <OPTION> CD Pop
113. <OPTION> CD Jazz
114. </SELECT>
115. <P>
116. <INPUT TYPE="submit" VALUE="Commander">
117. <INPUT TYPE="reset" VALUE="Effacer">
118. </FORM>
119.
120. </BODY>
121. </HTML>
```

Les listes de sélection sont créées par le tag `<SELECT>...</SELECT>`. Ce tag accepte les mots-clés suivants :

■ `NAME` permet d'affecter un nom à la liste (`NAME="medias"`) ;

■ `SIZE=x` indique le nombre de lignes composant la liste (par exemple, `SIZE=3`). Si une liste dispose de plus d'entrées que la valeur affectée au mot-clé `SIZE`, Netscape Navigator rajoute automatiquement une barre de défilement ;

- le mot-clé MULTIPLE a pour effet de permettre, comme avec les cases à cocher, des sélections multiples. Si vous omettez MULTIPLE, seule une entrée de la liste pourra être sélectionnée ;

- les entrées de la liste sont placées dans le tag <SELECT>...</SELECT>, par indication de tags <OPTION> suivi d'un court texte (<OPTION> CD Jazz).

Si vous employez le tag <OPTION SELECTED> à la place du tag <OPTION>, cette entrée est automatiquement sélectionnée dans la liste.

Voici encore un moyen simple et confortable de proposer plusieurs options aux visiteurs.

Fig. 18.5 :
Une liste de sélection dans Netscape Navigator

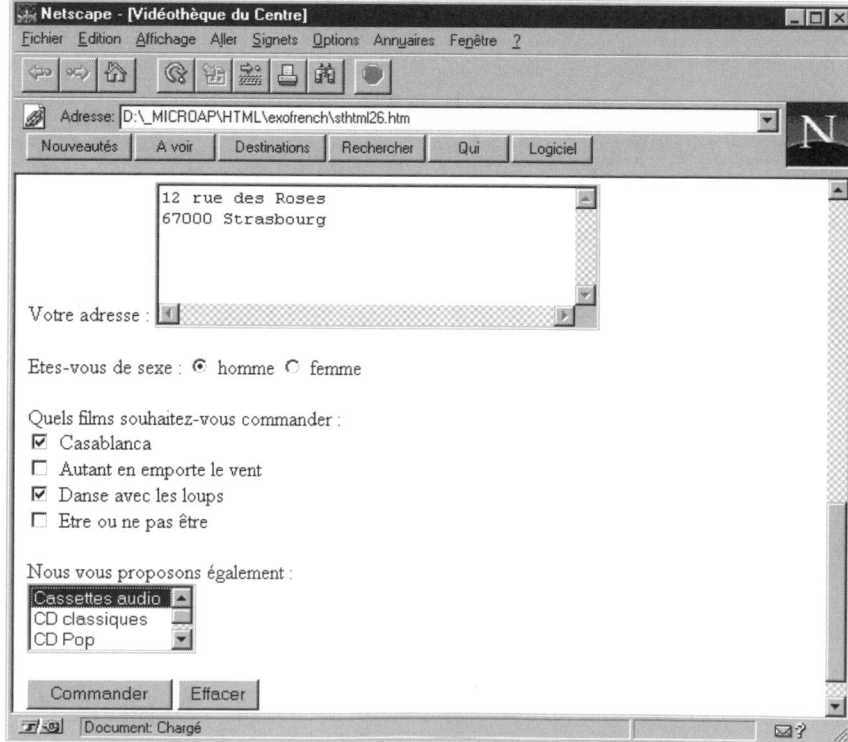

Notez la petite fenêtre avec une barre de défilement verticale, dans laquelle trois des quatre entrées sont visibles. Sélectionnez une ou plusieurs options par des clics de souris.

Pour sélectionner plusieurs entrées, appuyez sur la touche **Ctrl** en même temps que vous cliquez.

Le formulaire testé

Vous connaissez désormais les propriétés des formulaires. Il faut à présent remplir le formulaire et l'expédier par courrier électronique.

Voici le formulaire complété :

Fig. 18.6 :
Le formulaire
rempli

Netscape - [Vidéothèque du Centre]

Fichier Edition Affichage Aller Signets Options Annuaires Fenêtre ?

Vous pouvez commander nos vidéos en ligne :

Votre nom : Philippe Durand

12 rue des Roses
67000 Strasbourg

Votre adresse :

Etes-vous de sexe : ⦿ homme ○ femme

Quels films souhaitez-vous commander :
☑ Casablanca
☐ Autant en emporte le vent
☑ Danse avec les loups
☐ Etre ou ne pas être

Nous vous proposons également :
Cassettes audio
CD classiques
CD Pop

Commander   Effacer

Document: Chargé

Lorsque vous expédiez le formulaire en cliquant sur **Commander**, le résultat est le suivant :

```
client=Philippe+Durand&adresse=12+rue+des+Roses17%0D%0A67000+Strasbou
rg&sexe=homme&video=Casablanca&video=Loup&medias=Cassettes+audio&medi
as=CD+Pop
```

- les divers champs du formulaire sont séparés par le caractère &, alors que les mots saisis dans les champs sont séparés par le signe +. Le message commence par le champ `client`, contenant `Philippe+Durand` ;

- vient ensuite le champ de saisie de texte long, `adresse`, indiquant le numéro et la rue (`12+rue+des+Roses`) suivie d'une chaîne de caractères, `17%0D%0A`. Cette chaîne correspond au saut de ligne entre l'indication de la rue et la ligne du code postal et de la ville. Elle est suivie du code postal et de la ville (`67000+Strasbourg`) ;

- comme valeur du champ `sexe`, la valeur `homme` est transmise, en raison de l'activation de la case d'option correspondante ;

- viennent deux indications pour les cases à cocher `video`, en l'occurrence `Casablanca` et `Loup`, correspondant aux deux cases cochées dans le formulaire ;

- pour finir, deux entrées de la liste `medias` ont été sélectionnées, `Cassettes+audio` et `CD+Pop`.

Ce type de présentation n'est sans doute pas très lisible, mais vous savez désormais comment le formulaire est transmis. Si vous mettez en place ce genre de formulaire et si vous n'en attendez pas des milliers de retours, vous n'aurez pas de mal à vous en sortir.

Programmation CGI : l'exploitation du formulaire

Ce formulaire envoyé par courrier électronique ne sera pas exploité par des hommes, mais par des machines et des programmes informatiques. Dans ce cas, l'emploi des séparateurs +, & ou des caractères 17%0D%0A est correct. Il s'agit de la programmation CGI, dont le rôle consiste à exploiter de manière autonome le contenu des formulaires et à réagir à des réponses précises.

Nous avons déjà abordés dans le chapitre 15, pour la déclaration de pages Web, les moteurs de recherche. Ils réagissent à un critère de recherche saisi dans un formulaire et renvoie les adresses des pages répondant à ce critère.

La programmation CGI mérite un chapitre à elle seule et dépasse largement le cadre de ce livre. Aussi, nous n'allons pas approfondir le sujet, à charge pour vous de déterminer si cette voie présente un intérêt pour vous.

Pour utiliser un moteur de recherche tel qu'Altavista, la technique la plus courante est de rechercher sa page d'accueil et de lancer la recherche à partir d'un formulaire. En procédant ainsi, vous appelez en réalité deux fois Altavista : une première fois, pour afficher sa page d'accueil, et une seconde fois, pour lancer la recherche.

La procédure sera plus rapide si vous disposez sur votre PC du formulaire de recherche. Vous n'aurez besoin d'accéder à Altavista que pour la transmission de ce formulaire. Vous savez désormais comment le créer.

Exploitation de formulaire (sans programmation CGI)

Nous allons voir maintenant, sur la base d'Altavista, comment utiliser les formulaires du World Wide Web sur votre PC pour arriver plus rapidement au résultat de votre recherche.

À la leçon 14, vous avez appris à visualiser le code HTML de n'importe quel document Web par la commande **Affichage/Source du document**. C'est ce que nous allons faire pour Altavista :

1. Chargez le fichier Cherche.htm dans Netscape Navigator et cliquez sur Altavista.

Fig. 18.7 :
La page d'accueil d'Altavista

2. Notez l'adresse de cette page Web : `http://www.altavista.com/`.

3. Cliquez sur la commande **Affichage/Source du document** pour obtenir à l'écran le code HTML de la page d'accueil d'Altavista. Copiez le code dans le Presse-papiers ou enregistrez le fichier sous un autre nom.

Voici les premières lignes de ce code HTML :

```
1.  <html><head>
2.  <title> AltaVista: Main Page </title>
3.  </head><body    bgcolor="#ffffff"  text="#000000"  link="#0000ee"
    vlink="551a8b" alink="ff0000">
4.  <!-- Alta La Vista
5.  what=webscript=/cgi-bin/querytext= the Web  [Palo Alto]
6.  what=newsscript=/cgi-bin/querytext= Usenet  [Palo Alto]
7.  -->
8.  <CENTER><IMG SRC="/av/pix/logo22pt.gif" HEIGHT=17 WIDTH=50>
9.  <P>
10. <a href="/cgi-bin/query?pg=tmpl&v=about.html"> <IMG src="/av/pix/
    default/av-logo.gif" alt="[ AltaVista] "  BORDER=0 ALIGN=middle
    HEIGHT=73 WIDTH=204></a>
11. <a href="/cgi-bin/query?pg=aq"> <IMG src="/av/pix/default/
    av-adv.gif" alt="[ Advanced Query]  "  BORDER=0 ALIGN=middle
    HEIGHT=73 WIDTH=59></a>
12. <a href="/cgi-bin/query?pg=q"> <IMG src="/av/pix/default/av-sim.gif"
    alt="[ Simple Query] "  BORDER=0 ALIGN=middle HEIGHT=73 WIDTH=42></a>
13. <a href="http://altavista.software.digital.com/
    products/search/choice.htm">
14. <IMG src="/av/pix/default/av-pex.gif" alt="[ Private eXtension
    Products] "  BORDER=0 ALIGN=middle  HEIGHT=73 WIDTH=65></a>
15. <a href="/cgi-bin/query?pg=h"> <IMG src="/av/pix/default/
    av-help.gif" alt="[ Help with Query]  "  BORDER=0 ALIGN=middle
    HEIGHT=73 WIDTH=35></a>
16. </CENTER><CENTER><FORM method=GET action="/cgi-bin/query"><INPUT
    TYPE=hidden NAME=pg VALUE=q>
17.  Search <SELECT NAME=what><OPTION VALUE=web SELECTED> the Web<OPTION
    VALUE=news > Usenet</SELECT>
18.  and Display the Results <SELECT NAME=fmt><OPTION VALUE="."
    SELECTED> in Standard Form<OPTION VALUE=c > in Compact Form<OPTION
    VALUE=d > in Detailed Form</SELECT></B><BR>
19. <INPUT NAME=q size=55 maxlength=200 VALUE="">
20. <INPUT TYPE=submit VALUE=" Submit">
21. <br><FONT size=-1> Tip:
22.
23.
24. To control how your Web site is indexed, check out Help for the
25. proper use of the META tag.
26. </FONT>
```

```
27. </FORM></CENTER>
28. ...
```

Comme vous le constatez dans Netscape Navigator, cette page contient un formulaire lançant la recherche.

4. Localisez le tag d'ouverture <FORM> et le tag de fermeture </FORM>, pour trouver le début et la fin du formulaire.

5. Copiez le formulaire complet, avec les tags <FORM> et </FORM> dans le Presse-papiers.

6. Créez un nouveau fichier HTML dans le Bloc-notes de Windows 95, avec les tags habituels (<HTML>, <HEAD>, etc.).

7. Insérez le formulaire entre <BODY> et </BODY> pour arriver (à une exception près) au listing suivant :

Listing 18.2 :
Le listing
Altavista.htm

```
1.  <HTML>
2.  <HEAD>
3.  <TITLE>Recherche Altavista</TITLE>
4.  </HEAD>
5.
6.  <BODY>
7.
8.  <FORM method=GET action="http://www.altavista.digital.com/
    cgi-bin/query"><INPUT TYPE=hidden NAME=pg VALUE=q>
9.   Search <SELECT NAME=what><OPTION VALUE=web SELECTED> the Web<OPTION
     VALUE=news > Usenet</SELECT>
10. and Display the Results <SELECT NAME=fmt><OPTION VALUE="."
    SELECTED> in Standard Form<OPTION VALUE=c > in Compact Form<OPTION
    VALUE=d > in Detailed Form</SELECT></B><BR>
11. <INPUT NAME=q size=55 maxlength=200 VALUE="">
12. <INPUT TYPE=submit VALUE=" Submit">
13. <br><FONT size=-1> Tip:
14.
15.
16. To control how your Web site is indexed, check out Help for the
17. proper use of the META tag.
18. </FONT>
19. </FORM>
20.
21. </BODY>
22. </HTML>
```

Vous trouverez ce fichier Altavista.htm dans le dossier C:\Sthtml.

Ce listing se distingue de votre propre fichier sur un seul point.

À la ligne 8, vous trouvez :

```
<FORM method=GET action="cgi-bin/query"><INPUT TYPE=hidden NAME=pg VALUE=q>
```

L'adresse Web après le mot-clé ACTION est une adresse relative cgi-bin/query, qui a tout son sens dans la page d'accueil d'Altavista, mais pas dans votre page personnelle.

Heureusement, vous aviez noté à l'étape 2 l'adresse de la page d'accueil d'Altavista : http://www.altavista.com/.

8.   Insérez cette adresse à la ligne 8, en remplacement de l'adresse relative :

```
<FORM method=GET action="http://www.altavista.digital.com/cgi-bin/que-
ry"><INPUT TYPE=hidden NAME=pg VALUE=q>
```

À l'avenir, lorsque vous chargerez le fichier Altavista.htm, vous obtiendrez ceci :

Fig. 18.8 :
Altavista.htm
dans Netscape
Navigator

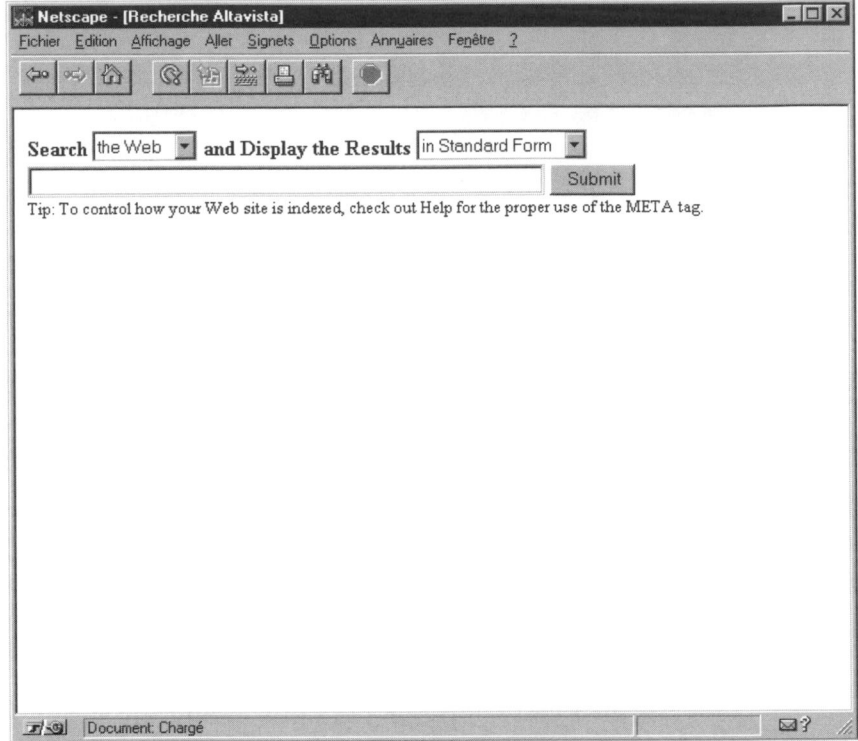

Si vous êtes en ligne, vous pourrez y saisir un critère de recherche et le transmettre directement à Altavista sans passer par la page d'accueil.

Vous pourrez créer par ce biais des pages toutes prêtes contenant des formulaires de saisie et gagner du temps dans vos recherches.

Vous trouverez dans le dossier C:\ Sthtml les fichiers Altavista.htm et Sthtml26.htm.

Résumé

Objectif	Procédure	Tag
Créer un formulaire e-mail	Insérer un tag <FORM> ... </FORM> et utiliser les mots-clés ACTION et METHOD	<FORM ACTION="mailto:durand@machin.fr " METHOD="post">...</FORM>
Insérer un bouton Submit dans un formulaire	Utiliser le tag <INPUT> sous la forme	<INPUT TYPE="submit" VALUE="texte"> (texte = étiquette du bouton)
Insérer un bouton Reset dans un formulaire	Utiliser le tag <INPUT> sous la forme	<INPUT TYPE="reset" VALUE="texte"> (texte = étiquette du bouton)
Insérer un champ de saisie de texte d'une ligne	Utilisez le tag <INPUT> Avec les mots-clés NAME, SIZE et MAXLENGTH.	<INPUT NOM="nom" SIZE=x MAXLENGTH=y> ou x et y = Nombre maximum de caractères.
Insérer un champ de saisie de texte de plusieurs lignes	Utiliser le tag <TEXTAREA></TEXTAREA> avec les mots-clés NAME, ROWS et COLS	<TEXTAREA NOM="nom" ROWS=x COLS=y><TEXTAREA> (x = nombre de lignes et y = nombre de caractères)
Insérer des cases d'option dans un formulaire	Affecter à toutes les cases formant un ensemble, dans le tag <INPUT>, le mot-clé TYPE="radio", un nom unique dans NAME et une valeur dans VALUE	<INPUT TYPE="radio" NOM="nom" VALUE="valeur">
Insérer des cases à cocher dans un formulaire	Affecter à toutes les cases formant un ensemble, dans le tag <INPUT>, le mot-clé TYPE="checkbutton", un nom unique dans NAME et une valeur dans VALUE	<INPUT TYPE="checkbox" NOM="nom" VALUE="valeur">

Objectif	Procédure	Tag
Insérer une liste de sélection dans un formulaire	Insérer le double tag <SELECT>... </SELECT> avec les mots-clés et les tags <OPTION> correspondants	<SELECT NOM="nom" SIZE=x MULTIPLE> <OPTION> Texte <OPTION> Texte </SELECT> où x = nombre de lignes (sans MULTIPLE, uniquement sélection d'une entrée)
Tester un formulaire e-mail	Établir une connexion et cliquer sur le bouton Submit (les courriers arrivent après un certain temps dans la boîte de réception)	

Contrôle des connaissances

Vrai ou faux ?

	Vrai	Faux	
1.	P	B	MULTIPLE permet les sélections multiples dans une liste de sélection
2.	C	R	Un champ de texte d'une ligne ne peut dépasser quarante caractères
3.	H	O	METHOD connaît les valeurs post et e-mail
4.	G	D	un bouton Submit peut porter n'importe quelle étiquette
5.	O	R	Une case d'option sert à envoyer le courrier électronique

Vrai ou faux ?

	Vrai	Faux	
6.	A	S	Permet des sélections multiples
7.	U	M	Attend une saisie de texte
8.	M	B	Les formulaires des moteurs de recherche peuvent être repris en local sur votre PC
9.	A	E	Les formulaires sont destinés à des programmes CGI

Trouvez les correspondances

10.		\<FORM\>	T	Envoyer un formulaire par e-mail
11.		\</FORM\>	T	Début d'un formulaire
12.		Type="submit0"	N	Fin du grand champ de saisie de texte
13.		\<TEXTAREA\>	M	Fin d'une liste de sélection
14.		Type="checkbox"	O	Mot-clé pour bouton Submit
15.		Action="mailto..."	L	Entrée dans une liste de sélection
16.		\</SELECT\>	I	Fin de formulaire
17.		\<OPTION\>	H	Mot-clé pour une case à cocher

Solution

-	-	-	-	-	-	-	-	-	-	-	-	-
1.	2.	3.	4.	5.	6.	7.	8.	9.	10.	11.	12.	13.

-	-	-	-
14.	15.	16.	17.

PROGRAMMATION HTML

19 Menu dynamique avec les feuilles de style et JavaScript

100 mn

La dernière version (4.0) du langage HTML permet de supporter les feuilles de style et les langages de script. Cela signifie que vous allez pouvoir créer désormais des pages dynamiques et interactives sans faire appel à des outils difficiles à maîtriser. Remarque importante : Internet Explorer 4 et Netcape Communicator 4, ou les versions ultérieures, sont nécessaires pour traiter les toutes dernières possibilités que vous offrent le langage HTML.

À l'issue de cette leçon, vous saurez...

- de définir des feuilles de style ;
- de placer au pixel près un élément dans une page HTML ;
- d'attribuer des propriétés aux différents éléments qui composent une page Web ;
- de détecter la version du navigateur utilisé pour résoudre certains problèmes d'incompatibilité entre Netscape et Internet Explorer ;
- d'animer vos titres avec le langage JavaScript ;
- d'afficher un descriptif avec la technique du Rollover.

Préliminaires

Avant d'élaborer votre première page dynamique, il est nécessaire de présenter les différentes technologies qui vont intervenir dans sa création. L'une des nouveautés de la version 4.0 du langage HTML consiste à utiliser une procédure standard pour placer des objets dynamiques sur un document HTML. Comme nous le verrons, il est possible, par exemple, de définir une portion de texte qui affiche un sous menu lorsque le pointeur de la souris passe dessus. Le langage HTML permet de déclarer l'emplacement de tels objets sur la page, mais il est incapable de les animer ou de décrire leur comportement. C'est pourquoi, nous allons utiliser deux autres techniques : les feuilles de style et les langages de script. Le résultat, son nom ne doit pas vous être inconnu, est le DHTML (Dynamic HTML).

Les composants du DHTML

Le DHTML représente le regroupement de plusieurs technologies qui sont appelées à devenir des standards (peut-être le seront-elles déjà lorsque vous lirez ces lignes).

La notion de HTML dynamique comprend également une meilleure prise en charge de l'impression de pages Web et la sortie sur d'autres supports. Outre l'impression (Print), cette technique vise également la prise en charge du braille, la sortie acoustique (Aural), sur écran (Screen) et par projection (Projector). L'extension du tag OBJECT et les labels (étiquettes) actifs, dans les formulaires, en font partie, tout comme l'intégration officielle (tardive) des frames. Nous allons nous concentrer sur les feuilles de style (en association avec JavaScript).

Les feuilles de style

Elles apportent plus de souplesse aux développeurs en leur permettant de définir de véritables mises en page, équivalentes à celles des magazines de la presse écrite, et d'utiliser plusieurs polices dans un même document. Elles sont d'ores ct déjà intégrées officiellement dans le langage HTML, et Netscape ou Internet Explorer les supportent sans aucune difficulté.

Fig. 19.1 :

Les feuilles de style deviennent incontournables sur le Web

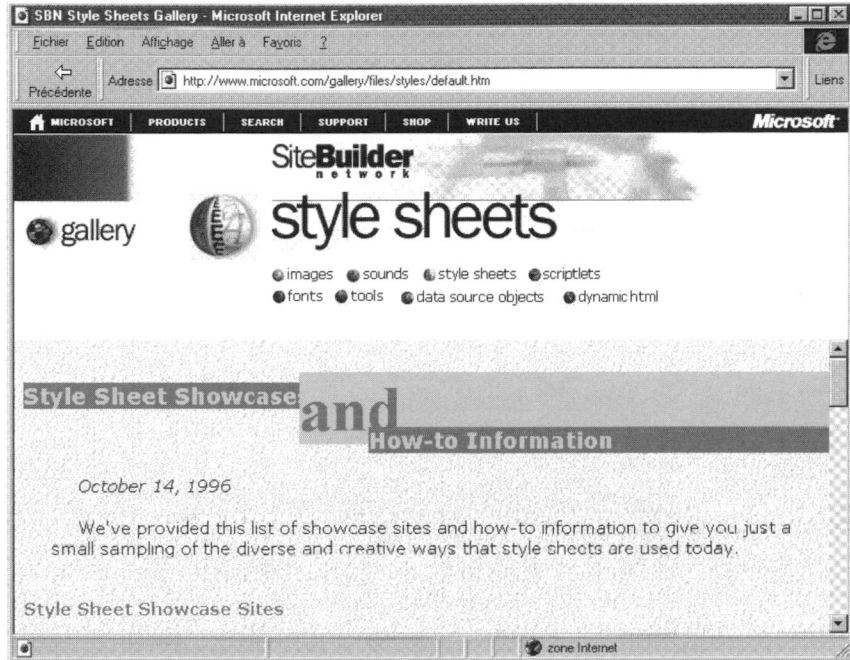

Les langages de script

La particularité du DHTML consiste à supporter tous les langages de script (JavaScript de Netscape, VBScript de Microsoft, etc.) en mettant en place une méthode de déclaration standard des objets (titres, tableaux, frames, images, applets...) dans les pages Web. Sous ces conditions, et si tout le monde respecte les standards, tous les langages de script peuvent accéder aux propriétés des objets et les modifier pour les adapter à chaque situation.

Fig. 19.2 :
Les langages de
script permettent
de dépasser bien
des limites du
langage HTML

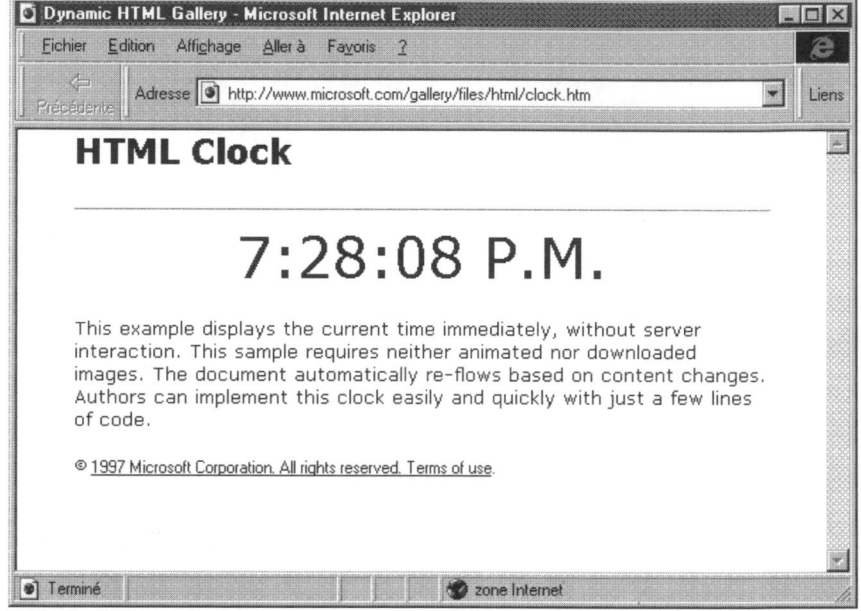

Afficher des pages dynamiques

Ouvrez un nouveau document texte (dans un éditeur de texte ou
un logiciel de création HTML) pour écrire votre programme.
Notez toutefois que les versions 3.x de Netscape Navigator et
d'Internet Explorer sont absolument incapables d'exploiter des
instructions provenant du langage DHTML. Il est nécessaire
d'installer les versions 4.0 de ces deux navigateurs pour profiter
de cette toute dernière technologie. De plus, n'oubliez pas, dès
la première ligne de votre programme, d'indiquer la version du
langage HTML utilisée, en l'occurrence HTML 4.0.

```
1. <!DOCTYPE HTML PUBLIC "-//W3C//DTD HTML 4.0//EN">
```

Si vous créez une page aux normes HTML 4.0, pensez à conserver
une ancienne version de votre site pour tous les navigateurs qui n'ont
pas encore intégré les dernières balises du langage. À partir de la page
d'accueil, proposez les deux versions de vos pages en insérant les liens
correspondants.

Les bases des feuilles de style

Les feuilles de style de HTML 4.0 sont conçues pour déterminer l'apparence des éléments qui constituent un document Web. Prenons l'exemple de la page d'accueil de la pharmacie Paracelse du chapitre 17. Elle est composée de titres, de liens hypertexte, de texte, etc. Vous pouvez attribuer, à chacun de ces objets, dans une feuille de style, des noms distinctifs et des propriétés diverses. Pour le titre (J'aime ma pharmacie Paracelse), nous pouvons le décomposer en trois éléments HTML auxquels est respectivement associé un nom d'objet : J'aime (nom1), ma pharmacie (nom2) et Paracelse (nom3). Cela va vous permettre de leur attribuer des propriétés.

Dans le fichier Sthtml27.htm du CD-ROM, tout est prêt pour l'animation de votre menu. Il s'agit en fait d'une nouvelle version de la page d'accueil de la pharmacie Paracelse présentée au chapitre 17.

Voici, pas à pas, comment l'attribution des propriétés, pour chacun des éléments du titre, s'effectue dans une feuille de style.

1. Le début du programme.

Listing 19.1 :
attribution des
propriétés

```
2.
3. <HTML>
4. <HEAD>
5. <STYLE type="text/css">
6.
7. .nom1 {
8. font-family:    Futura Md BT;
9. font-size:      50px;
10. color:         #0000FF;
11. position:      absolute;
12. top:           0px;
13. left:          170px;
14. visibility:    visible;
15. z-index:       1;
```

```
16.  }
17.
18.  .nom2 {
19.  font-family:    Futura Md BT;
20.  font-size:      60px;
21.  color:          #0000FF;
22.  position:       absolute;
23.  top:            0px;
24.  left:           50px;
25.  visibility:     visible;
26.  z-index:        1;
27.  }
28.
29.  .nom3 {
30.  font-family:    Futura Md BT;
31.  font-size:      80px;
32.  color:          #0000FF;
33.  position:       absolute;
34.  top:            0px;
35.  left:           80px;
36.  visibility:     visible;
37.  z-index:        0;
38.  }
```

Comme vous pouvez le constater, les feuilles de style sont déclarées à l'intérieur du couple de balises <STYLE> et </STYLE> dans l'en-tête de votre fichier HTML (<HEAD>... </HEAD>). L'indication type="text/css" dans la balise <STYLE> détermine le langage adopté pour décrire les éléments et les propriétés qui composent la feuille de style, en l'occurrence le langage CSS (Cascading Style Sheets). Ici, nous avons créé trois objets HTML dont les intitulés, respectivement nom1, nom2 et nom3, sont précédés d'un point . et suivi d'une paire d'accolades { }, dans laquelle sont insérées toutes les propriétés de l'objet séparées par un point-virgule ({propriété 1; propriété 2;... }).

Si vous utilisez la balise <STYLE>, quelques navigateurs, rares et anciens, ne la reconnaîtront pas. Vos informations de style, minutieusement élaborées, ne pourront donc pas être affichées. C'est dommage pour la présentation mais, en théorie, cela n'altère pas la lisibilité de l'information sur votre page. Toutefois, certains attributs, contenus à l'intérieur du tag <STYLE>, seront interprétés en tant que texte. Le navigateur affichera sur la page Web une partie du code HTML qui sera ainsi mélangé avec le texte. Vous pouvez éviter ce type de dysfonctionnement en adoptant les commandes de commentaires comme l'illustre l'exemple suivant.

Exemple :

```
<STYLE type="text/css">
<!--
.nom1 {
font-family:     Futura Md BT;
font-size:       50px;
color:           #0000FF;
position:        absolute;
top:             0px;
left:            170px;
visibility:      visible;
z-index:         1;
}
--!>
</STYLE>
```

Définir l'apparence d'un objet HTML

Nos trois objets, ou classes, représentent différents styles de texte. Vous pouvez, si vous le souhaitez, en modifier les polices, la taille ou la couleur. Pour cela, utilisez les trois propriétés suivantes : font-family, font-size et color. Nous trouvons ainsi, pour la classe Nom1 :

Désormais, vous avez la possibilité, comme dans notre exemple, d'intégrer le titre de votre site à l'arrière-plan. Dans ces conditions, les pages deviennent plus légères à transférer, puisque vous pouvez vous dispenser de la traditionnelle image à définir avec l'attribut background de la balise <BODY>.

Listing 19.2 :
Propriétés
d'apparence
de Nom1

```
8. font-family:    Futura Md BT;
9. font-size:      50px;
10. color:          #0000FF;
```

Voici le détail de notre premier objet HTML :

- la propriété font-family introduit une nouvelle police, en l'occurrence Futura Md Bt ;
- la propriété font-size définit la taille des caractères en pixels (ici, 50 pixels) ;
- la propriété color définit la couleur du texte (ici, #0000FF pour obtenir une couleur bleu clair).

Voyons à présent le second objet, Nom2 :

Listing 19.3 :
Propriétés
d'apparence
de Nom2

```
19. font-family:    Futura Md BT;
20. font-size:      60px;
21. color:          #0000FF;
```

Voici le détail du second objet HTML :

- la propriété font-family introduit la police, identique à la précédente ;
- la propriété font-size définit la taille des caractères en pixels (ici, 60 pixels) ;
- la propriété color définit la couleur du texte, similaire au premier objet.

Le troisième objet, Nom3, est défini ainsi :

Listing 19.4 :
Propriétés
d'apparence
de Nom3

```
30. font-family:    Futura Md BT;
31. font-size:      80px;
32. color:          #0000FF;
```

En voici le détail :

- la propriété `font-family` introduit la police, identique à la précédente ;
- la propriété `font-size` définit la taille des caractères en pixels (ici, 80 pixels) ;
- la propriété `color` définit la couleur du texte, toujours bleu clair.

Si l'utilisateur qui affiche vos pages ne possède pas la police particulière que vous avez choisie, le texte s'affichera avec une police de remplacement plus courante et vous perdrez ainsi tous les effets typographiques. Choisissez donc des polices standard.

Exploitez les classes dans un document HTML

Une fois que vous avez défini vos objets dans la feuille de style, vous devez les appliquer aux différents éléments qui constituent votre page Web. Cela se fait par l'intégration de deux nouvelles balises directement issues de la version 4 du langage HTML : SPAN et DIV. Associés aux attributs ID et CLASS, ils permettent de mettre en place un mécanisme de structuration de votre document. Ils génèrent des instances et des classes d'éléments et y appliquent ensuite des feuilles de style.

Tab. 19.1 : Commandes et effets des feuilles de style

Commande	Effet
<span id="[nom]" class="[nom]"> </span>	Implémente une feuille de styles
<div id="[nom]" class="[nom]"> </div>	Implémente une feuille de styles

■ La balise <SPAN> s'applique aux lignes et peut être utilisée avec des paragraphes, des éléments de listes, etc., pour attribuer les propriétés de votre choix. Dans ces conditions, n'utilisez pas l'instruction SPAN pour un groupe d'éléments de bloc.

■ À l'inverse, la balise <DIV> peut s'appliquer à des blocs et peut donc structurer des blocs entiers, comme dans notre exemple.

Vous pouvez maintenant indiquer précisément, dans votre page, les éléments HTML auxquels s'appliquent les trois objets créés précédemment dans votre feuille de style :

```
<DIV ID = "aime" CLASS = "nom1">J'aime</DIV>
<DIV ID = "pharmacie" CLASS = "nom2">ma pharmacie</DIV>
<DIV ID = "para" CLASS = "nom3">Paracelse</DIV>
```

Avec l'attribut id, nous avons donné un nom à chaque élément HTML et, avec l'attribut class, nous indiquons quel type de style doit être appliqué. À ce stade, nous obtenons un titre sur trois niveaux placé en arrière plan de la page :

Fig. 19.3 :
Votre première
feuille de style a
déjà bonne allure

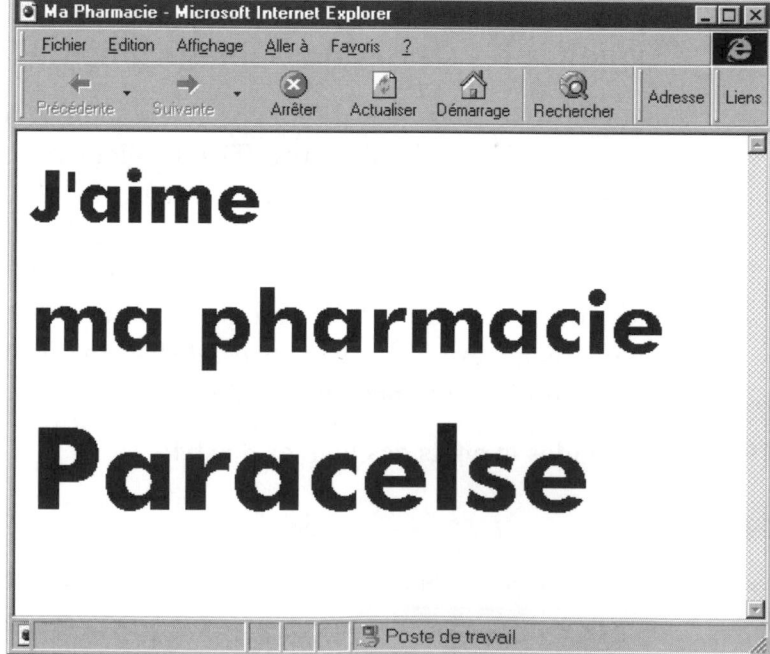

Disposition absolue d'éléments HTML

Une fois l'apparence du texte définie, vous devez déterminer la position des différents objets dans votre page Web. Auparavant, comme vous l'avez constaté à travers tous les précédents chapitres de cet ouvrage, le texte et les titres s'affichent en fonction de la taille de la fenêtre du navigateur utilisé par les internautes. Désormais, avec les feuilles de style, vous pouvez indiquer au pixel près la position de n'importe quel objet sur la page. Regardons de plus près les propriétés du premier objet, Nom1 :

Par défaut, tous les éléments d'une page HTML ont une position relative. Cela signifie que le navigateur calcule leur emplacement en fonction de différents paramètres : résolution d'écran, taille de la fenêtre, emplacement des autres éléments (texte, images, etc.). À l'inverse, une position absolue, définie au pixel près, ne sera influencée par aucun de ces paramètres. Dans ces conditions, si vous voyez trop large dans la définition des emplacements de vos objets, ces derniers peuvent sortir de l'espace d'affichage de certains navigateurs.

Listing 19.5 :
Propriétés
de position
de Nom1

```
11. position:      absolute;
12. top:           0px;
13. left:          170px;
14. visibility:    visible;
15. z-index:       1;
```

Avant toute chose, il est nécessaire de déclarer le type de disposition de votre élément HTML ("J'aime") : absolu ou relatif. Dans le premier cas, la position du titre sera effectuée au pixel près, et elle ne sera jamais modifiée par la taille de l'affichage ou le contenu de la page. Pour cela, vous utilisez la propriété position , réglée sur la valeur absolute.

À présent, vous pouvez indiquer les coordonnées exactes de votre objet, en pixels, à partir du haut de la fenêtre (top: 0px) et de la bordure gauche (left: 170px).

La propriété visibility, quant à elle, détermine si l'élément HTML est masqué (hidden) ou visible (visible). Vous pouvez ainsi produire des effets avec la souris, comme nous le verrons plus loin. Dans notre exemple, la valeur à utiliser correspond à visible.

Dans le même esprit, la propriété z-index détermine un ordre de priorité dans l'affichage des éléments lorsque ceux-ci se chevauchent, et ce dès que les éléments vont s'animer, ou, comme nous le verrons ultérieurement, nous afficherons un descriptif pour chacune des rubriques. Dans notre exemple, l'objet Nom1 reçoit un ordre de priorité 1, ce qui signifie qu'il s'affiche au-dessus de tous les objets qui ont la valeur 0 tandis que ceux, dotés d'un ordre égal ou supérieur à 2, masqueront tous les éléments HTML de la classe Nom1.

Il ne nous reste plus qu'à déterminer les positions de deux autres objets, en l'occurrence Nom2 :

Listing 19.6 :
Propriétés
de position
de Nom2

```
22. position:      absolute;
23. top:           0px;
24. left:          50px;
25. visibility:    visible;
26. z-index:       1;
```

et Nom3 :

Listing 19.7 :
Propriétés
de position
de Nom3

```
33. position:      absolute;
34. top:           0px;
35. left:          80px;
36. visibility:    visible;
37. z-index:       0;
```

Seule différence, avec la dernière classe Nom3, nous avons déclaré un ordre de priorité 0 pour la propriété z-index. Nous allons afficher, sur cette page, un bref descriptif des sections du site. Celui-ci se superposera avec la troisième partie du titre (Paracelse) lorsque l'utilisateur sélectionnera l'intitulé d'une rubrique avec sa souris. Pour le moment, nous obtenons la page suivante qui, vous en conviendrez, n'est pas encore satisfaisante.

Fig. 19.4 :
Tout les titres ont été remontés

Nous venons de placer les trois niveaux de titre pour le début de l'animation. Mais, avant d'étudier les instructions qui permettront de déplacer les objets dans la page, voyons la création des autres éléments qui la constituent.

Agencement des différents éléments

Comme vous le constatez, il manque dans notre page les intitulés de rubrique et le descriptif qui les accompagne. Créez dans votre feuille de style quatre nouvelles classes. Celles-ci correspondent aux rubriques (L'entreprise, La toux, Achats et Les plantes), du menu hypertexte, qui pointent vers quatre pages différentes du site : Sthtml17.htm, Toux2.htm, Sthtml20.htm et Sthtml19.htm.

1. Ajoutez, à la ligne 39, les quatre classes suivantes :

Listing 19.8 :
Les quatre nouvelles classes.

```
39. .rub1 {
40. font-family: Comic Sans MS;
41. font-size: 30px;
42. color: #FFFFFF;
43. position: absolute;
44. top: 0px;
45. left: 45px;
46. visibility: visible;
```

```
47. z-index: 2;
48. }
49.
50. .rub2 {
51. font-family: Comic Sans MS;
52. font-size: 30px;
53. color: #FFFFFF;
54. position: absolute;
55. top: 0px;
56. left: 320px;
57. visibility: visible;
58. z-index: 2;
59. }
60.
61. .rub3 {
62. font-family: Comic Sans MS;
63. font-size:      30px;
64. color:          #FFFFFF;
65. position:       absolute;
66. top:            0px;
67. left:           45px;
68. visibility:     visible;
69. z-index:        2;
70. }
71.
72. .rub4 {
73. font-family:    Comic Sans MS;
74. font-size:      30px;
75. color:          #FFFFFF;
76. position:       absolute;
77. top:            0px;
78. left:           320px;
79. visibility:     visible;
80. z-index:        2;
81. }
```

Vous venez de créer quatre nouvelles classes : Rub1, Rub2, Rub3 et Rub4. Elles utilisent toutes la police Comic Sans MS d'une taille de 30 pixels et de couleur blanche. Bien entendu, la position sera déterminée de façon absolue, à 0 pixel de la bordure supérieure de la fenêtre et à 320 pixels (ou 45 pour Rub1 et Rub3) de la marge de gauche. Tous ces objets sont visibles et leur priorité d'affichage (z-index) sera la plus importante dans la hiérarchie des éléments de la page (2).

Associez maintenant, aux quatre rubriques de la page d'accueil (L'entreprise, La toux, Achats et Les plantes), les différentes classes que nous venons de voir.

2. Ajoutez, à la ligne 178, les quatre rubriques suivantes :

Listing 19.9 :
Les quatre nouvelles rubriques.

```
178. <DIV ID = "firme" CLASS = "rub1">
179. <A HREF = "sthtml17.htm">L'entreprise</A><BR>
180. </DIV>
181.
182. <DIV ID = "toux" CLASS = "rub2">
183. <A HREF = "toux2.htm">La toux</A><BR>
184. </DIV>
185.
186. <DIV ID = "achats" CLASS = "rub3">
187. <A HREF = "sthtml20.htm">Achats</A><BR>
188. </DIV>
189.
190. <DIV ID = "plantes" CLASS = "rub4">
191. <A HREF = "sthtml19.htm">Les plantes</A><BR>
192. </DIV>
```

L'attribut id permet d'identifier l'élément HTML dans la page, tandis que class détermine le type de style correspondant. À chacune de ces rubriques, vous devez associer maintenant un descriptif qui s'affichera lorsque l'utilisateur passera le pointeur de sa souris sur l'intitulé de la section. Avant toute chose, il est nécessaire de créer une nouvelle classe à l'intérieur des balises <STYLE> et </STYLE>.

3. Ajoutez, à la ligne 83, la nouvelle classe Texte :

Listing 19.10 :
La nouvelle classe pour les descriptifs de rubrique.

```
83. .texte {
84. text-align:      center;
85. font-family:     Comic Sans MS;
86. font-size:       22px;
87. color:           #ff6633;
88. position:        absolute;
```

```
89. top:            260px;
90. left:           80px;
91. width:          400px;
92. visibility:     hidden;
93. z-index:        1;
94. }
```

Aucune surprise dans la déclaration de cette nouvelle classe si ce n'est l'apparition d'une nouvelle propriété : `width`. Celle-ci détermine la largeur de l'espace, en pixels, dans lequel s'affichera le bloc de texte, c'est-à-dire les descriptifs de chaque rubrique. En fait, imaginez que votre bloc de texte est contenu dans une colonne de tableau, vous avez ici la possibilité d'en modifier la taille en augmentant sa valeur pour, par exemple, gagner une ligne dans l'affichage du descriptif.

Saisissez à présent le texte que vous relierez à l'objet Texte de la feuille de style.

4. Ajoutez, à la ligne 200, les instructions suivantes :

Listing 19.11 : Les descriptifs de rubrique.

```
200. <DIV ID = "texte1" CLASS = "texte">
201. Une pr&eacute;sentation de la pharmacie et de son &eacute;quipe.
202. </DIV>
203.
204. <DIV ID = "texte2" CLASS = "texte">
205. Comment combattre efficacement la toux ? Nous avons les r&eacute;ponses !
206. </DIV>
207.
208. <DIV ID = "texte3" CLASS = "texte">
209. Commandez tous nos produits en lignes.
210. </DIV>
211.
212. <DIV ID = "texte4" CLASS = "texte">
213. Savez-vous que certaines plantes v&eacute;n&eacute;neuses peuvent
     devenir de v&eacute;ritables m&eacute;dicaments ?
214. </DIV>
```

L'attribut id de la balise <DIV> permet d'identifier les différents descriptifs pour chaque rubrique de la page, tandis que class leur associe l'objet Texte de la feuille de style.

Enfin, pour terminer cette feuille de style, déclarez maintenant la couleur d'arrière-plan (background) et celle des liens hypertexte.

5.   Ajoutez, à la ligne 97, les instructions suivantes :

Listing 19.12 :
Les descriptifs
de rubrique

```
97. BODY {
98. background: #000099;
99. }
100.
101. A
102. {
103. color: #FFFFFF;
104. }
105.
106. </STYLE>
```

La nouvelle classe Body n'utilise qu'une seule propriété, intitulée background, et permet de définir la couleur d'arrière plan de la page, en l'occurrence bleu nuit. La seconde classe A ne contient également qu'une seule propriété, intitulée color, et permet de définir la couleur de tous les liens hypertexte dans la page, en l'occurrence le blanc. Notez que si vous aviez conservé la couleur proposée par défaut, le bleu, tous les pointeurs hypertexte seraient restés invisibles à l'affichage puisqu'ils se seraient confondus avec la couleur d'arrière-plan définie précédemment. Enfin, n'oubliez pas de fermer votre feuille de style avec la balise </STYLE> à la ligne 106.

Vous obtenez une page totalement illisible :

Fig. 19.5 :
La page devient
de plus en plus
illisible !

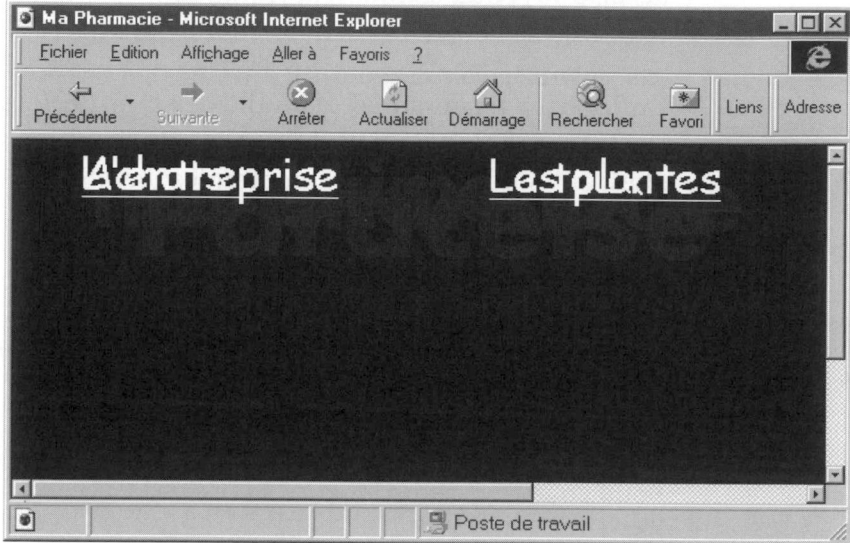

La position des éléments constitue simplement le début de l'animation et, comme vous le verrez ensuite, les véritables positions s'afficheront dynamiquement dans la page. Pour cela, vous devez auparavant accéder aux propriétés des objets avec un langage de script.

Modifier les propriétés des objets

Pour accéder aux propriétés des objets définies dans une feuille de style, il est nécessaire d'adopter un langage de script. Il en existe plusieurs (VBScript, EMACScript, etc.), nous opterons pour le plus courant : JavaScript. Créé par Netscape et Sun Microsystem, ce langage s'est imposé parmi les utilisateurs aguerris du Net. Ils peuvent ainsi créer des animations sur leur page sans passer par des technologies propriétaires, complexes et coûteuses.

À l'instar du langage HTML, JavaScript est un langage gratuit parfaitement adapté au Web et supporté maintenant par la plupart des navigateurs (Netscape, Internet Explorer, Opera, etc.). Nous l'avons donc adopté pour accéder aux propriétés des éléments HTML de notre page d'accueil. Concrètement, il est nécessaire de l'indiquer, ligne 108 dans notre programme, en inscrivant la commande suivante :

```
108. <SCRIPT LANGUAGE = "JavaScript">
```

Bien entendu, toutes les commandes JavaScript seront placées après cette balise et avant celle de fermeture :

```
168. </SCRIPT>
```

Un peu de syntaxe

Pour illustrer les modifications de propriété d'un élément HTML, prenons le premier objet de notre document, Nom1, dont nous vous rappelons les propriétés :

Listing 19.13 :
Propriétés
de Nom1

```
7. .nom1 {
8. font-family:    Futura Md BT;
9. font-size:      50px;
10. color:         #0000FF;
11. position:      absolute;
12. top:           0px;
13. left:          170px;
14. visibility:    visible;
15. z-index:       1;
16. }
```

Celles-ci s'appliquent au premier élément du titre comme vous pouvez le constater en vous reportant à notre programme :

```
194. <DIV ID = "aime" CLASS = "nom1">J'aime</DIV>
```

Comme vous le savez maintenant, le premier élément de notre titre (J'aime) constitue un objet HTML intitulé "Aime" grâce à l'attribut id de la balise <DIV>. De plus, nous avons appliqué à cette dernière la classe Nom1. Pour modifier les propriétés définies initialement dans la feuille de style, nous utiliserons une commande de ce type :

```
document.aime
```

L'instruction document représente la page d'accueil, c'est-à-dire le fichier Sthml27.htm, tandis que aime renvoie à l'élément HTML du même nom (attribut id). Dans ces conditions, nous pouvons, par exemple, déplacer la première partie du titre de 200 pixels vers le bas avec la commande suivante :

```
document.aime.top = 200
```

Il suffit d'ajouter la propriété top à notre ligne de commande et d'indiquer la valeur correspondante, en l'occurrence 200.

Toutes les propriétés des feuilles de style peuvent être ainsi modifiées. Pour vous aider dans cette tâche, voici plusieurs tableaux qui recensent une sélection des principales propriétés des feuilles de style accompagnées des valeurs correspondantes. Celles-ci sont très diverses puisqu'il s'y trouve des termes fixes (large, medium ou small pour la taille des polices), des mesures numériques en valeurs absolues (pixels, centimètres, millimètres, pouces, points, picas) ou relatives, des pourcentages (en fonction de la taille de la fenêtre ou du jeu de caractères), des codes RVB pour la couleur, etc.

Tab. 19.2 : Propriétés des polices

Propriété	valeurs	Description
font-size	xx-small, x-small, small, medium, large, x-large, xx-large, larger, smaller, longueur, pourcentage	Tailles de polices
font-family	Serif, sans-serif, cursive, fantasy, monospace, ou indication d'une police précise (Times, Helvetica...)	Utilisation d'une police particulière
font-weight	Normal, bold, bolder, lighter ou valeur numérique (de 100 à 900)	Intensité de la mise en forme des caractères
font-style	Normal, italic, oblique	Style d'écriture
font-variant	Normal, small-caps	Style de caractères

Tab. 19.3 : Propriétés des couleurs

Propriété	Description	Valeurs
color	Indication de la couleur	Terme anglais (blue, par exemple, pour le bleu) ou code RVB
background	Indication de la couleur d'arrière-plan	Terme anglais, code RVB ou URL pour déclarer une image de fond

Tab. 19.4 : Propriétés du texte

Propriété	Valeurs	Description
vertical-align	Baseline, sub, super, top, text-top, middle, bottom, text-bottom ou valeurs en pourcentage	Alignement vertical
text-transform	Capitalize, uppercase, lowercase, none	Définit la casse
text-align	Left, right, center, justify	Alignement horizontal
text-indent	Valeur absolue en pixels ou en pourcentage	Insère un retrait dans la première ligne d'un bloc de texte
border	Type du cadre (par exemple, solid)	Création d'un cadre
width	Auto, grandeur réelle ou pourcentage	Définit la largeur
height	Auto, grandeur réelle	Définit la hauteur

Détection des navigateurs

L'accès aux propriétés des éléments, comme vous l'avez compris, repose sur une procédure standard. Mais il n'en va pas de même de la syntaxe. Reprenons notre exemple précédent où nous avons changé la position de l'élément HTML aime :

```
document.aime.top = 200
```

En fait, cette ligne est parfaitement interprétée sous Netscape, mais refuse obstinément de s'exécuter sous Internet Explorer. En effet, il faut adopter la syntaxe suivante :

```
document.all.aime.style.top = 200
```

Comparée à la syntaxe de Netscape Navigator, celle d'Internet Explorer est nettement plus complexe. Ainsi, après l'objet `document`, il est nécessaire de faire référence à tous les objets de la page (`all`). Ensuite, après l'intitulé de l'élément HTML, vous devez spécifier un objet générique (`style`) avant de faire appel à sa propriété, `top` en l'occurrence, que vous souhaitez modifier.

Heureusement, il existe une astuce pour harmoniser votre programme.

Le module de détection

Dans un premier temps, avant de mettre en place les différentes commandes spécifiques à tel ou tel navigateur, il est nécessaire de connaître le type de navigateur qui affiche votre page.

1. Ajoutez, à la ligne 218, l'instruction suivante :

```
218. var navi = (navigator.appName == "Netscape" && parseInt(naviga-
tor.appVersion) >= 4);
```

La variable `navi` indique au programme le type de navigateur utilisé. En fait, notre code détecte si le navigateur correspond à Netscape 4.0 ou à une version supérieure. Dans le cas contraire, vous pouvez conclure que, si ce n'est pas Communicator 4, c'est qu'il s'agit d'Internet Explorer 4.

Après avoir déterminé quel type de navigateur est à l'œuvre pour afficher la page, vous pouvez utiliser une boucle conditionnelle pour déterminer le type de commande à exécuter. Vous devez donc créer des variables qui pourront contenir, en fonction du navigateur détecté, des instructions pour Netscape Navigator ou pour Internet Explorer. La syntaxe à adopter se résume à cette condition :

si la condition est vraie (`navi` = `netscape` ou `navi` = `Internet Explorer`), vous devez exécuter la première commande, sinon, vous devez exécuter la seconde commande.

Pour notre exemple, vous pouvez créer une série de variables, en suivant les principes de cette boucle conditionnelle, pour chacun des éléments HTML de la page d'accueil.

2. Ajoutez, à la ligne 224, les lignes suivantes :

Listing 19.14 :
Déclaration
des variables.

```
224. var firme = (navi) ? document.firme : document.all.firme.style;
225. var toux - (navi) ? document.toux : document.all.toux.style;
226. var achats = (navi) ? document.achats : document.all.achats.style;
227. var plantes = (navi) ? document.plantes : document.all.
     plantes.style;
228. var pharmacie = (navi) ? document.pharmacie : document.all.
     pharmacie.style;
229. var aime = (navi) ? document.aime : document.all.aime.style;
230. var para = (navi) ? document.para : document.all.para.style;
231. var texte1 = (navi) ? document.texte1 : document.all.texte1.style;
232. var texte2 = (navi) ? document.texte2 : document.all.texte2.style;
233. var texte3 = (navi) ? document.texte3 : document.all.texte3.style;
234. var texte4 = (navi) ? document.texte4 : document.all.texte4.style;
```

Comme vous le remarquez, nous pouvons accéder ici à toutes les propriétés des éléments HTML de la page, indifféremment avec Netscape ou Internet Explorer. De plus, pour résoudre un problème d'incompatibilité avec Netscape, il est également nécessaire d'utiliser une petite astuce.

2. Ajoutez, à la ligne 221, les deux variables suivantes :

Listing 19.15 :
Déclaration de
deux nouvelles
variables

```
221. var HIDDEN = (navi) ? 'hide' : 'hidden';
222. var VISIBLE = (navi) ? 'show' : 'visible';
```

En effet, certaines versions de Netscape rencontrent des difficultés pour interpréter la propriété visibility, et plus particulièrement les deux valeurs qui l'accompagnent : hidden et visible. Pour résoudre ce problème, il suffit de substituer respectivement aux valeurs les expressions hide et show.

Pour en savoir davantage sur les subtilités du langage JavaScript, n'hésitez pas à visiter l'espace que lui consacre Netscape sur son propre serveur : http://developer.netscape.com/one/javascript/index.html

Fig. 19.6 :
Apprenez
le JavaScript
sur le site de son
concepteur

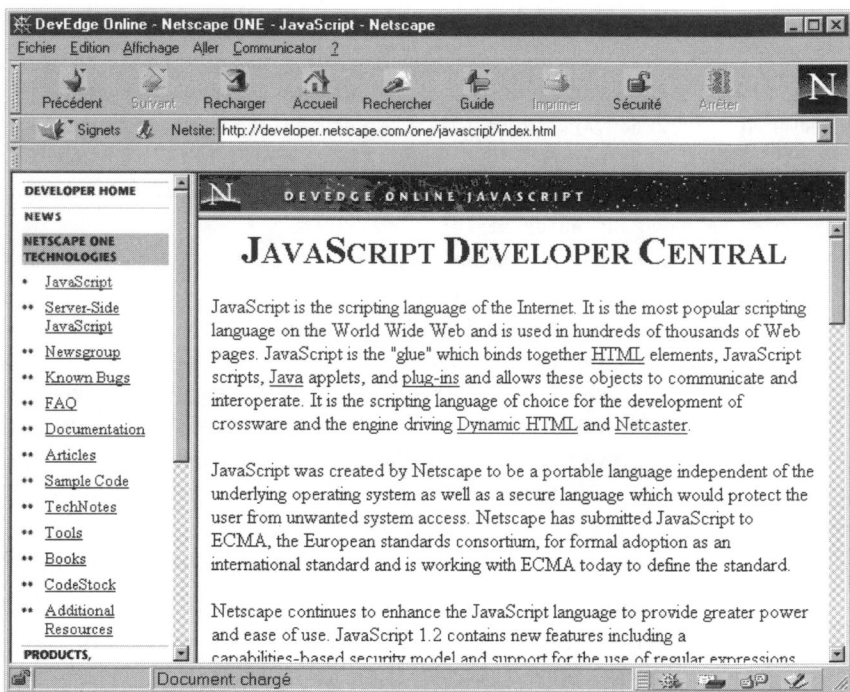

Animer les éléments HTML

Dorénavant, vous en connaissez suffisamment pour créer vos feuilles de style et les appliquer à différents objets HTML. Toutefois, vous ne savez pas encore comment contrôler leur déplacement. C'est justement l'objet de cette avant-dernière partie qui va vous permettre d'élaborer vos propres animations avec des outils relativement simples.

Initialiser les déplacements

Reprenons notre exemple (Sthtml27.htm). Celui-ci n'est pour le moment guère exploitable puisque tous les titres et intitulés de rubrique sont entassés, en haut de la fenêtre du navigateur qui affiche la page, à une distance de 0 pixel de la bordure. Cette position a été déterminée pendant la création des différentes classes qui composent notre feuille de style. L'animation va donc consister à effectuer le glissement de tous les objets HTML du document, dès l'affichage de la page, pour obtenir une disposition visuelle plus confortable, comme l'illustre notre figure.

Fig. 19.7 :
La page est beaucoup plus claire

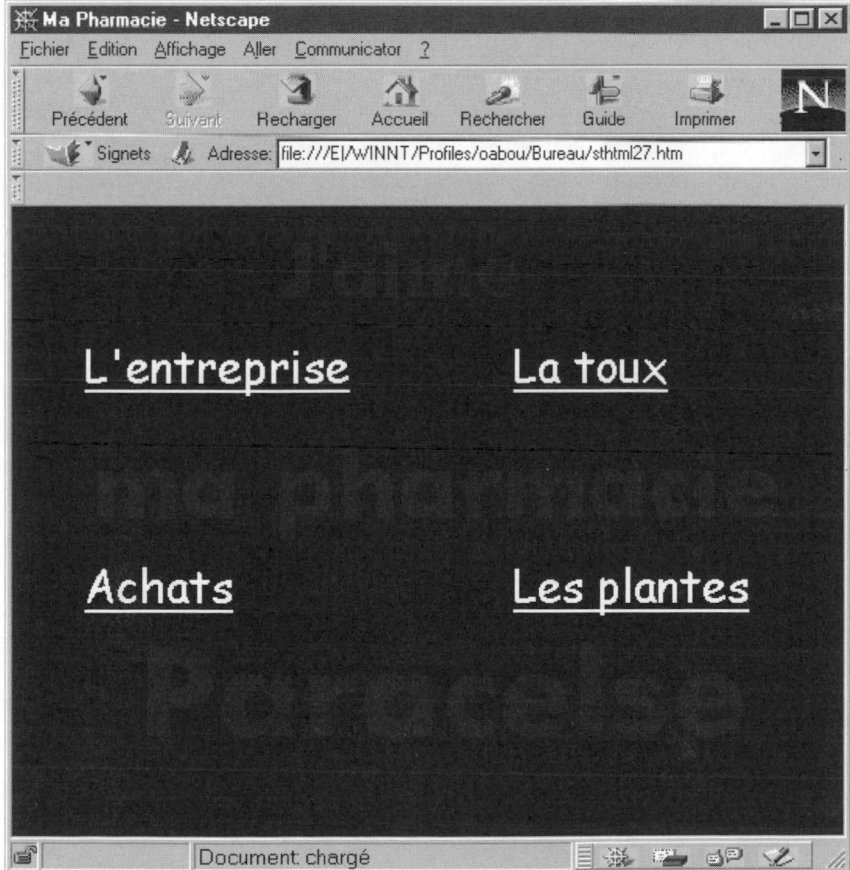

Concrètement, au début du chargement du document dans le navigateur, l'utilisateur verra tous les éléments de la page se placer automatiquement en glissant progressivement vers les emplacements que vous aurez définis aux pixels près.

En ce qui concerne votre premier objet, le premier élément du titre (J'aime) associé à la classe Nom1, vous le descendrez uniquement de 10 pixels par rapport à sa position initiale, c'est-à-dire une distance de 0 pixel par rapport à la bordure supérieure de la fenêtre.

1. Ajoutez, à la ligne 120, les instructions suivantes :

Listing 19.16 :
Déplacement
de l'élément
HTML aime
dans la page.

```
120. function glissenom1(from, to) {
121. if (from < to) {
122. aime.top = (from += 10);
123. setTimeout('glissenom1(' + from + ',' + to + ')', 100);
124. }
125. }
```

Vous venez de créer une fonction JavaScript (GlisseNom1), à l'intérieur des balises <SCRIPT> et </SCRIPT>, dont les arguments se résument à deux états : from (position de départ initialisée à 0 pixel) et to. Ce petit programme permet de faire descendre le titre de 10 pixels dans la page (aime.top = (from += 10)) toutes les 100 millisecondes avec la commande setTimeout. Ce mouvement se déroule ainsi jusqu'à ce que la valeur de from ait atteint celle de to que vous définirez plus loin dans le code.

Les deuxième et troisième éléments du titre (Ma pharmacie et Paracelse), qui se placent respectivement vers le milieu et le bas de la fenêtre, suivent la même procédure.

2. Ajoutez, à la ligne 127, les instructions suivantes :

Listing 19.17 :
Déplacement
des titres
de la page.

```
127. function glissenom2(from, to) {
128. if (from < to) {
129. pharmacie.top = (from += 5);
130. setTimeout('glissenom2(' + from + ',' + to + ')', 100);
131. }
132. }
133.
134. function glissenom3(from, to) {
135. if (from < to) {
136. para.top = (from += 10);
137. setTimeout('glissenom3(' + from + ',' + to + ')', 75);
138. }
139. }
```

Vous avez créé les deux nouvelles fonctions (GlisseNom2, Glisse-Nom3). Notez cependant quelques modifications de valeurs nécessaires en ce qui concerne le nombre de pixels pour l'incrémentation de la variable from (10 ou 5 pixels) et la fréquence, en millisecondes, du mouvement (100 ou 75 ms). Cela permet d'obtenir une vitesse différente pour le placement de certains éléments HTML dans la page. Si tous les objets ont les mêmes paramètres de mouvement, leur descente s'effectue exactement au même niveau, et le résultat est loin d'être visuellement satisfaisant. En effet, dans ces conditions, tous les titres se chevauchent pendant leur déplacement et, pour éviter ce phénomène indésirable, il suffit tout simplement de définir des vitesses de glissement différentes en jouant sur les valeurs que nous venons de vous indiquer.

C'est justement ce que vous devez faire avec les intitulés de rubrique dont vous pouvez, dès à présent, déterminer les paramètres de déplacement comme avec les titres.

3. Ajoutez, à la ligne 141, les instructions suivantes :

Listing 19.18 :
Déplacement
des intitulés
de rubrique
dans la page.

```
141. function glisserub1(from, to) {
142. if (from < to) {
143. firme.top = (from += 2);
144. setTimeout('glisserub1(' + from + ',' + to + ')', 100);
145. }
146. }
147.
148. function glisserub2(from, to) {
149. if (from < to) {
150. toux.top = (from += 2);
151. setTimeout('glisserub2(' + from + ',' + to + ')', 100);
152. }
153. }
154.
155. function glisserub3(from, to) {
156. if (from < to) {
157. achats.top = (from += 5);
158. setTimeout('glisserub3(' + from + ',' + to + ')', 75);
159. }
160. }
161.
162. function glisserub4(from, to) {
163. if (from < to) {
164. plantes.top = (from += 5);
165. setTimeout('glisserub4(' + from + ',' + to + ')', 75);
166. }
167. }
```

Vous venez de créer quatre nouvelles fonctions (Glisserub1, Glisserub2, Glisserub3 et Glisserub4), avec des modifications de valeurs pour l'obtention de vitesses différentes lors des déplacements de chaque élément de la page.

Disposer les éléments avec JavaScript

Pour le moment, l'initialisation des déplacements de chaque élément ne peut avoir aucun effet concret lors de l'affichage de la page. Il est nécessaire d'indiquer au programme la position des objets en spécifiant, pour chacun d'entre eux, la valeur de l'argument to, lorsque vous appelez la fonction correspondante dans le programme.

4. Ajoutez, à la ligne 236, les appels de fonctions suivants :

Listing 19.19 :
Déplacement
de l'élément
HTML aime
dans la page.

```
236. glissenom1(0, 10);
237. glissenom2(0, 140);
238. glissenom3(0, 260);
239. glisserub1(0, 80);
240. glisserub2(0, 80);
241. glisserub3(0, 220);
242. glisserub4(0, 220);
243.
244. </SCRIPT>
```

Pour lancer l'exécution de la fonction GlisseNom1, il suffit de la mentionner dans votre programme en renseignant respectivement les variables from et to avec les valeurs 0 (0 pixel pour la position de départ) et 10 (10 pixels pour la position d'arrivée). Comme vous pouvez le constater, la position du second élément (Pharmacie associé à la classe Nom2) se situe à 140 pixels de la bordure supérieure de la fenêtre tandis que le troisième (Para associé à la classe Nom3) prend sa place plus bas, à 260 pixels exactement.

Nous pouvons observer le même principe à l'œuvre pour les appels de fonctions qui permettront le déplacement des quatre intitulés de rubrique : Glisserub1, Glisserub2, Glisserub3 et Glisserub4. N'oubliez pas d'indiquer, à la ligne 244, la fin des instructions JavaScript en inscrivant la balise </SCRIPT>.

Dans ces conditions, l'exécution de toutes les fonctions s'effectuera au même moment, dès le chargement de la page dans la fenêtre du navigateur. Vous obtiendrez alors ce type d'effet :

Fig. 19.8 :
Position
de départ

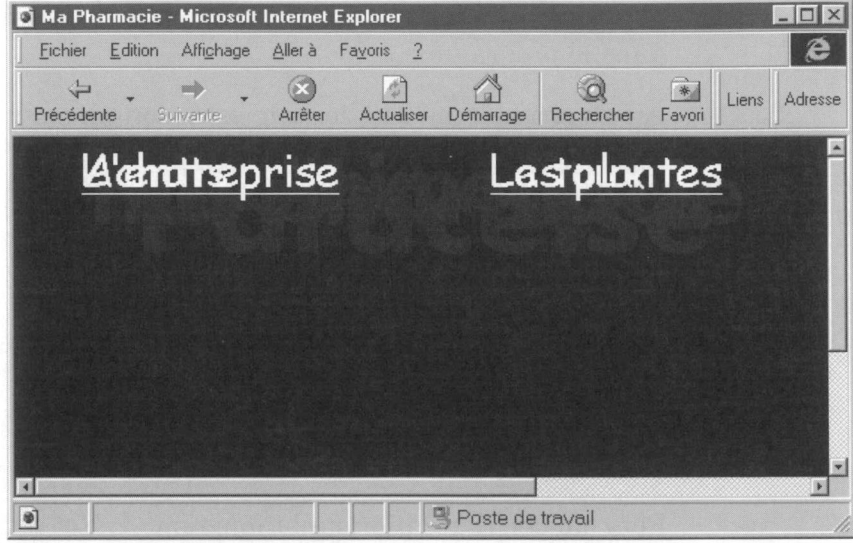

Fig. 19.9 :
Position
intermédiaire
(début
d'animation)

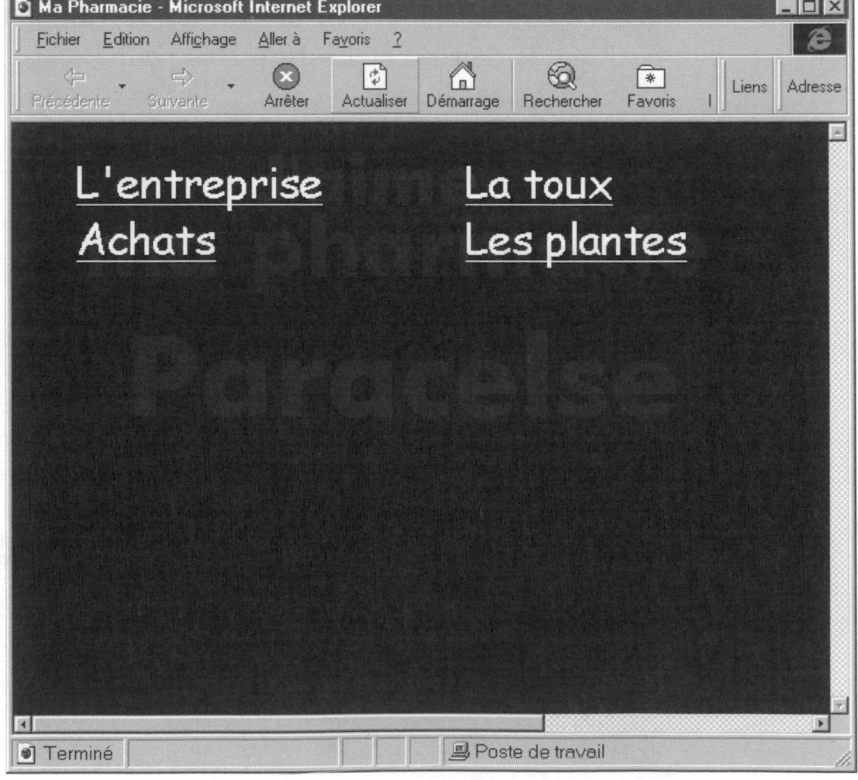

Fig. 19.10 :
Position
intermédiaire,
quelques
millisecondes
plus tard

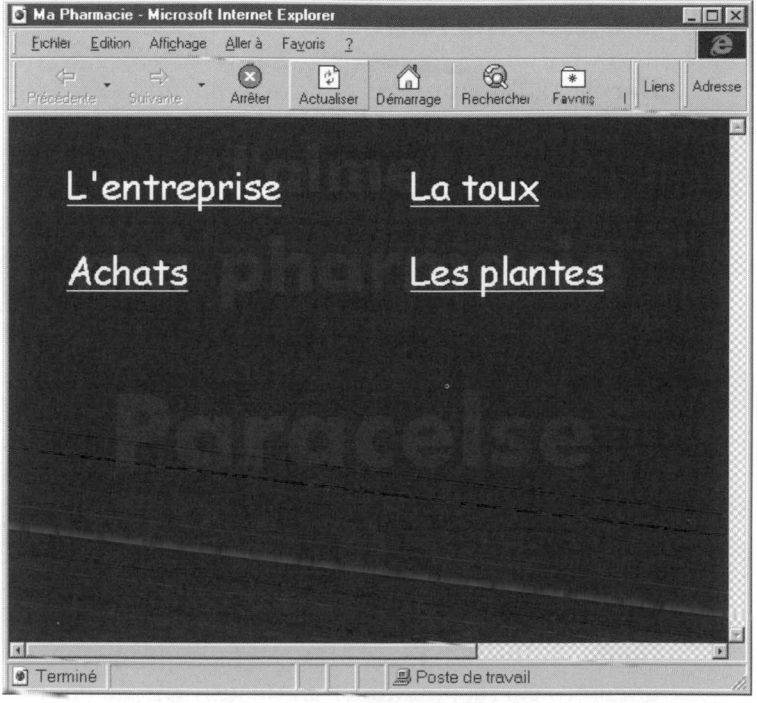

Fig. 19.11 :
Fin de l'animation

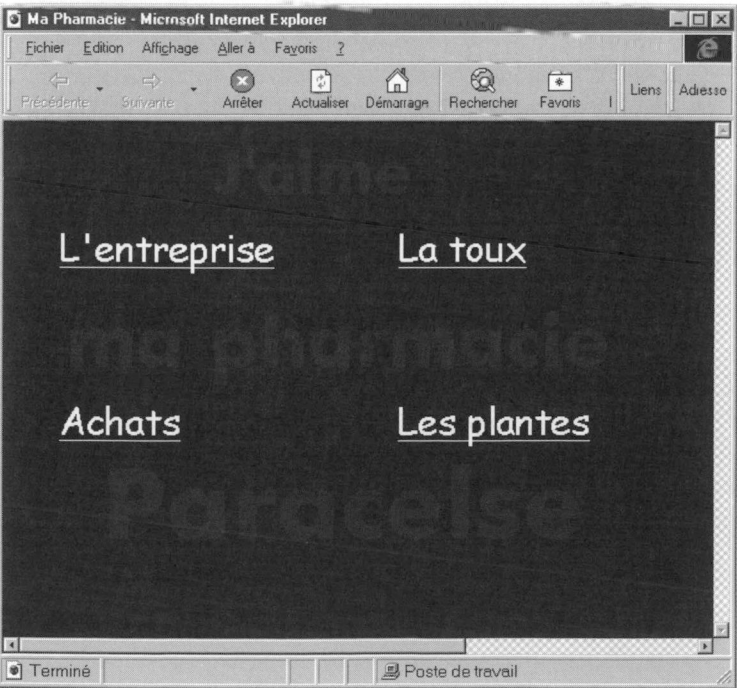

Effet Rollover avec du texte

Dernier effet à insérer sur votre page : le Rollover. Son principe est simple : lorsque le pointeur de la souris passe sur un élément HTML (image, texte, etc.), ce dernier se modifie (affichage d'une autre image, augmentation de la taille des caractères, changement de couleur, etc.). En ce qui concerne notre exemple, lorsque l'utilisateur passera le pointeur de sa souris sur l'intitulé des rubriques (L'entreprise, Achats, La toux et Les plantes), un court texte s'affichera pour décrire brièvement le contenu de chaque section. L'effet ne manque pas d'intérêt et reste à la portée de tous.

Afficher les descriptifs

À partir de la page d'accueil (Sthtml27.htm) et de sa feuille de style contenue dans l'en-tête du document, nous avons créé une classe, intitulée Texte, qui s'applique aux blocs de texte, ces derniers correspondant aux descriptifs de chaque rubrique :

Listing 19.20 :
La classe Texte.

```
83. .texte {
84. text-align: center;
85. font-family: Comic Sans MS;
86. font-size: 22px;
87. color: #ff6633;
88. position: absolute;
89. top: 260px;
90. left: 80px;
91. width: 400px;
92. visibility: hidden;
93. z-index: 1;
94. }
```

Nous avons déjà expliqué la signification de toutes ces propriétés qui ne devraient maintenant vous poser aucune difficulté. Elles s'appliquent, rappelons-le, aux descriptifs que nous avons saisis précédemment dans le document :

```
200. <DIV ID = "texte1" CLASS = "texte">
201. Une pr&eacute;sentation de la pharmacie et de son &eacute;quipe.
202. </DIV>
203.
204. <DIV ID = "texte2" CLASS = "texte">
205. Comment combattre efficacement la toux ? Nous avons les r&eacute;ponses !
206. </DIV>
207.
208. <DIV ID = "texte3" CLASS = "texte">
209. Commandez tous nos produits en lignes.
210. </DIV>
211.
212. <DIV ID = "texte4" CLASS = "texte">
213. Savez-vous que certaines plantes v&eacute;n&eacute;neuses peuvent
     devenir de v&eacute;ritables m&eacute;dicaments ?
214. </DIV>
```

Pour les afficher, lorsque l'utilisateur passera le pointeur de sa souris sur les intitulés de rubrique, il suffit d'ajouter un code JavaScript.

1. Ajoutez, à la ligne 110, les instructions suivantes :

```
110. function affichobjet(objet)
111. {
112. objet.visibility = VISIBLE;
113. }
114.
115. function cachobjet(objet)
116. {
117. objet.visibility = HIDDEN;
118. }
```

La fonction Affichobjet permet d'afficher les éléments HTML, représentés par l'argument (objet), lorsque le pointeur de la souris passe sur le nom d'une rubrique, tandis que la suivante, Cachobjet, fait disparaître le descriptif lorsque l'utilisateur désélectionne l'intitulé de la section. Pour que ce système fonctionne, vous devez maintenant modifier le contenu des balises <DIV>, pour tous les liens hypertexte du menu.

2. Modifiez, à partir de la ligne 178, les tags suivants :

Listing 19.23 : Ajout d'instructions JavaScript pour le Rollover.

```
178.  <DIV ID = "firme" CLASS = "rub1">
179.  <A HREF = "sthtml17.htm" onMouseOver = "affichobjet(texte1)"
      onMouseOut = "cachobjet(texte1)">L'entreprise</A><BR>
180.  </DIV>
181.
182.  <DIV ID = "toux" CLASS = "rub2">
183.  <A HREF = "toux2.htm" onMouseOver = "affichobjet(texte2)" onMouseOut
      = "cachobjet(texte2)">La toux</A><BR>
184.  </DIV>
185.
186.  <DIV ID = "achats" CLASS = "rub3">
187.  <A HREF = "sthtml20.htm" onMouseOver = "affichobjet(texte3)"
      onMouseOut = "cachobjet(texte3)">Achats</A><BR>
188.  </DIV>
189.
190.  <DIV ID = "plantes" CLASS = "rub4">
191.  <A HREF = "sthtml19.htm" onMouseOver = "affichobjet(texte4)"
      onMouseOut = "cachobjet(texte4)">Les plantes</A><BR>
192.  </DIV>
```

Comme vous pouvez le constater, l'instruction JavaScript onMouseOver appelle la fonction Afficheobjet créée précédemment. Pour chaque intitulé de rubrique, nous utilisons l'argument correspondant au descriptif adéquat : texte1, texte2, texte3 ou texte4. L'instruction onMouseOut permet, quant à elle, d'exécuter la fonction Cachobjet pour masquer le texte lorsque le pointeur de la souris se déplace.

Enfin, même si la page HTML peut s'afficher correctement dès à présent, n'oubliez pas de la fermer avant de la sauvegarder une dernière fois.

3. Ajoutez, à partir de la ligne 245, les tags suivants :

Listing 19.24 :
Ajout
d'instructions
pour clôre un
document
HTML

```
245. </BODY>
246. </HTML>
```

Voici ce que l'utilisateur obtient lorsqu'il sélectionne chacune des rubriques :

Fig. 19.12 :
Descriptif
de la première
rubrique

Fig. 19.13 :
Descriptif
de la deuxième
rubrique

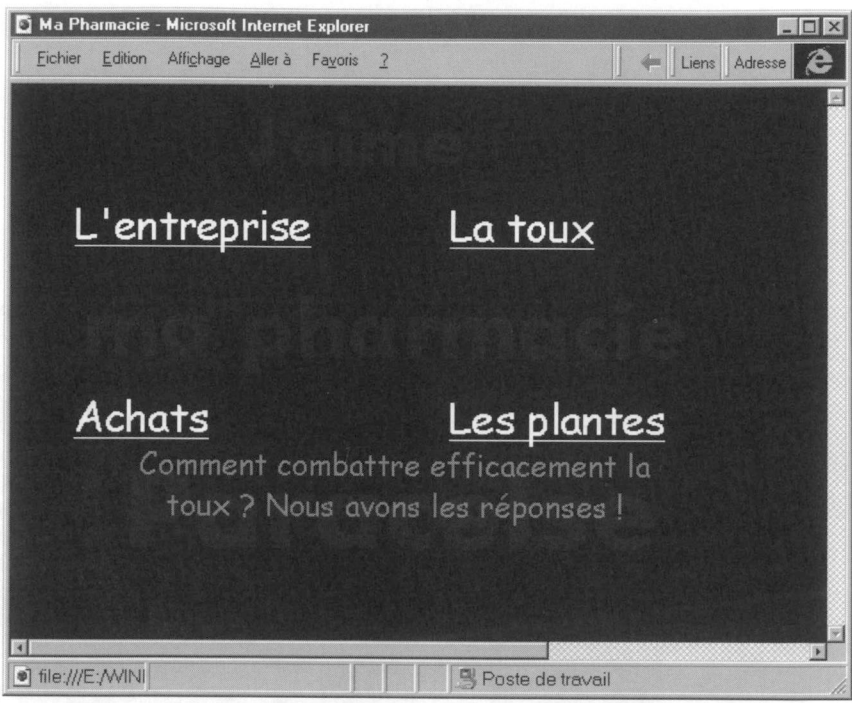

Fig. 19.14 :
Descriptif
de la troisième
rubrique

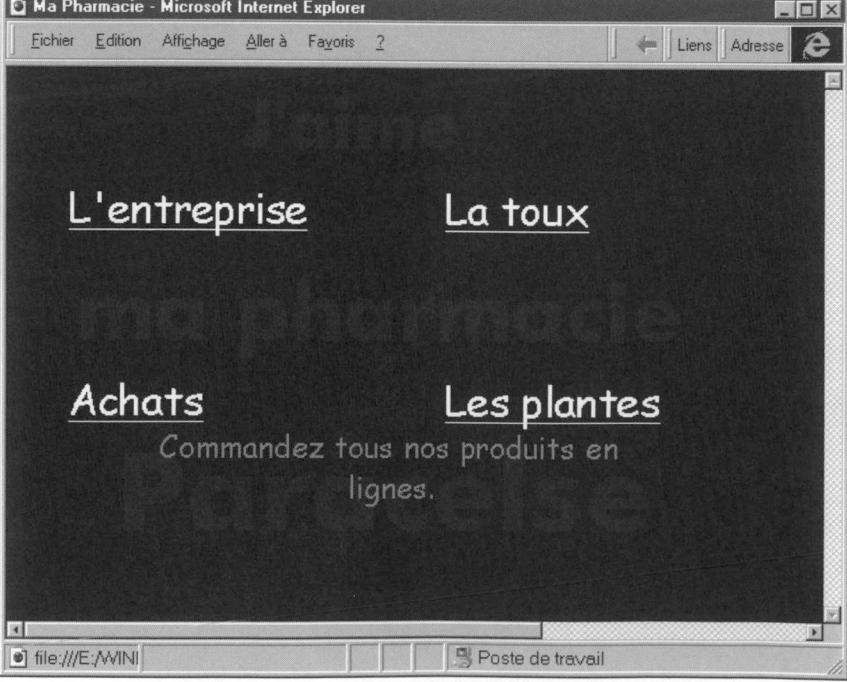

Fig. 19.15 :
Descriptif
de la quatrième
rubrique

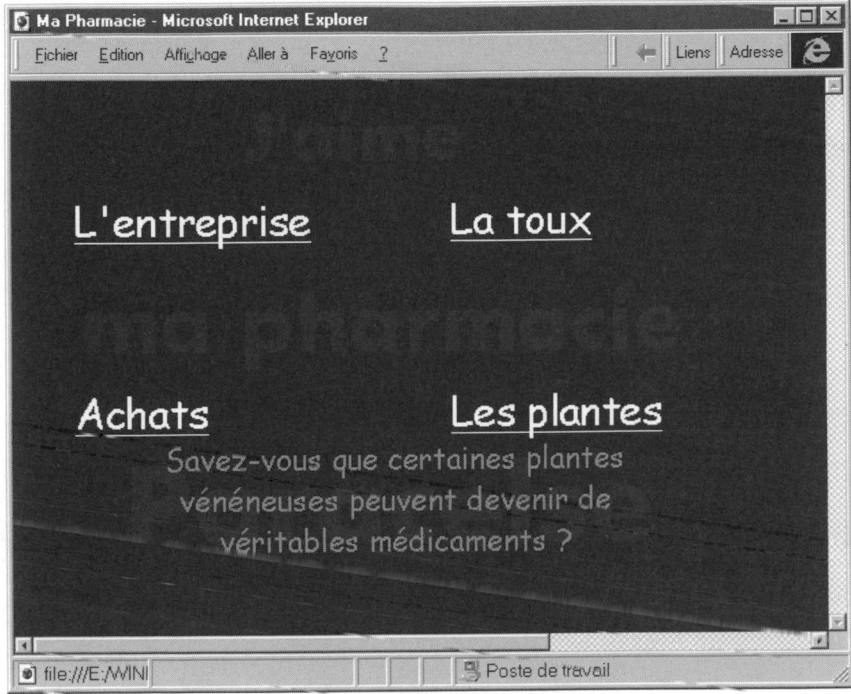

Les effets Rollover s'appliquent à divers éléments et plus particulièrement aux images. Dans ce dernier cas, il faut savoir rester
raisonnable. Si vous en abusez, le temps de transfert des pages peut
s'accroître considérablement. De nombreux visiteurs, exaspérés par
la lenteur de l'affichage, risquent d'abandonner la visite de votre
site. Et ce n'est sûrement pas l'effet recherché...

Le fichier du menu dynamique, Sthtml27.htm, se trouve dans le
dossier Sthtml.

```
1. <!DOCTYPE HTML PUBLIC "-//W3C//DTD HTML 4.0//EN">
2.
3. <HTML>
4. <HEAD>
5. <STYLE type="text/css">
6.
7. .nom1 {
8. font-family: Futura Md BT;
9. font-size: 50px;
10. color: #0000FF;
11. position: absolute;
12. top: 0px;
13. left: 170px;
14. visibility: visible;
15. z-index: 1;
16. }
17.
18. .nom2 {
19. font-family: Futura Md BT;
20. font-size: 60px;
21. color: #0000FF;
22. position: absolute;
23. top: 0px;
24. left: 50px;
25. visibility: visible;
26. z-index: 1;
27. }
28.
29. .nom3 {
30. font-family: Futura Md BT;
31. font-size: 80px;
32. color: #0000FF;
33. position: absolute;
34. top: 0px;
35. left: 80px;
36. visibility: visible;
37. z-index: 0;
38. }
39. .rub1 {
40. font-family: Comic Sans MS;
41. font-size: 30px;
42. color: #FFFFFF;
```

```
43.  position: absolute;
44.  top: 0px;
45.  left: 45px;
46.  visibility: visible;
47.  z-index: 2;
48.  }
49.
50.  .rub2 {
51.  font-family: Comic Sans MS;
52.  font-size: 30px;
53.  color: #FFFFFF;
54.  position: absolute;
55.  top: 0px;
56.  left: 320px;
57.  visibility: visible;
58.  z-index: 2;
59.  }
60.
61.  .rub3 {
62.  font-family: Comic Sans MS;
63.  font-size: 30px;
64.  color: #FFFFFF;
65.  position: absolute;
66.  top: 0px;
67.  left: 45px;
68.  visibility: visible;
69.  z-index: 2;
70.  }
71.
72.  .rub4 {
73.  font-family: Comic Sans MS;
74.  font-size: 30px;
75.  color: #FFFFFF;
76.  position: absolute;
77.  top: 0px;
78.  left: 320px;
79.  visibility: visible;
80.  z-index: 2;
81.  }
82.
83.  .texte {
84.  text-align: center;
85.  font-family: Comic Sans MS;
```

```
86. font-size: 22px;
87. color: #ff6633;
88. position: absolute;
89. top: 260px;
90. left: 80px;
91. width: 400px;
92. visibility: hidden;
93. z-index: 1;
94. }
95.
97. BODY {
98. background: #000099;
99. }
100.
101. A
102. {
103. color: #FFFFFF;
104. }
105.
106. </STYLE>
107.
108. <SCRIPT LANGUAGE = "JavaScript">
109.
110. function affichobjet(objet)
111. {
112. objet.visibility = VISIBLE;
113. }
114.
115. function cachobjet(objet)
116. {
117. objet.visibility = HIDDEN;
118. }
119.
120. function glissenom1(from, to) {
121. if (from < to) {
122. aime.top = (from += 10);
123. setTimeout('glissenom1(' + from + ',' + to + ')', 100);
124. }
125. }
126.
127. function glissenom2(from, to) {
128. if (from < to) {
129. pharmacie.top = (from += 5);
```

```
130. setTimeout('glissenom2(' + from + ',' + to + ')', 100);
131. }
132. }
133.
134. function glissenom3(from, to) {
135. if (from < to) {
136. para.top = (from += 10);
137. setTimeout('glissenom3(' + from + ',' + to + ')', 75);
138. }
139. }
140.
141. function glisserub1(from, to) {
142. if (from < to) {
143. firme.top = (from += 2);
144. setTimeout('glisserub1(' + from + ',' + to + ')', 100);
145. }
146. }
147.
148. function glisserub2(from, to) {
149. if (from < to) {
150. toux.top = (from += 2);
151. setTimeout('glisserub2(' + from + ',' + to + ')', 100);
152. }
153. }
154.
155. function glisserub3(from, to) {
156. if (from < to) {
157. achats.top = (from += 5);
158. setTimeout('glisserub3(' + from + ',' + to + ')', 75);
159. }
160. }
161.
162. function glisserub4(from, to) {
163. if (from < to) {
164. plantes.top = (from += 5);
165. setTimeout('glisserub4(' + from + ',' + to + ')', 75);
166. }
167. }
168. </SCRIPT>
169.
170. <TITLE>
171. Ma Pharmacie
172. </TITLE>
```

```
173.
174. </HEAD>
175.
176. <BODY>
177.
178. <DIV ID = "firme" CLASS = "rub1">
179. <A HREF = "sthtml17.htm" onMouseOver = "affichobjet(texte1)"
     onMouseOut = "cachobjet(texte1)">L'entreprise</A><BR>
180. </DIV>
181.
182. <DIV ID = "toux" CLASS = "rub2">
183. <A HREF = "toux2.htm" onMouseOver = "affichobjet(texte2)" onMouseOut =
     "cachobjet(texte2)">La toux</A><BR>
184. </DIV>
185.
186. <DIV ID = "achats" CLASS = "rub3">
187. <A HREF = "sthtml20.htm" onMouseOver = "affichobjet(texte3)"
     onMouseOut = "cachobjet(texte3)">Achats</A><BR>
188. </DIV>
189.
190. <DIV ID = "plantes" CLASS = "rub4">
191. <A HREF = "sthtml19.htm" onMouseOver = "affichobjet(texte4)"
     onMouseOut = "cachobjet(texte4)">Les plantes</A><BR>
192. </DIV>
193.
194. <DIV ID = "aime" CLASS = "nom1">J'aime</DIV>
195.
196. <DIV ID = "pharmacie" CLASS = "nom2">ma pharmacie</DIV>
197.
198. <DIV ID = "para" CLASS = "nom3">Paracelse</DIV>
199.
200. <DIV ID = "texte1" CLASS = "texte">
201. Une pr&eacute;sentation de la pharmacie et de son &eacute;quipe.
202. </DIV>
203.
204. <DIV ID = "texte2" CLASS = "texte">
205. Comment combattre efficacement la toux ? Nous avons les r&eacute;ponses !
206. </DIV>
207.
208. <DIV ID = "texte3" CLASS = "texte">
209. Commandez tous nos produits en lignes.
210. </DIV>
211.
```

```
212. <DIV ID = "texte4" CLASS = "texte">
213. Savez-vous que certaines plantes v&eacute;n&eacute;neuses peuvent
     devenir de v&eacute;ritables m&eacute;dicaments ?
214. </DIV>
215.
216. <SCRIPT LANGUAGE = "JavaScript">
217.
218. var navi = (navigator.appName == "Netscape" && parseInt(navigator.
     appVersion) >= 4);
219.
221. var HIDDEN = (navi) ? 'hide' : 'hidden';
222. var VISIBLE = (navi) ? 'show' : 'visible';
223.
224. var firme = (navi) ? document.firme : document.all.firme.style;
225. var toux = (navi) ? document.toux : document.all.toux.style;
226. var achats = (navi) ? document.achats : document.all.achats.style;
227. var plantes = (navi) ? document.plantes : document.all.
     plantes.style;
228. var pharmacie = (navi) ? document.pharmacie : document.all.
     pharmacie.style;
229. var aime = (navi) ? document.aime : document.all.aime.style;
230. var para = (navi) ? document.para : document.all.para.style;
231. var texte1 = (navi) ? document.texte1 : document.all.texte1.style;
232. var texte2 = (navi) ? document.texte2 : document.all.texte2.style;
233. var texte3 = (navi) ? document.texte3 : document.all.texte3.style;
234. var texte4 = (navi) ? document.texte4 : document.all.texte4.style;
235.
236. glissenom1(0, 10);
237. glissenom2(0, 140);
238. glissenom3(0, 260);
239. glisserub1(0, 80);
240. glisserub2(0, 80);
241. glisserub3(0, 220);
242. glisserub4(0, 220);
243.
244. </SCRIPT>
245. </BODY>
246. </HTML>
```

Résumé

Objectif	Procédure	Tag
Créer une feuille de style	Définir les classes et leurs propriétés à l'intérieur des tags <STYLE>... </STYLE> qui délimitent la feuille de style	<STYLE> ... </STYLE>
Indiquer un langage de description de feuille de style	Dans la balise <STYLE>, ajouter l'instruction type= suivie de l'intitulé du langage utilisé, "text/css" par exemple	<STYLE type="nom">
Insérer une classe dans une feuille de style	Dans les tags <STYLE> ... </STYLE>, indiquer le nom de la classe précédé d'un point (.) et suivi d'une paire d'accolades ({ })	.Nom_de_la_classe { }
Indiquer des propriétés dans une classe	À l'intérieur des accolades de la classe, inscrire les propriétés choisies en les séparant d'un point-virgule (;)	.Nom_de_la_classe {propriété1; propriété2; propriété3...}
Appliquer une feuille de style à un élément HTML	Dans le corps du document HTML (<BODY>... </BODY>), utiliser la balise <DIV>... </DIV> en spécifiant les attributs id (nom de l'élément HTML) et class (nom de la classe dans la feuille de style)	<DIV ID = "nom" CLASS = "nom">... </DIV>
Utiliser des instructions JavaScript	Insérer le tag <SCRIPT LANGUAGE = "Javascript"> et </SCRIPT>. Inscrire à l'intérieur de ces balises toutes les instructions JavaScript.	<SCRIPT LANGUAGE = "Javascript"> ... </SCRIPT>

Contrôle des connaissances

Vrai ou faux ?

	Vrai	Faux	
1.	C	M	Une feuille de style se termine par le tag </STYLE>
2.	R	O	Une feuille de style peut utiliser plusieurs polices
3.	R	E	Les propriétés d'une classe s'inscrivent entre deux parenthèses ( )
4.	A	E	Z-INDEX définit l'alignement d'un élément HTML
5.	R	I	La balise DIV peut structurer des blocs entiers
6.	D	L	L'accès aux propriétés d'une classe peut se faire avec un langage de script

Trouvez les correspondances

7.		</SCRIPT>	E	Fin des instructions en langage de script
8.		<STYLE>	S	Début d'une feuille de style
9.	.	ID	E	Applique une classe à un élément HTML
10.	.	CLASS	S	Indique la bordure supérieure de la fenêtre d'affichage
11.	.	FONT-FAMILY	D	Début d'une boucle conditionnelle
12.	.	FONT-SIZE	N	Définit une police
13.	.	TOP	M	Donne un nom à un élément HTML
14.	.	IF	U	Définit une taille de caractères

Vrai ou faux ?

	Vrai	Faux	
15.	Y	M	Il est possible de déclarer plusieurs classes dans une feuille de style
16.	E	N	Toutes les versions de Netscape et d'Internet Explorer sont compatibles
17.	R	A	Il est impossible de savoir quel navigateur affiche les pages

Trouvez les correspondances

18.		FUNCTION	Q	Déclare le type de positionnement (absolu ou relatif)
19.		COLOR	M	Introduit une fonction JavaScript
20.		POSITION	I	Déclare une couleur
21.		TEXT-ALIGN	E	Définit l'affichage, ou non, à l'écran d'un élément HTML
22.		VISIBILITY	U	Alignement du texte
23.		Z-INDEX	S	Détermine les priorités d'affichage d'une classe d'éléments

Solution

-	-	-	-	-
1.	2.	3.	4.	5.

-	-	-
6.	7.	8.

-	-	-	-	-
9.	10.	11.	12.	13.

-	-	-	-	-	-	-	-	-	-
14.	15.	16.	17.	18.	19.	20.	21.	22.	23.

CRÉER DES MENUS DYNAMIQUES

PARTIE D

Annexes

Annexe A :
Tous les tags HTML

Mise en forme

... </B>	Gras
<STRONG> ... </STRONG>	Forte mise en valeur (gras)
... </I>	Italique
<EM> ... <EM>	Mise en valeur (Italique)
BR>	Commencer nouvelle ligne
<BR CLEAR="all"> <BR CLEAR="left"> <BR CLEAR="right">	Le texte ou l'image suivant(e) est décalé(e) vers le bas, jusqu'à ce qu'il n'y ait plus d'élément de formatage à gauche ou à droite.
<NOBR> ... </NOBR>	Empêche les sauts de ligne automatiques des navigateurs.
<WBR>	Dans <NOBR> ... </NOBR> un saut de ligne peut intervenir
<P>	Nouvelle ligne + ligne vierge
<P ALIGN="center">	Le paragraphe suivant est centré
<P ALIGN="left">	Le paragraphe suivant est aligné à gauche (défaut)
<P ALIGN="right">	Le paragraphe suivant est aligné à droite
<H1> ... </H1> à <H6> ... </H6>	Taille maximale du titre...Taille minimale du titre
<Hx ALIGN="center">	Titre centré
<Hx ALIGN="left">	Titre aligné à gauche (défaut
<Hx ALIGN="right">	Titre aligné à droite
<HR>	Insérer un trait horizontal

<HR WIDTH="x%">	Largeur du trait en pourcentages
<HR WIDTH=y>	Largeur du trait en pixels
<HR SIZE=x>	Hauteur du trait en pixels
<HR ALIGN="center">	Trait centré (défaut)
<HR ALIGN="left">	Trait aligné à gauche
<HR ALIGN="right">	Trait aligné à droite
<HR NOSHADE>	Pas d'affichage "ombré"
<CENTER> ... </CENTER>	Commande de centrage générale
<FONT SIZE=1> ... </FONT> à <FONT SIZE=7> ... </FONT>	Plus petite taille de caractères jusqu'à la plus grande
<FONT SIZE=+x>	Augmenter la taille de caractères de x
<FONT SIZE=-x>	Réduire la taille de caractères de x
<BASEFONT SIZE=x>	Définir la taille par défaut des caractères
<FONT COLOR="#XXXXXX">	Définir la couleur du texte (XXXXXX = valeur hexadécimale)
<BLINK> ... </BLINK>	Texte clignotant
<PRE> ... </PRE>	Utiliser police non-proportionnelle (avec affichage de tous les espaces et tous les sauts de ligne !)
<ADDRESS> ... </ADDRESS>	Adresse (Italique)
<TT> ... </TT>	Police non-proportionnelle
<CITE> ... <CITE>	Citation : en principe en italique
<CODE> ... </CODE>	Code d'un langage de programmation, non-proportionnel
<SAMP> ... </SAMP>	Sample : en principe en italique
<KBD> ... </KBD>	Keyboard : en principe en italique
<BLOCKQUOTE> ... </BLOCKQUOTE>	Longue citation : en principe en retrait, précédée et suivie d'une ligne vierge
<VAR> ... </VAR>	Variable : en principe en italique

Listes

<DL> <DT> ... </DT> <DD> ... </DD> </DL>	Liste de glossaire
<DT> ... </DT>	Entrée de texte sans retrait
<DD> ... </DD>	Entrée de texte avec retrait
<UL> <LI> </UL>	Liste non numérotée
<LI>	Entrée de liste
<OL> <LI> </OL>	Liste numérotée
<LI>	Entrée de liste
<STYLE> .. </STYLE>	Feuille de style
<SPAN ID="[nom]" CLASS="[nom]"> </SPAN>	Implémente une feuille de styles
<DIV ID="[nom]" CLASS="[nom]"> </DIV>	Implémente une feuille de styles par blocs entiers

Tableau

<TABLE> ... </TABLE>	Encadre le tableau
<TABLE COLS=x>...</TABLE>	Tableau composé de x colonnes
<TABLE WIDTH="x%">	Largeur du tableau en pourcentages
<TABLE WIDTH=x>	Largeur du tableau en pixels
<TABLE BORDER=x>	Largeur de la bordure
<TABLE CELLPADDING=x>	Espacement entre bordure et texte

\<TABLE CELLSPACING=x>	Espacement entre les bordures de cellule
\<TR> ... \</TR>	Insérer ligne
\<TD> ... \</TD>	Insérer cellule
\<TD WIDTH="x%">	Largeur de colonne en pourcentages
\<TD WIDTH=x>	Largeur de colonne en pixels
\<TD ALIGN="center">	Centrer le texte dans la cellule
\<TD ALIGN="right">	Le texte dans la cellule est aligné à droite
\<TD ALIGN="left">	Le texte dans la cellule est aligné à gauche
\<TD COLSPAN=x>	Nombre de cellules à fusionner horizontalement
\<TD ROWSPAN=x>	Nombre de cellules à fusionner verticalement

Hyperliens

\<A HREF="http://..."> ... \</A>	Hyperlien vers une page Web
\<A HREF="ftp://..."> ... \</A>	Hyperlien vers une adresse FTP
\<A HREF="telnet://..."> ... \</A>	Hyperlien vers une adresse Telnet
\<A HREF="gopher://..."> ... \</A>	Hyperlien vers une adresse Gopher
\<A HREF="news:..."> ... \</A>	Hyperlien vers une adresse de Newsgroup
\<A HREF="mailto:..."> ... \</A>	Hyperlien vers une adresse eMail
\<A HREF="NomdeFichier"> ... \</A>	Hyperlien vers un fichier local
\<A HREF="hello/NomdeFichier"> ... \</A>	Hyperlien vers un fichier local dans le sous-dossier *hello*

<A HREF=".../NomdeFichier">	Hyperlien vers un fichier local dans le dossier parent
<A HREF="NomdeFichier#abc"> ... </A>	Hyperlien vers un fichier local, à la marque de saut 'abc' du fichier 'NomdeFichier'
<A NAME="abc"></A>	Définition d'une marque de saut
<A HREF="NomdeFichier"> <IMG SRC="NomdeFichier"></A>	Image avec hyperlien

Images

<IMG SRC="NomdeFichier">	Insérer une image (.gif ou .jpg). Ce tag permet aussi d'insérer des images entrelacées, transparentes ou animées.
<IMG SRC="NomdeFichier" ALIGN="...">	Positionner une image
ALIGN="top"	Aligner l'image en haut
ALIGN="middle"	Aligner l'image au milieu
ALIGN="bottom"	Aligner l'image en bas
ALIGN="left"	Aligner l'image à gauche
ALIGN="right"	Aligner l'image à droite
<IMG SRC="NomdeFichier" WIDTH=x HEIGHT=y>	Mise à l'échelle de l'image, en taille x pixels sur y pixels. (WIDTH et HEIGHT ont aussi pour effet d'afficher le texte de la page avant le chargement de l'image !)

<IMG SRC="NomdeFichier2" LOWSRC="NomdeFichier1">	D'abord chargement de l'image 'NomdeFichier1', puis remplacement par 'NomdeFichier2'.
<IMG SRC="NomdeFichier" BORDER=x>	Définition de la bordure d'une image avec hyperlien (x = pixels, x=0 pas de bordure)
<IMG SRC="NomdeFichier" ALT="ici Texte">	Affichage d'un texte à la place d'une image non affichable
<IMG SRC="NomdeFichier" HSPACE=x VSPACE=y>	Espacements horizontal et vertical entre image et texte

Son et Video

<A HREF="NomdeFichier"> ... </A>	Hyperlien vers fichier de son ou vidéo (formats courants : .wav, .au, .avi, .mov, .mpg, .mid)
<OBJECT codetype ="[type de l'application]" classid=[programme] width="[valeur]" height="[valeur]"> </OBJECT>	Insertion d'un objet multimédia dans la page.

Frames

<FRAMESET> <FRAME> ... </FRAMESET>	Définition d'une structure Frame
<FRAMESET ROWS="x%,y%, ...">	Fractionnement horizontal de la fenêtre avec indication de taille en pourcentages

<FRAMESET ROWS="x,y, ...">	Fractionnement horizontal de la fenêtre avec indication de taille en valeur absolue
<FRAMESET COLS="x%,y%, ...">	Fractionnement vertical de la fenêtre avec indication de taille en pourcentages
<FRAMESET COLS="x,y, ...">	Fractionnement vertical de la fenêtre avec indication de taille en valeur absolue
<FRAME>	Crée une fenêtre de Frame vide
<FRAME SRC="NomdeFichier">	Affiche le fichier dans la fenêtre de Frame
<FRAME SRC="NomdeFichier" NORESIZE>	Fige la taille de la fenêtre
<FRAME SRC="NomdeFichier" SCROLLING="yes">	Force l'affichage de barres de défilement
<FRAME SRC="NomdeFichier" SCROLLING="no">	Force le masquage de barres de défilement
<FRAME SRC="NomdeFichier" MARGINWIDTH=x>	Espacement entre le texte ou les images et les bordures gauche et droite de la fenêtre (en pixels)
<FRAME SRC="NomdeFichier" MARGINHEIGHT=x>	Espacement entre le texte ou les images et les bordures haute et basse de la fenêtre (en pixels)
<FRAME SRC="NomdeFichier" NAME="name">	Affecte un nom à la fenêtre Frame
<A HREF="NomdeFichier" TARGET="name">	Affiche le fichier *NomdeFichier* dans la fenêtre Frame appelée *name*.
<NOFRAMES> ... </NOFRAMES>	Le contenu de ce tag n'est exploité que par les navigateurs non compatibles Frames.

Formulaires

<FORM> ... </FORM>	Encadre un formulaire
<FORM ACTION="..." METHOD="...">	Pour un formulaire eMail : ACTION="mailto:nom@adresse" METHOD="post"
<INPUT TYPE="submit" VALUE="text">	Envoyer le formulaire (bouton *Submit*)
<INPUT TYPE="reset" VALUE="text">	Effacer le formulaire (bouton *Reset*)
<INPUT NAME="name" SIZE=x MAXLENGTH=y>	Champ de saisie d'une ligne, de longueur x et de longueur maximale y
<TEXTAREA Name="name" ROWS=x COLS=y><TEXTAREA>	Champ de saisie de plusieurs lignes, de longueur x et de longueur maximale y
<INPUT TYPE="radio" NAME="name" VALUE="valeur1">	Case d'option
<INPUT TYPE="radio" NAME="name" VALUE="valeur2"> ...	Pour chaque case d'option, il faut un tag <INPUT>. Tous les tags <INPUT> d'un même groupe disposent de la même valeur pour NAME et de valeurs distinctes pour VALUE
<INPUT TYPE="checkbox" NAME="name" VALUE="valeur1">	Case à cocher
<INPUT TYPE="checkbox" NAME="name" VALUE="valeur2">	Pour chaque case à cocher, il faut un tag <INPUT>. Tous les tags <INPUT> d'un même groupe disposent de la même valeur pour NAME et de valeurs distinctes pour VALUE

<SELECT NAME="name" SIZE=x> <OPTION> text1 <OPTION> text2 ... </SELECT>	Liste de choix avec x lignes (barre de défilement automatique) Chaque entrée de liste fait l'objet d'un tag <OPTION>
<SELECT ... MULTIPLE>	MULTIPLE a pour effet de permettre les sélections multiples
<BUTTON TYPE="submit" NAME="[nom]" VALUE="[nom]">... </button>	Bouton de commande

En-tête d'un fichier HTML

<HEAD> ... </HEAD>	Encadre l'en-tête d'un fichier HTML
<TITLE> ... </TITLE>	Contient le titre d'un fichier HTML
<META NAME="description" CONTENT="Description">	Les robots de recherche utilisent la description dans leur index.
<META NAME="keywords" CONTENT="Mot-clé, Mot-clé, ...">	Les robots de recherche utilisent les mots-clés dans leur index.
<META HTTP-EQUIV="refresh" CONTENT="x">	Re-chargement du fichier après x secondes
<META HTTP-EQUIV="refresh" CONTENT=x; URL=NomdeFichier">	Après x secondes, le fichier *NomdeFichier* est chargé à la place du fichier actuel
<BASE HREF="http://adresse">	Adresse de la page HTML (exploitée en cas d'erreur de transmission)

Corps d'un fichier HTML

<BODY> ... </BODY>	Encadre le corps du fichier HTML
<BODY BGCOLOR="#XXXXXX">	Couleur d'arrière-plan du fichier HTML (XXXXXX = valeur hexadécimale)
<BODY BACKGROUND="NomdeFichier">	Image d'arrière-plan d'un fichier HTML (.gif ou .jpg)
<FRAMESET> ... </FRAMESET>	Remplace le tag <BODY> dans les fichiers Frame (voir FRAMES)

Fichiers HTML en général

<HTML> ... </HTML>	Encadre l'ensemble du fichier HTML
<SCRIPT LANGUAGE = "nom">... </SCRIPT>	Déclaration d'un langage de script

Commentaires

<!-- ... -->	Commentaire dans le code, ignoré par Netscape Navigator

Annexe B :
Liste des caractères spéciaux affichables

Vous avez constaté que tous les caractères spéciaux ou accentués ont été saisis dans le code HTML sous la forme de définition (par exemple é = é). La liste suivante reprend l'ensemble de ces caractères non directement affichable. Vous y trouverez également des caractères spéciaux pour lesquels il n'existe pas de définition. Vous pourrez les afficher à l'aide de leur code ASCII. Pour chacun de ces caractères, nous indiquons son code ASCII et sa définition (si elle existe).

	&#128;	À	&#192;	&Agrave;
	&#129;	Á	&#193;	&Aacute;
,	&#130;	Â	&#194;	&Acirc;
ƒ	&#131;	Ã	&#195;	&Atilde;
„	&#132;	Ä	&#196;	&Auml;
...	&#133;	Å	&#197;	&Aring;
†	&#134;	Æ	&#198;	&Aelig;
‡	&#135;	Ç	&#199;	&Ccedil;
ˆ	&#136;	È	&#200;	&Egrave;
‰	&#137;	É	&#201;	&Eacute;
Š	&#138;	Ê	&#202;	&Ecirc;

‹	`&#139;`	Ë	`&#203;`	`&Euml;`	
Œ	`&#140;`	Ì	`&#204;`	`&Igrave;`	
⬚	`&#141;`	Í	`&#205;`	`&Iacute;`	
⬚	`&#142;`	Î	`&#206;`	`&Icirc;`	
⬚	`&#143;`	Ï	`&#207;`	`&Iuml;`	
⬚	`&#144;`	Ð	`&#208;`	`&ETH;`	
'	`&#145;`	Ñ	`&#209;`	`&Ntilde;`	
'	`&#146;`	Ò	`&#210;`	`&Ograve;`	
"	`&#147;`	Ó	`&#211;`	`&Oacute;`	
"	`&#148;`	Ô	`&#212;`	`&Ocirc;`	
•	`&#149;`	Õ	`&#213;`	`&Otilde;`	
-	`&#150;`	Ö	`&#214;`	`&Ouml;`	
-	`&#151;`	×	`&#215;`		
~	`&#152;`	Ø	`&#216;`	`&Oslash;`	
(tm)	`&#153;`	Ù	`&#217;`	`&Ugrave;`	
š	`&#154;`	Ú	`&#218;`	`&Uacute;`	
›	`&#155;`	Û	`&#219;`	`&Ucirc;`	
œ	`&#156;`	Ü	`&#220;`	`&Uuml;`	
⬚	`&#157;`	Ý	`&#221;`	`&Yacute;`	
⬚	`&#158;`	Þ	`&#222;`	`&THORN;`	

Ÿ	&#159;		ß	&#223;	&szlig;
			à	&#224;	&agrave;
¡	&#161;		á	&#225;	&aacute;
¢	&#162;		â	&#226;	&acirc;
£	&#163;		ã	&#227;	&atilde;
¤	&#164;		ä	&#228;	&auml;
¥	&#165;		å	&#229;	&aring;
¦	&#166;		æ	&#230;	&aelig;
§	&#167;		ç	&#231;	&ccedil;
¨	&#168;		è	&#232;	&egrave;
(c)	&#169;	&copy;	é	&#233;	&eacute;
ª	&#170;		ê	&#234;	&ecirc;
"	&#171;		ë	&#235;	&euml;
¬	&#172;		ì	&#236;	&igrave;
—	&#173;		í	&#237;	&iacute;
(r)	&#174;	&reg;	î	&#238;	&icirc;
¯	&#175;		ï	&#239;	&iuml;
°	&#176;		ð	&#240;	&eth;
±	&#177;		ñ	&#241;	&ntilde;
2	&#178;		ò	&#242;	&ograve;

³	&#179;	ó	&#243;	&oacute;
´	&#180;	ô	&#244;	&ocirc;
µ	&#181;	õ	&#245;	&otilde;
¶	&#182;	ö	&#246;	&ouml;
·	&#183;	÷	&#247;	
¸	&#184;	ø	&#248;	&oslash;
¹	&#185;	ù	&#249;	&ugrave;
º	&#186;	ú	&#250;	&uacute;
»	&#187;	û	&#251;	&ucirc;
1/4	&#188;	ü	&#252;	&uuml;
1/2	&#189;	ý	&#253;	&yacute;
3/4	&#190;	þ	&#254;	&thorn;
¿	&#191;	ÿ	&#255;	&yuml;

Annexe C :
Évaluez vos connaissances
avec le test final

Avez-vous bien assimilé les fonctions dont vous avez besoin pour créer vos propres applications Visual Basic ? Ce test final va vous permettre de vérifier si vous êtes opérationnel à 100 % en Visual Basic.

Lancement du test final

Avant de lancer le test final, vous devez d'abord effectuer l'installation des fichiers du CD-ROM. Les explications correspondantes ont été données en début d'ouvrage. À l'issue de l'installation, vous disposez sur votre disque dur du dossier \Mapvb5 qui contient un dossier appelé Test.

Ouvrez le dossier Test et double-cliquez sur le programme AB_TEST.exe. Un écran d'accueil apparaît. Cliquez sur le bouton **Démarrer**.

Fig. 20.1 :
Les boutons du
test final

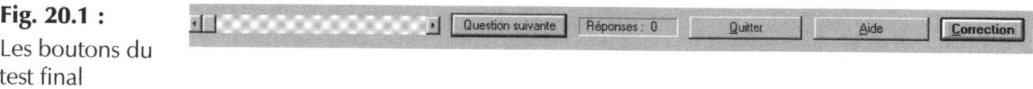

Dans la partie inférieure de l'écran se trouvent divers boutons. Le bouton d'aide permet d'appeler une aide sur le type de question posée. Le bouton **Question suivante** sert à passer à la question suivante. Pour savoir tout de suite si vos réponses sont bonnes, vous pouvez activer le bouton **Correction** pour mettre en service une fonction de contrôle.

Les types de questions

Les questions auxquelles vous avez à répondre sont de deux types : les questions aux choix multiples, avec une ou plusieurs réponses, et les questions avec clic sur image.

Vous connaissez sans doute le principe des questions aux choix multiples. Vous devez cocher la bonne réponse en cliquant sur la réponse correspondante. Notez qu'une question peut posséder une ou plusieurs réponses selon qu'elle contient respectivement des cases à cocher (carrés) ou des cases d'option (ronds). En cas d'erreur, vous pouvez désactiver une case à cocher en cliquant de nouveau dessus.

Fig. 20.2 :
Question à choix multiples, avec plusieurs réponses

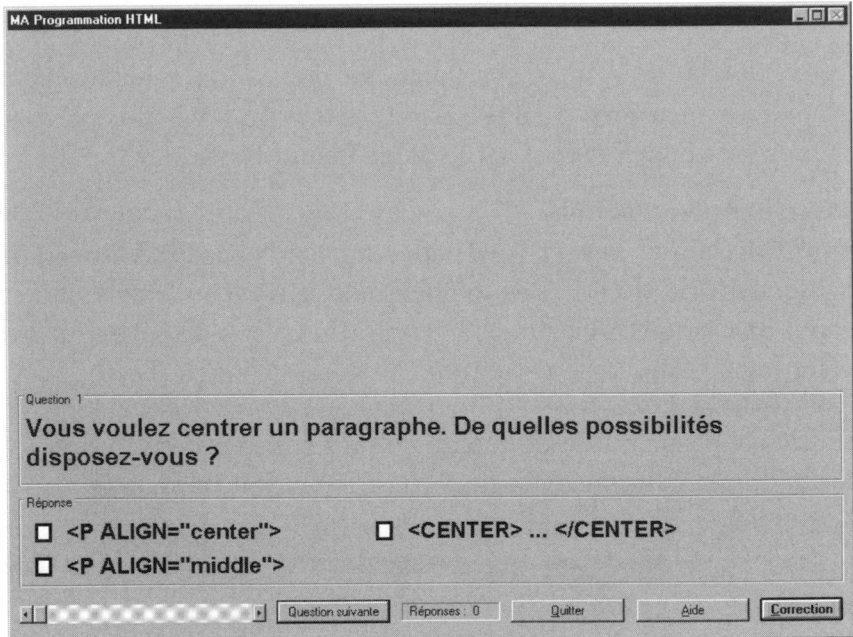

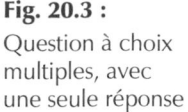

Fig. 20.3 :
Question à choix
multiples, avec
une seule réponse

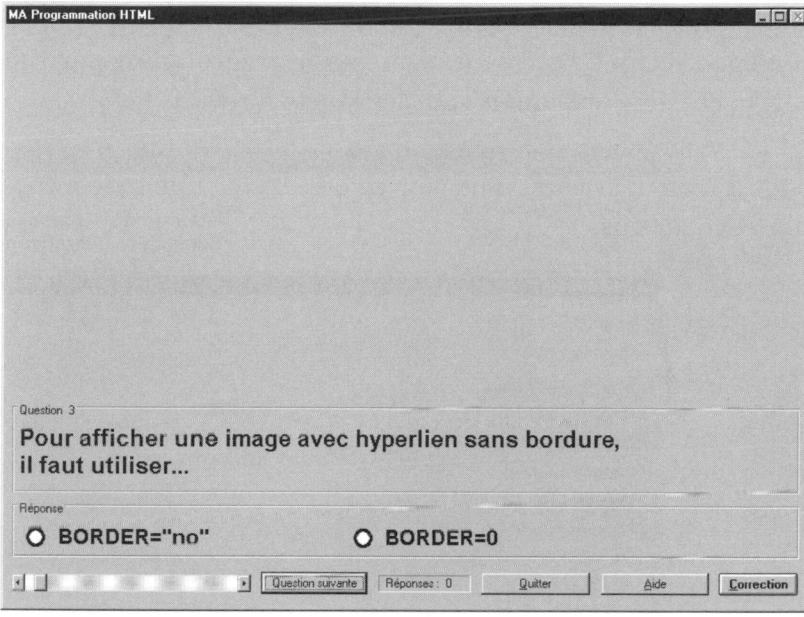

L'autre type de question réclame un clic sur image. Une image vous est présentée, et vous devez cliquer sur un endroit précis. Il n'existe qu'une seule solution constituée par une certaine zone d'écran. À vous de bien placer le pointeur de la souris avant de cliquer. En cas d'erreur, vous pouvez cliquer sur un autre endroit.

Fig. 20.4 :
Question à clic
sur image

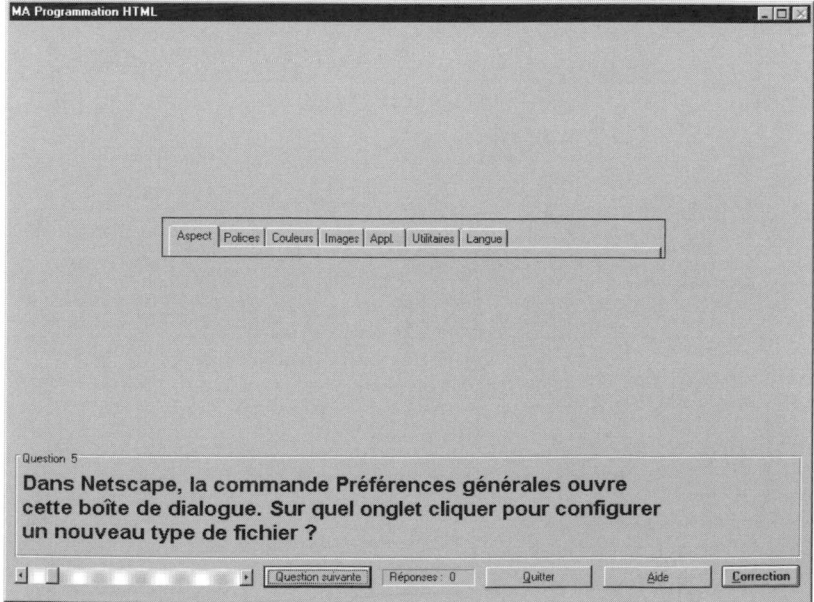

Lorsque vous avez déjà terminé de répondre à toutes les questions, une boîte de dialogue récapitule vos résultats en les regroupant par thème, vous indiquant, le cas échéant, quels sont les sujets à revoir.

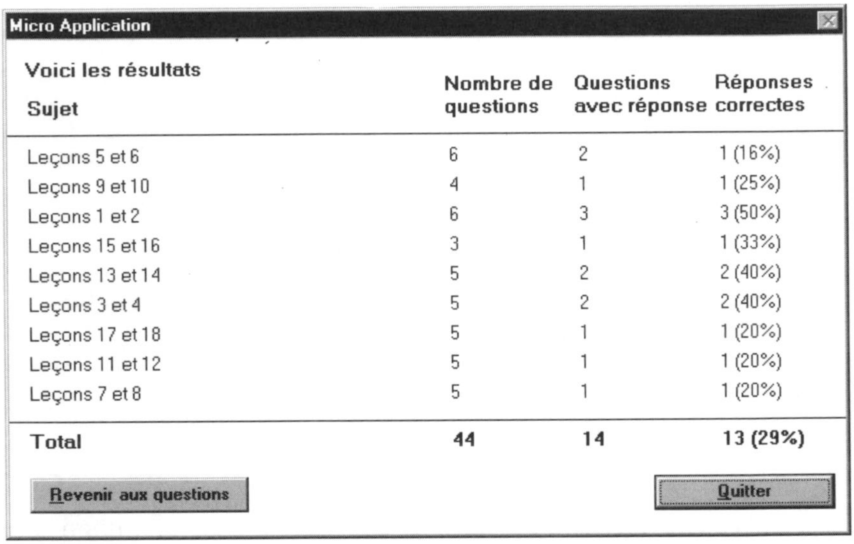

Fig. 20.5 :
Résultats du test
final

Micro Application			
Voici les résultats **Sujet**	**Nombre de** **questions**	**Questions** **avec réponse**	**Réponses** **correctes**
Leçons 5 et 6	6	2	1 (16%)
Leçons 9 et 10	4	1	1 (25%)
Leçons 1 et 2	6	3	3 (50%)
Leçons 15 et 16	3	1	1 (33%)
Leçons 13 et 14	5	2	2 (40%)
Leçons 3 et 4	5	2	2 (40%)
Leçons 17 et 18	5	1	1 (20%)
Leçons 11 et 12	5	1	1 (20%)
Leçons 7 et 8	5	1	1 (20%)
Total	**44**	**14**	**13 (29%)**

Revenir aux questions   Quitter

Il nous reste à vous souhaiter bonne chance !

INDEX

A

B

C

D

E

F

G

J-L

M

N

O-P

R

S

T

U

V

W

Y-Z

Achevé d'imprimer le 22 octobre 1998
sur les presses de l'imprimerie «La Source d'Or»
63200 Marsat
Dépôt légal : 4ème trimestre 1998
Imprimeur n° 7662